Barrierefreie Websites für Dummies

Tobias Roppelt
Nina Jameson
Christiane Hackl

Barrierefreie Websites für dummies®

Fachkorrektur von Marc Haunschild

WILEY
WILEY-VCH GmbH

Barrierefreie Websites für Dummies

Bibliografische Information der Deutschen Nationalbibliothek

Die Deutsche Nationalbibliothek verzeichnet diese Publikation in der Deutschen Nationalbibliografie; detaillierte bibliografische Daten sind im Internet über `http://dnb.d-nb.de` abrufbar.

Print ISBN: 978-3-527-72326-3
ePub ISBN: 978-3-527-85228-4

Coverfoto: Tobias Roppelt
Korrektur: Harriet Gehring
Satz: Straive, Chennai, India
Druck und Bindung:
CPI Group (UK) Ltd, Croydon, CR0 4YY

C9783527723263_190126

Bevollmächtigter Vertreter des Herstellers gemäß EU-Produktsicherheitsverordnung ist die Wiley-VCH GmbH, Boschstr. 12, 69469 Weinheim, Deutschland, E-Mail: Product_Safety@wiley.com.

Über die Autor*innen

Dieses Buch ist ein Gemeinschaftsprojekt des Teams der *Gehirngerecht Digital GmbH*, bestehend aus gerade mal drei Personen: Nina Jameson, Tobias Roppelt und Christiane Hackl.

Nina Jameson

Nina Jameson ist Informatikerin, Expertin für digitale Barrierefreiheit und Mitgründerin der *Gehirngerecht Digital GmbH*. Seit über 15 Jahren entwickelt sie individuelle Softwarelösungen und setzt ihr Know-how dafür ein, digitale Angebote für alle zugänglich zu machen. Sie arbeitet sehr wertebasiert und erweitert kontinuierlich ihren Horizont, um neue Perspektiven zu berücksichtigen. Neben der Umsetzung zahlreicher barrierefreier Websites – für Unternehmen ebenso wie für Inklusionsvereine und soziale Organisationen – gibt sie praxisnahe Workshops. Ihr Ziel ist es, digitale Teilhabe zu fördern und Menschen mehr Selbstbestimmung und Teilhabe im digitalen Raum zu ermöglichen.

Tobias Roppelt

Tobias Roppelt ist nicht nur leidenschaftlicher (UI/UX)-Designer, sondern auch Mitgründer der *Gehirngerecht Digital GmbH*. Seit mehr als einem Jahrzehnt unterstützt er Unternehmen dabei, ihre Websites und digitalen Produkte so zu optimieren, dass sie die bestmögliche Nutzererfahrung bieten.

Digitale Barrierefreiheit war für ihn endlich ein Weg, um seine Talente mit etwas Wirksamem zu verbinden. Darum hat er sich dazu entschieden, seine Arbeit der Mission zu widmen, das Internet für alle barrierefrei zu gestalten. Tobias will nicht nur helfen, inklusive digitale Produkte zu schaffen, sondern auch für das Thema motivieren und es auf eine einfache und unterhaltsame Weise an die Menschen herantragen.

Christiane Hackl

Christiane Hackl ist Kommunikationsdesignerin und beschäftigt sich seit ihrem Studium intensiv damit, wie man klar kommuniziert und die Kommunikation individuell ansprechend gestaltet. Dabei geht es ihr vor allem um ein besseres Miteinander. Diversität wertschätzen und den Dialog suchen sind für sie der Schlüssel dazu. Für die *Gehirngerecht Digital GmbH* hält sie deshalb unter anderem Vorträge und gibt Schulungen, um Bewusstsein für verschiedenste Lebensrealitäten zu schaffen und praktische Umsetzungsansätze an die Hand zu geben. Mit ihrer Arbeit will sie neue inklusive Formen der Kommunikation entdecken und vermitteln mit dem Ziel, Menschen ein Stück näher zueinander zu bringen.

Auf einen Blick

Inhaltsverzeichnis

Einleitung

Mit großer Wahrscheinlichkeit halten Sie dieses Buch in den Händen, weil Sie – seien wir ehrlich – entweder vom Gesetz, Ihrer Kundschaft oder von Ihrem Unternehmen dazu »motiviert« wurden, sich mit digitaler Barrierefreiheit auseinanderzusetzen. Glücklicherweise haben Sie genau das richtige Buch erwischt, um auch Ihre persönliche Motivation zu steigern – zumindest behaupten wir das frech! Seit Jahren arbeiten wir daran, digitale Barrierefreiheit nicht nur zugänglich, sondern auch so praxisnah und unterhaltsam wie möglich zu vermitteln. Denn – Hand aufs Herz – das Image des Themas muss ein bisschen aufpoliert werden.

Vielleicht haben Sie dieses Buch aber auch aus reiner Neugierde aufgeschlagen und sich ganz eigenständig dazu entschieden, die Welt ein kleines bisschen gerechter und inklusiver für Menschen mit Behinderungen zu machen (damit landen Sie bei uns auf jeden Fall schon mal auf der Liste der Lieblingsmenschen!). In diesem Buch finden Sie alles, was Sie brauchen, um barrierefreie, digitale Erlebnisse zu schaffen, vom Design über die Entwicklung bis hin zu den Inhalten Ihrer Website.

Digitale Barrierefreiheit ist ein riesiges Feld, und um es gleich offen auf den Tisch zu legen, »komplett barrierefrei« wird vermutlich nie etwas sein. Behinderungen und Einschränkungen sind so vielfältig, dass es schier unmöglich ist, jede einzelne Barriere vorherzusehen und vorsorglich aus dem Weg zu räumen. Deshalb orientieren wir uns in diesem Buch an den bewährten Standards der *EN 301 459* und der *WCAG* (Web Content Accessibility Guidelines). Das sind praktischerweise auch die Richtlinien, die Sie einhalten müssen, um den Anforderungen des *Barrierefreiheitsstärkungsgesetzes* (BFSG) gerecht zu werden (Keine Sorge, all diese sperrigen Begriffe entpacken wir Stück für Stück!).

Aber wir gehen noch einen Schritt weiter. Dieses Buch bietet Ihnen nicht nur technisches Know-how, sondern auch eine Portion Hintergrundwissen und hoffentlich jede Menge Inspiration für Ihr Vorhaben. Unser Ziel ist es, Sie wirklich dazu zu motivieren, über die bloßen Mindestanforderungen hinauszudenken. Denn digitale Barrierefreiheit ist kein »Nice-to-have«, sondern essenzieller Bestandteil einer digitalen Welt, die jedem ein selbstbestimmtes Leben ermöglichen will. Und wer weiß, vielleicht entdecken Sie dabei sogar, wie viel Spaß es macht, eine inklusivere digitale Zukunft zu gestalten!

Über dieses Buch

Dieses Buch wird Sie auf Ihrer Reise vom absoluten Neuling in der Erstellung barrierefreier Websites bis hin zur fortgeschrittenen Fachkraft begleiten.

Wir wollen ja nicht angeben, aber selbst barrierefreiheitserfahrene Menschen geben uns regelmäßig Feedback, dass unsere Inhalte hilfreich dabei sind, die Feinheiten der Thematik noch besser zu verstehen. Besonders Teil IV des Buches über alle WCAG-Kriterien kann selbst für angehende Profis noch das ein oder andere vernachlässigte Detail aufdecken.

Begleitet werden Sie auf Ihrer Reise durch das Buch nicht nur von charmanten Autor*innen, sondern auch von unseren vier liebenswerten Maskottchen in anschaulichen Illustrationen: Da haben wir den armlosen Armin, die stumme Sam, den blinden Manfred und die taube Tine. (Dem gewieften Leser wird auffallen, dass Manfred keine Alliteration ist. Das liegt daran, dass er nach einer blinden Person in unserem Umfeld benannt wurde.)

Abbildung 0.1: Unsere Maskottchen Armin, Sam, Manfred und Tine

Was Sie nicht lesen müssen

Manche der Texte enthalten zusätzliche Informationen oder vertiefende Erklärungen. Sie sind nützlich, wenn Sie sich besonders detailliert mit dem Thema beschäftigen möchten, aber nicht notwendig, um die grundlegenden Inhalte eines Kapitels zu verstehen. Sie können also übersprungen werden. Diese Textpassagen werden wir für Sie mit einem Symbol kennzeichnen, das wir Ihnen, zusammen mit anderen Hinweissymbolen, in Kürze vorstellen.

Wenn Sie bisher noch nie etwas von digitaler Barrierefreiheit gehört haben, dann arbeiten Sie sich am besten von vorne nach hinten durch das Buch. So bekommen Sie einen umfassenden Überblick darüber, was digitale Barrierefreiheit eigentlich ist, und worauf Sie unbedingt achten sollten (wir haben uns sehr bemüht, alles knackig und unterhaltsam zu halten!).

Sobald Sie dann damit loslegen, Neuerlerntes in der Praxis umzusetzen, oder schon etwas tiefer in der Materie stecken, wird dieses Buch Ihr treuer Begleiter und Nachschlagewerk sein. Sie können es immer wieder zur Hand nehmen, um Lösungen für Probleme zu finden, die Ihnen im Alltag begegnen werden.

Annahmen über die Leserschaft

Damit wir auch mit den gleichen Grundannahmen starten, möchten wir Ihnen gerne mitteilen, für wen wir dieses Buch geschrieben haben. Hier sind unsere Annahmen über Sie:

- ✔ Sie designen, entwickeln oder erstellen Inhalte für Websites. Das tun Sie entweder im Team oder allein, als Angestellter oder Freelancerin.
- ✔ Sie haben vom Barrierefreiheitsstärkungsgesetz gehört und möchten sich das nötige Wissen aneignen, um zu vermeiden, dass sowohl Sie als auch Ihre Kundschaft mit Bußgeldern rechnen müssen.

- Sie sind offen für Neues, wollen Ihre Arbeit wirklich niemandem vorenthalten und damit etwas fürs Allgemeinwohl tun.
- Sie haben ein paar Grundkenntnisse in HTML oder sind bereit, sich diese anzueignen. Besonders in Kapitel 8 über digitale Barrierefreiheit in der Entwicklung ist zumindest ein Grundverständnis von HTML nötig, um den Beispielen folgen zu können.
- Sie sind intelligent, charmant und liebenswert – und haben Sinn für Humor.

Falls Sie sich in einigen dieser Punkte wiedererkennen, dann haben Sie genau das richtige Buch vor sich!

Wie dieses Buch aufgebaut ist

Die verschiedenen Teile des Buches bauen zwar nicht zwingend aufeinander auf, hängen aber thematisch zusammen und verweisen manchmal aufeinander. Jeder Teil setzt unterschiedliche Schwerpunkte, die für Sie je nach Phase Ihrer Arbeit relevant sein können.

Teil I: Was bedeutet digitale Barrierefreiheit überhaupt?

In diesem Teil geht es darum, erst einmal zu verstehen, welche digitalen Barrieren es gibt, wen sie betreffen und welche Ansätze entwickelt wurden, um diese Barrieren abzubauen. Wir behandeln folgende Themen:

- Was ist digitale Barrierefreiheit und für wen ist digitale Barrierefreiheit wichtig?
- Assistive Technologien: Mit Hilfsmitteln im Netz unterwegs
- Die *Web Content Accessibility Guidelines* (WCAG)
- Gesetzliche Standards und Normen, die für Sie relevant sind

Teil II: Vom Konzept zur Seite: Wie man eine barrierefreie Website erstellt!

Jetzt wird es praktisch! In diesem Teil erfahren Sie, wie Sie eine barrierefreie Website von Grund auf erstellen können – von der ersten Idee bis zur fertigen Seite. Wir beleuchten dabei folgende Aspekte:

- Bevor es losgeht: Grundlegende Konzepte der Barrierefreiheit
- Die Konzeption einer barrierefreien Website

- Digitale Barrierefreiheit im Design
- Digitale Barrierefreiheit in der Entwicklung
- Digitale Barrierefreiheit in der Redaktion

Teil III: Meine Seite ist barrierefrei … glaube ich! (Barrierefreiheit testen)

Ihre Website ist fertig und Sie wollen Gewissheit, dass wir Sie gut beraten haben? Oder Sie möchten eine bestehende Website auf Barrierefreiheit überprüfen? In diesem Teil lernen Sie genau das:

- Welche Testprozesse es gibt
- Hilfreiche Tools und Plug-ins für das Testen

Teil IV: Alle Kriterien der EN 301 549 im Überblick

Am Ende des Tages dreht sich alles um die Einhaltung der bestehenden Standards. Um digitale Barrierefreiheit sicherzustellen, müssen Sie diese Standards verstehen und umsetzen – auch wenn die WCAG nicht gerade leichte Kost sind. Daher brechen wir die Kriterien hier in mundgerechte Stücke herunter (inklusive anschaulicher Beispiele natürlich):

- Kriterien für die Wahrnehmbarkeit der Inhalte
- Kriterien für die Verständlichkeit der Inhalte
- Kriterien für die Bedienbarkeit der Website
- Kriterien für die Robustheit der Website
- Weitere Kriterien der EN
- Die Konformitätsbedingungen einer Website

Teil V: Top-Ten-Teil

In Teil V stellen wir Ihnen zehn Barrierefreiheitsexpert*innen vor, denen Sie folgen sollten.

Aus Platzgründen mussten einige spannende Inhalte aus diesem Buch ausziehen und sind nun unter `www.gehirngerecht.digital/dummies` zu finden.

Symbole, die in diesem Buch verwendet werden

Damit es für Sie einfacher wird, durch dieses Buch zu navigieren, machen die folgenden Symbole Sie auf bestimmte Informationen aufmerksam:

Informationen mit diesem Symbol müssen Sie nicht unbedingt lesen fürs Gesamtverständnis. Es sind Zusatzinformationen. Hilfreich, aber nicht notwendig.

Diesem Symbol folgt ein Beispiel, damit Sie sich die trockene Theorie besser vorstellen und einprägen können.

Dieses Symbol warnt, wenn besondere Vorsicht geboten ist! Hier werden Dinge erklärt, die Sie lieber nicht tun sollen oder auf die Sie besonders achten sollten bei der Erstellung Ihrer Website.

Hier gibt es praktische Tipps zu holen! Wir wollen Sie schließlich mit einem vollgepackten Werkzeugkoffer aus diesem Buch entlassen.

Wichtige Begriffserklärungen leiten wir mit diesem Symbol ein.

Wie es weitergeht

Sie sind nun mit allem ausgestattet, was Sie für die Reise brauchen, es kann also losgehen! In unserem ersten Teil sprechen wir darüber, was digitale Barrierefreiheit überhaupt bedeutet und warum das Ganze wichtig ist. Wenn Sie nur die spezifischen To-dos für eine Rolle im Team erfahren möchten, widmen Sie sich gerne dem jeweiligen Umsetzungskapitel in Teil II. Wir haben die einzelnen Teile schlüssig gehalten, auch wenn Sie das Buch nicht an einem Stück lesen. Machen Sie sich die Inhalte also gerne zu eigen und gehen Sie vor wie es Ihrem Hirn am besten gerecht wird. Ganz viel Freude beim Lesen, Verstehen und Umsetzen!

Teil I
Was bedeutet digitale Barrierefreiheit überhaupt?

IN DIESEM TEIL …

- Was ist digitale Barrierefreiheit?
- Für wen ist digitale Barrierefreiheit wichtig?
- So nutzen Menschen mit Behinderung eine Website
- Die *Web Content Accessibility Guidelines* (WCAG)

IN DIESEM KAPITEL

Was bedeutet digitale Barrierefreiheit?

Für welche User-Gruppen ist Barrierefreiheit besonders wichtig?

Warum Barrierefreiheit für alle ein Gewinn ist

Kapitel 1
Was bedeutet digitale Barrierefreiheit?

Stellen Sie sich vor, Sie könnten das Internet nicht nutzen, um …

- ✔ einzukaufen,
- ✔ Arzttermine auszumachen,
- ✔ Anträge auszufüllen,
- ✔ einen Tisch in einem Restaurant zu buchen,
- ✔ (wertvolle) Kommentare auf Facebook zu hinterlassen,
- ✔ 18-mal am Tag Ihren Freunden GIFs über WhatsApp zu senden.

Wie würde sich Ihr Leben verändern, wenn Sie auf den Komfort und die Annehmlichkeiten des Internets verzichten müssten? (Okay, vielleicht mal von dem »Komfort« der sozialen Medien abgesehen.)

Nehmen Sie sich einen Moment Zeit, um sich wirklich in diese Situation hineinzuversetzen. Es fühlt sich vermutlich nicht besonders gut an. Wir würden sogar behaupten, es würde Ihr tägliches Leben komplett über den Haufen werfen und Ihnen ziemlich viel Freude nehmen.

Für ungefähr acht Millionen Menschen in Deutschland ist dieses »nicht können« jedoch Realität. Rund zehn Prozent der deutschen Bevölkerung sind schwerbehindert (`www.destatis.de`, Pressemitteilung vom 19. Juli 2024), und ziemlich viele dieser Menschen können das Internet nicht so nutzen, wie Sie und wir es wahrscheinlich jeden Tag tun. Ein großer Teil des digitalen Lebens bleibt für sie unzugänglich. Und selbst wenn etwas funktioniert, ist die Bedienung mehr als mühselig.

Auch wenn unsere Köpfe mit Vorliebe in Extremen denken, sind Einschränkungen in unser aller Alltag nicht immer offensichtlich. Wussten Sie beispielsweise, dass etwa neun Prozent aller Männer die Farben Rot und Grün nicht auseinanderhalten können? Knapp 15 Prozent aller Frauen leiden außerdem an Migräne (`www.rki.de`, Journal of Health Monitoring 2020). Durch digitale Barrierefreiheit werden Informationen für alle wahrnehmbar, sei es, weil wir uns eben nicht darauf verlassen, dass unsere User Farbe wahrnehmen können, oder weil wir Auslöser für Migräneanfälle reduzieren.

Bevor wir also in die Praxis starten, lassen Sie uns einen Schritt zurücktreten. Es ist wichtig, dass wir uns den Kontext der digitalen Inklusion ein bisschen genauer anschauen. Nur so verstehen wir, warum es so wertvoll und notwendig ist, sich für barrierefreie digitale Produkte einzusetzen. Denn der erste Schritt zu mehr digitaler Teilhabe ist Empathie. Je besser wir nachvollziehen können, wie drastisch sich digitale Barrieren auf das Leben von Menschen auswirken, desto motivierter sind wir, diese Barrieren aktiv zu beseitigen.

Was ist digitale Barrierefreiheit?

Abbildung 1.1: Die Mission der digitalen Barrierefreiheit: Ein Internet für alle schaffen!

In einem Satz: Digitale Barrierefreiheit bedeutet, dass alle Menschen – unabhängig von ihren körperlichen oder geistigen Fähigkeiten – ohne fremde Hilfe am digitalen Leben teilnehmen können.

Wir wollen also das Internet so gestalten, dass alle die Möglichkeit haben, Dinge zu tun, die für manche von uns vielleicht selbstverständlich wirken. Denken Sie an das Einkaufen, Terminvereinbarungen oder, na ja: wichtige GIFs an Freunde senden!

Für wen ist digitale Barrierefreiheit wichtig?

Digitale Barrierefreiheit ist in erster Linie für Menschen mit Behinderung von zentraler Bedeutung. Momentan hält das Internet für einen Großteil von ihnen viele, oft unüberwindbare,

Hindernisse bereit. Um zu verstehen, was das konkret bedeutet, schauen wir uns ein paar der gängigsten Barrieren genauer an.

Digitale Barrieren für Menschen mit Sehbehinderung

Sehbehinderungen sind vielfältig. Blinde Menschen haben keine oder kaum Restsehstärke und nutzen Software, um sich Websites ausgeben zu lassen – beispielsweise eine Braillezeile, um Inhalte zu ertasten. Menschen mit ausreichend Restsehstärke hingegen müssen Websites oft stark vergrößern, um sie lesen zu können. Obwohl beides unter Sehbehinderung läuft, sind die Barrieren sehr unterschiedlich.

Der Begriff »blind« bedeutet nicht immer vollständige Dunkelheit. Viele Blinde haben eine gewisse Restsehfähigkeit, die unterschiedlich stark ausgeprägt sein kann. Einige nehmen zum Beispiel noch Licht und Schatten wahr oder können unscharfe Konturen erkennen. Es gibt also viele Abstufungen von Sehvermögen, selbst unter Menschen, die als blind eingestuft werden.

Digitale Barrieren für blinde Menschen

Websites sind ein sehr visuelles Medium und deswegen besonders für blinde Menschen oft eine frustrierende Angelegenheit. Wer nicht sehen kann, wird leider oft, na ja, übersehen.

Eine sehr häufige Barriere sind fehlende Alternativen für Bilder. Wenn Bilder auf einer Website keine Alternative in Textform haben, bleibt ihr Inhalt für blinde Menschen schlicht unsichtbar. Wer ein Bild hochlädt, der sieht es eben – und macht sich in der Regel keine Gedanken darüber, was passiert, wenn man das Bild nicht sehen kann. Für blinde Nutzende ist jedoch ein beschreibender Text essenziell.

Abbildung 1.2: Alt-Texte machen Bilder für alle wahrnehmbar.

Fehlt die Textalternative, fehlt blinden Menschen ein Teil des Inhalts. Und das, obwohl es relativ einfach wäre, diesen Zugang zu ermöglichen.

Ein weiteres großes Problem ist fehlende Tastaturbedienbarkeit. Das ist problematisch, weil blinde Menschen in der Regel keine Maus, sondern die Tastatur und einen Screenreader verwenden, um durch eine Website zu navigieren. Eine Website muss also so entwickelt sein, dass alles per Tastatur erreichbar ist und der Screenreader alle wichtigen Informationen an Nutzende weitergeben kann.

BEISPIEL

Ein Navigationsmenü, bei dem sich Untermenüs nur per Maus-Hover und nicht per Tastatur öffnen lassen, funktioniert nur für Menschen, die eine Maus nutzen beziehungsweise die Geste des »Hoverns« ausführen können.

Was Screenreader sind und was sie können, erfahren Sie in Kapitel 2 über assistive Technologien.

Digitale Barrieren für Menschen mit Restsehstärke

Menschen mit geringer Restsehstärke stoßen im digitalen Bereich auf andere Barrieren als blinde Menschen.

Bei geringer Restsehstärke sind zum Beispiel starke Kontraste der Texte entscheidend. Ein hellgrauer Text auf weißem Hintergrund mag für einen Designer schick aussehen, aber für viele Menschen ist er schlicht nicht lesbar. Sie können unter Umständen nicht mal erkennen, ob da überhaupt Text steht! Da hilft es auch nicht, die Augen zuzukneifen oder mit dem Stuhl näher heranzurücken.

Und dann kommt das Thema Zoom ins Spiel. Viele sehbehinderte Menschen müssen Texte vergrößern können. Aber viele Websites reagieren darauf eher allergisch: Sie schneiden Texte ab, überlagern sie mit anderen Elementen oder machen ganze Funktionen komplett unerreichbar. Wenn man die Hälfte nicht lesen kann, wird das Verstehen der Inhalte doch deutlich komplizierter.

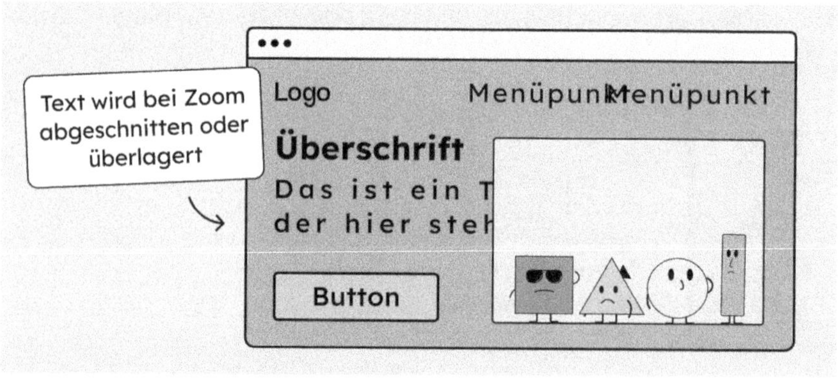

Abbildung 1.3: Ein zoombarer Text verliert bei Vergrößerung keine Inhalte.

Barrieren für Menschen mit Schwerhörigkeit oder Gehörlosigkeit

Eine häufige Barriere für hörbehinderte Menschen ist das Fehlen von Untertiteln oder Transkripten für Videos oder Audioinhalte. Wenn Videos keine Untertitel haben oder Podcasts kein Transkript, dann haben Hörbehinderte keine Chance, den Inhalt zu verstehen. Das betrifft nicht nur Unterhaltungsmedien, sondern auch informative Webinare und Schulungen.

Zwar werden viele Inhalte heutzutage automatisch untertitelt, aber automatische Untertitel sind häufig fehlerhaft.

Problematisch wird es vor allem bei der Verwechslung von Worten wie »eine« und »keine«. Die Bedeutung dreht sich ins komplette Gegenteil und Lesende erhalten Falschinformationen. Ob etwas (k)eine Gefahr darstellt, sollte keinen Platz für Spielraum lassen, oder?

Barrieren für Menschen mit motorischen Einschränkungen

Neben blinden Personen sind auch Menschen mit motorischen Einschränkungen oft darauf angewiesen, dass Websites anders zu bedienen sind als nur mit der Maus.

So sind Menschen mit Querschnittslähmung häufig auf alternative Steuerungsmethoden wie Augen- oder Sprachsteuerung angewiesen. Unüberwindbare Barrieren treten dann auf, wenn Websites oder Apps Gesten voraussetzen, für die man Hände benötigt. So können sie beispielsweise ihr Gerät nicht schütteln und auch keine komplexen Handgesten ausüben, um Aktionen auszulösen.

Der Swipe (mit dem Finger nach links und rechts wischen) macht die Dating-App Tinder für viele sehr gut nutzbar, für andere ist sie über diesen Mechanismus nicht bedienbar. Die barrierefreie Alternative? Buttons ergänzen, mit denen man per Knopfdruck »Ja« und »Nein« sagen kann. Diese Buttons können dann nämlich per Sprachsteuerung oder Tastatur bedient werden. Dating für alle!

Eine weitere oft übersehene Gruppe sind Menschen mit Tremor. Ein Tremor ist ein starkes, unwillkürliches Zittern, das präzise Bewegungen erschwert. Wenn Buttons oder andere interaktive Elemente zu klein sind oder zu eng beieinanderliegen, kann das das Ausführen der gewünschten Aktion für Menschen mit Tremor in den Händen fast unmöglich machen. Aus diesem Grund sollten interaktive Elemente groß genug und ausreichend Abstand voneinander haben, damit sie auch mit eingeschränkter motorischer Kontrolle bedient werden können.

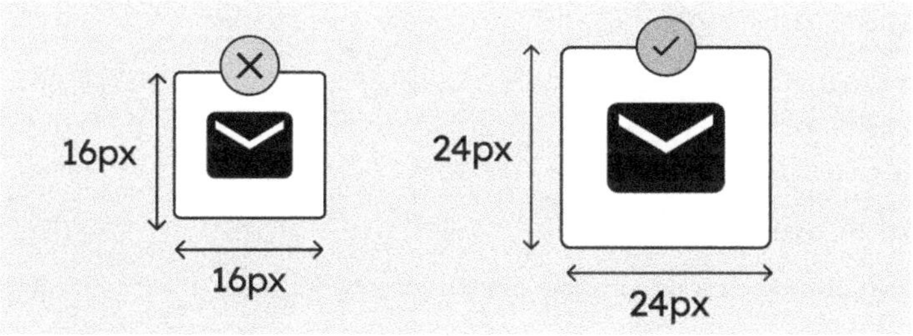

Abbildung 1.4: Bedienelemente sollten eine klickbare Fläche von mindestens 24 x 24 Pixeln haben.

Barrieren für Menschen mit kognitiven Einschränkungen

Menschen mit kognitiven Einschränkungen haben unter anderem Schwierigkeiten, Inhalte auf einer Website zu verstehen, wenn diese zu komplex geschrieben sind. Für diese Zielgruppe gibt es verschiedene Sprachvarianten, um Inhalte leichter verständlich zu machen. Mehr darüber erfahren Sie in Kapitel 9, Digitale Barrierefreiheit in der Redaktion.

Auch Inkonsistenz zum Beispiel im Design spielt hier eine große Rolle, weil es ohnehin mentale Kapazitäten benötigt, sich auf einer Website zurechtzufinden. Je inkonsistenter, desto anstrengender wird es (ein Hoch auf gutes UI-/UX-Design!).

Schlussendlich kann es für einige Menschen schwierig sein, wenn Ihre Seite sie zu kognitiven Leistungstests herausfordert. Dabei geht es zum Beispiel um *CAPTCHAs*, die uns zum Rechnen auffordern und uns fragen, was 25 x 1245 ergibt. Auch das Merken von Passwörtern ist hier ein gängiges Problem (Wenn wir ehrlich sind, kann eh niemand ohne seinen Passwortsafe überleben!).

Digitale Barrierefreiheit – Nicht nur für Menschen mit Behinderung

In der Barrierefreiheits-Community gibt es einen beliebten Satz: Digitale Barrierefreiheit ist für zehn Prozent der Menschen unerlässlich, für 30 Prozent wichtig, für 100 Prozent hilfreich.

Was soll das heißen? Ganz einfach: Digitale Barrierefreiheit ist eben nicht nur für Menschen mit dauerhaften Behinderungen nützlich. Barrierefreie digitale Anwendungen bieten eine angenehmere Nutzungserfahrung für uns alle, in allen Lebenslagen. Neben permanenten Beeinträchtigungen gibt es nämlich auch temporäre und situative Einschränkungen, die uns schneller treffen, als wir denken.

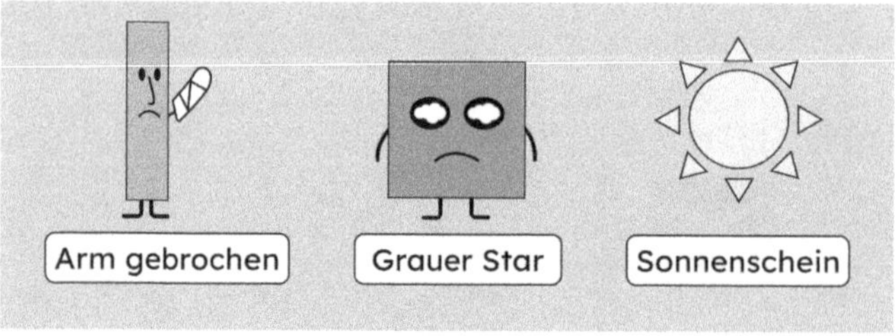

Abbildung 1.5: Temporäre bzw. situative Einschränkungsbeispiele

Stellen Sie sich vor, Sie haben sich den Arm gebrochen oder auch nur eine Entzündung im Handgelenk. Plötzlich können Sie Ihre Maus nicht mehr so gut benutzen und jede Website wird jetzt auch für Sie zur Herausforderung. Oder vielleicht haben Sie durch eine Augen-OP oder den *grauen Star* vorübergehend Sehprobleme und sind auf den Einsatz von Sprachsteuerung oder Screenreader angewiesen. Solche temporären Einschränkungen erschweren die Nutzung nicht barrierefreier Anwendungen oder machen sie länger unmöglich.

Sie müssen aber gar nicht für einen längeren Zeitraum eingeschränkt sein, um von digitaler Barrierefreiheit zu profitieren. Nehmen Sie einen sonnigen Tag. Sie stehen draußen, Ihr Smartphone-Display blendet Sie gnadenlos und die Risse in Ihrer Bildschirmschutzfolie sind auch noch nicht behoben. Aber zum Glück hat der Text auf der Website einen hohen Kontrast, sodass Sie den Inhalt immer noch klar erkennen können. Kleine Dinge, große Wirkung.

Das sind alltägliche Situationen, in denen wir dankbar für barrierefreie Websites sind, selbst wenn wir keine dauerhaften Behinderungen haben. So sorgt digitale Barrierefreiheit dafür, dass Websites für Menschen mit unterschiedlichsten Bedürfnissen zugänglich bleiben – egal, ob diese Bedürfnisse dauerhaft, vorübergehend oder einfach der Situation geschuldet sind.

Am Ende profitieren also nicht »nur« die zehn Prozent der Menschen mit Behinderungen von einem barrierefreien Web, sondern alle. Denn wir alle geraten eines Tages mal in eine Lage, in der wir diese Zugänglichkeit brauchen – sei es durch einen gebrochenen Arm oder blendende Sonne. Deshalb ist digitale Barrierefreiheit nicht nur eine nette Option, sondern eine kluge Investition in ein besseres und inklusiveres Internet für alle!

IN DIESEM KAPITEL

Was sind assistive Technologien?

Was ist ein Screenreader?

Wie werden diese technischen Hilfsmittel genutzt?

Kapitel 2
Assistive Technologien: Mit Hilfsmitteln im Netz unterwegs

Wenn man sich ernsthaft mit digitaler Barrierefreiheit beschäftigt, muss man die *assistiven Technologien* (also die technischen Hilfsmittel) kennenlernen, die Betroffene verwenden. Es gibt eine Vielzahl von assistiven Technologien, die Menschen helfen, sich im digitalen Raum zu bewegen. Drei sehr häufige schauen wir uns jetzt im Detail an: *Screenreader*, *Sprachsteuerung* und *Bildschirmlupen*.

Warum gerade diese drei? Weil sie nahezu alle Funktionen abdecken, die Menschen benötigen, um Websites zu bedienen. Andere Technologien brauchen nämlich, um mit einer Seite zu interagieren, die gleichen Grundlagen wie diese drei.

BEISPIEL

Eine weitere Technologie wäre das *Sip-and-Puff-Röhrchen*, mit dem Personen durch das Anziehen und Auspusten von Luft gewisse Aktionen auslösen. Diese Technologie macht auf einer Website nichts anderes als eine Tastatur: von Element zu Element navigieren und es eventuell auslösen. Wenn Ihre Website also für die Tastatur optimiert ist, funktioniert sie auch damit!

Screenreader

Ein Screenreader ist vereinfacht gesagt eine Software, die eine Seite ausliest, um diese, in einer für Nutzende verständlichen Form, wiederzugeben. Die Ausgabe der Inhalte erfolgt auditiv (der Screenreader liest den Inhalt vor) oder haptisch über eine *Braille-Zeile*. Eine Braille-Zeile ist ein Gerät, das Menschen ermöglicht, Texte in Blindenschrift zu ertasten.

Der Screenreader wird meistens in Kombination mit der Tastatur genutzt. So navigieren Nutzende mit der Tab-Taste, den Pfeiltasten oder speziellen Tastaturkürzeln durch die Website, während der Screenreader vorliest, was ihm gerade so »unter die Finger« kommt. Anders als das menschliche Auge, das zweidimensional sehen kann, kann der Screenreader allerdings nur eindimensional arbeiten. Das heißt, er springt von einem Element zum nächsten und liest die Inhalte der Reihe nach aus.

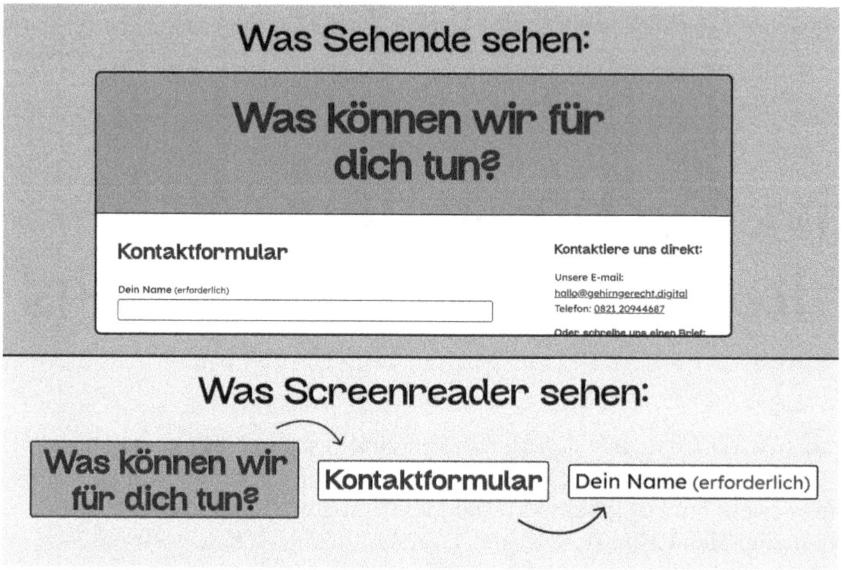

Abbildung 2.1: Screenreader lesen Inhalte linear aus.

Diese eindimensionale Wahrnehmung kann schnell anstrengend werden, besonders, wenn Seiten nicht richtig strukturiert sind. Deswegen hat der Screenreader so einige Tricks auf Lager und kann Überschriften, Links, Bedienelemente und so weiter mit Tastatur-Shortcuts gezielt anspringen. Das funktioniert allerdings auch nur dann, wenn die Elemente einer Website mit den richtigen *HTML-Tags* ausgezeichnet sind. Ist das nicht der Fall, muss sich ein User mühsam durch den gesamten Inhalt kämpfen, um die gesuchte Information zu finden oder überhaupt erst mal zu verstehen, worum es auf der Seite geht.

Für Screenreader-Nutzende ist es also wichtig, dass alles semantisch korrekt programmiert ist. Und hier kommt der erste Hinweis auf das, was Sie in Kapitel 8 über die Entwicklung erwartet: *semantisches HTML*. Es bildet die Grundlage dafür, dass Screenreader überhaupt sinnvoll mit einer Website interagieren können.

Die gängigsten Screenreader

Welcher Screenreader Ihnen zur Verfügung steht, hängt von Ihrem Betriebssystem ab. Für *Windows*, *MacOS* und *Linux* gibt es jeweils unterschiedliche Software.

NVDA und JAWS für Windows

Einer der verbreitetsten Screenreader auf Windows ist *NVDA* (Non Visual Desktop Access). NVDA ist besonders beliebt, weil er *open source*, also kostenlos ist und ein gutes Feature-Set aufweist. Wenn Sie also an einem Windows-Rechner sitzen, können Sie sich NVDA installieren und Ihre ersten Erfahrungen mit dem Screenreader machen.

Der Screenreader *JAWS* gilt als besonders leistungsstark und bietet eine Fülle an Funktionen, ist aber aufgrund hoher Lizenzkosten im privaten Umfeld oft nicht die erste Wahl. In Deutschland gibt es Zuschüsse zur Anschaffung von JAWS, doch in vielen anderen Ländern müssen Nutzende die Kosten selbst tragen.

Von Windows gibt es außerdem noch den eigenen Screenreader *Narrator*. Dieser ist bereits vorinstalliert und Sie können ihn direkt starten. Er ist allerdings (noch) nicht so weit verbreitet und spiegelt somit nicht repräsentativ wider, wie andere Nutzende auf einer Seite vorankommen.

VoiceOver für MacOS

VoiceOver ist auf allen Apple-Geräten bereits vorinstalliert – sei es auf dem iPhone, iPad, iMac oder sogar auf der neuesten VR-Brille. Apple investiert viel Zeit in Features für Barrierefreiheit und sorgt dafür, dass die Nutzungserfahrung über alle Geräte hinweg konsistent bleibt. Das macht VoiceOver zu einem wichtigen Tool für sehbehinderte Menschen in der Apple-Welt.

Es gibt auch für MacOS noch mehr Screenreader, die jedoch von wenigen Menschen genutzt werden. Wie schon angesprochen, sollte man für Tests eher die gängigen Tools berücksichtigen. Wie bei jeder Software gilt nämlich auch hier, dass unterschiedliche Programme unterschiedliche Ergebnisse liefern, was uns zum nächsten wichtigen Punkt bringt.

Das große Problem: Screenreader und Browser

Wahrscheinlich kennen Sie das Problem: Sie erstellen eine Website, sind begeistert, wie toll sie im Chrome-Browser aussieht, öffnen sie dann in Safari und denken sich: »Vielleicht ist das Leben doch zu kurz, um Websites zu bauen.«

Unterschiedliche Browser interpretieren Websites unterschiedlich und solche Unterschiede gibt es auch bei Screenreadern. Je nach Kombination von Browser und Screenreader kann die Darstellung oder Ausgabe variieren. Was mit NVDA und Chrome perfekt funktioniert, klappt mit NVDA und Safari vielleicht gar nicht.

Die Lösung: Natives HTML

Wie oben schon erwähnt, lieben Screenreader semantisches beziehungsweise natives HTML. Um die Wahrscheinlichkeit zu maximieren, dass Ihre Inhalte von allen Screenreadern in allen Browsern richtig interpretiert werden, sollten Sie die vorgesehenen HTML-Elemente verwenden. Alles Wichtige darüber finden Sie in Kapitel 8.

Sprachsteuerung

Die *Sprachsteuerung* ermöglicht es, Websites mithilfe von Sprachbefehlen statt mit der Maus oder der Tastatur zu bedienen.

Dabei gibt es im Wesentlichen drei Arten, wie die Sprachsteuerung genutzt wird:

- ✔ **Direkte Befehle geben:** Ich sage einen Befehl wie »Jetzt kaufen«, und der Button mit der Aufschrift »Jetzt kaufen« wird geklickt.
- ✔ **Tastatursteuerung simulieren:** Ich gebe Sprachbefehle wie »Drücke Enter« oder »Drücke Tab«, um Tastaturbefehle auszuführen.
- ✔ **Mausbewegungen simulieren:** Ich rufe ein *Mouse-Grid* (also ein Gitter) auf, das den Bildschirm in neun Bereiche aufteilt. Durch Ansagen von Zahlen kann ich das Grid immer weiter verkleinern, bis das gewünschte Element erreicht ist.

Auch für die optimale Funktion der Sprachsteuerung ist der Trick semantisches HTML. Wenn der Name eines Eingabefeldes (`<input>`) korrekt mit dem Eingabefeld im HTML verknüpft ist, muss ich per Sprachsteuerung nur den Namen sagen (zum Beispiel: Passwort) und lande auf dem Eingabefeld. Wenn die Verknüpfung nicht richtig gemacht wurde, funktionieren die direkten Befehle nicht. In solchen Fällen muss ich auf die Tastatursimulation zurückgreifen, indem ich Befehle wie »Drücke Tab« oder »Drücke Pfeiltaste nach rechts« sage.

Und wenn die Seite auch für die Tastaturbedienung nicht optimiert ist, bleibt nur noch die Maussimulation. Hier wird es wirklich mühsam: Bei der Maus-Grid-Methode müssen sich Nutzende durch das Grid Schritt für Schritt annähern. Durch das Nennen der Zahlen 1 bis 9 wird das Grid immer kleiner, bis das Eingabefeld erreicht ist. Was normalerweise ein einfacher Klick wäre, kann dann schnell zu einer minutenlangen Prozedur werden. Wer das einmal live gesehen hat, versteht sofort, wie frustrierend und zeitaufwendig das ist.

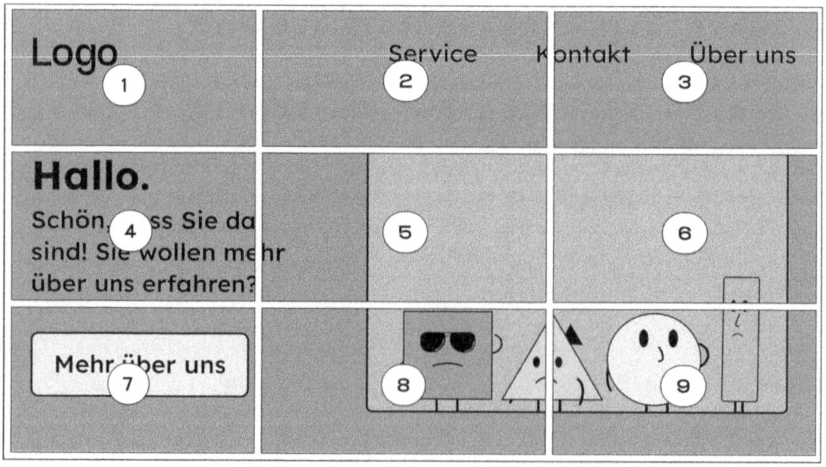

Abbildung 2.2: Ein Mouse-Grid teilt den Bildschirm in ein Gitter mit bezifferten Zellen.

Bildschirmlupen und Zoom

Bildschirmlupen machen Dinge, na ja, groß! Wir unterscheiden dabei zwischen Software, mit der man alle Inhalte eines Bildschirms vergrößern kann, und Zoom-Optionen, die sich nur auf Websites auswirken.

Die beiden wichtigsten Zoom-Optionen sind der Browser-Zoom und die Einstellungen zur Schriftgröße im Browser. Den Browser-Zoom haben Sie selbst vermutlich schon ein paarmal benutzt. Eine kleine Lupe mit einem Plus- oder Minus-Symbol in Ihrer Browserleiste oder die Tastenkombination cmd ⌘ plus + (auf MacOS) führt dazu, dass eine Website größer wird.

Der andere Weg ist die Einstellung der Schrittgröße im Browser. Sie können in jedem gängigen Browser angeben, wie groß Sie Schriften sehen wollen. In Chrome können Sie zum Beispiel die Darstellung auf groß oder sehr groß umschalten. Jetzt sollten Ihnen alle Websites mit größerer Schrift angezeigt werden. Das funktioniert aber nur, wenn die Website richtig gebaut ist und auch auf die Browser-Einstellung reagiert.

Für diese zwei Zoom-Optionen finden Sie später im Buch Kriterien, die Sie beachten müssen, damit das Zoomen auch klappt, ohne dass Inhalte und Funktionen Ihrer Website verloren gehen.

Neben diesen zwei Browser-Optionen gibt es noch spezielle Vergrößerungssoftware. Mit dieser kann man alle Inhalte auf dem Bildschirm vergrößern. Das ist nützlich für Personen, die Texte teilweise so stark vergrößern müssen, dass sie nur noch eine Zeile oder ein paar Wörter gleichzeitig auf dem Bildschirm sehen. Es gibt interessante Ansätze, was man tun kann, damit eine Website auch bei diesem starken Zoom noch gut bedienbar ist. Wirklich vorgeschriebene Kriterien dafür gibt es aber nicht, da man keinen Einfluss darauf nehmen kann, weil dieser Zoom ja unabhängig von Website und Browser passiert.

IN DIESEM KAPITEL

Was sind die Web Content Accessibility Guidelines?

Wie sind die WCAG aufgebaut?

Kapitel 3
Die Web Content Accessibility Guidelines (WCAG)

Wie Sie im vorherigen Kapitel gesehen haben, sind Behinderungen und Einschränkungen so unterschiedlich wie die Menschen selbst. Daraus ergibt sich die nicht so einfache Frage: Wie macht man eine Website eigentlich für *alle* barrierefrei?

Was *barrierefrei* bedeutet, ist generell schwer zu definieren. Es gibt natürlich sehr objektive Barrieren, wie ein Video ohne Untertitel oder eine Website, die nicht mit der Tastatur bedient werden kann. Es gibt allerdings auch sehr subjektive Barrieren, die je nach Einschränkung und Bedürfnissen der Person variieren. Was für den einen problematisch ist, kann für die andere sogar etwas Positives sein.

BEISPIEL

Unsere Marke von *Gehirngerecht Digital* ist bunt und verspielt. Es gibt süße Maskottchen und humorvolle Details. Viele Menschen mit ADHS finden das super, weil es ihre sonst zerstreute Aufmerksamkeit fesselt. Auf eine Person auf dem Autismus-Spektrum kann diese Gestaltung allerdings auch überwältigend wirken.

Um wirklich komplett barrierefrei zu sein, müsste man jede nur erdenkliche Barriere kennen und beseitigen. Das ist schlichtweg unmöglich. Damit man allerdings zumindest die gröbsten, gängigsten und gut definierbaren Barrieren einer Website finden und beseitigen kann, wurden Standards festgelegt.

Die weltweit geltenden Standards für digitale Barrierefreiheit sind die eingangs erwähnten *Web Content Accessibility Guidelines* (WCAG).

Die WCAG im Überblick

Die WCAG sind ein vom W3C (The World Wide Web Consortium) entwickeltes Regelwerk für die Erstellung von barrierefreien Websites. Es umfasst derzeit insgesamt 86 Erfolgskriterien, verteilt auf vier Prinzipien (Wahrnehmbar, Bedienbar, Verständlich, Robust) und drei Konformitätsstufen (A, AA, AAA).

Die vier Grundprinzipien der WCAG

Nach den vier Grundprinzipien sollen Ihre Inhalte *POUR* sein:

- ✔ **Wahrnehmbar** (**P**erceivable): Inhalte müssen so präsentiert werden, dass Menschen sie wahrnehmen können. Kriterien dafür sind zum Beispiel, dass Bilder durch Alternativtexte beschrieben werden oder Texte ausreichend Kontrast haben.
- ✔ **Bedienbar** (**O**perable): Die Website muss für alle nutzbar sein. Dazu zählt, dass sie per Tastatur bedienbar ist oder es Alternativen für komplexe Handgesten wie das Swipen gibt.
- ✔ **Verständlich** (**U**nderstandable): Informationen und die Bedienung müssen klar und nachvollziehbar sein. Hierunter fallen Kriterien wie eine konsistente Navigation oder dass Formularfelder (sinnvoll) beschriftet sind.
- ✔ **Robust** (**R**obust): Inhalte müssen mit verschiedensten Geräten und assistiven Technologien funktionieren. Das wird zum Beispiel dadurch gewährleistet, dass semantisches HTML eingesetzt wird.

Im Englischen ist daher die Eselbrücke POUR aus den Anfangsbuchstaben der Prinzipien entstanden.

Die drei Konformitätsstufen der WCAG

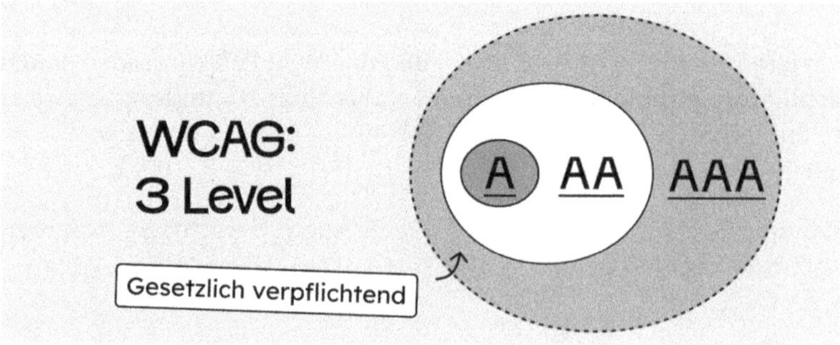

Abbildung 3.1: Die drei Konformitätsstufen der WCAG: A, AA und AAA

Die Konformitätsstufen definieren den Grad der Barrierefreiheit einer Seite. Insgesamt gibt es drei Stufen – auch Levels genannt –, in die die Erfolgskriterien der WCAG eingeteilt sind.

- ✔ **Level A (32 Kriterien):** A-Kriterien legen das Fundament dafür, dass alle die Chance haben, Ihre Website überhaupt nutzen zu können. Hier geht es etwa darum, Inhalte technisch wahrnehmbar und bedienbar zu machen, sei es über Tastatursteuerung, Sprachsteuerung oder einen Screenreader (Noch nicht gelesen? Schauen Sie in Kapitel 2 über assistive Technologien nach.)
- ✔ **Level AA (24 Kriterien):** Die Einhaltung dieses Levels wird weltweit am häufigsten empfohlen und ist auch in Deutschland das Mindestniveau, das rechtlich verpflichtend ist. Level AA geht über die Anforderungen von Level A hinaus und enthält weitere Kriterien, die für eine gute Nutzbarkeit für eine breite Zielgruppe sorgen, wie einen angemessenen Farbkontrast, Untertitel für Videos und eine konsistente Navigation, ohne dass sie die Gestaltungsfreiheit stark einschränken.
- ✔ **Level AAA (31 Kriterien):** Die Anforderungen von Level AAA stellen sehr hohe Ansprüche an Websites. Level-AAA-Kriterien sind oft nicht für jede Website praktisch umsetzbar, da sie einen hohen technischen und finanziellen Aufwand oder spezielle Anpassungen erfordern. Beispiele hierfür sind Gebärdensprache, verstärkter Farbkontrast oder sehr vereinfachte Sprache.

Ganz genau genommen müssten Sie gar nicht alle 86 Erfolgskriterien erfüllen, wenn Sie nach Level AAA barrierefrei sein wollen. Ein paar der Kriterien überschreiben sich nämlich gegenseitig. So wird das Level-AA-Kriterium »Kontrast (Minimum)« durch das Level-AAA-Kriterium »Kontrast (Erweitert)« ersetzt.

Alle rechtlich relevanten Erfolgskriterien (Level A und AA) mit Techniken, wie Sie diese Kriterien auf Ihrer Website erfüllen, finden Sie in Teil IV dieses Buches. Die vollständigen Kriterien aller Level finden Sie aufgeteilt in Level und Prinzipien auf der Quick-Reference-Seite der WCAG: `www.w3.org/WAI/WCAG22/quickref/`.

IN DIESEM KAPITEL

Welche deutschen Gesetze es gibt

Wie Sie diese umsetzen

Ihr ganz persönliches BFSG-Quiz!

Was öffentliche Stellen gewährleisten müssen

Kapitel 4
Gesetzliche Standards

Deutschland hat mittlerweile mehrere Gesetze, die digitale Barrierefreiheit für Websites öffentlicher Stellen und der Privatwirtschaft vorschreiben. Da die Gesetzeslandschaft zugegebenermaßen recht verwirrend ist, wollen wir Ihnen hier das Wichtigste an die Hand geben: ob und wann Sie oder Ihre Kund*innen von welchem Gesetz betroffen sind und was das genau für Sie bedeutet.

Das Barrierefreiheitsstärkungsgesetz (BFSG)

Seit dem 28. Juni 2025 ist das Barrierefreiheitsstärkungsgesetz in Kraft und es ist vermutlich ein Grund, warum Sie dieses Buch in den Händen halten! Das BFSG basiert auf der EU-Richtlinie 2019/882, auch European Accessibility Act genannt. Diese europäische Richtlinie legt Anforderungen für die Barrierefreiheit von Produkten und Dienstleistungen fest, die in jedem EU-Land umgesetzt werden müssen. Das Barrierefreiheitsstärkungsgesetz ist die deutsche Umsetzung dieser Richtlinie, daher lautet der vollständige Name »Gesetz zur Umsetzung der Richtlinie (EU) 2019/882 des Europäischen Parlaments und des Rates über die Barrierefreiheitsanforderungen für Produkte und Dienstleistungen und zur Änderung anderer Gesetze.« Ja, Behördensprache ist nicht so ganz barrierefrei …

Abbildung 4.1: Veranlasst von der EU-Richtlinie 2019/882 wurde in Deutschland das BFSG verabschiedet.

Das BFSG gilt für Websites und Onlineshops bis hin zu Laptops und Bankautomaten. Da wir vermuten, dass Sie keine Bankautomaten produzieren, konzentrieren wir uns hier mit unserer Ausführung über das BFSG auf das, was Sie betrifft: Websites!

Nicht alle Websites fallen automatisch unter das BFSG. Darum schauen wir uns erst einmal an, wer davon betroffen ist.

Sind Sie vom BFSG betroffen? – Ein Quiz

Um herauszufinden, ob Sie, Ihre Firma oder Ihre Kunden unter das BFSG fallen, müssen Sie folgende Fragen mit Ja beantworten können:

Frage 1: Verkaufen Sie oder Ihr Kunde an Endverbraucher?

Das BFSG ist im Kern ein Verbraucherschutzgesetz. Es gilt damit nur für B2C (Business-to-Customer). Also nur für Geschäfte mit Endverbraucher*innen in der EU und auch nur dann, wenn digital Transaktionen stattfinden oder Verträge geschlossen oder angebahnt werden.

Wenn Sie im B2B (Business-to-Business) tätig sind, sind Sie aus rechtlicher Sicht nicht verpflichtet, die Anforderungen der digitalen Barrierefreiheit zu erfüllen. Es kann natürlich neben Inklusion und rechtlichen Anreizen dennoch von Vorteil sein, Ihre B2B-Website barrierefrei zu machen, allein schon aus Gründen des Markenimages oder weil dank gut strukturiertem HTML barrierefreie Websites besser in Suchmaschinen performen.

Frage 2: Haben Sie mehr als zehn Mitarbeitende oder machen Sie mehr als zwei Millionen Euro Umsatz?

Selbst wenn Sie im B2C-Bereich tätig sind, sind Sie nicht automatisch vom Gesetz betroffen. Sie können nämlich noch unter die Kleinstunternehmen-Regelung fallen.

Als Kleinstunternehmen gelten Unternehmen, die weniger als zehn Mitarbeitende in Festanstellung haben und weniger als zwei Millionen Euro Umsatz im Jahr machen.

Sobald ein Unternehmen eine dieser beiden Grenzen überschreitet, ist es kein Kleinstunternehmen mehr. Ein Unternehmen im B2C-Bereich mit elf fest angestellten Mitarbeitetende ist also vom BFSG betroffen, auch wenn es weniger als zwei Millionen Euro Umsatz im Jahr macht.

Liegt Ihr Unternehmen knapp unter den Schwellenwerten? Dann sollten Sie die Barrierefreiheit nicht ignorieren. Es kann Ihr Wachstum hindern, wenn Sie erst Ihre Website oder Ihren Shop umbauen müssen, bevor Sie eine neue Mitarbeiterin einstellen können.

Frage 3: Bieten Sie digitalen Geschäftsverkehr auf Ihrer Website an?

Gehen wir davon aus, Sie sind im B2C-Bereich tätig und kein Kleinunternehmen. Das verpflichtet Sie immer noch nicht dazu, Ihre Website barrierefrei zu machen. Die letzte entscheidende Frage ist, ob Sie auf Ihrer Website digitalen Geschäftsverkehr anbieten.

Unter digitalen Geschäftsverkehr fällt alles, was das Ziel hat, einen Verbrauchervertrag abzuschließen. Wenn Sie also einen Onlineshop betreiben, in dem man ein neues schickes Paar Sneaker digital kaufen kann, ist der Shop vom Gesetz betroffen. Jeder digitale Kauf eines Produkts schließt automatisch einen Verbrauchervertrag ab.

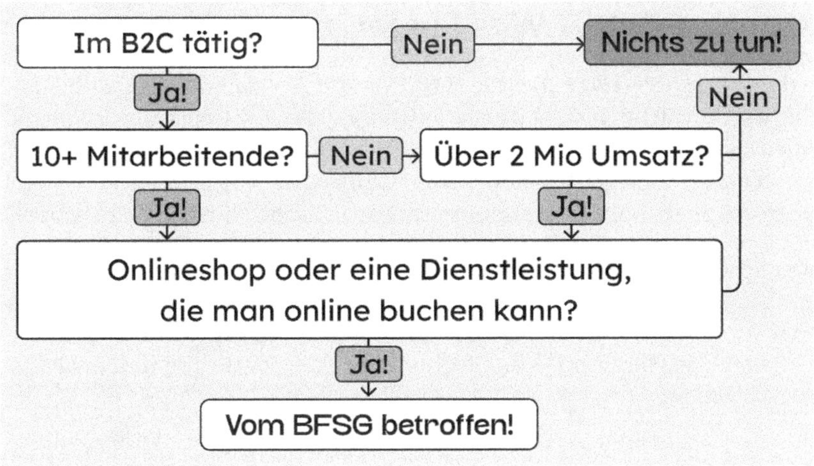

Abbildung 4.2: So finden Sie heraus, ob Sie oder Ihre Kunden vom Barrierefreiheitsstärkungsgesetz betroffen sind.

Das wars? Natürlich nicht, schließlich reden wir über deutsches Gesetz! Unter das BFSG fallen nämlich auch Websites, auf denen nur eine sogenannte »Vertragsanbahnung« stattfindet.

BEISPIEL

Der Friseursalon Haarscharf bietet auf seiner Website keine Produkte zum Kauf an. Man kann sich auf der Seite erstmal nur über Salon, Team, Preise und Öffnungszeiten informieren. Das allein würde die Seite zu einer Präsentationsseite machen (die nicht vom BFSG betroffen wäre). Allerdings kann man über ein Tool einen Termin vereinbaren. An diesem Termin tauschen Sie dann einen Haarschnitt gegen Ihr wohlverdientes Geld ein: Tada, ein Vertrag! Das Vereinbaren des Termins ist also nicht direkt ein Kauf, führt aber sehr sicher zu einem, weswegen es als Vertragsanbahnung zählt.

Auch der Austausch von Daten kann schon einen Vertrag darstellen: »Geben Sie mir Ihre E-Mail-Adresse und ich sende Ihnen dafür meinen Newsletter!« Dieser Tauschvertrag macht den Newsletter-Anmeldeprozess zum Gegenstand des BFSG.

Es ist manchmal also gar nicht so leicht zu bestimmen, ob eine Seite digitalen Geschäftsverkehr anbietet oder nicht. Was ist zum Beispiel mit einer Affiliate-Seite, die nur einen Link hat, der zu einer anderen Seite führt, auf der man dann kaufen kann? Fällt die Affiliate-Seite dann unter das BFSG? Es kommt darauf an! Gibt es Informationen auf der Seite, die man nur auf der Seite findet und sonst nirgendwo im weiteren Prozess? Sind diese Informationen der Affiliate-Seite ausschlaggebend, um eine Entscheidung zu treffen? Und so weiter.

Diese Fragen können wir hier leider nicht ohne Weiteres beantworten. Das muss im Einzelfall mit einer Rechtsberatung besprochen werden. Auch Anwält*innen verweisen aktuell noch oft auf ausstehende Auslegung des BFSG durch Gerichte. Bevor man viel herumdiskutiert und rätselt, ist es tatsächlich oft leichter und schneller, den fraglichen Prozess barrierefrei zu gestalten.

Sie fallen unter das BFSG? Was Sie jetzt tun müssen

Im letzten Kapitel haben Sie schon etwas über die Web Content Accessibility Guidelines gelernt. Die WCAG sind aber tatsächlich nicht alles, was Sie beachten müssen, wenn es um die digitale Barrierefreiheit in Deutschland geht. Das Barrierefreiheitsstärkungsgesetz verlangt nämlich, dass man sich an vorhandene harmonisierte europäische Normen hält, um seine Website barrierefrei zu machen – falls es harmonisierte europäische Normen dafür gibt.

Eine harmonisierte europäische Norm ist ein technischer Standard, der von einer der europäischen Normungsorganisationen (CEN, CENELEC oder ETSI) erstellt und von der Europäischen Kommission in Auftrag gegeben wurde. Diese Normen dienen der Harmonisierung technischer Anforderungen innerhalb der Europäischen Union.

Die EN 301 549

Zufälligerweise gibt es eine europäische Norm für die digitale Barrierefreiheit: die EN 301 549. Diese Norm trägt den Titel »Anforderungen an die Barrierefreiheit von Informations- und Kommunikationstechnik-Produkten und -Dienstleistungen« (im englischen Original: »Accessibility requirements for ICT products and services«). Sie legt Anforderungen für barrierefreie Produkte und Dienstleistungen fest und umfasst sowohl Websites wie auch Software und Hardware.

Was muss ich nach der EN 301 549 tun, um barrierefrei zu werden?

Besonders wichtig für Sie ist das Kapitel 9 der EN 301 549. Hier kommt nämlich die WCAG wieder ins Spiel. Dieses Kapitel enthält alle Erfolgskriterien der Level A und AA. Das Kapitel ist in folgende Abschnitte unterteilt:

- ✔ 9.0 Allgemeines (informativ)
- ✔ 9.1 Wahrnehmbar (zum Beispiel Textalternativen, zeitbasierte Medien, Kontraste)
- ✔ 9.2 Bedienbar (zum Beispiel Tastaturbedienbarkeit, ausreichend Zeit, Navigierbarkeit)
- ✔ 9.3 Verständlich (zum Beispiel Lesbarkeit, Vorhersehbarkeit, Eingabeunterstützung)
- ✔ 9.4 Robust (zum Beispiel Kompatibilität mit assistiven Technologien)
- ✔ 9.5 WCAG 2.1 Stufe-AAA-Erfolgskriterien (nicht verpflichtend, aber wünschenswert)
- ✔ 9.6 Konformitätsanforderungen der WCAG

Für vertriebsorientierte Websites und Onlineshops reicht es oft aus, sich auf Kapitel 9 und die darin enthaltenen WCAG-Richtlinien der Version 2.1 zu konzentrieren.

Momentan verweist die EN 301 549 auf die WCAG 2.1. Mittlerweile gibt es aber die WCAG in Version 2.2. Wir empfehlen stark, dass Sie sich an die neueste Version halten, insbesondere, weil das Gesetz fordert, dass Sie immer den »Neusten Stand der Technik« berücksichtigen. Außerdem wird die EN 301 549 auch überarbeitet und sollte spätestens Mitte 2026 auch auf die WCAG 2.2. verweisen. Im weiteren Verlauf dieses Buches werden wir daher auch auf die Kriterien der WCAG 2.2 eingehen.

Mit dem Kapitel 9 ist es allerdings noch nicht alles abgedeckt, was für eine Website gelten kann. Für komplexere Web-Apps wie Mediatheken, Schulungsplattformen, Onlineberatungen und Weiteres sind oft noch ein paar zusätzliche Kapitel der EN 301 549 relevant.

Zusätzliche Kapitel der EN 301549 für komplexe digitale Produkte

Hier ein Überblick über die zusätzlich relevanten Kapitel:

- ✔ Kapitel 5: Allgemeine Anforderungen
- ✔ Kapitel 6: Zwei-Wege-Sprachkommunikation (zum Beispiel Videotelefonie)
- ✔ Kapitel 7: Videoplayer
- ✔ Kapitel 11: Benutzerdefinierte Einstellungen und Autorenwerkzeuge
- ✔ Kapitel 12: Dokumentation und Support

Schauen wir uns als Beispiel Kapitel 7 an. Hier dreht sich alles um »Videofähigkeit«. Die Kriterien in diesem Kapitel verlangen, dass eingebundene Videos auf Ihrer Seite barrierefrei zugänglich sind. Im Gegensatz zu den WCAG-Kriterien, die mehr darauf abzielen, dass Inhalte barrierefrei sind (zum Beispiel, dass es überhaupt Untertitel gibt), geht es hier eher darum, dass der Player selbst die Barrierefreiheitsmaßnahmen unterstützt (also beispielsweise, dass der Player es ermöglicht, hinterlegte Untertitel zu einem Video zuzuschalten und anzupassen).

Vermutlich entwickeln Sie Ihren Videoplayer nicht selbst. Deswegen ist es für Sie hier hauptsächlich wichtig sicherzustellen, dass Ihr gewählter Player die Anforderungen auch erfüllt. Diese finden Sie in Teil IV.

Mit diesen zusätzlichen Kapiteln haben Sie nun einen Überblick über alles, woran Sie sich halten müssen, um barrierefrei zu werden! Allerdings bleibt noch die Frage offen, ob die Anforderungen für alle Seiten und Teile der Website gelten.

Muss die ganze Website barrierefrei sein?

Wie wir schon festgestellt haben, dreht sich das BFSG hauptsächlich um den digitalen Geschäftsverkehr. Demnach muss auf einer Website zumindest alles barrierefrei sein, was zu einem Vertragsabschluss führt. In einem klassischen Onlineshop wären das die folgenden Seiten: Startseite, Produktseiten, Kategorieseiten, Warenkorb, Check-out-Prozess und alles Rechtliche (wie AGBs, Impressum, Datenschutz). Diese Seiten sind zwingend barrierefrei zu gestalten, da sie für den Vertragsabschluss notwendig sind.

Und was ist mit den anderen Seiten? Seiten wie »Über uns«, ein Blog oder eine Karriereseite müssen nicht zwangsweise barrierefrei sein, da sie nicht direkt mit einem Vertragsabschluss zu tun haben. Eine klare Trennung ist in der Praxis allerdings oft schwierig. Was ist, wenn man in einem Blog-Artikel ein dort beschriebenes Produkt direkt in den Warenkorb legen kann? Auch auf Fragen wie diese gibt es leider nicht die eine richtige Antwort. Darum empfehlen wir auch hier, lieber mehr als weniger barrierefrei zu machen, am besten Ihre ganze Seite. Das gilt besonders für Unterseiten wie »Über uns«, die nur aus Text, Bild und minimalen interaktiven Elementen wie Links und Buttons bestehen. Diese Seiten barrierefrei zu machen, kostet oft weniger Zeit, als ein Gespräch mit Ihrem Anwalt zu führen (und im Vergleich zu Anwaltskosten ist es wahrscheinlich auch noch billiger!).

Angenommen, Sie gestalten nur Ihren Kaufprozess barrierefrei, nicht aber Unterseiten wie die »Über uns«-Seite. Jetzt kann zum Beispiel eine blinde Person sich zwar über das Produkt informieren, aber nicht über Ihr Unternehmen. Das beeinträchtigt nicht nur die Kaufentscheidung, sondern hinterlässt auch einen negativen Gesamteindruck. Die Wahrscheinlichkeit steigt, dass die Person abspringt und auch, dass sie Ihre Seite in Zukunft nicht mehr besucht. Somit haben Sie vielleicht erreicht, dass Ihre Website gesetzlich barrierefrei ist, aber die eigentlichen Vorteile von digitaler Barrierefreiheit für Ihr Unternehmen, wie eine größere Zielgruppe, haben Sie damit verpasst. Wenn Sie also schon Geld investieren, um Ihre Website barrierefrei zu machen, sollten Sie dafür sorgen, dass die betroffenen Personen am Ende mit der Erfahrung Ihrer Seite auch zufrieden sind und Ihre Investition auch etwas für Ihre Marke und Ihren Umsatz bringt.

Wer prüft, ob eine Website barrierefrei ist, und was sind die Konsequenzen?

Von offizieller Stelle ist die *Marktüberwachungsstelle der Länder für die Barrierefreiheit von Produkten und Dienstleistungen* (MLBF) für die Überprüfung der BFSG-Vorgaben verantwortlich. Die MLBF kann aus eigenem Ermessen oder auf Hinweis von außen Ihre Website auf digitale Barrierefreiheit prüfen.

Nachdem die Stelle Ihre Website geprüft hat, erhalten Sie einen Prüfbericht mit den Barrieren, die Sie beheben müssen. Sie haben dann eine vorgeschriebene Zeit, um diese Barrieren zu lösen. Wenn Sie die Barrieren in diesem Zeitraum nicht beheben, drohen Geldstrafen. Im schlimmsten Fall hat die MLBF in der Theorie die Möglichkeit, Ihnen das weitere Betreiben der Website zu verbieten, bis die Barrieren behoben sind.

Neben der offiziellen Stelle könnte auch Konkurrenz im Rahmen des Wettbewerbsgesetzes Ihre Seite auf Barrierefreiheit prüfen. Wettbewerber könnten Unterlassungs- und Schadensersatzansprüche geltend machen. Ein Mitbewerber kann beispielsweise verlangen, dass eine bestimmte Website vom Netz genommen wird, bis sie barrierefrei ist. Neben dem Aufwand, sich damit auseinanderzusetzen, drohen zudem auch noch die Verfahrenskosten. Wichtig ist aber auch hier im Hinterkopf zu behalten: Einen solchen Rechtsstreit vom Zaun zu brechen, lohnt sich für Konkurrenzunternehmen erst ab einem bestimmten Streitwert. Kleine Fehler werden hier vermutlich noch nicht ins Gewicht fallen.

Was mache ich mit Tools von Drittanbietern?

Meistens bauen Sie wahrscheinlich nicht alle Teile einer Seite selbst. Oft binden Sie Drittanbieter-Plug-ins wie Cookie-Banner oder externe Bezahldienste ein. Was macht man, wenn diese Tools nicht barrierefrei sind? Die einfache Antwort: Suchen Sie sich ein barrierefreies Tool!

Rechtlich ist die Sache wieder ein bisschen komplexer. Hier kommt es darauf an, wie klar es ist, dass es sich um ein Drittanbieter-Tool handelt. Wenn zum Beispiel anhand der Gestaltung gut zu erkennen ist, dass das Tool nicht von Ihnen kommt, sondern eben von einem Dritten, dann ist eigentlich der Drittanbieter dafür verantwortlich und haftbar.

Falls Ihre Seite von der Marktüberwachungsbehörde auf Barrierefreiheit getestet wird, könnte man Sie aber dazu auffordern, das nicht barrierefrei Drittanbieter-Tool zu entfernen. Wenn das Tool kritische Geschäftsprozesse abdeckt, könnte es sehr problematisch für Sie werden, wenn Sie schnell Ersatz dafür finden müssen.

Gehen Sie also lieber auf Nummer sicher. Dazu müssen Sie das Tool nicht selbst testen, aber zumindest sollten Sie den Hersteller kontaktieren oder auf dessen Seite einen Nachweis finden, dass der Anbieter behauptet, barrierefrei zu sein.

Muss ich nachweisen, dass meine Website barrierefrei ist?

Ja, eine Website muss Informationen zu Barrierefreiheitsmerkmalen und Barrierefreiheitsfunktionen angeben. Diese findet man oft auf Unterseiten, die zum Beispiel »Information zu Barrierefreiheit« oder »Erklärung zur Barrierefreiheit« benannt sind. Pflichtangeben darin sind:

- ✔ Eine allgemeine Beschreibung der Dienstleistung im barrierefreien Format
- ✔ Beschreibungen und Erläuterungen, die zum Verständnis der Durchführung der Dienstleistung erforderlich sind
- ✔ Beschreibung, wie die Dienstleistung die einschlägigen in der nach §3 Absatz 2 zu erlassenden Rechtsverordnung aufgeführten Barrierefreiheitsanforderungen erfüllt oder soweit nicht, mit begründeter Ausnahme
- ✔ Angabe der zuständigen Marktüberwachungsbehörde

Das klingt … schwammig und kompliziert. Und obwohl das Gesetz schon in Kraft ist, gibt es (November 2025) noch kein offizielles Muster, das wir guten Gewissens in einem Buch abdrucken könnten. Darum müssen wir Sie leider damit vertrösten, dass Sie danach im Internet suchen und vielleicht mittlerweile schon neue Informationen dazu auf unserer Website finden (`www.gehirngerecht.digital`).

Wer haftet, wenn eine Website nicht barrierefrei ist?

Grundsätzlich haftet der Anbieter der Dienstleistung – also der Betreiber der Website. Auch wenn er Sie als externen Dienstleister mit der Umsetzung beauftragt, bleibt die rechtliche Verantwortung beim Betreiber. Je nachdem, wie Sie das vertraglich geregelt haben, können aber eventuelle Haftungsrisiken auf Sie als Dienstleister übergehen. Dies betrifft insbesondere Regressansprüche oder die Verpflichtung zur kostenlosen Nachbesserung.

Sie sollten also vorsichtig mit dem sein, was Sie der werten Kundschaft versprechen, und vertraglich festhalten, wonach Sie beauftragte Websites barrierefrei machen. Zum Beispiel: »Barrierefreiheit nach der EN 301549«.

Außerdem sollten Sie festhalten, dass digitale Barrierefreiheit nie zu 100 Prozent versprochen werden kann. Eine Software hat immer Bugs und ohne einen separat beauftragten vollumfänglichen Test können Sie Barrierefreiheit nie garantieren. Zudem sollten Sie festhalten, dass nach dem Moment der Übergabe nicht mehr Sie verantwortlich sind, sondern die Person, die die Seite weiterbearbeitet. Wie Sie später sehen werden, kann jede Textänderung schon zu einem Fehler bei einem WCAG-Kriterium führen. Und Sie kennen bestimmt den scheinbar zwanghaften Drang mancher Menschen, die Dinge zu verschlimmbessern. Formulieren Sie die Übergaben also so klar wie möglich, damit Sie im schlimmsten Fall das Motto »aus den Augen, aus dem Sinn« anwenden können.

Ein paar beschwichtigende Worte: Auch bei 90 Prozent Barrierefreiheit müssen Sie oft nichts befürchten. Nach dem BFSG müssen Sie eigentlich alle Anforderungen der EN 301 549 erfüllen, um wirklich barrierefrei zu sein. Und auch wenn das der Anspruch sein sollte, ist es teilweise fast unmöglich. Es schleichen sich immer Fehler ein, zum Beispiel dass ein Farbkontrast mal nicht passt, ein Bild keine Textalternative hat oder beim Zoomen ein Text abgeschnitten wird. Wie schon gesagt, wird die Marktüberwachungsbehörde Sie erst auf die Fehler hinweisen und Ihnen Zeit geben, diese zu beheben, bevor Sie mit Konsequenzen rechnen müssen. Und auch für Konkurrenten lohnt sich eine Klage meistens erst dann, wenn mehrere und schwerwiegende Fehler auf der Seite zu finden sind. Solange Sie sich also Mühe geben, die Kriterien nach bestem Wissen und Gewissen umzusetzen und besonders schwerwiegende Barrieren wie fehlende Tastaturbedienbarkeit und mangelnden Support für assistive Technologien zu beheben, sollten Ihnen keine großen Konsequenzen drohen.

Dieser Hinweis ist nicht als Rechtsberatung zu sehen, sondern einfach Erfahrung aus unserer Praxis. Alles, was wir in diesem Buch über Gesetze sagen, wissen wir aus unserem Arbeitsalltag, dem Austausch mit Barrierefreiheitsexpert*innen und Jurist*innen. Wir sind aber natürlich keine Rechtsanwaltskanzlei und empfehlen immer mit einer solchen in Kontakt zu treten, um offene Fragen zu klären.

Barrierefreiheit für öffentliche Einrichtungen: BGG und BITV

Bei digitaler Barrierefreiheit muss man zwischen den Anforderungen für öffentliche Einrichtungen und privaten Unternehmen unterscheiden. Öffentliche Einrichtungen unterliegen speziellen Regelungen, die in Deutschland durch das *Behindertengleichstellungsgesetz* (BGG) und die dazugehörige *Barrierefreie-Informationstechnik-Verordnung* (BITV) festgelegt sind.

Das Behindertengleichstellungsgesetz

Das BGG von 2002 verpflichtet öffentliche Einrichtungen, ihre Angebote für alle zugänglich zu machen. Das gilt für alles, was im öffentlichen Sektor angeboten beziehungsweise mit öffentlichen Geldern betrieben wird – von der Stadtverwaltung bis zur Universität, von den Behörden bis zu den öffentlich-rechtlichen Rundfunkanstalten. Diese Einrichtungen sind verpflichtet, ihre Dienstleistungen so zu gestalten, dass alle Menschen, egal ob mit oder ohne Behinderung, problemlos darauf zugreifen können.

Außerdem sind die kleinen, aber feinen Unterschiede zwischen den Bundesländern zu beachten, die sich in den jeweiligen Landes-BITV und -Gesetzen finden.

BITV: Die Verordnung zum BGG

Für den digitalen Bereich gibt es hier die BITV, die 2011 in Kraft getreten ist. Sie legt fest, dass öffentliche Stellen ihre interne und externe Software barrierefrei gestalten müssen. Dazu zählen Websites, Apps und Onlinedienste. Die BITV verweist ebenfalls auf die EN 301 549. Zusätzlich zu den Regelungen, die auch für das BFSG gelten, kommen hier allerdings noch zwei wichtige Punkte hinzu:

- ✔ Eine Zusammenfassung der wichtigsten Inhalte der Seite muss in Leichter Sprache verfügbar sein.
- ✔ Eine Zusammenfassung der wichtigsten Inhalte der Seite muss in Gebärdensprache verfügbar sein.

Bei einer Website einer öffentlichen Stelle spielt auch die Frage nach dem digitalen Geschäftsverkehr keine Rolle. Die Website muss komplett barrierefrei sein. Auch die Erklärung zur Barrierefreiheit ist für öffentliche Stellen etwas umfangreicher. Dafür finden Sie aber gute Beispiele im Internet, etwa auf der Seite der *Bundesagentur für Arbeit*. Es gibt auch viele Muster und Generatoren, die bei der Erstellung helfen.

Wenn Sie also mit dem öffentlichen Sektor zu tun haben – sei es durch Aufträge von Behörden oder weil Ihre digitalen Produkte von öffentlichen Einrichtungen genutzt werden – müssen Sie immer alle Regeln der BITV beachten – auch für interne Werkzeuge oder das Backend eines Content-Management-Systems (CMS).

Teil II

Vom Konzept zur Seite: Wie man eine barrierefreie Website erstellt!

IN DIESEM TEIL …

- Basisprinzipien, die Sie kennen sollten
- Wie Sie Ihre Seite konzipieren
- Barrierefreiheit in Design, Entwicklung und Redaktion

IN DIESEM KAPITEL

Wie Sie Barrierefreiheit von Anfang an mitdenken

Wie Sie mit Ihrer bestehenden Seite umgehen

Welche Alternativversionen WCAG-tauglich sind

Kapitel 5
Bevor es losgeht

Um richtig in die Praxis der einzelnen Projektphasen eintauchen zu können, möchten wir Ihnen ein paar gängige Barrierefreiheitskonzepte näherbringen. Zuallererst ist es wichtig zu verstehen: Digitale Barrierefreiheit ist keine vorübergehende Modeerscheinung, sondern gekommen, um zu bleiben. Ähnlich wie *Responsive Design* vor einigen Jahren selbstverständlich wurde, ist Barrierefreiheit ein neuer Standard, den eine professionelle und moderne Website heutzutage einhalten muss. Ihr Ziel sollte daher ab jetzt nicht nur sein, ästhetische und verkaufsstarke Websites zu gestalten, sondern auch solche, die für alle funktionieren.

Barrierefreiheit von Anfang an mitdenken

Wie Sie gleich sehen werden, spielt Barrierefreiheit bei jeder Phase eines Website-Projekts eine Rolle. Wenn Sie sie von Anfang an mitdenken, können Sie sich viele Probleme, Bugs und Kosten im gesamten Prozess ersparen.

Der frühe Vogel … spart Geld!

Digitale Barrierefreiheit ist kein einmaliges Projekt, sondern ein kontinuierlicher Veränderungsprozess. Jede beteiligte Person trägt dazu bei, indem sie ihre Arbeitsweise ein Stück weit anpasst. Damit am Ende auch ein barrierefreies Produkt entsteht, muss Barrierefreiheit von Anfang an in alle Workflows integriert werden – vom ersten Designentwurf bis hin zur finalen Freigabe. Die zentralen Rollen und ihre Aufgaben lassen sich dabei wie folgt zusammenfassen:

Rolle	Tätigkeit
Product Owner	Strategie festlegen (Art der Website, Ziele, Features et cetera)
Design	UX- und UI-Design der Website ausarbeiten
Entwicklung	Die Website entwickeln
Redaktion	Inhalte einpflegen
Qualitätssicherung (QA)	Die Website vor dem Go-live testen. Die QA sollte natürlich am besten auch nach jedem Schritt (Entwicklung, Design, Redaktion) stattfinden.

Tabelle 5.1: Tätigkeitsbereiche im Entstehungsprozess einer Website

Wenn auch nicht immer linear natürlich sollte sich schon Ihr Designer bewusst sein, was Ihre Redakteurin später auf der Seite unterbringen muss, werden im Großen und Ganzen aber immer diese Schritte durchlaufen, sowohl beim Entwickeln einer neuen Website als auch beim Einbauen neuer Features (einer der Gründe, warum wir uns dazu entscheiden haben, dieses Buch nach Aufgabenbereichen einzuteilen!).

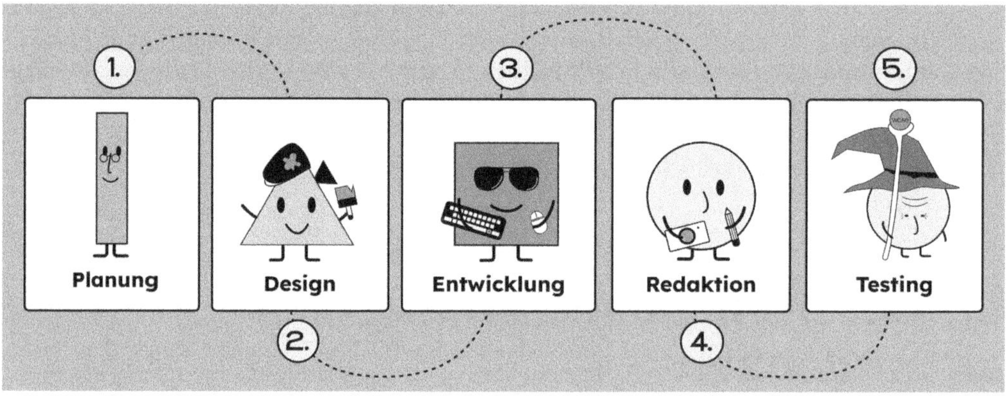

Abbildung 5.1: Die fünf Phasen des Entstehungsprozesses einer Website

Oft wird digitale Barrierefreiheit erst berücksichtigt, wenn die Website schon fertig ist. Allerdings ist sie kein zusätzliches Feature, das man einfach anhängen kann. Denn eine Website am Ende barrierefrei zu machen, ist so, als würden Sie nachträglich Blaubeeren in fertig gebackene Muffins drücken: Es funktioniert zwar, ist aber mühsam, kostet viel mehr Zeit (und dadurch Geld) und das Ergebnis leidet. Viel besser ist es, wenn Barrierefreiheit von Beginn an mitgedacht wird.

In der Praxis spricht man vom *Shift-Left-Prinzip*: Je früher Barrierefreiheit mitgedacht wird, desto günstiger und besser wird das Ergebnis.

Laut einer Untersuchung der Barrierefreiheitsexperten von *deque* entstehen rund 67 Prozent der digitalen Barrierefreiheitsprobleme bereits in der Designphase. Das bedeutet: Viele Fehler, die später bei der Entwicklung oder in der Testphase aufwendig behoben werden müssen, lassen sich vermeiden, wenn Barrierefreiheitsstandards von Anfang an berücksichtigt werden (`www.deque.com/blog/is-closing-the-web-accessibility-design-development-gap-a-bridge-too-far/`).

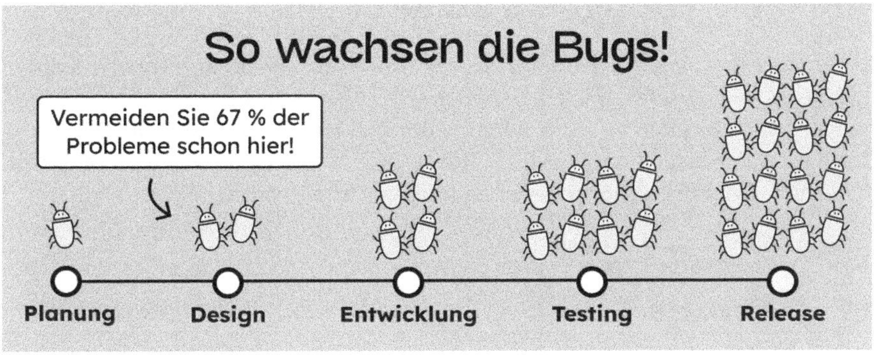

Abbildung 5.2: Schon in der Designphase können 67 Prozent der Bugs vermieden werden.

Der Accessibility-Experte Karl Grooves hat in einem Blog-Eintrag zu dem Thema folgende Rechnung aufgestellt:

»Wir haben sehr genau Buch darüber geführt, wie viele Probleme wir bei jedem manuellen Audit der Barrierefreiheit gefunden haben und wie viel Zeit es gedauert hat, einen Fehler zu beheben.

- ✔ Durchschnittliche Probleme pro Audit: 134
- ✔ Durchschnittliche Zeit für die Behebung eines Fehlers: sieben Stunden
- ✔ Kosten pro Stunde des Entwicklers: 370 Dollar (Preis verdoppelt, da man in der Zeit des Bugfixes auch eine Stunde verliert, um wichtige neue Aufgaben zu machen)

Basierend auf unseren bisherigen Daten können wir also davon ausgehen, dass uns jedes Problem 2590 Dollar kosten wird. Demnach würde es insgesamt 347.060 Dollar kosten, alle Probleme zu beheben, die bei einem typischen Audit auftauchen.«

Abbildung 5.3: Die Ergebnisse eines Audits zu beheben kann bis zu 350.000 Dollar kosten (Stand 2025: circa 300.000 Euro).

Die digitale Barrierefreiheit frühzeitig mitzudenken, kann also ziemlich viel Geld sparen. Darum heißt das erste Prinzip, das Sie sich merken sollten: *Shift-Left!*

Wo ein Sinn fehlt, springt ein anderer ein

Ein weiteres grundlegendes Konzept ist das *Zwei-Sinne-Prinzip*. Es besagt: Inhalte sollten immer auf mindestens zwei Sinneskanälen wahrnehmbar sein. Kann man etwas auf einer Website hören, sollte man es auch sehen (und zum Beispiel lesen) können. Wird in einem Video eine Information nur visuell dargestellt, sollte sie auch vertont werden. So stellen wir sicher, dass Menschen, die nicht alle Sinne nutzen können, Alternativen haben.

Abbildung 5.4: Man kann den gesprochenen Inhalt eines Videos durch Hören verstehen, aber auch durch Sehen, wenn das Video Untertitel hat.

Dieses Prinzip werden Sie in den WCAG-Kriterien (siehe Teil IV) immer wieder erkennen. Sollten Sie Ihr Buch also mal nicht zur Hand haben und die Kriterien (noch) nicht auswendig vorbeten können, hilft die einfache Leitfrage: »Ist mein Inhalt über mehr als einen Sinn erfassbar?« So behalten Sie Barrierefreiheit von Anfang an im Blick und nehmen sie mit in alle Projektphasen.

Komponenten, Komponenten, Komponenten!

Falls Ihnen das komponentenbasierte Arbeiten schon vertraut ist, können Sie diesen Teil gerne überspringen. Weil diese Arbeitsweise aber auch für das effektive Umsetzen von digitaler Barrierefreiheit wichtig ist, wollen wir sie nicht unerwähnt lassen.

Komponenten sind wiederverwendbare Elemente, die nur einmal angelegt werden müssen. Sie sind Ihre Rettung vor circa 860 Stunden zusätzlicher Arbeit. Klingt gut? Ist es auch!

Stellen Sie sich vor, Sie designen einen Button. Farbe, Form, Größe – alles ist festgelegt und Sie haben ihn in einem modernen Tool (wir empfehlen *Figma*) gebaut. Nun speichern Sie diesen Button als Komponente. Ab jetzt können Sie ihn beliebig oft in Ihrem Design einsetzen. Und wenn die Kundschaft später findet, er sollte doch lieber rund statt eckig sein, ändern Sie einfach die Hauptkomponente. Alle anderen Buttons passen sich automatisch an. Das spart viel Zeit, viel Nerven und viele (Kunden-)Beziehungskrisen.

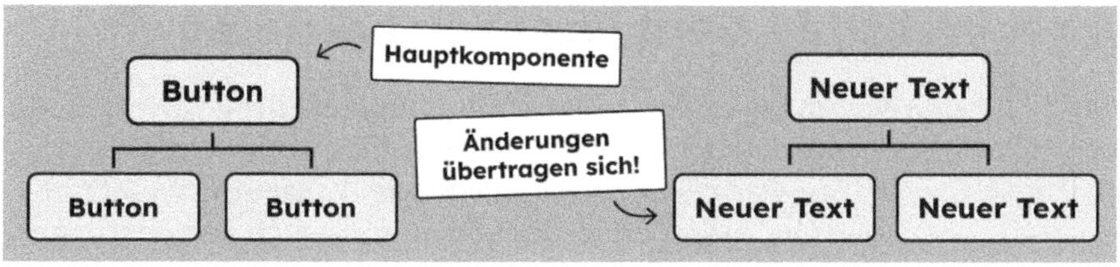

Abbildung 5.5: Die Veränderungen an einer Hauptkomponente übertragen sich auf alle anderen Instanzen im Design oder in der Entwicklung.

Mit Blick auf die digitale Barrierefreiheit wird es sogar noch besser: Ein Button, der einmal barrierefrei designt und als Komponente angelegt ist, ist ziemlich sicher in Ihrem kompletten Design barrierefrei. Sie müssen also nicht jeden einzelnen Button prüfen. Einmal die Komponente checken und die Sache ist erledigt – Trick!

Genau das Gleiche gilt auch für die Entwicklung Ihrer Komponenten. Wenn Sie einmal einen barrierefreien Button entwickelt haben, können Sie diesen Button überall wiederverwenden. Und wenn Sie an der Hauptkomponente etwas ändern, wird sich das automatisch auf alle Instanzen auswirken.

Komponentenbasiert zu arbeiten, spart Ihnen also beim Designen, Entwickeln, Testen und Updaten Ihrer Website Zeit. Neben dem frühzeitigen Einplanen der Barrierefreiheit ist das komponentenbasierte Arbeiten einer der besten Wege, um schnell und kostengünstig barrierefreie Ergebnisse zu erreichen.

Es gibt in den WCAG Kriterien, die sich nicht auf Komponentenebene testen lassen, wie das *Kriterium 2.4.2 Page Titled*. Das Kriterium besagt, dass es einen sinnvollen Titel für jede Seite der Website geben muss. So etwas kann natürlich nicht auf Komponentenebene getestet werden, sondern erst, wenn die Website gebaut wird. Generell ist es wichtig, am Ende die Website noch einmal komplett zu testen, um zu sehen, dass alles im Kontext der ganzen Seite auch barrierefrei ist (zum Beispiel, dass die Überschriftenhierarchie stimmt). Dennoch spart das komponentenbasierte Arbeiten beim Erstellen und Testen der Website und auch beim Beheben von Fehlern wahnsinnig viel Zeit.

Das Vorgehen für schon bestehende Websites

Wenn Sie jetzt schon eine Website haben, stellt sich Ihnen vielleicht die erdrückende Frage »Wo fange ich an?«. Um die Frage zu beantworten, starten wir ganz am Anfang und schauen uns an, auf welchem System Ihre Website aufgebaut ist.

Die Basis Ihrer Website – Geht das auch barrierefrei?

Wenn Sie oder Ihr Team eine Website komplett selbst programmieren, haben Sie die volle Kontrolle über den HTML-Code und damit auch über die Barrierefreiheit. Viele Webdesigner*innen nutzen jedoch *Content Management Systeme* (CMS) wie *WordPress, Shopify* oder *Webflow*. Das macht die oberflächliche Arbeit oft leichter, kann in Sachen Barrierefreiheit aber knifflig werden.

Als wir noch jung waren und angefangen haben, dieses Buch zu schreiben, war es mit manchen Tools nahezu unmöglich, wirklich barrierefreie Ergebnisse zu erzielen. Wer etwa den beliebten Page Builder *Elementor* nutzte, hatte große Probleme: Vorgefertigte Komponenten wie das Menü waren selbst Mitte 2025 nicht richtig per Tastatur bedienbar. Ohne Zusatz-Plug-ins gab es kaum eine Chance, das zu ändern, weil *Elementor* den Zugriff auf den Code einschränkt. Komplett unmöglich war Barrierefreiheit damit zwar nicht, komplexe Funktionalitäten konnte man damit allerdings nicht umsetzen.

Es kann sein, dass diese Tools mittlerweile mehr barrierefreie Möglichkeiten bieten. Trotzdem bleibt die wichtigste Frage für Sie: »Kann ich mit meinem Tool überhaupt barrierefreie Websites erstellen?«

Um das herauszufinden, hilft leider nur Recherchieren. Anbieter von barrierefreien Lösungen reden in der Regel auch darüber! Es ist mittlerweile Qualitätsmerkmal und Wettbewerbsvorteil. Wenn CMS, Page Builder oder andere Tools barrierefrei sind, werden Sie also bestimmt etwas darüber auf der Seite des Anbieters finden. Aber Vorsicht: Nur weil irgendwo »WCAG-konform« steht, bedeutet das nicht automatisch, dass das Tool alles kann, was Sie brauchen. Unserer Meinung nach ist es am wichtigsten, dass ein Page Builder es ermöglicht, in den HTML-Code direkt und ohne Einschränkung einzugreifen. So kann man zur Not eine Komponente auch selbst bauen, wenn sie im Builder nicht vorhanden ist.

Zum jetzigen Zeitpunkt können wir sagen, dass folgende Tools sehr gute barrierefreie Ergebnisse erzeugen können:

- ✔ WordPress in Kombination mit dem Bricks-Builder (unser Favorit)
- ✔ WordPress in Kombination mit dem Oxygen-Builder
- ✔ Shopify in der Standardversion
- ✔ Webflow
- ✔ Typo 3

Wie zuvor erwähnt, kann es sein, dass diese Liste mittlerweile länger ist.

Ihr Page Builder kann nicht barrierefrei? Dann ist es unserer Meinung nach auch unklar, wie gut er insgesamt funktioniert. Viele dieser Systeme haben nicht nur Barrierefreiheitsprobleme, sondern auch Performance- und SEO-Nachteile. Die Ursache ist oft dieselbe: unsauberer Code. Deshalb kann es sich langfristig lohnen, die Seite auf ein neues, modernes System umzuziehen. Ihr SEO, Ihre Nutzenden und Ihr Geldbeutel werden es Ihnen auf lange Sicht danken.

Schritt für Schritt zur Barrierefreiheit

Wenn wir uns sicher sind, dass unser Page Builder eigentlich barrierefrei kann, machen wir uns als Nächstes die Prinzipien zu eigen, die wir gerade gelernt haben: Shift-Left und Komponenten!

Ein erster Schritt kann sein, in Ihrem Design-Tool anzufangen und sich ein Inventar aller Komponenten zu machen, die vorliegen oder benötigt werden (beispielsweise: Buttons, Product-Cards, Formulare und so weiter). Eventuell gehören Sie zu den glücklichen Personen, die sich diesen Schritt auch sparen können, weil Ihr Designsystem bereits auf Komponenten basiert: Fleißstern geht raus an die Designabteilung!

Nachdem Sie das Inventar erstellt haben, sollten Sie prüfen, ob wirklich alle Komponenten noch genutzt werden sollen. Es macht nämlich wenig Spaß, ein Karussell barrierefrei zu gestalten. Ein Karussell wegzulassen, macht hingegen Freude. Karussells liefern ohnehin meist eine schlechte User-Experience und sind nur da, weil die Kundschaft noch mehr Content auf der Seite wollte (wir fühlen mit Ihnen).

Barrierefreiheit für komplexe Komponenten kostet Zeit, und die sollten Sie nur dort investieren, wo es wirklich sinnvoll ist. Wie aufwendig beziehungsweise rentabel der Umbau einer Komponente ist, können Sie nach der Lektüre dieses Buches besser einschätzen.

Egal, ob Sie Ihr Inventar zuerst anlegen oder aussortieren müssen, das Wichtigste ist, dass Sie bereits im Design beginnen, Ihre Barrierefreiheitsoptimierungen umzusetzen. Starten Sie bei Farben und Schriftgrößen und arbeiten Sie sich Schritt für Schritt zu komplexeren Komponenten wie Akkordeons oder Formularen vor. Erst wenn das Design angepasst ist, sollten die Änderungen in den Code übernommen werden.

In allen CMS und Page Buildern, die uns bekannt sind, können Sie globale Farben, Schriftarten und weitere Einstellungen festlegen. Auch Elemente wie Buttons, Links oder Akkordeons lassen sich als Komponenten anlegen und verwalten. So können Sie Schritt für Schritt dafür sorgen, dass Ihre Seiten langsam aber sicher barrierefrei werden.

Welchen Elementen widmen wir uns als Erstes?

Das CMS ist gecheckt, die benötigten Komponenten sind gelistet. Aber wo fangen wir jetzt mit der Umsetzung an?

Was hat hohen Nutzen bei geringem Aufwand?

Das Konzept der *Low-hanging Fruits* – also schnell umsetzbare Maßnahmen mit hohem Nutzen – ist in der digitalen Barrierefreiheit nicht so einfach. Der Grund ist, dass Barrierefreiheit eigentlich erst gilt, wenn alle Kriterien erfüllt sind.

Eine Bank nutzt weiße Schrift auf hellroten Buttons. Nicht mal Annegrets schicke Gleitsichtbrille kann den mangelnden Kontrast kompensieren. Sie schreibt immer wieder der Bank, bis die ihr Rot endlich so abdunkeln, dass sich das Weiß prima abhebt. Gut gemacht, Annegret! Aber was ist mit Manfred? Er ist blind und mit Tastatur unterwegs. Es reicht deshalb nicht, nur die Kontraste eines Buttons anzupassen; er muss gleichzeitig auch per Tastatur bedienbar gemacht werden. Die Kontraständerung macht den Button zwar *barrierefreier*, aber eben noch nicht vollständig barrierefrei.

Zudem ist es sehr schwierig, Kriterien nach ihrer Wichtigkeit zu priorisieren, da sie unterschiedliche Behinderungen betreffen. Quizfrage: Was ist wichtiger? a) Textalternativen für Bilder bereitzustellen für den blinden Manfred oder b) Untertitel für Videos zu erstellen für die taube Tine? Sie merken es selbst: Darauf gibt es keine einfache Antwort. Beides ist essenziell und sollte so schnell wie möglich umgesetzt werden.

Von Level A nach Level AAA

Ein guter Ansatz zur Priorisierung ist, bei den kritischen Barrieren der WCAG Level A zu beginnen. Natürlich können auch andere Kriterien den Zugang für Menschen erschweren, doch Level A beschreibt die grundlegendsten Hürden, die oft verhindern, dass Nutzende überhaupt auf Ihre Website gelangen.

Eine fehlende Audiodeskription wiegt im Alltag meist weniger schwer, als wenn man eine Seite gar nicht erst per Tastatur navigieren kann. Deshalb steht die Tastaturbedienbarkeit dieser Logik nach weit oben auf der Liste. Solche Hürden zu beseitigen, kann allerdings zeitaufwendig sein und ist nicht unbedingt die beste Motivation für unsere modernen, Dopamin-hungrigen Gehirne!

Schnelle Ergebnisse, bitte!

Darum kann es auch hilfreich sein, mit schnellen Erfolgserlebnissen zu starten. Welche das sind, hängt von Größe, Umfang und Inhalten Ihrer Website ab. Typischerweise lassen sich aber diese Baustellen vergleichsweise schnell beheben:

- ✔ **Textalternativen:** Verfassen Sie für alle Bilder eine gleichwertige Textalternative, die denselben Zweck erfüllt wie das Bild.
- ✔ **Untertitel:** Stellen Sie sicher, dass Videos Untertitel haben, damit taube Menschen sie verstehen können.
- ✔ **Fokuszustände:** Sorgen Sie dafür, dass Buttons, Links und interaktive Elemente sichtbar hervorgehoben werden, wenn sie per Tastatur angesteuert werden.
- ✔ **Überschriftenstruktur:** Verwenden Sie eine klare, hierarchische Struktur, damit Screenreader-Nutzende sich gut orientieren können.
- ✔ **Kontraste:** Prüfen Sie, ob Texte und Bedienelemente einen ausreichenden Kontrast zum Hintergrund haben. (Ehrlich gesagt: Das Anpassen der Farben kann zu viel Diskussion mit unterschiedlichen Stakeholdern führen und ist vielleicht manchmal in der Theorie eine Low-hanging Fruit, aber in der Praxis eine Qual!)

Keine Sorge, wenn Sie bei ein paar Begriffen hier noch im Dunkeln tappen. In den folgenden Kapiteln und in Teil IV über die WCAG-Kriterien bringen wir Licht ins Dunkel!

Abbildung 5.6: Fünf Dinge, die Sie meist schnell beheben können!

Die Checkliste für den Umbaustart

1. Ein Inventar aller komplexen Komponenten aufstellen
2. Überlegen, ob gewisse Komponenten gestrichen werden können
3. Das Designsystem anpassen
4. Überlegen, welche Kriterien Sie zuerst umsetzen wollen
5. Die Designänderungen einarbeiten
6. Die Komponenten barrierefrei implementieren
7. Die Inhalte der Seite anpassen (Link-Texte, Untertitel, Alt-Texte und so weiter)

Kann ich nicht einfach eine barrierefreie Version meiner Website anbieten?

Vielleicht gehören Sie zu den Personen, die schon die ganze Zeit folgende Frage im Kopf haben: »Kann ich nicht einfach eine barrierefreie Zweitseite anbieten?«

Kurz: Ja, wenn Ihre Website nicht WCAG-konform ist, dürfen Sie auch eine alternative Version zur Verfügung stellen. Diese muss allerdings gewisse Anforderungen erfüllen, um als konform durchzugehen.

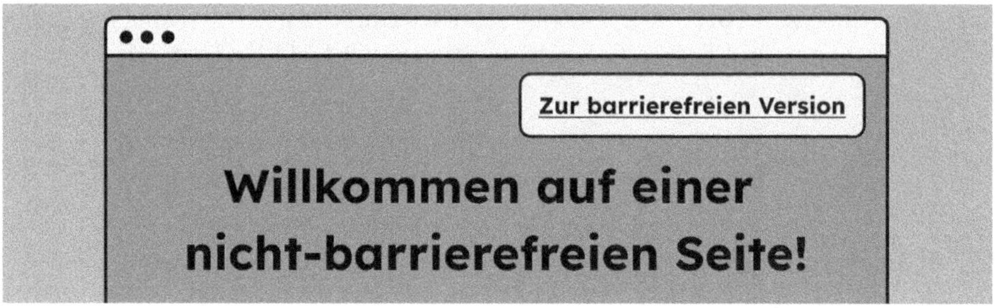

Abbildung 5.7: Ein Link zur barrierefreien Alternative muss präsent (in der Navigation) platziert sein, damit man ihn schnell erreicht.

Anforderungen an eine konforme Alternativversion

✔ **Die konforme Alternative muss alle Barrierefreiheitsanforderungen erfüllen.**

- Wenn es mehrere Alternativversionen gibt, muss mindestens eine davon alle Barrierefreiheitsanforderungen erfüllen.
- Reine Sonderlösungen für bestimmte Nutzergruppen (zum Beispiel nur blinde oder taube Menschen) reichen nicht aus, wenn keine vollständig barrierefreie Version existiert.

✔ **Die konforme Alternative hat alle Funktionen.**

- Inhalte und Funktionen der Alternativversion müssen mit der Originalversion übereinstimmen.
- Es dürfen keine Features fehlen oder veraltete Informationen vorhanden sein.
- Gibt es die ursprüngliche Version in mehreren Sprachen, muss auch die Alternativversion in diesen Sprachen verfügbar sein.

✔ **Die konforme Alternative ist barrierefrei zu erreichen.**

- Der Wechsel zur barrierefreien Alternativversion (zum Beispiel per Button) muss selbst barrierefrei sein.
- Alternativ kann eine barrierefreie Maske (zum Beispiel Log-in) Zugang zu beiden Versionen bieten.

✔ **Auch wenn es eine Alternativversion gibt, muss die Standardversion zumindest folgende Anforderungen erfüllen:**

- Es gibt keine Tastaturfallen (Kriterium 2.1.2).
- Es gibt keine blitzenden Inhalte (Kriterium 2.3.1).
- Es gibt keine bewegenden, blinkenden, sich automatisch aktualisierenden oder akustischen Inhalte, die man als User nicht stoppen kann (Kriterium 2.2.2).

✔ **Es gibt eine Dokumentation zur Alternativversion.**

Es ist auf Ihrer Seite dokumentiert, welchen Zweck die konforme Alternativversion hat, wie man sie findet und wie man sie nutzt.

✔ **Der Support weiß Bescheid!**

Laut der EN 301 549 (Abschnitt 12.2.2) muss Ihr technischer Support in der Lage sein zu erklären, welchen Zweck die konforme Alternativversion hat, wie man sie findet und wie man sie nutzt.

Eine Quelle zum Thema Alternativversion finden Sie in der Handreichung des Bundes für Informationstechnik (`handreichungen.bfit-bund.de/barrierefreie-uie/konforme_alternative_version.html#`). Eine Alternativversion ist also prinzipiell erlaubt. Warum aber eine barrierefreie Alternative bauen, statt die Seite gleich barrierefrei zu machen? Das macht meistens schlichtweg mehr Arbeit. Zusätzlich muss man bei Veränderungen auf der Website immer zwei Seiten anfassen, was schnell mal durchrutschen kann. Die Alternativversion ist also oft eher eine weitere Fehlerquelle.

Eine Alternativversion mit den richtigen Farbkontrasten

Eine alternative Version bedeutet nicht automatisch, dass Sie gleich zwei vollkommen unterschiedliche Websites betreiben müssen. Oft reicht es, eine zusätzliche Darstellungsvariante der bestehenden Seite anzubieten.

Viele Unternehmen haben nämlich eher wenig Lust, ihr geliebtes Corporate Design zu verändern, damit die Farben den Kontrastanforderungen entsprechen. Das müssen Sie auch nicht unbedingt, solange es einen Modus gibt, in dem die Seite kontrastreich genug dargestellt wird. Das lässt sich zum Beispiel über einen Schalter am Anfang der Seite umsetzen. Wichtig ist allerdings auch hier, dass spätestens in dieser Darstellung alle Anforderungen an die Barrierefreiheit erfüllt sein müssen.

Mit ein wenig Designgeschick lässt sich digitale Barrierefreiheit erreichen, ohne das ganze Corporate Design über den Haufen zu werfen. Manchmal reichen kleine Anpassungen, wie einen schwarzen Text statt eines weißen auf gelben Hintergrund zu setzen. So muss Ihr Marken-Gelb gar nicht verändert werden. Sie müssen auch nicht sofort all Ihre Flyer, Banner oder Aufkleber neu drucken. Es reicht erst mal, die Website anzupassen. Alles andere können Sie Schritt für Schritt nachziehen. Mehr Tipps und alles Weitere über den richtigen Umgang mit Kontrasten finden Sie in Kapitel 7, Digitale Barrierefreiheit im Design.

Zählt ein Overlay-Tool als ausreichende Alternativversion?

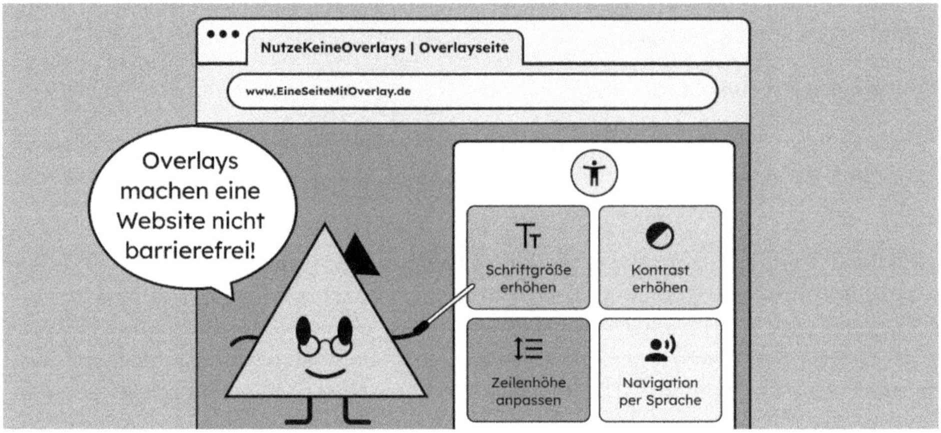

Abbildung 5.8: Vermeiden Sie Overlay-Tools, weil deren Funktionen eine Seite nicht barrierefrei machen.

Ein Overlay-Tool ist ein Widget, das man auf einer Website einbaut. Damit können Besuchende Einstellungen wie größere Schrift oder angepasste Kontraste aktivieren. Klingt praktisch, oder? Einfach ein Accessibility-Overlay installieren – und zack, die Seite ist barrierefrei?

Die Realität sieht oft anders aus. Overlay-Tools können keine strukturellen Probleme lösen und Code nicht reparieren. Wenn zum Beispiel aufgrund eines Fehlers in der Programmierung ein Button nicht per Tastatur zu bedienen ist, hilft ein Overlay-Tool auch nicht dabei, den Button bedienbar zu machen. Viele kritische Barrieren werden dadurch also nicht behoben. Ein weiteres Dilemma ist, dass viele Overlay-Tools selbst nicht 100 Prozent barrierefrei bedienbar sind. Es kann also passieren, dass ausgerechnet die Menschen, die sie nutzen sollen, gar keinen Zugang dazu haben. Mehr zum Thema Overlay-Tools erfahren Sie in der wissenschaftlichen Arbeit von Daniela Kubesch (`overlays.dnikub.dev`).

IN DIESEM KAPITEL

Wie Sie barrierefreie Abläufe konzipieren und kommunizieren

Was eine Definition of Done ist

Wie Sie sich strukturiert voranarbeiten

Kapitel 6
Konzeption einer barrierefreien Website

Endlich geht es los: Sie ziehen sich jetzt den Hut des *Product Owners* (PO) auf und starten mit der Konzeption einer barrierefreien Website!

Aber was macht ein PO eigentlich so, wenn es um Barrierefreiheit geht? Das Gleiche wie immer: schwätzen! Hauptsächlich mit Kund*innen und dem Team, um die Anforderungen zu klären und sicherzustellen, dass am Ende alle glücklich sind (wie wir wissen, kein dankbarer Job).

Digitale Barrierefreiheit im Kundengespräch

Wenn Sie eine Anfrage für eine neue Website bekommen, werden Sie sich vermutlich erst einmal mit der Kundschaft zusammensetzen und ein paar grundlegende Fragen klären:

- ✔ Was ist das Ziel der Seite: Soll sie das Unternehmen repräsentieren oder soll sie verkaufen?
- ✔ Welche Inhalte sollten später auf der Seite veröffentlicht werden?
- ✔ Was für eine Rolle spielt die Seite in der generellen Marketingstrategie? Wie wichtig ist SEO?
- ✔ Gibt es schon Brand-Guidelines?
- ✔ Welche Features soll die Seite haben?

Und so weiter. In der Konzeptionsphase legen Sie also die grundlegende Strategie für die Website fest. Wichtig ist, dass Sie schon hier das Thema digitale Barrierefreiheit im Blick haben. Denn je nachdem, welche Features und Inhalte auf der Seite gewünscht sind und wie die Marke gerade aussieht, kann weiterer Aufwand entstehen (besonders beliebt: lange Diskussionen über das Verändern von Farben aufgrund von zu schlechten Kontrasten).

Wenigstens der Teil Ihrer Kundschaft, der vom BFSG betroffen ist, wird digitale Barrierefreiheit bei der Beauftragung fordern. Wenn Ihre Kunden allerdings die Barrierefreiheit gar nicht oder nicht vollkommen im Blick haben, sollten Sie auf jeden Fall darauf hinweisen, dass gewisse Inhalte oder Features jetzt zeitaufwendiger werden können. So kann es sein, dass ein Video (je nach Inhalt) jetzt eine Audiodeskription braucht. Bezüglich Features kann es jetzt wesentlich aufwendiger werden, ein Karussell auf der Website zu implementieren. (Das sehen wir allerdings als ziemlich positiv, weil wir endlich ein weiteres Argument haben, um unseren Kunden Karusselle auszureden!)

Ob Sie das Thema Barrierefreiheit überhaupt aufbringen, bleibt Ihnen überlassen. Wir würden generell empfehlen, dass Sie Ihren Arbeitsprozess so umstellen, dass ausschließlich barrierefreie Ergebnisse erzielt werden. Barrierefreiheit ist gesetzliche Pflicht und sollte deshalb – und aus vielen anderen guten Gründen wie Teilhabe und Usability – zum Standard Ihrer Arbeit werden. Ziel sollte es also sein, dass Sie sich Stück für Stück einen »Werkzeugkoffer« mit barrierefreien Komponente erarbeiten und die Umsetzung von gängigen Features keinen Mehraufwand mehr bedeutet.

Die Aufgabe des PO besteht also in erster Linie darin, Kund*innen zu beraten und den Scope des Projekts richtig abzustecken. Um das gut zu machen, sollte der PO ein solides Grundverständnis davon haben, wie sich die digitale Barrierefreiheit auf die verschiedenen Bereiche auswirkt.

Das hilft nicht nur in der Kundenkommunikation, sondern auch teamintern.

Abbildung 6.1: Product Owner klären die Features und erstellen die Definition of Done.

Digitale Barrierefreiheit im agilen Website-Team

In der agilen Projektentwicklung ist der PO dafür verantwortlich, »Storys« und »Tasks« zu definieren, die die einzelnen Teammitglieder dann bearbeiten.

Ein solcher Task könnte, einfach gesagt, zum Beispiel so formuliert sein: »Definiere die Farben für das UI-Designsystem der Website.«

Jetzt stellt sich für den PO allerdings die Frage: Wie schaffe ich es, dass die digitale Barrierefreiheit dabei nicht vergessen wird?

Zuallererst ist es wichtig, dass Sie Barrierefreiheit nicht als Zusatztask betrachten. Sie sollten am Ende keine Einzelaufgaben haben, bei denen die erste »Definiere die Farben« heißt und die zweite »Mach das Farbsystem barrierefrei!«. Damit hätten wir direkt gegen unsere Shift-Left-Regel verstoßen und würden die Arbeit doppelt machen (Farben aussuchen und Farben barrierefrei machen). Dass so etwas vorkommt, klingt in der Theorie etwas lächerlich, es wird aber in der Praxis nicht selten genau so gemacht.

Besser wäre es, den ersten Task so zu lassen, wie er ist: »Definiere die Farben für das UI-Designsystem der Website«. Was wir verändern wollen, ist, wann wir den Task als »fertig« sehen. Der Task sollte also nur dann als beendet akzeptiert werden, wenn die Kontraste der Farben WCAG-konform sind (mehr dazu im Abschnitt über barrierefreies Design). Eine solche Bewertung des Endergebnisses macht man normalerweise in einer *Definition of Done.*

Die Definition of Done (DoD) erstellen oder erweitern

Falls Sie noch nie von der Definition of Done gehört haben: Die DoD ist ein zentrales Werkzeug eines PO, um zu definieren, was genau erfüllt sein muss, damit ein Task als abgeschlossen gilt.

Im Prinzip ist es wie eine Art Checkliste, auf die sich das Team geeinigt hat. Diese Checkliste kann je nach Team in gewissen Bereichen komplett unterschiedlich aussehen. So kann bei dem Task »Definiere die Farben für das UI-Designsystem der Website« eine Checkliste unter anderem folgende Punkte enthalten:

- ✔ Definiere Primär-, Sekundär- und Akzentfarbe.
- ✔ Wähle zusätzliche Farben für Warnungen, Infos, Erfolg et cetera.
- ✔ Lege für die Farbwerte in Figma globale Styles an, damit das ganze Designteam darauf zugreifen kann.
- ✔ Sprich die gewählten Farben mit dem Kunden ab.
- ✔ …

Diese Liste kann je nach Team sehr detailliert oder sehr grob und oberflächlich sein. Wie auch immer Sie oder Ihr Team die DoD zusammenstellen, ist sie auf jeden Fall eines der besten Mittel, das wir kennen, um digitale Barrierefreiheit im Prozess zu verankern. So sorgen Sie dafür, dass die Kriterien für die Barrierefreiheit auf jeden Fall nicht so schnell vergessen werden.

BEISPIEL

Sie können beispielsweise in die DoD mit aufnehmen, dass die Kontraste der gewählten Farben zueinander dokumentiert sein müssen. Oder dass es eine Übersicht geben muss, welche Farben man miteinander kombinieren darf, damit keine Kontrastprobleme auftauchen.

Wenn Sie jetzt die DoD mit diesen Checks erweitern wollen, merken Sie vielleicht, dass Sie alles Wissen über die digitale Barrierefreiheit benötigen, um die richtigen Checks aufzunehmen.

Barrierefreiheitskriterien für die Definition of Done festlegen

Wenn der PO nicht für den schlussendlichen Test der Seite verantwortlich ist (was in manchen Teams durchaus vorkommt), sollte es nicht das Ziel sein, den PO zum Experten der digitalen Barrierefreiheit zu machen. Wie wir gesehen haben, ist es gut, dass der PO die Grundlagen kennt, um sie zu testen oder auch mit den Beteiligten darüber zu diskutieren. Allerdings sollte man als PO keinen ausgebildeten Tester ersetzen und über jedes Detail der Barrierefreiheit Bescheid wissen müssen. Wenn Sie allerdings keinen ausgebildeten Tester im Team haben, haben wir folgende Vorschläge:

1. **Existierende Checklisten nutzen:** Es gibt so einige Checklisten, in denen man Vorgaben findet, was eingehalten werden muss, um die WCAG-Kriterien zu erfüllen. Die hilfreichste, die wir kennen, ist die Handreichung des Bundes für die Gestaltung barrierefreier User-Interface-Komponenten (`handreichungen.bfit-bund.de/barrierefreie-uie`). Diese Liste kategorisiert die Checks nach Komponenten. Sie listet also genau auf, was ein Button benötigt, um barrierefrei zu sein. Man könnte die Liste im Prinzip einfach kopieren und sie in die eigenen DoD einpflegen. Zusätzlich kann man sich auch die WCAG-Kriterien auf `gehirngerecht.digital/wcag-kriterien` anschauen (richtig dufte Seite, glauben Sie uns!). Diese sind dort mit den jeweils empfohlenen Techniken gelistet und nach Rolle und Komplexität filterbar.

2. **Das Team fragen:** Am Ende muss jede Rolle dafür sorgen, dass sie ein barrierefreies Ergebnis liefert. Darum müssen sich alle das Wissen aneignen, das sie benötigen, um barrierefrei zu designen, zu entwickeln und so weiter! Während Sie sich das Wissen aneignen, können Sie Ihre Entscheidungen dokumentieren und sie später allein oder gemeinsam in eine DoD übertragen.

3. **Mit erfahrenen Testern sprechen:** Falls die vorhandenen Quellen, dieses Buch und auch Ihr Team nicht ausreichend Fachwissen liefern, um alle Fragezeichen zu klären, dann empfehlen wir, erfahrene Tester*innen zur Hilfe holen. Sie haben schon sehr viele Komponenten gesehen und getestet und wissen ganz genau, worauf es beim Design und bei der Implementierung ankommt und auch, was bei der Umsetzung oft vergessen wird. Zusammen mit ihnen können Sie eigene Checks für Ihre Komponenten erstellen.

Wenn Sie ohne Definition of Done arbeiten

Es kann sein, dass Sie gar keine DoD nutzen oder die Zeit nicht dafür aufbringen können oder möchten, eine DoD für jeden einzelnen Task festzulegen. Dann würden wir zumindest empfehlen, dass Sie festhalten, dass grundlegende Barrierefreiheitstests vor jedem neuen Release durchgeführt werden. Das bedeutet:

1. **Mit Tools automatisiert prüfen**, ob grundlegende Barrierefreiheitskriterien eingehalten wurden
2. **Manuell testen**, ob interaktive Elemente wie Buttons und Links mit der Tastatur, dem Screenreader bedienbar sind

So stellen Sie sicher, dass spätestens hier einige Fehler gefunden werden. Das ist spät im Prozess und kann sicherlich ein paar extra Arbeitsstunden bedeuten. Aber es ist deutlich besser, als es gar nicht zu tun!

Weitere Details, wie automatisierte und manuelle Tests aussehen, und praktische Tipps dazu finden Sie in Teil III.

Damit ist Ihre Aufgabe als PO auch getan. Sie haben mit Ihrem Kunden den nötigen Aufwand für die Barrierefreiheit besprochen und die Kriterien zur Barrierefreiheit fest in Ihrem Teamprozess verankert. Als Nächstes geht es darum, was man im Design alles wissen muss, um barrierefreie Designs zu erstellen.

Inhaltliche Struktur

Wenn wir früher in der Schule eine Erörterung geschrieben haben, dann nie ohne Gliederung. Auch dieses Buch basierte zuallererst auf einer Gliederung. Und unsere Blogeinträge? Ganz genau, auch die basieren auf einer Gliederung. Sie hilft uns, Ordnung zu schaffen im noch unreifen Gedankenchaos und Inhalten eine Hierarchie zu geben. Ob es nun eine Gliederung wird oder ein Strukturbaum: Visualisieren Sie Ihren Aufbau!

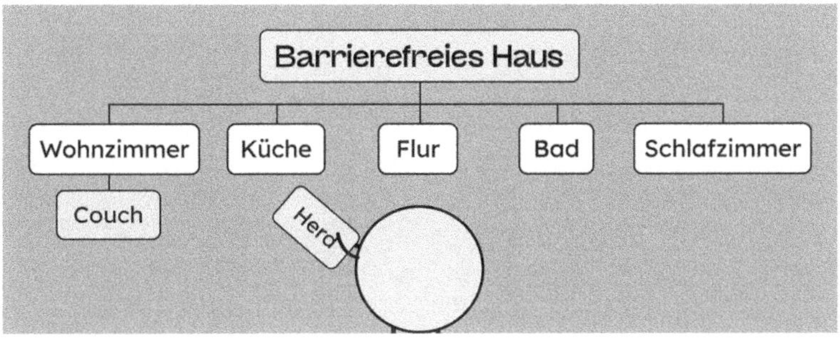

Abbildung 6.2: Finden Sie eine Form der Visualisierung, die Ihnen hilft, strukturiert zu arbeiten.

Bei Websites merken wir allerdings oft, dass dieser Schritt nie passiert ist. Meistens sind die Seiten organisch gewachsen. Es kam über die Zeit immer mehr Inhalt dazu und jetzt gibt es weder eine klare Struktur noch eine Hierarchie. Dadurch sind User verwirrt, finden nicht, was sie suchen, oder verstehen nicht, was die Seite ihnen sagen will. Im schlimmsten Fall springen sie schnell wieder ab. Wenn Sie Ihre Seite selbst erstellen, beginnen Sie also mit einer guten, logischen Struktur.

Wie kommt man zu einer guten inhaltlichen Struktur?

- ✔ **Inhalte sortieren:** Sammeln Sie zunächst alles, was Sie zu Ihrem Thema zu sagen haben.
- ✔ **Clustern:** Gruppieren Sie ähnliche Themen zu Blöcken, damit alles einen logischen Zusammenhang bekommt.
- ✔ **Priorisieren:** Entscheiden Sie, welche Inhalte besonders wichtig sind und zuerst erscheinen sollten.
- ✔ **Aussortieren:** Die meisten Seiten sind überfüllt. Die Aufmerksamkeitsspanne der Menschen im Web liegt allerdings oft bei wenigen Sekunden. Kürzen Sie radikal!
- ✔ **Hierarchie erstellen:** Legen Sie Überschriftenebenen im Vorfeld fest!
- ✔ **Testen:** Lassen Sie jemanden, der Ihre Inhalte nicht kennt, die Seite durchklicken – versteht die Person sofort, worum es geht?

IN DIESEM KAPITEL

- Grundlegende Prinzipen für barrierefreies Design
- Wie Sie ein barrierefreies Designsystem als Basis erstellen
- Was Sie beim anschließenden UI-Design beachten müssen

Kapitel 7
Digitale Barrierefreiheit im Design

Genug der Theorie, Zeit für Praxis! Von der Farbauswahl bis zu den Kontrasten, von Animationen bis zur Größe der Buttons – Entscheidungen im Design haben enormen Einfluss auf die endgültige Barrierefreiheit Ihrer Website.

Sich im Designprozess schon viele Gedanken über die digitale Barrierefreiheit zu machen, spart Ihnen selbst oder Ihren geschätzten Entwickler*innen später nämlich viel Zeit. Das Wissen über die Designprinzipien und die WCAG-Kriterien führt nämlich dazu, dass Sie sich zweimal überlegen, ob Sie ein Karussell (ja, wir werden weiterhin auf dem Karussell herumhacken) auf Ihrer Website wirklich brauchen. Oder ob ein Dropdown-Element (auch `<select>`) wirklich ein Design braucht, das nicht so einfach barrierefrei umsetzbar ist.

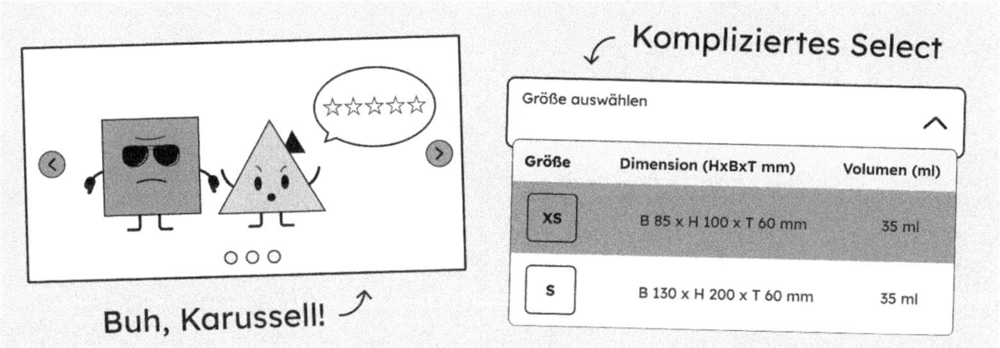

Abbildung 7.1: Karusselle und komplex designte Select-Elemente sind schwierig barrierefrei zu machen.

Solche komplexen Komponenten kann man nämlich mit nativem HTML nicht bauen. Das bedeutet, dass man unter anderem die Tastaturbedienbarkeit eines Elements in der Entwicklung per Hand bauen muss – und ehrlich gesagt: Wer weiß schon, wie genau ein Dropdown per Tastatur zu bedienen ist? Nicht-native HTML-Elemente zu nutzen, kann also beim Entwickeln, Testen und Warten der Website eine ganze Menge an Zeit kosten. (Wenn Sie noch nicht genau wissen, was wir mit nativen HTML meinen, können wir Sie beruhigen. Sie finden alles Wissenswerte darüber in Kapitel 8, Digitale Barrierefreiheit in der Entwicklung.)

Im Laufe des Kapitels werden Sie aber lernen, warum Sie immer noch jede Komponente in Ihrem Design verwenden dürfen – wenn Sie verstehen, wie.

Die Designprinzipien hinter digitaler Barrierefreiheit

Im ersten Teil des Buches haben wir schon einmal über die vier grundlegenden Prinzipien der WCAG geschrieben. Diese sind die Wahrnehmbarkeit, die Verständlichkeit, die Bedienbarkeit und die Robustheit. Diese vier Prinzipien sind auch im Designprozess ein effektives Framework, um die Barrierefreiheit bei jeder Designentscheidung von Anfang an mitzudenken. Sie immer im Hinterkopf zu haben, macht Ihr Webdesign fast schon automatisch

- ✔ … besser zu erkennen,
- ✔ … besser zu verstehen,
- ✔ … bedienbarer für alle,
- ✔ … und mit allen Geräten kompatibel.

Neben den vier WCAG-Prinzipien haben wir noch zwei weitere Punkte aufgenommen, die sich als sehr nützlich herausgestellt haben. Diese Punkte sind: das Zwei-Sinne-Prinzip und barrierefreie Alternativen.

Abbildung 7.2: Diese sechs Designprinzipien sollten Sie immer im Hinterkopf haben.

Um den Prinzipien ein wenig Leben einzuhauchen, werden wir sie anhand einer Toggle-Switch-Komponente erklären, die wir Schritt für Schritt barrierefreier machen. Der Ausgangspunkt ist das folgende simple Toggle-Switch-Design. Es besteht aus einer Pillenform und einem kleinen grauen Kreis.

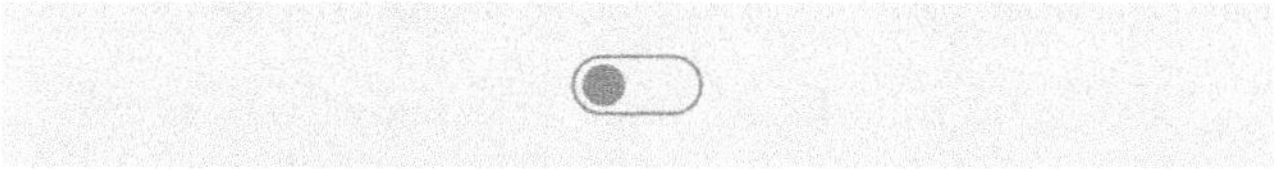

Abbildung 7.3: Ein simpler Toggle Switch

Auf den ersten Blick: Würden Sie sagen, der Toggle Switch ist gut wahrnehmbar?

Das Prinzip der Wahrnehmbarkeit

Vielleicht haben Sie es schon direkt erkannt: Der Kontrast des Toggle Switches ist, na ja, ausbaufähig. Farben, die sich in der Helligkeit oder Sättigung nicht gut voneinander abheben, erzeugen ein schlechtes Kontrastverhältnis. Und schlechte Kontraste machen Ihr Design schwer wahrnehmbar, besonders für Menschen mit Sehbehinderung. Aber auch der generelle Einsatz von Farben spielt eine große Rolle für die Wahrnehmbarkeit. Menschen mit Farbsehschwäche können zum Beispiel bestimmte Zustände von Elementen nicht erkennen, wenn diese ausschließlich durch Farben visualisiert werden. Wir werden Ihnen im Laufe des Kapitels noch so einige Fälle dafür zeigen, aber ein typisches Beispiel ist, einen Fehlerzustand eines Eingabefelds nur durch die Farbe Rot anzuzeigen.

Das Prinzip der Wahrnehmbarkeit in den WCAG beinhaltet viele Kriterien, wie die Anforderung, dass Videos auf Websites Untertitel für Menschen mit Hörbehinderungen benötigen. Diese Kriterien sind allerdings oft nicht relevant für das UI-Design und werden hier nicht im Detail behandelt. Alle Kriterien der Wahrnehmbarkeit finden Sie in Teil IV.

Die wichtigsten Punkte für eine bessere Wahrnehmbarkeit sind:

- ✔ Kontrastverhältnisse
- ✔ Größe
- ✔ Bekannte Formen
- ✔ Nähe
- ✔ Hierarchie

Kontrastverhältnisse

Elemente, die zu wenig Kontrast zum Hintergrund haben, werden für manche User quasi unsichtbar. Das wird spätestens dann zum großen Problem, wenn diese »unsichtbaren«

Inhalte essenziell sind, um die Website zu verstehen oder zu bedienen. Deswegen gibt es in den WCAG Kontrastanforderungen.

Auf Kontrastverhältnisse werden wir später noch mal im Detail zu sprechen kommen. Für unser Beispiel schauen wir uns nur die Kontraste von Bedienelementen an. Alle Bedienelemente Ihrer Website benötigen einen Mindestkontrast von 3:1 zum Hintergrund.

Bedienelemente sind alle Elemente, mit denen User etwas auslösen können. Dazu gehören zum Beispiel Links oder Buttons. Sobald Sie ein Bild in Ihrem Design einplanen, das klickbar ist, wird es zum Bedienelement. Selbst wenn es nur klickbar ist, um es zu vergrößern.

Um unseren Toggle Switch barrierefrei zu machen, müssen wir also sicherstellen, dass er einen Mindestkontrast von 3:1 zu jedem Hintergrund hat. Das Wort *jedem* wollen wir hier noch mal hervorheben. Es ist wichtig, dass Sie Ihr Design vorausschauend planen und damit rechnen, dass Ihre Komponenten nicht immer nur auf der gleichen Hintergrundfarbe platziert sind. Manchmal ist Ihr Hintergrund vielleicht weiß, manchmal aber auch gelb oder blau. Planen Sie Ihre Komponenten also von Anfang an so, dass Sie mit Ihren Kontrasten nicht bei jedem Farbwechsel in Schwierigkeit geraten.

Um den Kontrast des Toggle Switches zu verbessern, könnten wir der Outline der Pillenform eine schwarze Farbe geben. Eine schwarze Outline würde ausreichen, um den Toggle Switch ausreichend vom Hintergrund abzuheben. In diesem Fall sogar mehr als ausreichend. Wir sind fast am Maximum von 21:1. Um den Toggle Switch aber noch ein Stück wahrnehmbarer zu machen, haben wir auch die Fläche innerhalb des Toggle Switches weiß gefärbt. Das Färben des inneren Teils des Toggle Switches ist auch ein gutes Beispiel für vorausschauendes Denken, da der Toggle Switch so auch auf einem sehr dunklen oder schwarzen Hintergrund funktioniert.

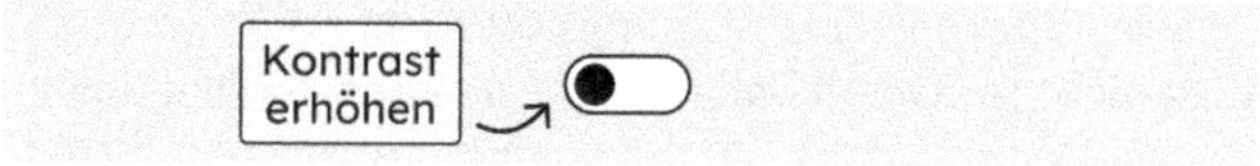

Abbildung 7.4: Die Kontraste des Toggle Switches wurden erhöht.

Hinweis: Der Wert von 3:1 basiert auf einer mathematischen Berechnung, auf die wir hier nicht genauer eingehen. Diese Berechnung müssen Sie aber auch im Alltag nicht wissen. Jeder Kontrastchecker spuckt Ihnen die Zahlen X:1 aus. Eine Liste an hilfreichen Tools finden Sie in Teil III des Buches!

Größe

Die Größe von Elementen ist eine weitere einfache Stellschraube, um die Wahrnehmbarkeit schnell zu verbessern. Größere Elemente sind – offensichtlich – besser zu erkennen und einfacher zu finden.

In den WCAG selbst sucht man allerdings vergeblich nach Vorschriften zur Mindestgröße, wenn es um die Erkennbarkeit von Elementen und Texten geht. Für bedienbare Elemente gibt es seit den WCAG 2.2 ein Kriterium zur Mindestgröße von Klickflächen. Darauf gehen wir aber im Prinzip der Bedienbarkeit näher ein. Wir wollen hier nur kurz erwähnen, dass größere Elemente nicht nur viel besser wahrzunehmen, sondern auch einfacher zu bedienen sind. Sie checken mit der richtigen Größe also gleich mehrere Boxen!

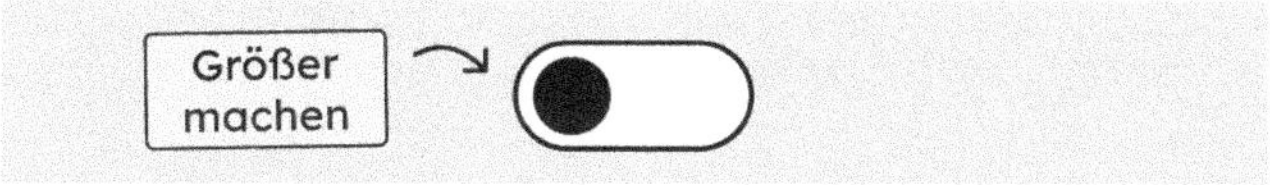

Abbildung 7.5: Der Toggle Switch wurde vergrößert.

Bekannte Formen

Mit »bekannten Formen« meinen wir, dass Sie Elemente im Design nutzen sollen, die Ihre User sehr wahrscheinlich schon mal gesehen haben.

Den Füchsen unter Ihnen wird auffallen: Das ist doch *Jakob's Law*! Ganz richtig, Fuchs! Wenn Sie schon mal etwas über UX-Designprinzipien und Gestaltungsprinzipien gelernt haben, wird Ihnen einiges in diesem Kapitel bekannt vorkommen. In der Gestaltung versuchen wir ja schon lange, das Wissen über die Funktionsweise unseres Gehirns einfließen zu lassen. Unsere Designs »gehirngerecht« zu machen, ist praktisch die Grundlage jeglicher Designentscheidungen. Und durch die Barrierefreiheit bekommen diese Grundlagen jetzt noch mal mehr Gewicht!

Wenn Sie bisher noch kein Fuchs sind, machen wir Sie jetzt zu einem: *Jakob's Law* besagt, dass User die meiste Zeit auf anderen Websites verbringen. Das bedeutet, dass sie es vorziehen, wenn Ihre Website genauso funktioniert wie alle anderen. Denn die kennen sie bereits. Und was wir kennen, lieben wir!

Vermutlich verbringen Sie auch so einige Zeit auf Websites und haben schon mal Elemente wie Buttons, Checkboxen, Toggle Switches und weitere gesehen. Sie haben also eine gewisse Erwartung, wie bestimmte Bedienelemente aussehen und was sie tun.

Wenn Sie also einen Button so gestalten, dass User ihn durch eine bekannte Form wiedererkennen, erleichtern Sie die intuitive Bedienung. Durch den schnellen Wiedererkennungswert von vertrauten Elementen minimieren Sie die kognitive Last Ihrer Nutzenden.

Eine praktische Gedankenstütze, für gutes und barrierefreies UX-Design: »Don't make me think!« (Sorg dafür, dass ich nicht denken muss!). Der Autor *Steven Krug* will damit ausdrücken, dass sich niemand gern den Kopf zerbricht. Je bekannter die Elemente, umso intuitiver die Handhabe. Je leichter die Seitennutzung, umso lieber halten wir uns dort auf. Und je besser die Erfahrung, desto eher wird gekauft.

Jakob's Law und Krugs schlauer Satz werden noch wichtiger, wenn wir Menschen mit Lernschwierigkeiten oder auf dem Autismusspektrum mitdenken. Teile dieser Personengruppen müssen jedes Mal noch etwas länger nachdenken, um ein Element zu verstehen, wenn es in neuem Design daherkommt. Das kann so weit führen, dass sie gar nicht verstehen, was sie mit dem Element tun sollen, und es so zu einer echten Barriere wird. Bekannte

Formen können hier eine enorme Hilfe sein. Der hohe Wiedererkennungswert erhöht die Wahrnehmbarkeit und die Verständlichkeit und reduziert dadurch die kognitive Last. Was schlussendlich alles dazu führt, dass die Bedienbarkeit Ihrer Seite wesentlich einfacher wird (Drei Fliegen mit einer Klappe – wir haben einen Lauf hier!).

Unser Toggle Switch hat bereits eine bekannte Form, weswegen wir hier auch nichts verändern sollten.

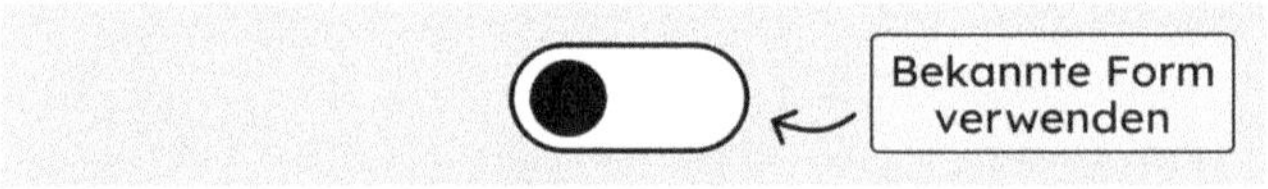

Abbildung 7.6: Es wird eine bekannte Form für den Toggle Switch verwendet.

Nähe

Unser Kopf nimmt Elemente, die nah beieinanderliegen, als Einheit wahr. Das ist das Prinzip der Nähe (ebenfalls eins dieser UX-Designprinzipien). Deswegen sollten Elemente, die logisch zusammengehören, auch eng zusammenstehen. Dazu zählen Gruppen von Checkboxen, Labels von Eingabefeldern oder Überschriften und Texte.

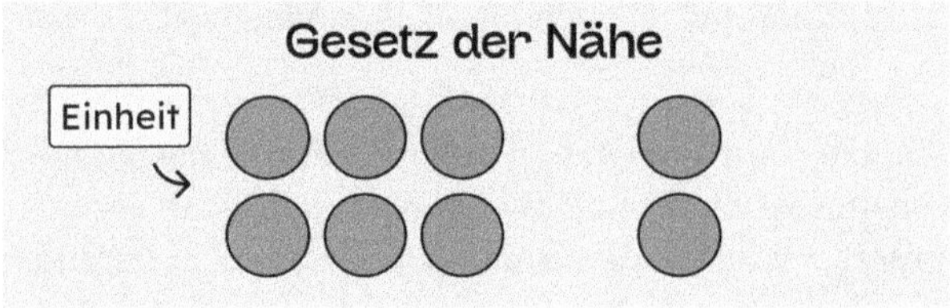

Abbildung 7.7: Elemente, die nah zusammenstehen, werden als Einheit wahrgenommen.

Um das fix auf unseren Toggle Switch zu übertragen, setzen wir ein beschreibendes Label direkt in die Nähe.

Abbildung 7.8: Ein Label sollte nah und ab besten immer links von einem Toggle Switch platziert sein.

Visuelle Hierarchie

Unter visueller Hierarchie verstehen wir sowohl die Größe als auch die Anordnung und Anzahl der Elemente auf einer Seite. Große Elemente, die weit oben auf der Seite stehen, ziehen die meiste Aufmerksamkeit auf sich. Sie werden zuerst wahrgenommen und können in Sekunden darüber entscheiden, ob Besucher*innen weiterstöbern oder sofort wieder gehen.

Und je weniger Elemente wir dem User gleichzeitig vorsetzen, desto größer die Chance, dass er die wichtigsten Informationen schnell wahrnimmt.

Abbildung 7.9: Große Texte ziehen die Aufmerksamkeit auf sich und leiten die Wahrnehmung.

Beim Aufrufen Ihrer Seite sollte den Usern zuerst eine große Überschrift ins Auge springen, die kurz und klar sagt, was sie auf der Seite erwartet. So erhöhen Sie die Chancen, dass User Ihnen durch Ihre Kernbotschaft direkt an den Haken gehen.

Unterschätzen Sie nicht die Macht der visuellen Hierarchie! Das klingt absichtlich dramatisch. Die Fragen unserer Kunden zeigen uns immer wieder: Menschen lesen eine Website nicht im Detail, sie scannen sie. Alles, was groß und weit oben steht, wird wahrgenommen. Alles andere lesen die Leute, wenn wir viel Glück haben. Wir sind aber immer wieder überrascht, wie gewillt Kundschaft ist, lieber eine E-Mail zu schreiben, als kleinere Texte zu lesen. Je weniger E-Mails Sie also wollen, desto mehr sollten Sie die visuelle Hierarchie berücksichtigen!

Achten Sie außerdem darauf, dass Ihre Überschriften das Wesentliche vermitteln. Mit kurzen und prägnanten Texten haben Sie eine gute Chance, dass Ihre wichtigsten Inhalte ankommen. Mehr dazu erfahren Sie in Kapitel 9, Digitale Barrierefreiheit in der Redaktion.

Für unseren Toggle Switch heißt das: Location, Location, Location! Je nach Anwendungsfall sollte er an der richtigen Stelle platziert sein. Nehmen wir an, Sie wollen einen Toggle Switch für das Erhöhen der Kontraste auf Ihrer Seite anbieten. Der Toggle Switch dafür sollte am Seitenanfang platziert sein, damit er bei Bedarf sofort auffällt und schnell aktiviert werden kann.

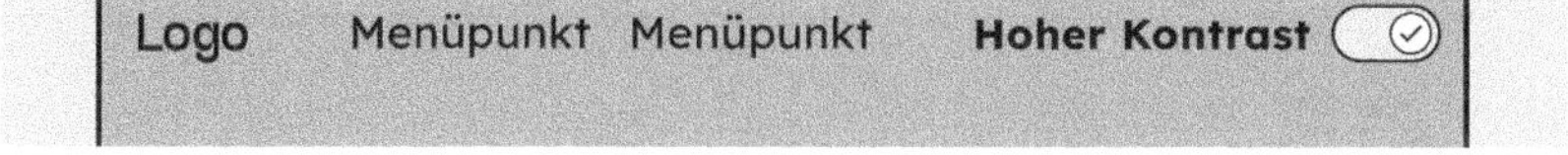

Abbildung 7.10: Ein präsent platzierter Schalter hilft Nutzenden.

Das Prinzip der Verständlichkeit

Nach unseren ersten Anpassungen ist unser Toggle Switch hoffentlich erkennbarer. Jetzt wollen wir noch die Verständlichkeit optimieren. Eine wichtige Frage, die Sie ab jetzt immer stellen sollten:

»Wenn ich mir Komponente X anschaue, verstehe ich direkt, was sie tut oder wie ich sie benutze?«

Viele User-Interface-Elemente sind nicht gerade selbsterklärend, wenn man sie das erste Mal sieht – besonders als Nicht-Digital-Native – also als Generation, die nicht mit Internet und Co. aufgewachsen ist. Um diese Frage zu beantworten, betrachten wir im Folgenden unseren Toggle Switch in zwei verschiedenen Zuständen.

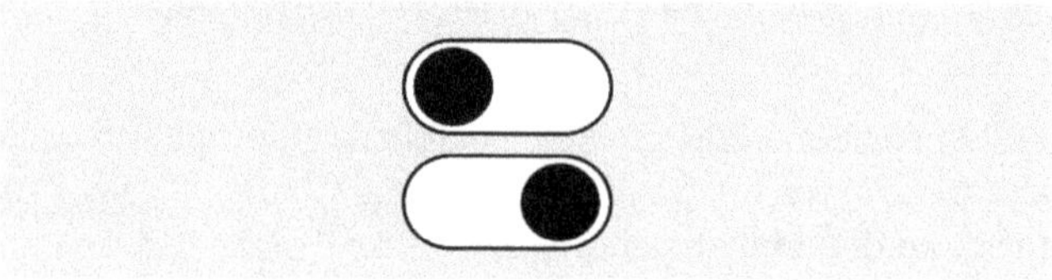

Abbildung 7.11: Ein Toggle Switch in zwei Zuständen, die schwer zu unterscheiden sind

Der einzige Unterschied zwischen den beiden Zuständen: Einmal sieht man einen schwarzen Kreis links und einmal rechts. Stellen Sie sich jetzt mit aller Mühe kurz vor, Sie sehen diese Form zum allerersten Mal. Was sagt Ihnen das pillenförmige Gebilde, mit einem schwarzen Kreis in zwei verschiedenen Positionen? Wissen Sie, was die zwei Zustände bedeuten sollen? Was passiert, wenn Sie auf das Gebilde drücken?

Fragen über Fragen! Um unsere User nicht genauso im Dunkeln tappen zu lassen, wenden wir das Prinzip der Verständlichkeit auf unsere nichtssagende Pille an. Dazu schauen wir uns die drei folgenden Punkte im Detail an:

- ✔ Beschriftungen und helfende Texte
- ✔ Unterstützende Elemente
- ✔ Visuelle Veränderung des Zustands

Beschriftungen und helfende Texte hinzufügen

Bevor wir zum Toggle Switch wechseln, fangen wir mit drei harmlosen Strichen an:

Abbildung 7.12: Ein gängiges Symbol für ein Menü: Das Burger-Menü-Icon

Vielleicht können Sie aus Ihrer Erfahrung heraus schon erraten, was diese drei Striche bedeuten. Genau, ein Hamburger-Icon, das wahrscheinlich für ein Menü steht! Aber nicht allen fällt das Erkennen dieser Striche so leicht. Ein Hamburger-Icon haben wahrscheinlich 90 Prozent der Menschen in der westlichen Welt schon mal gesehen. Das heißt aber nicht, dass auch jeder die Funktion dahinter versteht. Noch schwerer wird es dadurch, dass das Hamburger-Icon nicht auf jeder Website gleich aussieht – auch Webdesigner wollen kreativ sein!

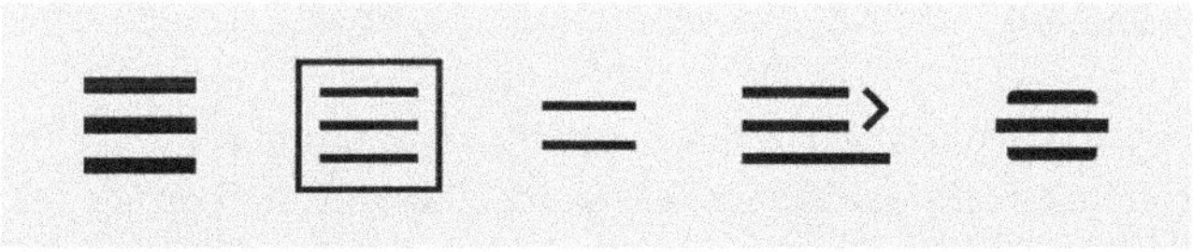

Abbildung 7.13: Ein Burger-Menü-Icon sieht auf vielen Websites unterschiedlich aus.

Zu der Erkenntnis, dass das Verständnis von Icons nicht so einfach ist, kommen auch die UX-Experten der Nielsen Norman Group immer wieder. Ihr letzter Artikel aus 2025 zeigt, dass immer noch nicht jeder das Hamburger-Icon uneingeschränkt versteht. Schon das Verändern der Position des Hamburg-Icons auf der Seite oder das Hinzufügen von Details, wie einer Outline, kann dazu führen, dass dem Icon eine ganz andere Funktion unterstellt wird (`www.nngroup.com/articles/hamburger-menu-icon-recognizability/`). Darum ist eine Möglichkeit, wirklich (wirklich!) allen Usern das Leben zu erleichtern, Ihr Icon zu beschriften. Das ist zwar laut WCAG nicht Pflicht, aber es ist ein massiver Gewinn für die Verständlichkeit Ihrer Website.

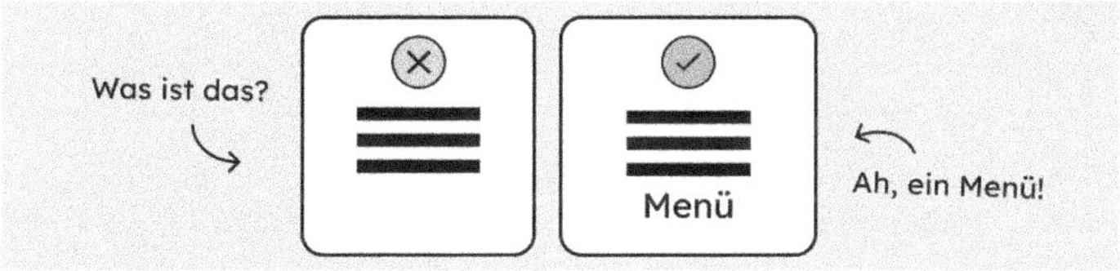

Abbildung 7.14: Eine Beschriftung des Burger-Menü-Icons mit dem Namen Menü hilft, die Funktion des Icons besser zu verstehen.

Icons sind allerdings nur eines der Beispiele für die unterstützende Wirkung von Texten. Stellen Sie sich vor, Sie müssen sich ein neues Passwort für Ihren E-Mail-Account überlegen. Also strengen Sie sich enorm an, sich ein neues Passwort aus den Fingern zu saugen … und tippen los: »1234567«. Jetzt senden Sie das Formular ab, nur um dann zu erfahren, dass mindestens acht Zeichen für Ihr Passwort erforderlich sind. Diese Information wäre im Vorfeld hilfreich gewesen – immerhin haben Sie richtig Köpfchen in das Passwort gesteckt!

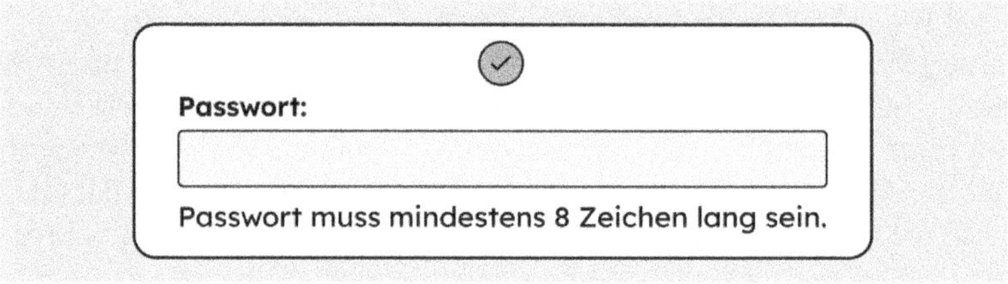

Abbildung 7.15: Ein Hilfstext an einem Passwortfeld macht dem User schnell klar, welche Anforderungen an das Passwort gestellt werden.

Vielleicht ist das Beispiel mit dem Passwort ein wenig überzogen. Aber nicht selten fehlt es Eingabefeldern an wirklich hilfreichen Informationen, wie dem erwarteten Format des Datums.

Das WCAG-Kriterium *3.3.2 Labels and Instructions* verlangt sogar einen textlichen Hinweis, wenn ein spezielles Format für die Eingabe nötig ist. Mehr dazu finden Sie im entsprechenden WCAG-Kriterium in Teil IV.

Können wir Texte auch dazu nutzen, um das Verständnis unseres Toggle Switches zu verbessern? Klar. Wir könnten den Toggle Switch einfach mit den Worten »An« und »Aus« beschriften.

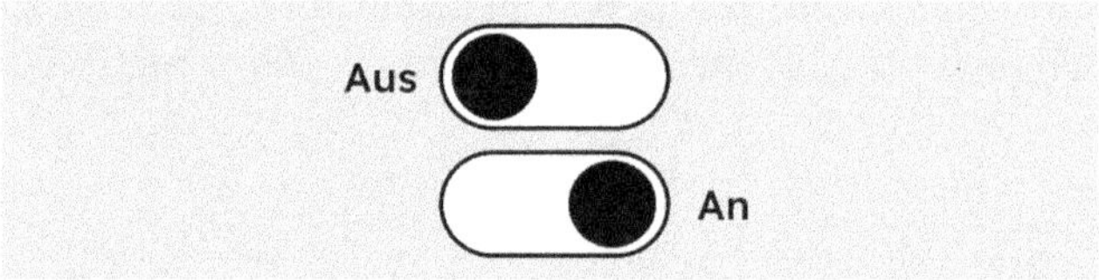

Abbildung 7.16: Die zwei Zustände des Toggle Switches mit Beschriftungen für den Aus- und An-Zustand

Worte erhöhen das Verständnis, weil sie auf eine Art und Weise Informationen vermitteln, die die meisten Menschen gelernt haben. Letztlich sind Worte auch nur abstrakte Zeichen (oder Laute), denen wir kulturell eine Bedeutung gegeben haben. Allerdings gibt es diese Worte schon deutlich länger als (moderne) Icons, und die Bedeutung hat sich in einem Kulturkreis fast universell etabliert. Das ist bei vielen Icons eben nicht großflächig der Fall.

Aber ist Text nicht darauf beschränkt, dass man die Sprache sprechen kann? Das stimmt, aber durch moderne Technik lässt sich Text einfach übersetzen – jeder Browser kann das mittlerweile. Ein Icon, das in einer Kultur anders gedeutet wird als in einer anderen, kann man nicht so einfach übersetzen. Deswegen ist Text mitunter der beste Weg, um das Verständnis von Elementen und Inhalten auch auf globaler Ebene zu verbessern. Auch wenn wir große Freunde von Beschriftungen sind, sind sie nicht in allen Fällen nötig und es gibt durchaus andere Wege, um das Verständnis von Elementen ausreichend zu erhöhen.

Unterstützende Elemente einsetzen

Auch wenn wir uns gerade ein wenig gegen Icons ausgesprochen haben, die keine textliche Erklärung haben, sind Icons an sich dennoch ein gutes Mittel, um das Verständnis erheblich zu verbessern. Ein Häkchen-Icon kann bei unserem Toggle Switch oder bei einem Filter zum Beispiel signalisieren, dass das Element gerade aktiv ist. Weitere unterstützende Elemente könnten Unterstreichungen, Fokusrahmen und Ähnliches sein. Eine Unterstreichung kann verdeutlichen, dass es sich bei einem Text um einen Link handelt, während ein Fokusrahmen perfekt anzeigt, welches Element gerade mit der Tastatur ausgewählt ist.

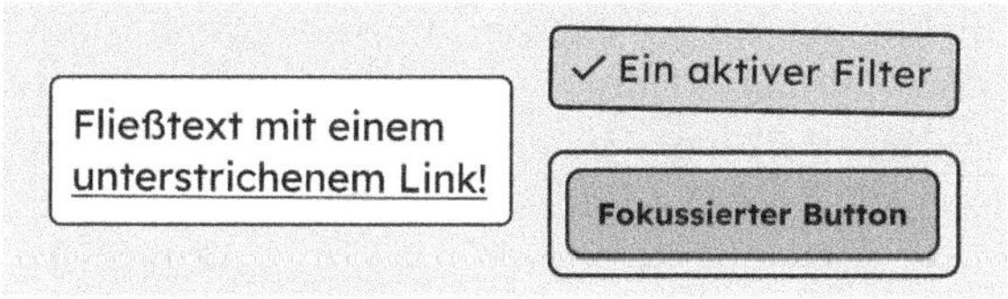

Abbildung 7.17: Beispiele unterstützender Elemente

Manchmal reichen solche subtileren Elemente aus, um die Funktion einer Komponente verständlicher zu machen. Und sie lassen sich oft nahtloser als Text in das Design einer Komponente integrieren. Es kommt aber immer ein wenig auf die Komponente und den Umstand an, ob Icons, Unterstreichungen oder andere Elemente allein ausreichen oder ob doch Text benötigt wird.

Bei unserem Toggle Switch könnten wir also Icons als Ergänzung oder als Ersatz für den Text nutzen. Für das optimale Verständnis sollte vermutlich beides vorhanden sein.

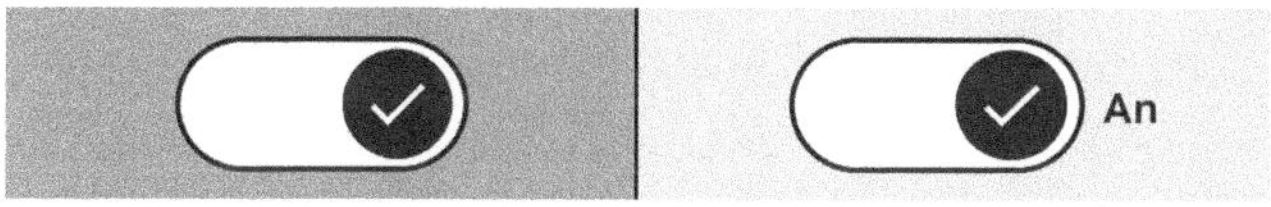

Abbildung 7.18: Ein Vergleich der Toggle-Zustände mit Icons und Beschriftung und nur mit Icons

Visuelle Veränderung des Zustands verdeutlichen

Die letzte Methode, um die Verständlichkeit von Komponenten zu verbessern, ist das Verdeutlichen von Zuständen und Zustandsveränderungen.

Ein paar Beispiele dafür:

- ✔ **Hover, fokussierter oder aktiver Zustand:** Links sollten ihr Aussehen verändern, wenn man mit ihnen interagiert.
- ✔ **Fehler- oder Erfolgszustand**: Ein Eingabefeld sollte visuell zeigen, ob es gerade per Tastatur fokussiert ist, einen Fehler enthält (Error-State) oder korrekt ausgefüllt wurde.
- ✔ **Checked:** Eine Checkbox oder ein Radio-Button sollten deutlich zeigen, wenn sie angehakt sind.

Visuelle Veränderungen machen deutlich, dass man mit einem Element interagieren kann und auch, dass die Interaktion etwas auf der Seite verändert. Diese Idee ist nichts Barrierefreiheit-Spezifisches. Unterschiedliche Zustände von Komponenten werden von fast allen Designer*innen schon mitgedacht. Allerdings schleicht sich in das Design von Zuständen immer wieder besonders eine Sache ein, die ein Problem für manche Menschen darstellt. Und zwar immer dann, wenn die Zustandsveränderung nur durch einen Farbwechsel visualisiert wird.

Schauen wir uns noch einmal an, was passiert, nachdem wir eine inkorrekte Eingabe in ein Formularfeld machen. Richtigerweise wird meistens ein Fehlerzustand angezeigt! Problematischerweise ist der Fehlerzustand oft nur ein roter Rahmen um das Formularfeld. Das stört besonders die etwa acht Prozent der Männer in Deutschland, die eine Rot-Grün-Schwäche haben (`www.sehen.de/sehen/sehschwaeche/rot-gruen-sehschwaeche`). Neben anderen farbenblinden Personen haben sie große Probleme, Informationen zu erkennen, die nur durch Farbe kommuniziert werden. Ein ausschließlich durch Rot visualisierter Fehlerzustand kann also komplett an ihrer Wahrnehmung vorbeigehen. Um den Fehler besser verständlich zu machen, sollten Sie also auch hier mit unterstützenden Elementen wie Icons oder Texten nachhelfen. Das könnte dann so aussehen:

Abbildung 7.19: Ein Fehler bei der Eingabe von Daten sollte nicht nur durch Farbe, sondern auch durch einen Text vermittelt werden.

Da wir gerade beim Thema Farbe sind, wollen wir ein hartnäckiges Vorurteil über barrierefreies Design aus dem Weg räumen: Etwas barrierefrei zu machen, bedeutet nicht, dass wir dem Design etwas wegnehmen müssen. Sie sollen nicht damit aufhören, Farbe in Ihrem Design zu verwenden. Sie sollen weiterhin Grün für das Kennzeichnen von positiven Zuständen und Rot für negative Zustände verwenden. Für alle Menschen, die Farbe wahrnehmen können, verbessert Farbe das Design. Wir haben nämlich gelernt, wofür diese Farben stehen. Wir können durch sie Gefahr oder aktive Zustände schneller erkennen. Digitale Barrierefreiheit zwingt uns nicht, auf diesen positiven Effekt zu verzichten. Wenn es so wäre, wäre das sogar kontraproduktiv für die Barrierefreiheit und würde die Verständlichkeit nur für alle verschlechtern. Das ist das Letzte, was die Barrierefreiheit erreichen will. Was wir wollen, ist dafür zu sorgen, dass auch wirklich jeder unser Design so gut es geht versteht. Deswegen möchten wir Farbe nicht wegnehmen, sondern nur zusätzliche Elemente ergänzen, um auch den Menschen Zugang zu ermöglichen, die Farbe eben nicht sehen können. Wie das in der Praxis aussehen kann? Zeit für unseren Toggle Switch!

Um den Unterschied zwischen den Zuständen »An« und »Aus« noch besser zu verdeutlichen, könnten wir also Folgendes tun:

- ✔ Unterschiedliche Farben für »aktiv« und »inaktiv« nutzen
- ✔ Unterschiedliche Größen für »aktiv« und »inaktiv« nutzen
- ✔ Den Rahmen verändern (mit und ohne Rahmen)

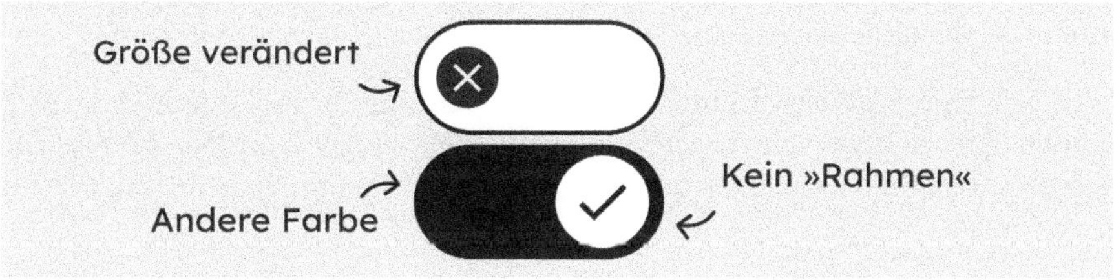

Abbildung 7.20: Unterschiedliche Anpassungen an dem Toggle Switch, um den aktuellen Zustand noch klarer zu machen

Im Beispielbild haben wir folgende Dinge angepasst:

- ✔ Der aktive Zustand ist grün ausgefüllt.
- ✔ Der Bedienknopf ist im aktiven Zustand etwas größer als im inaktiven Zustand.
- ✔ Der Rahmen des Toggle Switches verschwindet im aktiven Zustand.

Die Kombination aus Farbe, Rahmen und Größe macht den Unterschied der Zustände deutlich wahrnehmbar und das Icon sorgt dafür, dass wir verstehen, was der Zustand eigentlich bedeutet.

Der optimale Toggle Switch?

Das ganze Beispiel des Toggle Switches basiert auf einer Studie von Google. Beim Update von ihrem Designsystem von *Material 2* auf *Material 3* hat Google viel Zeit und Mühe darauf verwendet, das Designsystem barrierefrei zu machen. Dazu haben sie Studien zu einzelnen Komponenten gemacht um herauszufinden, was die User wirklich benötigen, um Komponenten besser wahrzunehmen und zu verstehen.

Im Fall des Toggle Switches wurden 197 Menschen mit und ohne Einschränkungen gefragt. In der Gruppe waren zehn Prozent der Befragten älter als 50 Jahre und 25 Prozent hatten eine Sehschwäche oder Sehbeeinträchtigungen. Die Gruppe hatte die Aufgabe, aus einer Vielzahl von Vorschlägen genau den Toggle Switch auszuwählen, der für sie am verständlichsten ist. Das Ergebnis ist der Toggle Switch, den Sie auf folgendem Bild sehen. Zudem sehen Sie den Vergleich, wie der Toggle Switch in *Material 2* aussah.

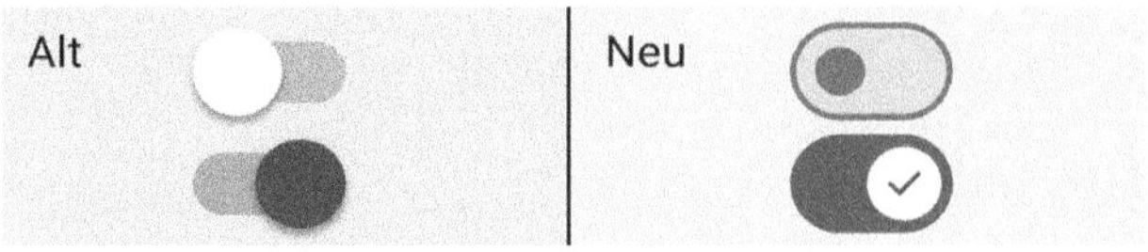

Abbildung 7.21: Vergleich des Toggle Switches von Material Design 2 und Material Design 3

Interessant ist hier zu sehen, dass der Großteil der Personen dieser Studie keinen Text braucht, um den Zustand des Toggle Switches zu verstehen. Und auch, dass es ausreicht, nur ein Icon zum Visualisieren des An-Zustands zu nutzen.

Natürlich ist das nur eine Studie mit einer begrenzten Anzahl an Teilnehmenden. Es ist nicht die ultimative Wahrheit, wie ein Toggle Switch aussehen muss. Dennoch gibt die Studie ein paar wertvolle Insights, was eine Komponente so benötigt, um wahrnehmbarer und verständlicher zu sein.

Das Prinzip der Bedienbarkeit

Nur weil man eine Komponente auf einer Website sehen und verstehen kann, heißt das noch lange nicht, dass auch jeder die Möglichkeit hat, sie zu bedienen. Klassische Probleme der Bedienbarkeit entstehen zum Beispiel immer dann, wenn man voraussetzt, dass jeder Mensch eine Maus nutzt oder Gesten mit seinen Händen ausführen kann.

Abbildung 7.22: Bei manchen Apps kann man gewisse Funktionen nur durch Wischgesten ausführen.

Beim Planen und Designen Ihrer Komponenten müssen Sie daher bedenken:

- ✔ Nicht jeder kann hovern.
- ✔ Nicht jeder kann komplexe Handgesten ausführen wie das Swipen, Pinchen oder Drag and Drop.
- ✔ Nicht jeder kann sein Handy bewegen oder es schütteln.

Am besten merken Sie sich folgende Daumenregel: Jede Funktion sollte per Klick ausgelöst werden können. Alle Menschen können mithilfe von assistiven Technologien wie Sprachsteuerung, Screenreadern und Ähnlichem zumindest eine »einfache

Zeigereingabe« machen. Hinter »einfache Zeigereingabe« verbergen sich Tätigkeiten wie ein Klick mit der Maus, ein Touch mit dem Finger oder ein Drücken der Entertaste auf der Tastatur.

Sie sollten also zum Beispiel dafür sorgen, dass Ihr Untermenü in der Navigation nicht nur per Hover zu öffnen ist, sondern auch per Klick (oder per Touch oder per ↵). So ist die Wahrscheinlichkeit sehr hoch, dass alle an die Inhalte des Untermenüs herankommen.

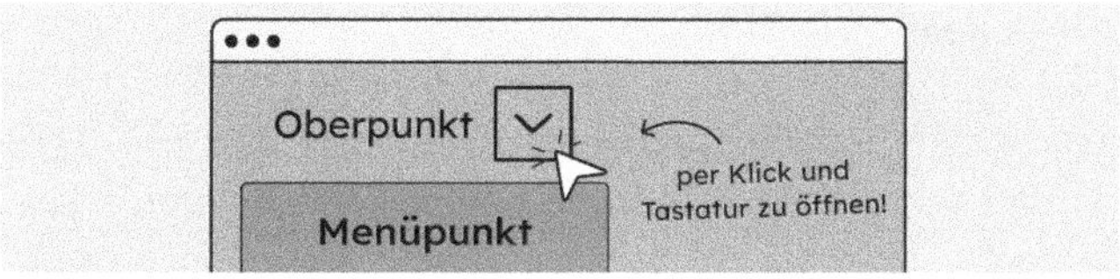

Abbildung 7.23: Elemente, die auf Hover reagieren, sollten auch auf Klick, Touch oder Enter reagieren.

Die Bedienbarkeit unseres Toggle Switches verbessern

Unser Toggle Switch ist per Klick mit der Maus bedienbar. Zusätzlich kann man ihn mit der Tastatur per TAB-Taste ansteuern und per Leertaste aktivieren. Damit ist der Toggle Switch schon auf einem soliden Level, was die Bedienbarkeit angeht.

Wenn man es allerdings ganz genau nimmt, gibt es im HTML kein natives Toggle-Switch-Element. Ein Toggle Switch wird tatsächlich oft als Button mit umgesetzt. Behalten Sie diesen Gedanken für ein paar Momente im Hinterkopf, darauf kommen wir am Ende des nächsten Prinzips noch einmal zu sprechen.

Das Prinzip der Robustheit

Im Kontext der Barrierefreiheit bedeutet Robustheit, dass eine Website auf verschiedenen Geräten, in unterschiedlichen Browsern und auf allen Bildschirmgrößen zuverlässig funktioniert. Ein wahrer Segen für die Entwicklung sind deswegen Designer*innen, die sich ein wenig mit HTML auskennen. Diese haben nämlich eine Ahnung davon, wie einfach oder schwer ihre eigenen Designs später umzusetzen sind. Wenn Sie sich also im Team beliebt machen wollen, sind hier ein paar Grundlagen, die Ihnen beim Verständnis helfen.

Die einfachste Art und Weise, robust zu arbeiten, ist, sich auf native HTML-Komponenten zu verlassen. HTML ist eine universelle Sprache, die von jedem Browser, unabhängig vom Betriebssystem, verstanden werden kann. Sie erfahren viel mehr darüber in Kapitel 8 über Barrierefreiheit in der Entwicklung, aber hier kommt ein kleines Beispiel zum Verständnis.

Wenn Sie für eine Überschrift im HTML einen `<h1>`-Tag nutzen, sorgt das automatisch dafür, dass der Browser den Text für wichtig hält und ihn groß und fett darstellt.

Abbildung 7.24: Ein <h1>-Tag im HTML stylt eine Überschrift automatisch.

Daneben bringt natives HTML auch strukturelle Vorteile. Durch den Einsatz des `<h1>`-Tags kann ein Screenreader die Überschrift auch erkennen. Ein Screenreader-User kann sich dann eine Liste mit allen Überschriften der Seite ausgeben lassen. Diese Liste ist wahnsinnig hilfreich, um schnell auf einer Website zu navigieren.

Abbildung 7.25: So sieht eine Liste der Überschriften des Screenreaders VoiceOver aus.

Einfach die nativen HTML-Komponenten zu benutzen, ist natürlich nicht für jeden Fall die ultimative Lösung – sonst wäre aus diesem Buch wohl nichts geworden!

Sich ausschließlich auf natives HTML zu verlassen, kann Designer*innen zugegebenermaßen das Herz brechen. Denn nicht alle unsere geliebten Komponenten sind im nativen HTML vorhanden oder lassen sich problemlos visuell nach unserem Geschmack anpassen.

Was das bedeutet, lässt sich gut am Beispiel eines `<select>`-Elements erklären. Ein natives HTML-Select-Element ist eine Auswahlliste mit verschiedenen Optionen. Das native Element erlaubt allerdings nur, jede Option als einfachen Text darzustellen.

Da reiner Text manchmal unbefriedigend ist, kommen Designer*innen öfter auf die Idee, mehr als nur Text als Auswahloption anzeigen zu wollen. Beispielsweise wollen sie oft Icons neben den Texten platzieren.

Das folgende Bild zeigt ein Design aus unserer Vergangenheit (noch bevor wir uns mit Barrierefreiheit beschäftigt haben). Da sehen Sie ein `<select>`-Element, dessen Inhalt wie eine Tabelle gestaltet ist. Die einzelnen Tabellenzeilen sind praktisch als Optionen auswählbar.

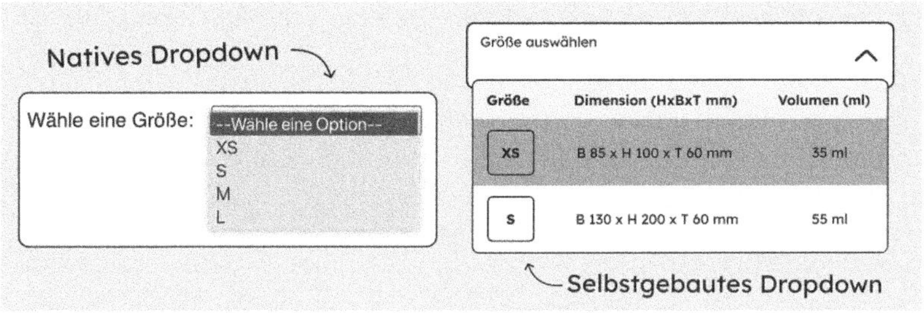

Abbildung 7.26: Ein Select-Element mit kompliziertem Design, das so nicht mit nativem HTML umsetzbar ist.

Ein `<select>`-Element in dieser Form lässt sich mit nativem HTML nicht umsetzen. Um diese Komponente zu bauen, müsste die Entwicklerin sie komplett per Hand schreiben. Und genau hier liegt eine der größten Fehlerquellen der digitalen Barrierefreiheit. Wenn Entwickler ein Element von Grund auf neu bauen müssen, müssen sie dafür sorgen, dass es sowohl für die Tastatur als auch für assistive Technologien bedienbar ist. Das Problem beginnt dann bereits damit, dass kaum jemand weiß, wie ein Element überhaupt per Tastatur bedient werden soll. Oder wissen Sie auf Anhieb, wie man ein Select per Tastatur öffnet und eine Auswahl tätigt? Dachten wir uns! Deswegen passiert es oft, dass bei selbst gebauten Komponenten die Tastaturbedienbarkeit vergessen oder ignoriert wird.

Um Entwickler*innen dieses Problem zu ersparen, sollten Sie also schon im Screen-Design darauf achten, überwiegend Elemente zu nutzen, die nativ umsetzbar sind.

Einen hilfreichen Überblick über alle nativen HTML-Komponenten bietet die Seite von Mozilla (`developer.mozilla.org/de/docs/Web/HTML/Reference/Elements/`). Dort können Sie für viele HTML-Elemente nachschlagen, welche Gestaltungsmöglichkeiten bestehen und welche Einschränkungen es gibt. So vermeiden Sie Designs, die in der Entwicklung unnötige Probleme bereiten.

Muss ich mich im Design also doch einschränken?

Wir wissen, das klingt jetzt erst einmal einschränkend, ist es aber nicht! Komponenten so zu designen, dass sie durch natives HTML umsetzbar sind, heißt nicht, dass Sie Ihre Freiheit im Design aufgeben müssen. Barrierefreiheit kann hier mehr eine Chance sein. Schauen Sie sich noch mal das Design des `<select>`-Elements und der Tabelle an und stellen Sie sich die kritische Frage: »Ist das wirklich der beste Weg, den Nutzenden diese Informationen zu präsentieren?«

Wir dachten damals, das Design ist großartig und hatten bestimmt auch gute Argumente dafür (die wir mittlerweile ehrlicherweise vergessen haben). Das Design wurde allerdings nie mit echten Nutzenden getestet. Wir hatten also keinen Beweis dafür, dass diese Lösung funktioniert. Und auch unabhängig von der digitalen Barrierefreiheit kostet es einfach viel

Zeit in der Entwicklung, ein solches Element umzusetzen. Die Frage, die sich jetzt stellt, ist: »Ist es das wert?«

Vielleicht wäre es sinnvoller, die Tabelle direkt anzuzeigen, damit User das `<select>` nicht erst öffnen müssen, um die Informationen zu sehen? Ist es wirklich sinnvoller, die Tabelle zu verstecken? Ist es nicht verständlicher, die Tabelle über dem `<select>` zu platzieren und die Auswahl-Optionen auf die Größen zu beschränken (XS, S, M, L)?

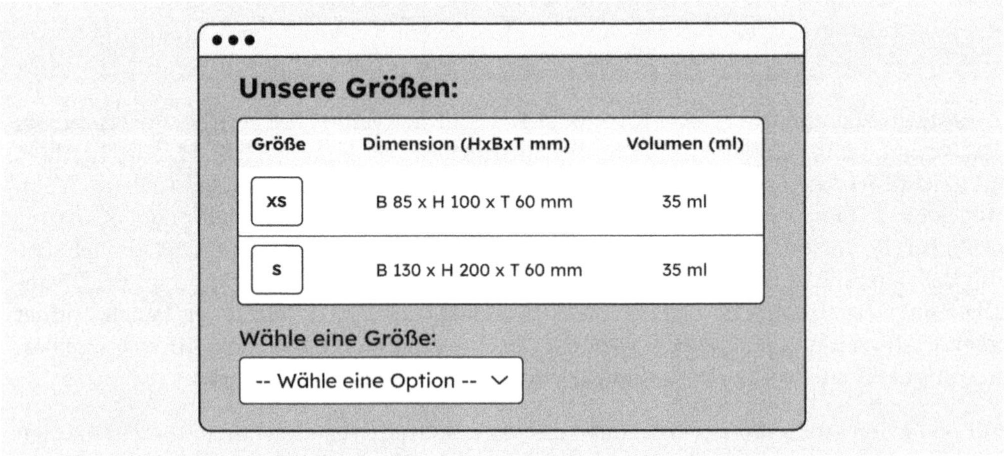

Abbildung 7.27: Die über dem Select-Element platzierte Tabelle ist übersichtlicher für alle.

Digitale Barrierefreiheit bietet eine neue Möglichkeit, das eigene Design kritisch zu hinterfragen. Am Ende wird das `<select>` dadurch nicht nur barrierefrei, sondern im Generellen besser nutzbar. Die wichtige Frage ist also: »Bringt das aufwendige Design unserer Userin mehr, als es Ressourcen kostet?«

Wenn Sie überzeugt davon sind, dass Ihre Komponente einen Mehrwert liefert, dann sollten Sie sie auch umsetzen. Auch dann, wenn sie nativ nicht umsetzbar und etwas kosten- und zeitaufwendiger ist. Schlussendlich sollte das Ziel immer nur der maximale Mehrwert für alle User sein.

Um die Robustheit unseres Toggle Switches zu verbessern, greifen wir wieder auf den Gedanken zurück, den Sie sich hoffentlich am Ende des letzten Prinzips gemerkt haben: Ein Toggle Switch ist kein natives HTML-Element! Das wirft die Frage auf: »Ist ein Toggle Switch wirklich die beste Wahl, oder sollte man einfach gleich eine Checkbox verwenden?«

Um das zu beantworten, müssen wir uns den kleinen, aber feinen Unterschied zwischen einem Toggle Switch und einer Checkbox anschauen. Die Idee eines Toggle Switches ist, eine sofortige Zustandsänderung zu bewirken. Wenn Sie den Flugmodus auf Ihrem Handy aktivieren, soll das Gerät direkt in den Flugmodus wechseln. Eine Checkbox hingegen verlangt eigentlich eine erneute Bestätigung, bevor eine Aktion ausgelöst wird. Das ist besonders dann sinnvoll, wenn mehrere Optionen gleichzeitig ausgewählt werden können. Checkboxen könnte man also zum Beispiel dann einsetzen, wenn der User auswählen kann, welche E-Mails er erhalten möchte (»Benachrichtigen Sie mich über neue Kurse von Gehirngerecht« und »Benachrichtigen Sie mich über neue Blogartikel«). Hier werden zuerst die Optionen angehakt und dann wird die Einstellung bestätigt.

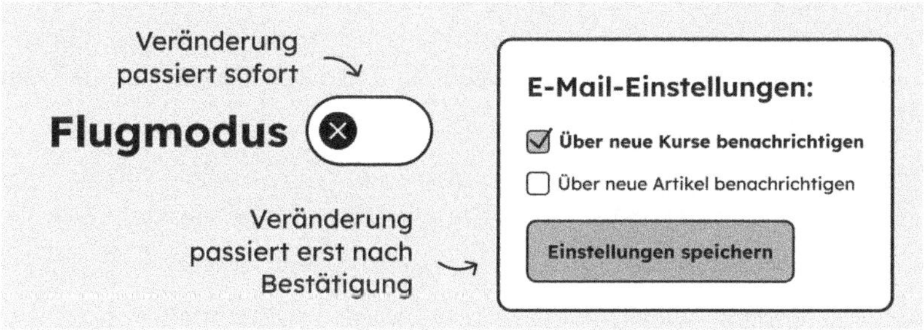

Abbildung 7.28: Unterschied in der Anwendung von einem Toggle Switch und einer Checkbox.

In der Praxis wird die Theorie allerdings selten befolgt. Checkboxen werden häufig dazu verwendet, um Zustände direkt zu ändern. Ein klassisches Beispiel sind Filteroptionen in vielen Onlineshops.

Dennoch kennen Sie jetzt diesen kleinen Unterschied und können überlegen oder fröhlich mit Ihrem Team diskutieren, wofür Sie in Zukunft einen Toggle Switch oder eine Checkbox einsetzen wollen. Mittlerweile haben wir es vielleicht geschafft, Sie davon zu überzeugen, dass der richtige Einsatz von Komponenten Ihr Design besser verständlich und besser bedienbar macht. Alle User lernen über die Zeit, wie eine Komponente funktioniert, und entwickeln eine gewisse Erwartung, dass das auf jeder Website gleich ist (siehe Jakob's Law).

Damit haben wir die vier Grundprinzipien der WCAG abgeschlossen und trennen uns jetzt von unserem – offensichtlich perfekten – Toggle Switch, bevor wir uns die letzten zwei Prinzipien anschauen, die Ihnen helfen, Ihr Design schon von Anfang an barrierefrei mitzudenken.

Das Zwei-Sinne-Prinzip und barrierefreie Alternativen im Design

Das Zwei-Sinne-Prinzip haben Sie in Kapitel 5, Bevor es losgeht, schon kennengelernt und auch über barrierefreie Alternativen haben wir da schon gesprochen. Hier wollen wir die Anwendung der Prinzipien auf das Design noch mal verdeutlichen.

Die zwei Prinzipien können Ihnen besonders bei kniffligen Entscheidungen helfen. Manchmal gibt es Dinge, die man einfach nicht barrierefrei bauen kann. Was macht man damit?

Stellen Sie sich vor, Sie haben eine 3D-Raumansicht einer Wohnung. Müssen Sie diese jetzt barrierefrei gestalten? Ergibt es überhaupt Sinn, das zu tun?

Eine 3D-Raumansicht ist offensichtlich ein visuelles Medium. Es würde nicht viel bringen, dieses Medium jetzt mit einem Screenreader kompatibel zu machen. Dennoch werden in dieser Raumansicht gewisse wichtige Informationen an einen potenziellen Mieter gegeben. Und diese wichtigen Informationen müssen wir jetzt auch einem Screenreader-User geben können. Dazu schaffen wir eine barrierefreie Alternative. Anstatt die Informationen nur visuell zu vermitteln, ermöglichen Sie den Usern jetzt auch, Texte auszulesen, um die Informationen mit dem Screenreader zu erhalten.

Wenn wir einfachheitshalber davon ausgehen, dass unser zu vermietendes Objekt leere Räume hat, müssen wir uns nur fragen: »Was sind die wichtigen Infos, die der User hier bekommt?«

Wichtig wäre vielleicht zu wissen, wie groß die Räume sind und wo sich Fenster und Türen befinden. Diese Information müssen wir jetzt so darstellen, dass auch blinde Nutzende sie erhalten. Die einfachste Methode wäre, eine Tabelle dafür zu nutzen.

Raumaufteilung

	Größe in Quadratmeter	Anzahl und Ausrichtung: Fenster	Anzahl und Platzierung: Türen
Flur	4	1 Fenster nach Norden.	2 Türen: Eine Richtung Bad und eine zum Wohnzimmer.
Wohnzimmer	14	3 Fenster: Zwei an südlicher Außenwand. Eins an der nördlichen.	2 Türen: Eine zum Flur und eine zum Schlafzimmer.

Abbildung 7.29: Eine tabellarische Darstellung der wichtigen Details zu den Räumen einer Wohnung.

Es ist legitim, Alternativen für komplexe Features zu schaffen, solange sie die gleichen Informationen wiedergeben wie das Feature selbst. Ein Untertitel für ein Video ist nichts anderes als eine Alternative für eine auditive Information, die aber jetzt mit einem anderen Sinn wahrgenommen werden kann.

Das Thema der Alternativversionen ist allerdings immer heiß diskutiert. Es gibt Stimmen, die keine Abstriche machen wollen. Und es ist auch oft schwer zu urteilen, wie wichtig eine Information wirklich ist. Besonders wenn es in dem Raum noch Möbel geben würde, könnte man behaupten, dass man in der 3D-Ansicht sieht, wie die Möbel zueinanderstehen, welche Farbe sie haben und Weiteres. Muss dadurch das Feature jetzt barrierefrei sein oder muss ich alles haargenau im Detail beschreiben? Darauf gibt es leider nicht immer eine glasklare Antwort. Wenn es wichtig ist, das heißt, wenn die Möbel mit der Wohnung verkauft werden sollen, dann müssen sie unserer Meinung nach zumindest beschrieben sein. Ob man deswegen die 3D-Raumansicht an sich barrierefrei machen muss, ist Auslegungssache. Vielleicht gibt es dazu in Zukunft genauere gesetzliche Bestimmungen. Die WCAG haben zumindest ein paar klare Aussagen zu konformen Alternativversionen (`www.w3.org/WAI/GL/2007/05/alternate-versions.html`). Das BFSG hat dazu leider kaum bis wenig Informationen.

Damit kennen Sie jetzt alle grundlegenden Prinzipien hinter barrierefreiem Design. Stellt sich nur noch die Frage, wie Ihnen das bei der Umsetzung hilft? Jedes Mal, bevor Sie einen Text auf einem Hintergrund platzieren, einen Toggle Switch gestalten oder ein ganzes Seitenlayout entwerfen, sollten Sie in Ihrem Kopf folgende Checkliste durchgehen:

- ✔ Ist das Design für alle wahrnehmbar?
- ✔ Ist es klar verständlich, wie meine Komponente bedient wird und was sie tut?
- ✔ Sind die Elemente so geplant und gestaltet, dass sie von allen bedient werden können?
- ✔ Funktioniert mein Design auf verschiedenen Geräten, Browsern und Bildschirmgrößen und ist es für Entwicklerinnen einfach umzusetzen?
- ✔ Kann ich es für mehrere Sinne wahrnehmbar machen?

Wenn Sie Ihre Designs damit immer wieder hinterfragen, wird die Barrierefreiheit bald intuitiv für Sie werden. Die Designprinzipien sind das Grundgerüst. Es soll Ihnen die Sicherheit geben, dass Sie alle Personen mitdenken, auch ohne jedes Detail der WCAG oder EN 301 549 immer parat zu haben.

Im nächsten Kapitel werden wir das Grundgerüst mit den Details der WCAG erweitern. Sie werden sehen, wie die Prinzipien mit den WCAG verwoben sind und sich auf alle Elemente eines Designsystems auswirken.

Barrierefreie Designsysteme erstellen

Ein durchdachtes Designsystem bestimmt die Wahrnehmung einer Marke und sorgt für einen Wiedererkennungswert über alle Kommunikationskanäle hinweg. Vereinfacht dargestellt, zählen wir zu einem Designsystem: Markenidentität (Farben und Typografie), Designelemente (Bilder, Icons, Animationen) und die Adaption dieser Elemente auf Kanälen wie Websites oder Apps.

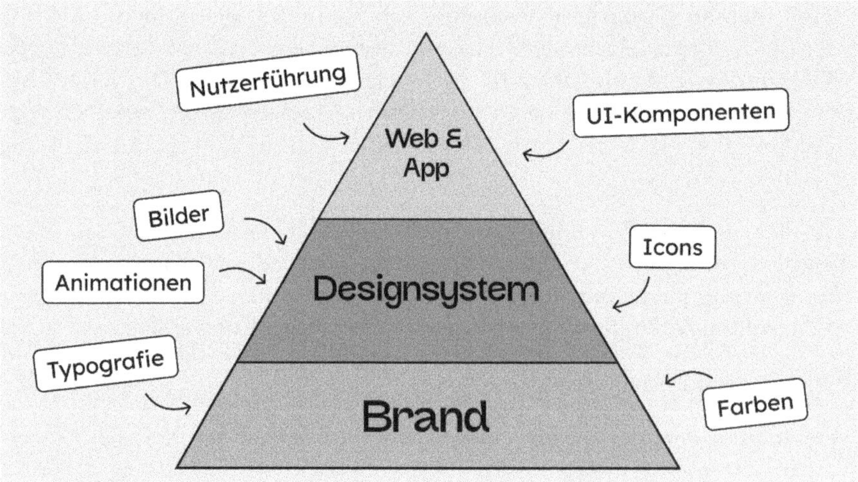

Abbildung 7.30: Die Elemente der Markenidentität und des Designsystems, die für die Barrierefreiheit besonders wichtig sind

Zu einer Marke gehört natürlich viel mehr. Wir begrenzen uns hier auf die wichtigsten Punkte in Bezug auf barrierefreies Design.

Nicht alle Tipps in diesem Kapitel sind rechtlich verpflichtend. Es gibt Best Practices, die zwar bestimmten Nutzergruppen helfen, aber nicht explizit in den WCAG-Standards erwähnt werden. Wir werden Sie an den jeweiligen Stellen explizit darauf hinweisen.

So gehen Sie mit Text und Schrift um

Wir starten mit einer Grundlage jeder Markenidentität, über die die WCAG selbst nichts vorgeben: Schriftarten. Weder das Aussehen noch die Größe einer Schrift sind in den WCAG vorgeschrieben.

Trotzdem gibt es viele Erkenntnisse einiger kluger Menschen zur Lesbarkeit und Verständlichkeit von Schrift, die gerade für Menschen mit Sehbehinderung oder Dyslexie wichtig sind – und die allgemein die Lesbarkeit verbessern.

Die zwei Dimensionen der Lesbarkeit

Es gibt zwei wichtige Faktoren, nach denen wir Schriften bewerten:

1. **Die Erkennbarkeit einzelner Zeichen (Legibility):** Wie klar und unterscheidbar sind einzelne Buchstaben und Zahlen?
2. **Die generelle Lesbarkeit (Readability):** Wie flüssig und einfach ist der gesamte Text zu lesen?

Die Erkennbarkeit einer Schrift

Stellen Sie sich vor, Sie könnten Texte nur so verschwommen wie auf diesem Bild sehen.

Abbildung 7.31: Eine verschwommene Ansicht der Startseite von Gehirngerecht.digital

Den großen Text können Sie hoffentlich auch verschwommen ganz gut lesen. Das liegt zum Teil daran, dass diese Schrift ein paar Merkmale aufweist, die einzelne Buchstaben besser erkennbar machen.

Diese Merkmale sind:

- ✔ Unterscheidbarkeit: Die Zeichen sind individuell.
- ✔ Laufweite: Die Abstände zwischen den Zeichen sind groß genug.
- ✔ Offenheit: Die Negativräume der einzelnen Zeichen sind groß genug.

Unterscheidbarkeit

Ein klassisches Problem vieler Schriften: Die »1«, das große »i« und das kleine »L« sehen fast identisch aus. Teilweise sind es nur Striche, die sich in der Höhe unterscheiden.

Gut lesbare Schriften lösen das durch kleine Details: Serifen am großen »i«, die »Kelle« am kleinen »l« oder ein Haken an der »1«. So werden die Zeichen eindeutig unterscheidbar.

Abbildung 7.32: Vergleich der Zeichen 1, großes i und kleines l bei den Schriftarten Gill und Lexend

Laufweite (Buchstabenabstand)

Stehen Buchstaben zu eng, können sie ineinanderfließen. Klassisches Beispiel: »r« und »n«, die schnell wie ein »m« wirken. Ausreichender Abstand sorgt für Klarheit und bessere Lesbarkeit.

Abbildung 7.33: Die Buchstaben r und n werden schnell als m gesehen.

Eine Schriftart sollte den Buchstaben also ein bisschen Luft geben, um die Erkennbarkeit zu erhöhen.

Offenheit

Beim großen »O« und der Null sind Unterschiede oft schwer erkennbar. Gut lesbare Schriften geben der Null zum Beispiel eine gestrichene Punze, damit sie sich eindeutig vom »O« unterscheidet. Auch beim »C« stoßen wir oft auf ein Problem: Ist die Öffnung zu klein, sieht es mit einer Sehschwäche leicht nach einem »O« oder einer »0« aus. Eine gute Schrift sorgt deshalb dafür, dass die Öffnung ausreichend groß ist.

Abbildung 7.34: Die Zeichen O, 0 und C sollten sich gut unterscheiden.

Aber auch bei Buchstaben wie »e«, »a« und »s« können zu kleine Punzen zu Problemen führen. Schriften wie die *Atkinson* haben wesentlich größere Öffnungen der Buchstaben. Damit sind sie auch für Menschen mit Sehschwäche oder Sehbehinderung gut erkennbar.

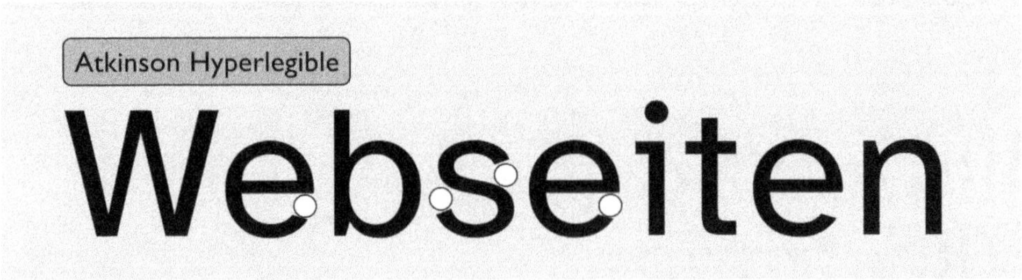

Abbildung 7.35: Die Öffnungen der Buchstaben bei der Schrift Atkinson Hyperlegible.

Das hier wird (leider) kein Buch über Typografie (vielleicht Stoff für die Fortsetzung!). Dafür gibt es zu viel anderes über Barrierefreiheit zu sagen. Wenn Sie detaillierteres Wissen über das Thema lesbare Schriften suchen, empfehlen wir Ihnen sehr die Website `leserlich.info`.

Eine barrierefreie Schriftart: Die »Atkinson Hyperlegible Next«

Natürlich gibt es schon einige Schriftarten, die die genannten Kriterien umsetzen. Eine, die wir besonders hervorheben wollen, ist die *Atkinson Hyperlegible Next*. Die Schrift wurde vom *Braille Institute of America* gezielt für Menschen mit Sehbehinderung entwickelt.

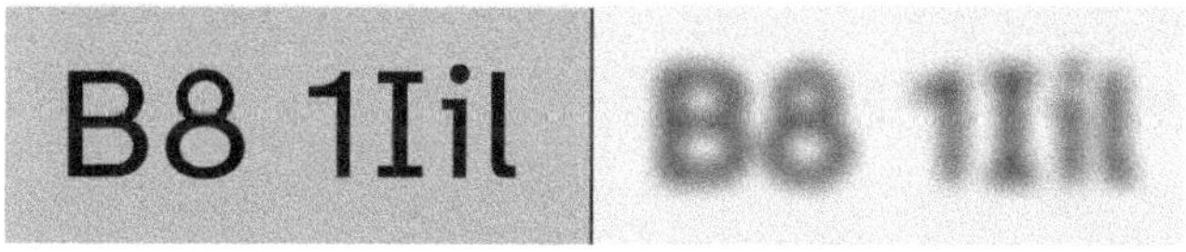

Abbildung 7.36: Ein paar Zeichen der Atkinson Hyperlegible unverschwommen und verschwommen.

Die *Atkinson Hyperlegible Next* ist kostenlos nutzbar. Sie können sie direkt auf der Seite des Braille-Instituts oder einfach auf der Google-Fonts-Seite finden.

Also sollte man keine Standard-Systemschriftarten mehr nutzen?

So würden wir das nicht sagen! Wie gerade beschrieben, haben Fonts wie die Helvetica oder Arial oft Buchstaben, die sich ähneln. Trotzdem sind viele Standardschriftarten im Großen und Ganzen ausreichend erkennbar und lesbar. Fühlen Sie sich also grundsätzlich frei, Schriften wie *Arial, Helvetica, Tahoma, Calibri, Century Gothic, Times New Roman oder Georgia* zu nutzen. Diese schneiden sogar erstaunlicherweise teils besser ab als Schriften, die explizit für ein barrierefreies Leseerlebnis konzipiert sind.

Arial: Die richtige Schriftart für Menschen mit Leseschwierigkeiten?

Sowohl Menschen mit Seh- als auch mit Lernbehinderungen sind dankbar über barrierefreie Schriftarten. Es gibt allerdings noch eine weitere Gruppe von Menschen, denen man damit explizit das Lesen erleichtert: Menschen mit Dyslexie. Fonts, die für diese Zielgruppe entwickelt wurden, sollen die Leseleistung verbessern. Die *Association of Computing Machinery* hat erforscht, ob diese Schriften das auch wirklich tun.

Die Ergebnisse sind folgende:

1. **Standardschriften schneiden besser ab.** Empfohlen für Menschen mit Legasthenie sind eher Standardschriften wie *Helvetica, Courier, Arial* oder *Verdana.* Schriftarten, die speziell für Legasthenie entwickelt wurden, wie *OpenDyslexic* oder *Dyslexia,* haben in der Studie eher schlechter abgeschnitten.

2. **Es gibt Merkmale einer Schrift, die die Lesbarkeit beeinflussen.** Serifenlose Schriften (Sans Serif), Monospace-Schriften (bei denen jedes Zeichen viel Platz einnimmt) und romanische Schriftarten (wie Arial oder Helvetica) verbessern die Lesbarkeit und erhöhen die Leseleistung signifikant.

3. **Kursive Schriften verschlechtern die Lesbarkeit.** Kursivschrift verschlechtert die Leseleistung und sollte vermieden werden.

(Hier finden Sie die Studie online: `dyslexiahelp.umich.edu/sites/default/files/good_fonts_for_dyslexia_study.pdf`)

Menschen mit Leseschwäche kann man also auch ein wenig damit helfen, wenn man bei der Auswahl der Schrift die Augen offenhält. Am meisten würde ihnen allerdings die im Folgenden beschriebene Technologie helfen.

Variable Fonts

Mit variablen Fonts kann die Schrift an die eigene Wahrnehmung angepasst werden. Das kann die Lesbarkeit deutlich verbessern. Ein Beispiel für eine solche Schrift ist *Lexend.*

Die Schriftart Lexend

Die *Lexend* ist eine Schrift, die mit dem Ziel entwickelt wurde, die Leseleistung zu verbessern. Sie setzt zwar auch darauf, dass sich Buchstaben gut voneinander unterscheiden, aber ihre wahre Stärke liegt in ihrer Variabilität.

Abbildung 7.37: Ein Screenshot der Lexend-Seite zeigt unterschiedliche Schnitte der Schrift.

Auf der Website von Lexend (`lexend.com`) können Sie selbst ausprobieren, welche Buchstabenbreite und welchen Abstand Sie am besten lesen können.

In der Praxis sind variable Fonts bisher allerdings kaum im Einsatz, vermutlich weil es aufwendig ist sicherzustellen, dass eine Seite bei allen möglichen Einstellungen optisch und funktional korrekt bleibt.

Wenn man weiß, welcher Schriftschnitt eines Fonts für einen selbst der beste ist, könnte man seine Browser-Einstellungen anpassen und den Schriftschnitt dort einstellen. Die Einstellung wird dann sogar für alle Seiten übernommen.

Die Lesbarkeit von Texten verbessern

Von der Schriftart zum Schriftsatz! Wenn Sie in den Typografie-Vorlesungen aufgepasst haben, dann sind die folgenden Informationen nicht neu. Falls der Studierenden-Freizeitstress Sie allerdings zu sehr von den Vorlesungen abgehalten hat, dann haben wir jetzt ein paar Tipps, wie man Schrift leserlich setzt. (Diese Tipps sind ebenfalls nur Empfehlungen und nicht von den WCAG vorgeschrieben.)

Setzen Sie Texte linksbündig

Für eine optimale Lesbarkeit sollten Sie Fließtext linksbündig ausrichten. Linksbündiger Text sorgt für einen besseren Lesefluss, weil das Auge sich immer wieder an einer Linie orientieren kann. Das heißt nicht, dass Sie komplett auf zentrierten Text verzichten müssen. Versuchen Sie aber dabei, zwei bis drei Zeilen nicht zu überschreiten.

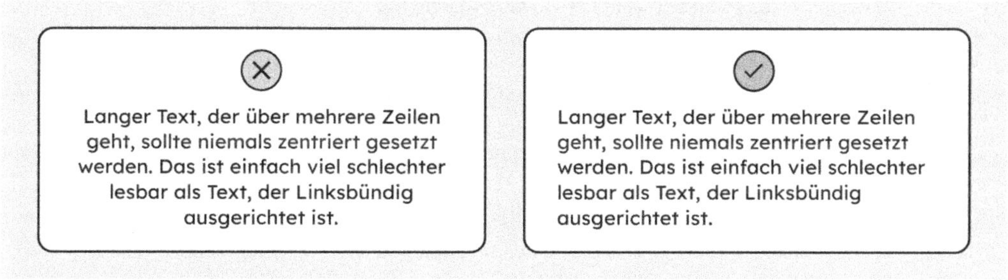

Abbildung 7.38: Fließtext sollte immer linksbündig und nicht zentriert gesetzt werden, um das Lesen einfacher für die Augen und das Gehirn zu machen.

Vermeiden Sie den Einsatz von Versalien

Verzichten Sie darauf, Fließtext in Großbuchstaben (Versalien) zu setzen. Im Versalsatz ähneln sich die Buchstaben durch die einheitliche Höhe sehr stark, was die Erkennbarkeit extrem erschwert. Das Lesen wird dadurch anstrengender und dauert länger. Um Ihre User glücklich zu machen, sollten Sie Großbuchstaben nur sparsam einsetzen – etwa für Akzente oder kurze Überschriften.

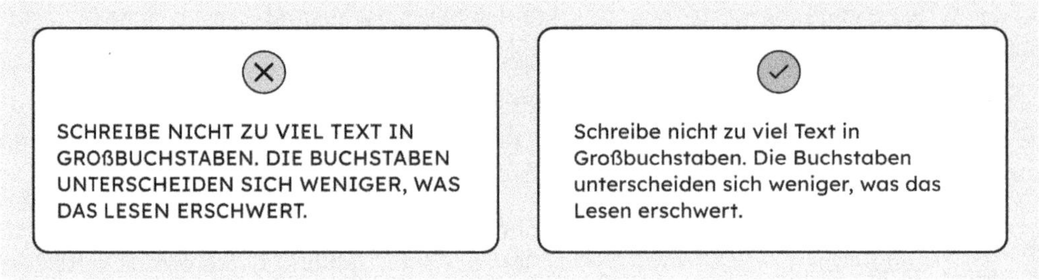

Abbildung 7.39: Texte, die länger als drei bis vier Wörter sind, sollten nicht in Versalien gesetzt werden.

Begrenzen Sie die Zeilenlänge

Mussten Sie schon mal Ihren Kopf von links nach rechts drehen, um Texte auf Websites zu lesen? Wir schon! Das Begrenzen von Zeilenlängen scheint vielen Webdesignern fremd zu sein. Dabei ist es eine der besten Methoden, um die Lesbarkeit zu verbessern. Sorgen Sie dafür, dass Ihr Text nicht die komplette Bildschirmbreite einnimmt (die ist ohnehin relativ). Begrenzen Sie die Zeilen stattdessen auf circa 60 Zeichen. So stellen Sie sicher, dass Nutzende ihren Kopf *nicht* drehen müssen und so auch wesentlich wahrscheinlicher Ihren Text lesen.

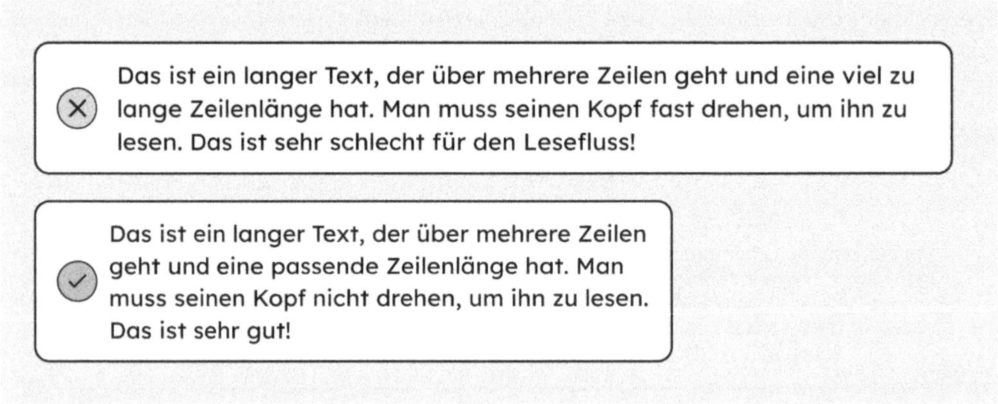

Abbildung 7.40: Eine Zeilenlänge, die auf circa 60 Zeichen beschränkt ist, macht das Lesen von Texten leichter.

Die richtige Schriftgröße und Zeilenhöhe

Die Standardschriftgröße im Web liegt bei 16 Pixel. Bildschirme werden allerdings immer breiter und 16 Pixel sehen auf großen Bildschirmen schon sehr verloren aus. Darum würden wir empfehlen, auf dem Desktop eher auf 18 Pixel zu erhöhen.

Die Zeilenhöhe sollte bei Fließtexten rund 150 Prozent der Schriftgröße betragen. Das sorgt für genügend Abstand zwischen den Zeilen, sodass sie leichter zu lesen sind. Bei größeren Schriftgrößen kann die Zeilenhöhe relativ zur Schrift etwas geringer sein, zum Beispiel 24 Pixel große Überschriften mit 130 Prozent Zeilenhöhe.

So setzen Sie Farben richtig ein

Im Gegensatz zur Wahl der Schriftart gibt es in den WCAG genaue Vorgaben beim Thema Farben.

Kontrastanforderungen einhalten

Immer wenn eine Farbe auf eine andere trifft, entsteht ein Kontrast. Wie Sie anhand dieser Zeilen sehen: Schwarzer Text auf weißem Papier bietet einen ziemlich hohen Kontrast – sogar den größtmöglichen, den man erreichen kann. Ein hoher Kontrast macht das Erkennen von Texten und Inhalten für manche Menschen mit Sehbeeinträchtigungen überhaupt erst möglich.

Darum gibt es in den WCAG klare Vorschriften für die Kontrastverhältnisse. Diese werden in Formaten wie 3:1 oder 4,5:1 angegeben. Die Werte basieren auf einer mathematischen Formel, die den Helligkeitsunterschied zwischen zwei Farben berechnet. Aber keine Sorge. Sie müssen die Formel nicht lernen. Es gibt zahlreiche Online-Tools, die Ihnen helfen, den richtigen Kontrast zu berechnen. Eine Übersicht über diese Tools finden Sie in Teil III über das Testen Ihrer Website.

Mit der Zeit entwickelt man ein Gefühl für Kontrastwerte. Wir erkennen mittlerweile oft schon auf den ersten Blick, ob eine Website die Kontrastanforderungen einhält. Bald werden Sie auch ein Bewusstsein dafür entwickeln, wenn Farben Ihren Augen wehtun!

Kontrastanforderungen an Texte

Die WCAG-Richtlinien Level AA legen Folgendes für die Kontraste von allen Texten einer Website fest:

Schriftgröße	Schriftschnitt	Kontrastverhältnis zum Hintergrund
Kleiner als 24 Pixel	Normal	4,5:1
24 Pixel oder größer	Normal	3:1
Kleiner als 18,5 Pixel	Fett	4,5:1
18,5 Pixel oder größer	Fett	3:1

Um Ihnen das Leben zu erleichtern, würden wir Ihnen raten, sich nur an dem Wert 4,5:1 zu orientieren. Nur einen Wert für Ihre Kontraste von Texten zu definieren, macht die Dokumentation und Kommunikation im Designsystem einfacher und übersichtlicher. Der niedrigere Wert von 3:1 sollte wirklich nur in Ausnahmefällen verwendet werden.

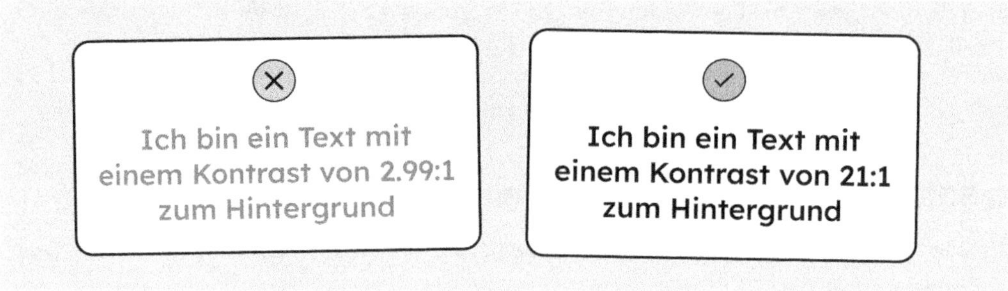

Abbildung 7.41: Ein Text muss einen Mindestkontrast von 4,5:1 zum Hintergrund haben. Der Maximalkontrast von Schwarz auf Weiß ist 21:1.

Nach Level AAA der WCAG sind die Kontrastanforderungen sogar noch etwas strenger: Texte mit einer Schriftgröße unter 24 Pixeln müssen einen Kontrast von mindestens 7:1 haben. Texte ab 24 Pixeln benötigen einen Kontrast von mindestens 4,5:1. Dieses Level ist zwar gesetzlich nicht gefordert, sorgt aber für noch bessere Barrierefreiheit!

Brennpunkt: Text auf Bildern

Besonders das Platzieren von Texten auf Bildern beziehungsweise auf mehrfarbigen Hintergründen macht einem das Leben mit Kontrasten oft schwer.

Im Generellen sind sich die meisten Designer*innen insgeheim schon bewusst, dass es selten eine gute Lösung ist, Texte auf Bildern zu platzieren. Damit der Text überhaupt lesbar ist, hilft man sich oft damit aus, ein sogenanntes Overlay über das Bild zu legen. Das ist meistens eine schwarze Fläche mit einer Transparenz, die das Bild zwar abdunkelt, es aber immer noch erkennbar lässt.

Abbildung 7.42: Wenn man Texte auf Fotos setzt, sollte man mindestens den Hintergrund abdunkeln.

Auch wenn das eine legitime Möglichkeit ist, um Kontraste einzuhalten, bringt sie jedoch Probleme mit sich:

- **Bilder haben helle und dunkle Bereiche:** Hintergrundbilder haben oft wechselnde Helligkeitsbereiche. Das kann durch die Responsiveness von Websites zu Problemen führen. Ein Text, der auf dem Desktop-Gerät gut platziert ist, kann auf einem Smartphone auf einem helleren Bereich des Bildes liegen und damit nicht mehr ausreichende Kontraste haben.
- **Die Bilder werden von jemand anderem ausgetauscht:** Wenn Sie nicht kontrollieren können, welche Bilder verwendet werden – zum Beispiel, wenn der Kunde das Hintergrundbild selbst austauscht – kann sich das mit dem richtigen Kontrastverhältnis schnell erledigen.
- **Das Overlay wird einfach zu dunkel:** Je nachdem wie hell das Bild im Hintergrund ist oder welche Farben es hat, kann es schnell passieren, dass das Overlay aufgrund der Kontrastvorgaben so dunkel werden muss, dass man das Bild im Hintergrund kaum noch erkennt.

Wie Sie daran vielleicht merken, ist diese Methode nicht sonderlich robust, um die Kontrastverhältnisse dauerhaft einzuhalten. Weniger fehleranfällige Methoden, um Texte auf Bilder zu setzen, sind zum Beispiel folgende:

- **Vignettierung am unteren Rand des Bildes**: Nutzen Sie einen Verlauf, der das Bild am unteren Rand abdunkelt. So bleibt der Kontrast zum Text, der auf diesem Bereich liegt, immer ausreichend, auch wenn der Text auf Weiß oder einer anderen hellen Farbe gesetzt ist.
- **Einfarbiger Hintergrund über dem Bild**: Legen Sie eine Farbfläche hinter den Text, wie eine Art Banderole. So bleibt der Kontrast immer gleich, unabhängig davon, wie das Bild darunter aussieht.

Abbildung 7.43: Bessere Wege, um Texte auf Bilder zu setzen, sind entweder ein schwarzer Verlauf von unten nach oben oder eine Farbfläche auf dem Bild, die sich nicht verändert.

Texte direkt als Pixelgrafik in Ihre Bilder einzubetten, sollten Sie unbedingt vermeiden. Das Kriterium *1.4.12 Text Spacing* verlangt, dass Buchstaben- und Zeilenabstände anpassbar sein müssen. Bei eingebetteten Texten in Bildern ist das nicht möglich, was unter anderem zu einem Verstoß gegen dieses Kriterium führt. Mehr zum Thema Text und Bild erfahren Sie in Kapitel 9, Barrierefreiheit in der Redaktion.

Kontrastanforderungen an Bedienelemente

Neben den Kontrastanforderungen für Texte gibt es in den WCAG auch klare Vorgaben für den Kontrast von Bedienelementen (Kriterium *1.4.11 Non-text Contrast*). Als Bedienelemente zählen zum Beispiel klickbare Icons oder Formularfelder. Diese müssen generell einen Kontrast von mindestens 3:1 zum Hintergrund aufweisen. Dabei muss man allerdings unterscheiden, ob das Bedienelement Text enthält oder nicht.

Bedienelemente ohne Text

Eines der meistgenutzten Bedienelemente ohne Text ist das klickbare Icon. Diese Icons findet man überall: als Hamburger für die Navigation, als Warenkorb oder als Link zum Social-Media-Account.

Wenn diese Icons eine Funktion haben, brauchen sie einen Kontrast von mindestens 3:1 zum Hintergrund und der Kontrast muss in allen Zuständen (Normal, Hover, Fokus, Aktiv) eingehalten werden.

Abbildung 7.44: Bedienelemente wie klickbare Icons brauchen einen Mindestkontrast von 3:1.

Ein weiteres Beispiel für Bedienelemente sind Formularfelder (Texteingabe, Checkboxen, Radio-Inputs und so weiter). Auch diese müssen einen Kontrast von 3:1 aufweisen.

Hier gibt es allerdings zwei wichtige Details. Erstens muss solch ein Formularfeld, etwa ein Texteingabefeld, den Mindestkontrast nur zu einer angrenzenden Fläche aufweisen. Gehen wir davon aus, unser Texteingabefeld ist einfach grau und hat keinen Rahmen. Dann müsste dieses Grau zum Hintergrund einen Kontrast von mindestens 3:1 haben. Das ist allerdings meistens nicht so hübsch, weil der Hintergrund dann recht dunkel ist. Darum ist es besser, unserem Texteingabefeld einen Rahmen zu geben. Innerhalb des Rahmens ist es grau, außerhalb weiß. Jetzt muss der Rahmen nur zu einer der beiden Farben, also zum äußeren Weiß oder zum inneren Grau, einen Kontrast von mindestens 3:1 haben.

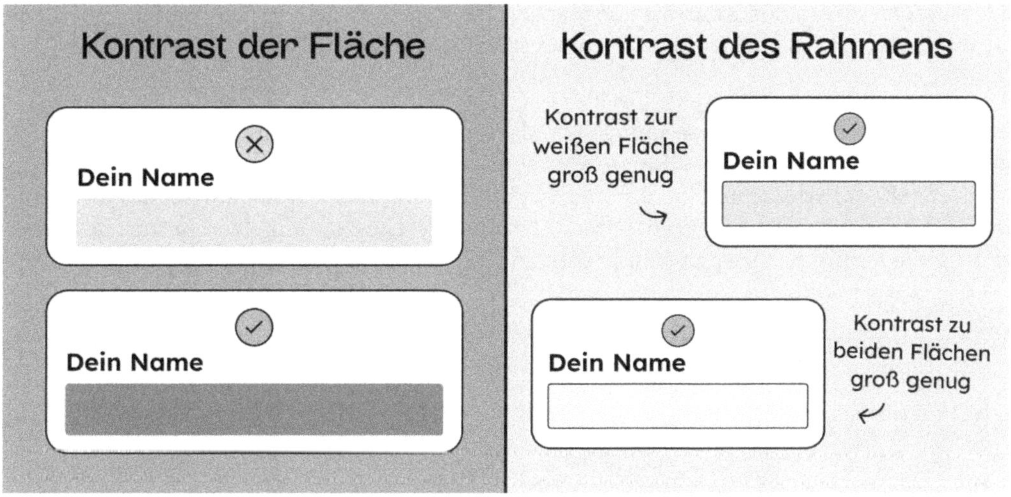

Abbildung 7.45: Bei einem Eingabefeld muss das ganze Feld oder zumindest der Rahmen einen ausreichenden Kontrast zu einer der angrenzenden Flächen haben.

Das war der erste Punkt. Der zweite Punkt bezieht sich auf den Fall, wenn das Texteingabefeld von Anfang an zum Beispiel einen Placeholder-Text umschließt. Dann gilt es nämlich eigentlich als Bedienelement mit Text.

Bedienelemente mit Text

Bei Bedienelementen, die Text umschließen, sieht die Sache ein wenig anders aus. Hier liegt der Fokus wieder auf dem Text. Die Argumentation ist, dass der Text allein erkennen lässt, dass es sich um ein klickbares Element handelt.

Wenn wir uns jetzt also unser Texteingabefeld anschauen, bedeutet das Folgendes: Wenn das Texteingabefeld einen Text umschließt, dann muss der Text darin die Mindestkontrastanforderungen für Text (4,5:1) erfüllen. Die Fläche des Texteingabefelds selbst oder der Rahmen des Texteingabefelds benötigt in dem Fall keinen zusätzlichen Kontrast von 3:1 zum Hintergrund.

Das Gleiche gilt auch für Buttons. Wenn Buttons eine Hintergrundfläche oder einen Rahmen haben, dann muss dieser nicht den Kontrast von 3:1 zum Hintergrund einhalten. Der Text im Button reicht hier nämlich oft aus, um das Element als Bedienelement zu erkennen, wenn der Text den Mindestkontrast einhält.

Aber Vorsicht, das kann in manchen Kontexten problematisch sein, wenn man zum Beispiel anhand der Position nicht direkt erkennt, dass es sich hier um einen Button handelt. Um sicherzugehen, dass der Button-Text sich vom anderen Text der Seite auch wirklich abhebt und so als Indikator für ein klickbares Bedienelement zu erkennen ist, wäre es am robustesten, zumindest den Text des Buttons noch anhand eines anderen Merkmals wie Fettung, Unterstreichung oder Ähnliches zu unterscheiden.

Wir empfehlen also, den Kontrast von solchen Hintergrundflächen oder Rahmen ebenfalls auf mindestens 3:1 zu setzen oder zumindest dafür zu sorgen, dass sich der Text im Style unterscheidet.

Stellen Sie sich beim Designen immer vor, dass Sie alle Elemente mit einem Kontrast von unter 3:1 nicht wahrnehmen können. Würden Sie den Button dann selbst noch erkennen oder verstehen? Farbflächen und Rahmen bei Buttons werden bewusst eingesetzt, um etwas hervorzuheben oder abzugrenzen. Dieser Effekt geht verloren, wenn der Kontrast zu gering ist, was wiederum Ihr Design weniger verständlich macht.

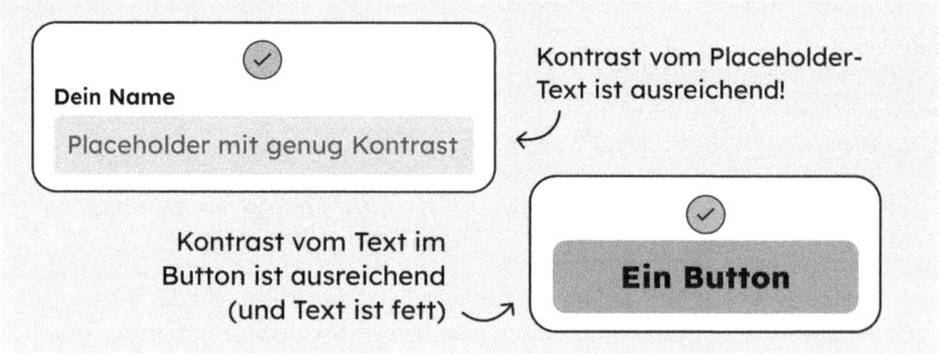

Abbildung 7.46: Bei Bedienelementen, die Text beinhalten, muss nur der Kontrast des Textes ausreichen.

Je mehr man sich mit den WCAG beschäftigt, desto klarer wird: Viele Anforderungen sind gar nicht so kompliziert. Die WCAG gelten oft als Mindeststandard und werden dafür kritisiert. Wer wirklich inklusives Design schaffen will, sollte über diesen Mindeststandard hinausgehen und nicht nur das Nötigste tun, um formal zu bestehen.

Komponenten im Disabled-Zustand

Ein typisches Beispiel für eine Komponente im Disabled-Zustand sind Buttons zum Absenden von Formularen, die erst aktiv werden, wenn alle Pflichtfelder ausgefüllt sind. Diese Buttons müssen keine Kontrastanforderungen erfüllen. Davon sind wir ehrlicherweise keine Fans, aber wir sind auch keine Fans von Disabled-Buttons.

Abbildung 7.47: Buttons im Zustand »Disabled« müssen keine Kontrastanforderungen einhalten.

Doch nicht nur Buttons können disabled sein. Auch Elemente wie nicht auswählbare Tage in einem Date Picker oder Pfeile in einem Karussell, die gerade nicht aktivierbar sind, können einen disabled-Zustand haben (diese miesen Karusselle ...). Solche Elemente müssen ebenfalls keine Kontrastanforderungen erfüllen.

Kontrastanforderungen an Grafiken

Zu guter Letzt gelten die Kontrastanforderungen auch für sinntragende Grafiken. Wenn Grafiken wichtig für das Verständnis der Inhalte sind, müssen diese auch einen Mindestkontrast von 3:1 zum Hintergrund haben.

Das beste Beispiel dafür sind Infografiken. Alle Elemente von Infografiken müssen einen Kontrast von 3:1 zum Hintergrund einhalten. Unter Umständen müssen auch die Farbflächen in der Grafik zueinander (Beispiel Tortendiagramm) einen Kontrast von mindestens 3:1 haben, um sie voneinander unterscheiden zu können. Alle Details dazu gibt es unter dem Punkt »Barrierefreier Einsatz von Infografiken« weiter hinten in diesem Kapitel.

Ausnahme: Logos

Firmenlogos sind von den Kontrastanforderungen ausgenommen – vermutlich, weil es schwer ist, Unternehmen dazu zu bringen, ihre geliebten Logos farblich anzupassen.

Trotzdem gilt: Wenn Barrierefreiheit ein zentraler Wert Ihrer Marke ist, sollten Sie auch bei Logos auf ausreichenden Kontrast achten. Ansonsten entsteht schnell der Eindruck, dass Barrierefreiheit keine echte Priorität hat.

Eine Ausnahme der Ausnahme gilt dann, wenn Ihr Logo als Bedienelement fungiert, etwa als Link zur Startseite. Dann muss es wieder einen Mindestkontrast von 3:1 zum Hintergrund haben, damit es für alle sichtbar und bedienbar ist. Es reicht, wenn nur Teile des Logos – zum Beispiel der Schriftzug oder ein markanter Bestandteil – den Kontrast erfüllen, solange das Logo als klickbares Element erkennbar bleibt.

Abbildung 7.48: Bei klickbaren Logos muss zumindest ein Teil des Logos die Kontrastanforderungen erfüllen.

Keine sinngebende Kommunikation durch Farbe

Ein weiterer wichtiger Aspekt beim Umgang mit Farben: Nicht alle Menschen können Farben wahrnehmen! Um auch diese Personen nicht vor digitale Barrieren zu stellen, müssen wir uns also fragen: »Muss man die Farben im Design erkennen, um den Inhalt zu verstehen?«

Fall 1: Die Farbe ist wichtig

Ein typisches Beispiel, bei dem Farbe allein nicht ausreicht, ist die Zustandsanzeige eines Systems. Grün zeigt oft »Alles okay«, Rot signalisiert Fehler oder Ausfall. Wer die Farben nicht unterscheiden kann, erkennt den Systemzustand nicht und kann nicht die richtige Entscheidung treffen. Dasselbe gilt, wenn etwa im Webshop nur über Rot oder Grün angezeigt wird, ob ein Artikel verfügbar ist.

Wenn die Farbe selbst also entscheidend für das Verständnis ist, muss dieselbe Information zusätzlich auf anderem Weg vermittelt werden. Bei einer Statusanzeige könnten Symbole wie ein Haken oder ein »X« genutzt werden, beim Shopartikel Text wie »Verfügbar« oder »Nicht auf Lager«. So wird die Information unabhängig von der Farbwahrnehmung.

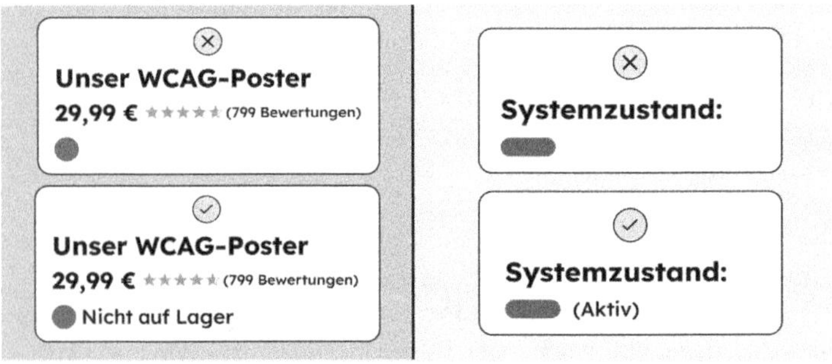

Abbildung 7.49: Beispiele von Informationen, bei denen man die Farben an sich erkennen muss, um den Sinn zu verstehen

Fall 2: Die Farbe an sich ist nicht wichtig

Ein wenig anders sieht das Ganze aus, wenn die Farbe keine informationstragende Rolle spielt. Hier reicht es, wenn der Kontrast zwischen den Zuständen ausreichend ist. Bei einem Filter-Button, der im inaktiven Zustand weiß und im aktiven Zustand blau ist, genügt ein Kontrast von mindestens 3:1 zwischen aktiv und inaktiv. So können Nutzende mit Sehbehinderung oder Farbsehschwäche den Unterschied erkennen, ohne dass die exakte Farbe entscheidend ist.

Wenn der Farbkontrast zwischen aktivem und inaktivem Zustand weniger als 3:1 beträgt, brauchen Sie eine alternative Kennzeichnung. Das kann zum Beispiel ein dickerer oder gestrichelter Rahmen um den aktiven Filter oder fett dargestellter Text im aktiven Zustand sein.

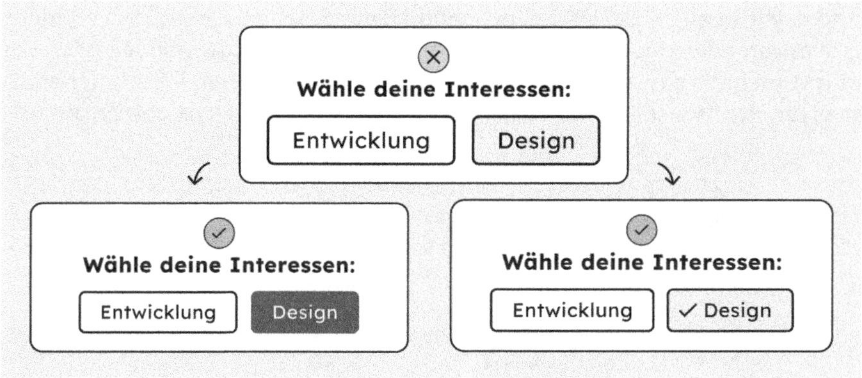

Abbildung 7.50: Eine Unterscheidung durch den bloßen Kontrast von 3:1 ist erlaubt. Eine weitere Codierung wäre aber besser.

Ein guter Ansatz für barrierefreies Design ist, Layouts so zu gestalten, dass sie auch in Schwarz-Weiß funktionieren. Wie Tobias' Professor für Typografie schon sagte: »Ein gutes Layout funktioniert auch ohne Farbe.« Dieser Grundsatz ist nicht nur ein wertvoller Designtipp, sondern auch essenziell für Barrierefreiheit. Ein starkes UI-Design sollte daher ohne den Einsatz von Farbe auskommen können!

Icons verständlich machen

Auch die kleinsten Elemente einer Website verdienen Ihre volle Aufmerksamkeit, vor allem, wenn Ihre User mit ihnen interagieren sollen.

Icons helfen, auf wenig Fläche viel Inhalt zu vermitteln. Daher sind sie besonders beim App-Design beliebt. Aber auch auf Websites werden sie immer häufiger genutzt – hauptsächlich, weil man glaubt, dadurch Platz zu sparen. Allerdings bringt das Reduzieren der Inhalte auf ein Icon auch so einige Probleme mit sich.

Icons ohne Beschriftung sind schwer zu verstehen

Können Sie in folgendem Bild sagen, welches Icon für welche Funktion steht?

Abbildung 7.51: Gängige Website-Icons ohne Beschriftung

Mittlerweile finden wir es als Mitte-Dreißiger schon ziemlich schwer, jedes Icon zu identifizieren. Außerdem verändern sich Icons auch regelmäßig. Ein Icon zum Senden oder Weiterleiten sieht nicht mehr so aus, wie es vor drei oder fünf Jahren aussah. Wo immer es also möglich ist, ist es für alte Menschen wie uns ein Segen, wenn Sie Ihre Icons beschriften.

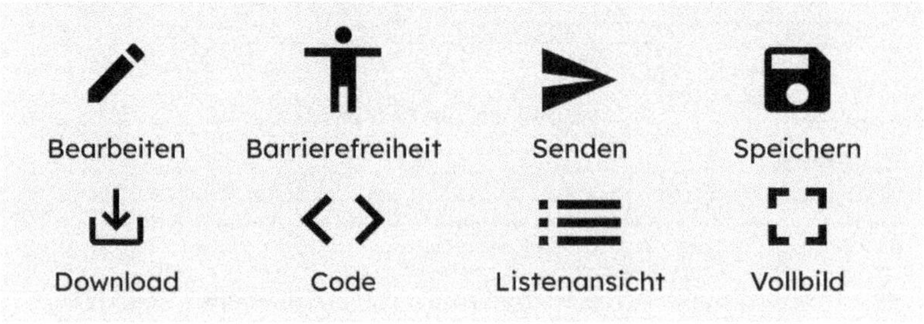

Abbildung 7.52: Icons, die durch Codierung deutlich verständlicher werden

Icons zu beschriften ist zwar nach den WCAG nicht verpflichten, es ist aber dennoch ein großer Gewinn für die Benutzerfreundlichkeit.

Es kommt eben doch auf die Größe an

Icons sollten aber nicht nur verständlich sein, sondern auch bedienbar. Laut dem Kriterium *2.5.8 Target Size (Minimum)* muss die Klickfläche eines Bedienelementes (Beispiel Icon-Button) mindestens 24 × 24 Pixel groß sein. Das Icon an sich dürfte sogar kleiner sein (etwa 18 × 18 Pixel), solange die Klickfläche des gesamten Bedienelementes mindestens 24 × 24 Pixel groß ist und sich nicht mit der Klickfläche eines anderen Elements überschneidet.

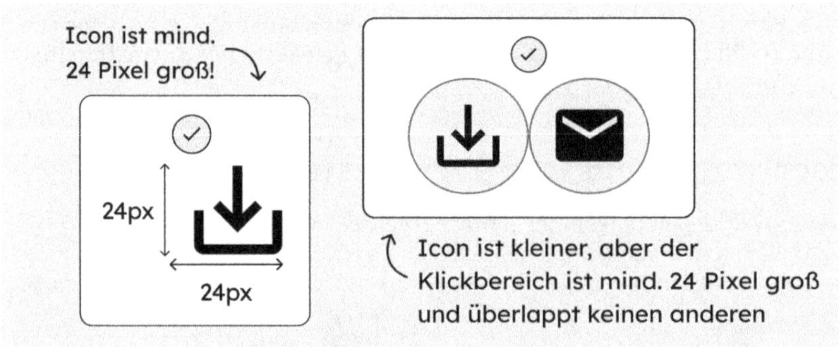

Abbildung 7.53: Die Details zur Größe der Klickfläche von Bedienelementen

Wir empfehlen jedoch wiederum, diese Ausnahme so gut es geht zu ignorieren und die Icons selbst nie kleiner als 24 × 24 Pixel zu machen. Das verbessert nicht nur die Sichtbarkeit, es macht Ihr Design auch robuster. So sinkt das Risiko, dass das Bedienelement zu klein ist und Entwickler den Abstand zu anderen Elementen vergessen und damit schnell ein Fehler nach den WCAG entsteht.

Noch besser wäre allerdings, sich gleich an das Level AAA der WCAG zu halten und eine Mindestgröße von 44 × 44 Pixeln anzustreben. So ist es wesentlich wahrscheinlicher, dass Menschen mit Tremor oder anderen motorischen Einschränkungen die Icons auch wirklich treffen.

Die empfohlene Mindestgröße von Android und iOS für klickbare Icons in Apps ist 48 × 48 Pixel. Das ist wieder ein gutes Beispiel dafür, dass die Anforderungen der WCAG tatsächlich einen Minimalstandard festlegen.

Dem Icon eine programmatisch ermittelbare Textalternative geben

Auch wenn Icons nicht zwangsweise eine sichtbare Beschriftung brauchen, benötigen sie immer eine programmatisch ermittelbare Textalternative. Nehmen Sie einen Button mit einem Briefumschlag-Icon. Eine passende Alternative wäre »E-Mail schreiben« oder »Nachricht erstellen«. Ohne diese Alternative würde ein Screenreader nur »Button« vorlesen. Die Funktion des Buttons bliebe blinden Nutzenden vorenthalten (mehr dazu in Kapitel 8 im Abschnitt »Zugänglicher Name«).

Wenn Sie die Textalternativen bereits im Design dokumentieren, erhöhen Sie die Wahrscheinlichkeit, dass die Entwicklung sie nicht vergisst. Außerdem stellen Sie so sicher, dass die Beschreibung wirklich die gedachte Funktion wiedergibt. Es klingt vielleicht seltsam, aber nicht immer benutzen alle im Team denselben Namen für eine Aktion – je nachdem, wie eng sie zusammenarbeiten.

Die richtigen Kontraste sicherstellen

Noch einmal zur Wiederholung: Icons, die als Bedienelemente eingesetzt werden, oder Icons, die für das Verständnis der Seite wichtig sind, brauchen einen Mindestkontrast von **3:1** zum Hintergrund.

Barrierefreier Einsatz von Animationen

Wir geben es offen zu: Digitale Barrierefreiheit und Animation sind nicht die allerbesten Freunde. Wenn Inhalte sich automatisch bewegen oder aktualisieren, kann das bei Menschen Verständnisprobleme auslösen. In schlimmeren Fällen können animierte oder blinkende Elemente Übelkeit, Migräne oder sogar epileptische Anfälle auslösen. Deswegen haben die WCAG auch für Animationen zwei Kriterien in petto:

- ✔ *2.2.2 Pause, Stop, Hide*: User müssen Inhalte, die sich länger als fünf Sekunden bewegen, anhalten, stoppen oder verstecken können.
- ✔ *2.3.1 Three Flashes or Below Threshold*: Eine Website darf keine Elemente über einer gewissen Größe enthalten, die öfter als dreimal in der Sekunde aufblitzen.

Um verständlicher zu machen, was genau darunterfällt, sind hier ein paar gängige Probleme.

Beispiel 1: Video

In der Regel sind Videos im Web über einen Videoplayer eingebunden. Diese Videoplayer haben dann normalerweise einen Start- und Stopp-Button, mit dem man Videos anhalten kann.

Die Ausnahme sind hier allerdings oft Hintergrundvideos. Das sind Videos, die nicht über einen Player, sondern über CSS in einen Container direkt eingebunden werden. (Man sieht sie zum Beispiel oft im Header auf der Startseite.) Ein Problem sind diese Hintergrundvideos deswegen, weil sie automatisch abgespielt werden und es keine Steuerelemente gibt, um sie zu stoppen. Damit verstoßen sie gegen das Kriterium *2.2.2 Pause, Stop, Hide*.

Wenn Sie Hintergrundvideos einbetten wollen, müssen Sie also ab jetzt darauf achten, dass User auch dieses Video über einen Pause- und Play-Button stoppen können.

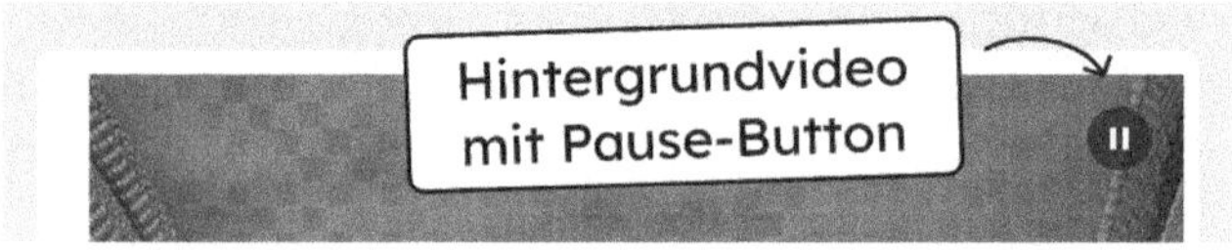

Abbildung 7.54: Screenshot der IKEA-Startseite mit einem Pause-Button für das Hintergrundvideo

Ein weiteres Problem: Die Sequenzen in dem Video blitzen mehr als dreimal die Sekunde auf. Auch das darf eigentlich nicht passieren, wenn das Video automatisch abspielt. Wenn der User allerdings selbst entscheiden kann, ob er das Video abspielen will, dann sollte es zumindest eine Trigger-Warnung geben.

Das Video selbst ist dann aber dennoch nicht barrierefrei und wir würden zumindest empfehlen, eine barrierefreie Version zur Verfügung zu stellen. Das sollte in der Regel auch relativ einfach machbar sein, indem man an der Stelle ein Standbild einspielt oder, wenn dort nicht viel geredet wird, die Stelle einfach herausschneidet oder Ähnliches.

Auch für User ohne Einschränkungen kann starkes Blitzen irritierend sein. Im besten Fall verzichten Sie also ganz auf zu starke Reize in Ihren Animationen. Die ohnehin überreizten Hirne der Neuzeit werden es Ihnen danken.

Beispiel 2: Karussell

Karusselle sind der Klassiker, wenn es um Barrierefreiheitsprobleme mit Animationen geht. Wenn das Karussell automatisch abläuft, dann gilt es als durchgehende Animation, die die Fünf-Sekunden-Hürde überschreitet. User müssen also die Möglichkeit haben, dieses Karussell über einen Button anhalten zu können.

Abbildung 7.55: Ein Karussell benötigt einen Pause-Button.

Beispiel 3: Laufende Schrift oder Text

Sie kennen bestimmt diese wenig dezenten Banner, die durchs Bild laufen, um uns kontinuierlich an den absoluten Sale des Jahrhunderts zu erinnern? Auch die müssen stoppbar oder wegklickbar sein. (Wir würden ehrlicherweise auch hier liebend gern in einer Welt leben, in der es diese Ungetüme nicht gibt).

Abbildung 7.56: Eine Schrift, die dauerhaft über den Bildschirm läuft, ist auch eine durchgehende Animation.

Beispiel 4: GIFs

GIFs sind für beide der oben genannten WCAG-Kriterien sehr problematisch. Erstens sind sie eine durchgehende Animation. Sie laufen meistens in Schleifen. Und zweitens können GIFs *flackern*. Das heißt nach den WCAG: Sie blinken mehr als dreimal die Sekunde auf.

Es ist allerdings schwer abzuschätzen, ob ein GIF wirklich flackert. Die WCAG schlagen deshalb ein Tool zur Messung der Frequenz vor. Zudem muss man messen, wie groß das GIF ist. Dafür gibt es eine mathematische Berechnung, die Sie im Teil über die WCAG-Kriterien finden, genauso wie das Tool zum Messen des Flackerns. Als Daumenregel lässt sich aber sagen: Wenn das GIF kleiner als 148 × 148 Pixel ist, ist es vermutlich von diesem Kriterium ausgenommen.

Beispiel 5: User-gesteuerte Animationen

Unter eine User-gesteuerte Animation fällt unter anderem der Parallax-Effekt. Beim Parallax-Effekt bewegen sich verschiedene Teile einer Seite in unterschiedlichen Geschwindigkeiten, um einen Effekt der Tiefe zu erzeugen. Der Parallax-Effekt ist aber keine dauerhafte Animation, da die Animation nur startet, wenn ein User scrollt. Sie endet, sobald der User aufhört zu scrollen. Es gibt deswegen eine Art von Kontrolle über die Animation.

Der Parallax-Effekt verursacht allerdings bei einigen Menschen Übelkeit. Diese entsteht dadurch, dass das Anschauen unterschiedlicher Bewegungsrichtungen die Wahrnehmung verzerrt. Diese Verzerrung wirkt sich auf den Gleichgewichtssinn aus und kann dadurch Übelkeit erzeugen, ähnlich wie beim Autofahren, wenn Sie auf der Rückbank versuchen zu lesen. Parallax-Effekte sind per se also nicht verboten, aber wir würden sie auch nicht empfehlen.

Wenn Sie auf Parallax-Effekte wirklich nicht verzichten können, sorgen Sie dafür, dass Nutzende sie deaktivieren können. Das Media Query `prefers-reduced-motion` ermöglicht, auf Systemeinstellungen der Nutzenden zu reagieren und Animationen daraufhin abzuschwächen oder komplett zu stoppen.

So bleibt der Effekt optional und beeinträchtigt niemandes Wohlbefinden.

Wie Animationen problemlos genutzt werden können

Um immer noch problemlos Animationen zu nutzen, müssen diese also

- ✔ kürzer als fünf Sekunden sein
- ✔ oder eine Möglichkeit bieten, sie zu stoppen oder wegzuklicken
- ✔ und weniger als dreimal die Sekunde aufblitzen (oder klein genug sein).

Es gibt außerdem eine Ausnahme für essenzielle Animationen. Das sind zum Beispiel Zeitanzeigen, die sich dauerhaft bewegen, um die Zeit herunterzuzählen. Das sieht man häufig im Onlinebanking oder bei Onlineprüfungen. Diese Zeitanzeige darf sich dauerhaft bewegen, da sie essenziell für das Verständnis ist.

Abbildung 7.57: Als essenzielle Animationen gelten ablaufende Zeitanzeigen.

Mehr zu den Ausnahmen finden Sie in den jeweiligen Kriterien im entsprechenden WCAG-Abschnitt.

Barrierefreier Einsatz von Bildern

Wenn es um einfache Bilder geht, sieht unser Leben als Designer*in in Bezug auf digitale Barrierefreiheit recht entspannt aus. Als einfache Bilder bezeichnen wir in diesem Buch Fotos oder Illustrationen mit wenigen Informationen.

Grundsätzlich können Sie Ihre Bilder frei wählen. Wer mit seiner Marke für Teilhabe einstehen möchte, sollte zumindest auf eine inklusive Bildsprache achten. Aber als Warnung: Das kann auch wieder schnell unauthentisch wirken, wenn man es nicht ernst meint und sich Teilhabe im Rest der Marke nicht widerspiegelt.

> Neben den gängigen Stockfoto-Adressen gibt es mittlerweile inklusivere Datenbanken, die auf Vielfalt in den Bildern achten. Die Seite `disabilityisbeautiful.com` bietet beispielsweise kostenlose Bilder von Menschen mit Behinderung an. Der Vorteil hier ist, dass nicht irgendwelche Models in geliehenen Rollstühlen posen. Die Bilder repräsentieren authentische Momente statt gespielter Inklusion.

Wichtiger als die Wahl des Bildes ist nach den WCAG die Textalternative. Wie in dem ein oder anderen Kontext schon erwähnt, benötigen Bilder Alternativen, die ein Screenreader auslesen kann.

Wenn Sie in der Designphase ganz gezielt ein Bild auswählen, ist es hilfreich, sich schon im Design die passende Textalternative zu überlegen. Schließlich haben Sie das Bild aus einem guten Grund gewählt und wollen damit einen gewissen Inhalt vermitteln. Wenn Sie diese Gedanken schon festhalten, muss die Redaktion – oder im schlimmsten Fall die Entwicklung – sich die gleichen Gedanken nicht noch einmal machen. Damit erleichtern Sie sich selbst oder Ihrem Team die Arbeit!

Wie man diese Textalternativen am elegantesten schreibt, darauf gehen wir im Abschnitt »Barrierefreie Bilder« in Kapitel 9 ein.

Barrierefreier Einsatz von Infografiken

Beim Thema Infografiken ist es nicht so leicht wie bei einfachen Bildern. Hier müssen wir ein paar mehr Punkte beachten.

Immer diese Kontraste

Infografiken vermitteln fürs Verständnis wichtige Inhalte. Darum müssen auch sie die richtigen Kontrastverhältnisse einhalten (zur Erinnerung: 4,5:1 für Texte, 3:1 für Grafiken), es sei denn, es gibt eine Alternative für diese Grafiken, die die gleichen Inhalte vermitteln. Auf konforme Alternativen gehen wir weiter unten genauer ein.

Einsatz von Farben

Auch Infografiken dürfen Informationen nicht allein durch Farbe vermitteln. Wie Sie schon beim Einsatz von Farben gelernt haben, müssen Sie unterscheiden, ob die Farbe wichtig für das Verständnis ist. Wenn die Farbe an sich Sinn vermittelt, dann müssen Sie eine zusätzliche Codierung einbauen, wie Formen, Muster oder Beschriftungen.

Wenn die Farbe an sich keinen Sinn vermittelt, dann reicht es aus, wenn der Kontrast der unterschiedlichen Flächen zueinander größer als **3:1** ist.

Schauen wir uns ein Tortendiagramm an. Die Farbflächen nur durch den Einsatz von Farbe zu unterscheiden, ist in folgenden Fällen okay:

- ✔ Die Farben selbst vermitteln keinen Sinn. Also es egal ist, ob es Grün und Rot oder Gelb und Blau ist. (Das ist bei Tortendiagrammen eigentlich meistens der Fall.)
- ✔ Die Farben haben einen Mindestkontrast von 3:1 zum Hintergrund.
- ✔ Die Farben haben zueinander jeweils einen Mindestkontrast von 3:1.

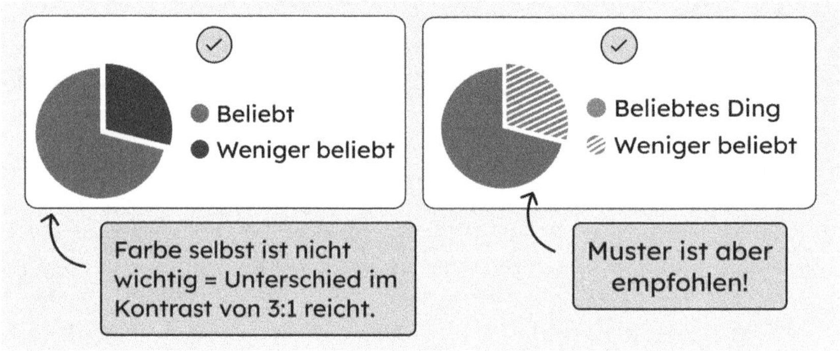

Abbildung 7.58: Bei einem Tortendiagramm dürfen sich Farbflächen mit einem Kontrast von mindestens 3:1 zueinander unterscheiden. Empfohlen ist es dennoch, auch Muster zu der Farbe zu nutzen.

Der Unterschied von 3:1 reicht zwar aus, wir würden aber dennoch empfehlen, Muster zu verwenden, um den Unterschied noch klarer zu machen. Besonders weil es mit mehr als zwei oder drei Farbflächen sonst auch schnell bunt werden kann.

Textliche Alternative für die Infografik

Zusätzlich zur Farbwahl bereiten Infografiken auch dann Kopfzerbrechen, wenn es darum geht, wie Screenreader sie wahrnehmen können. Besonders bei komplexen Grafiken stößt ein einfacher Text, der in dem Alt-Attribut hinterlegt wurde (Alt-Text), schnell an seine Grenzen.

Ein Alt-Text für solche Grafiken wäre erstens viel zu lang und zweitens für Menschen mit Screenreadern extrem unpraktisch: Sie müssten sich den gesamten Text am Stück anhören ohne die Möglichkeit, gezielt zu navigieren. Das wäre in vielen Fällen mehr Qual als Nutzen.

Stellen Sie sich eine Grafik mit drei Zugstrecken vor. Sobald ein Screenreader darauf fokussiert, würde er sagen: »Strecke 1: Köln, Bonn, Düsseldorf, Bremen ...« und das für jede Strecke. Einmal kurz unaufmerksam gewesen? Pech gehabt – alles von vorne anhören! Um das zu umgehen, braucht es andere Ansätze für Alternativen bei komplexen Grafiken. Hier sind ein paar Ideen:

Gängige Alternativen

- ✔ **Grafik mit JavaScript interaktiv machen:** Die eleganteste Lösung ist, eine Infografik nicht nur als Bild darzustellen, sondern die Inhalte direkt im HTML-Code verfügbar zu machen. Mithilfe von JavaScript können Sie Daten so aufbereiten, dass sie visuell schön aussehen, aber im Hintergrund auch für Screenreader zugänglich bleiben.
- ✔ **HTML-Text oder Tabelle nutzen:** Statt einen langen Alt-Text zu verwenden, können Sie die Inhalte als strukturierten Text oder Tabelle in HTML bereitstellen. Eine Tabelle könnte die drei Zugstrecken einfach und übersichtlich darstellen. Eine Screenreader-Nutzerin könnte so bequem durch die Daten navigieren.
- ✔ **Listen nutzen:** Alternativ können Sie die Informationen in drei übersichtlichen Listen darstellen, die die Strecken und Zwischenhalte aufzählen. Auch das ist leicht zu navigieren und sorgt für ein barrierefreies Erlebnis.
- ✔ **Element zum Aufklappen von mehr Text bereitstellen:** Wenn die Inhalte zu umfangreich sind, können Sie sie auch verstecken und erst beim Interagieren mit einem Button mehr Informationen anzeigen. Texte zu verstecken ist in der UI zwar nie der beste Weg, aber es ist immer noch besser als einen Link unter die Grafik zu platzieren, der zu einer separaten Seite führt. Das ist zwar auch möglich, aber meist noch umständlicher für den User.

Egal für welche Lösung Sie sich entscheiden: Stellen Sie sicher, dass die Beschreibung in der Nähe des Bildes zu finden und einfach zugänglich ist.

Vorteile von Alternativen

Sobald Sie eine Textalternative zur Infografik bereitstellen, müssen Sie auch die Vorgaben zu Kontrasten und Farben nicht mehr zwingend erfüllen. Im folgenden Diagramm werden Informationen ausschließlich durch Farben vermittelt.

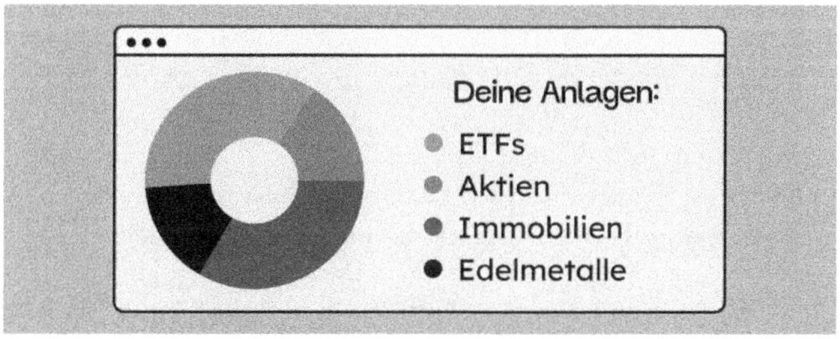

Abbildung 7.59: Beispiel eines Tortendiagramms, das nur durch Farbe kommuniziert.

Um zu erkennen, welche Anlageform welchen Anteil ausmacht, müssten User die Farben unterscheiden können. Wenn Sie das Problem allein durch Farben lösen möchten, müssten alle sechs Bereiche des Diagramms

- ✔ einen **Kontrast von mindestens 3:1** zum Hintergrund haben und
- ✔ einen **Kontrast von mindestens 3:1** zueinander aufweisen.

Das ist tatsächlich gar nicht so einfach. Wie Sie im folgenden Bild sehen, sind die Flächen weit davon entfernt, einen Kontrast von 3:1 zueinander aufzuweisen. Mehr als drei Farbflächen untereinander mit einem ausreichenden Kontrast abzuheben, ist mit einer monochromatischen Farbpalette (eine Farbpalette, die auf den Abstufungen einer Farbe basiert) sehr schwierig.

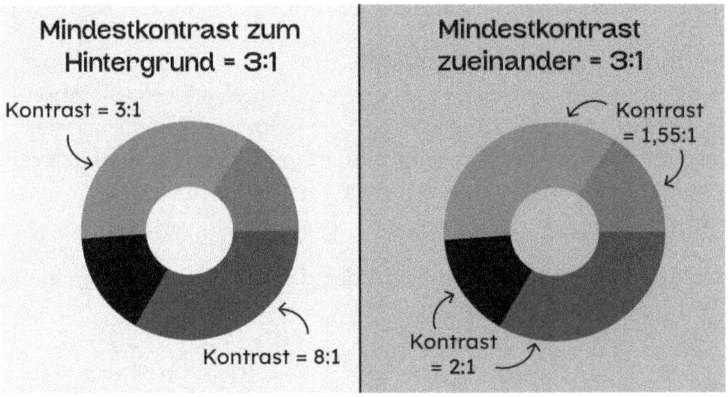

Abbildung 7.60: Der Kontrast der Farbflächen muss mindestens 3:1 zum Hintergrund und 3:1 zu den angrenzenden Farbflächen sein.

Es gibt allerdings eine viel einfachere Lösung: Text! Mit echtem Text können Sie eine einfache Alternative schaffen, die alle (und sogar noch mehr) Aussagen der Infografik wiedergibt. Dazu müssen Sie nur Prozentzahlen vor die Anlageformen schreiben. Somit haben Sie für alle verständlich gemacht, wie viele Anteile des Portfolios aus welcher Anlageform bestehen.

Alternativen durch Texte können Ihnen also besonders in Situationen helfen, in denen die Einhaltung der Kontrast- und Farbanforderungen besonders schwer umzusetzen ist.

Ein zusätzlicher Vorteil: Infografiken sind häufig komplizierter, als wir denken. Denn wir haben uns hoffentlich lange Gedanken gemacht über die Daten und deren Visualisierung und kennen deren Struktur und Bedeutung. Alle Menschen (zum Beispiel Manager, die unter Zeitdruck Entscheidungen treffen müssen) können die enthaltenen Informationen so besser und schneller erfassen. Eine gut geschriebene Textalternative unterstützt nicht nur Screenreader-User, sondern alle, die eine Grafik oder einzelne Aspekte davon sonst falsch verstehen könnten.

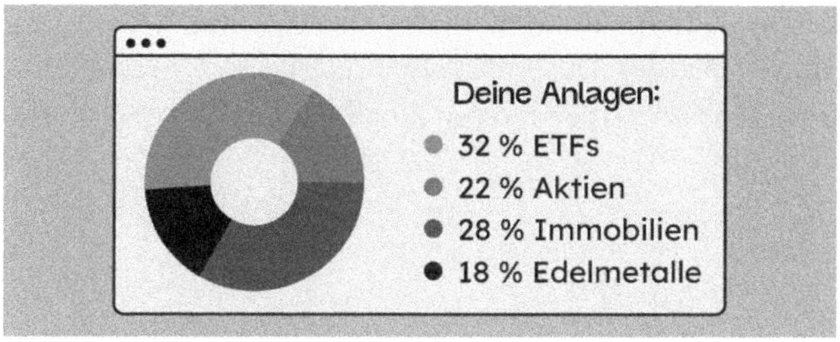

Abbildung 7.61: Die einfachste Lösung ist nicht, die Farben anzupassen, sondern eine Alternative in Textform zu geben.

Dennoch raten wir, Kontraste und Farben so gut wie möglich einzuhalten, auch wenn eine Alternative vorhanden ist. So bleibt die Infografik universell verständlich und nutzbar, auch in Kontexten, in denen die Textalternative nicht verfügbar ist, zum Beispiel wenn die Grafik in den Ergebnissen einer Suchabfrage auftaucht.

Barrierefreiheit im UI-Design

Nachdem Sie sich mit den Grundelementen der barrierefreien Gestaltung vertraut gemacht haben, geht es in diesem Abschnitt speziell um die Feinheiten eines barrierefreien UI-Designs.

Für eine barrierefreie Nutzerführung sorgen

Besonders das Navigieren auf Websites ist für einige Menschen eine große Herausforderung. Inkonsistenz im Design, fehlende oder verborgene Navigationsmöglichkeiten und schlecht umgesetzte Responsiveness sind ein paar der größeren Schwachstellen, die das Zurechtfinden erschweren.

Konsistentes Design

Sind die Ecken Ihrer Buttons abgerundet? Dann sollte das immer so sein. Ist Ihr Menü oben rechts platziert? Dann sollte es auch auf jeder Unterseite oben rechts platziert sein. Ist Ihr Icon für den Warenkorb ein kleiner Einkaufswagen? Dann sollte das Icon immer für den Warenkorb stehen.

Muster zu erkennen und uns daran zu orientieren, ist eines unserer großen menschlichen Talente! Wir sind also darauf gepolt, Konsistenz zu erkennen. Je konsistenter Ihr Design ist, desto besser wird die User-Experience im Generellen werden, da es uns allen kognitive Energie spart. Wir müssen alle mehr kognitive Energie aufwenden, wenn sich eine gewohnte Funktion oder sogar schon ein gewohntes Icon verändert. Und mit steigender kognitiver Belastung steigt die Chance, dass wir die Website verlassen. Und das Ganze ist eben noch um ein Vielfaches anstrengender für manche Menschen mit kognitiven Beeinträchtigungen oder Neurodivergenz. Diese Personen brauchen oft noch mehr Energie, um Muster zu lernen und sich zu orientieren. Ein inkonsistentes Design macht ihnen den Umgang mit Ihrer Seite wesentlich schwerer, weshalb es diesbezüglich auch gleich drei Kriterien in den WCAG gibt:

- ✔ *3.2.3 Consistent Navigation*
- ✔ *3.2.4 Consistent Identification*
- ✔ *3.2.6 Consistent Help*

Die Kriterien werden in Teil IV genauer erläutert.

Mehrere Navigationsmöglichkeiten

Die einfache Navigation durch die Seite ist ein weiterer Hauptaspekt einer guten Nutzerführung. Typischerweise hat eine Website dafür eine Hauptnavigation oben im Header der Seite. Diese beinhaltet im besten Fall auch alle Unterseiten und ist dabei noch übersichtlich und leicht zu bedienen. Eine solche Hauptnavigation ist allerdings nicht für alle Menschen der bevorzugte Weg. Daneben muss es laut WCAG mindestens eine weitere Möglichkeit der Navigation auf Ihrer Seite geben. Das kann beispielsweise eine Suche oder eine Sitemap sein, gern auch beides.

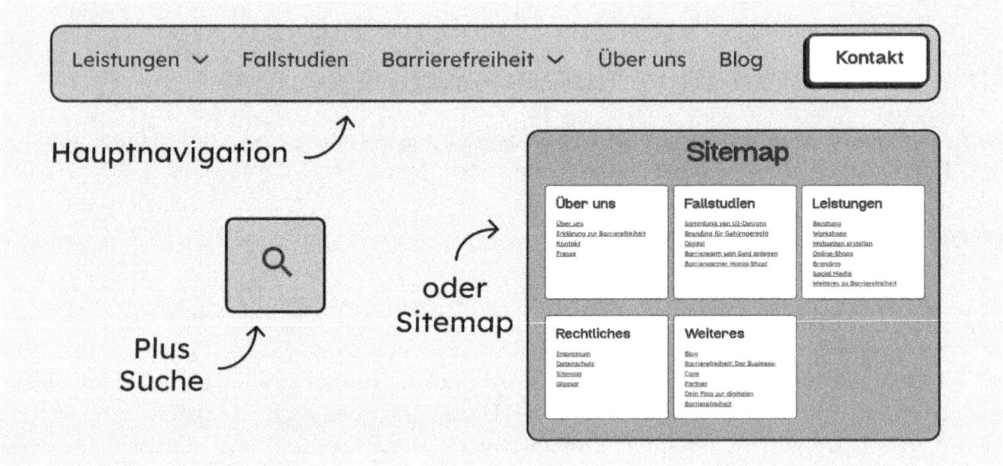

Abbildung 7.62: Eine Website braucht zusätzlich zur Hauptnavigation die Suche oder eine Sitemap (Inhaltsverzeichnis).

Die Suche

Mit einer Suche kann man Inhalte teilweise wesentlich schneller finden als per Hauptnavigation. Eine Suche ist viel angenehmer, als sich mit einer Bildschirmlupe oder einem Screenreader durch ein Megamenü zu quälen. Damit die Suche aber auch wirklich hilfreich ist, muss sie alle Inhalte durchsuchen können, nicht nur Teile, wie Blogeinträge.

»Alle Inhalte« bezieht sich auch auf Dokumente und im Idealfall Bilder.

Die Sitemap

Eine Sitemap, auch Inhaltsverzeichnis genannt, ist eine einfache Übersichtsseite, die alle Seiten der Website auflistet. Das kann eine einfache Liste an Links sein, die in Kategorien eingeteilt untereinanderstehen. Diese Sitemap muss allerdings auch gut bedienbar sein und darf nicht einfach eine klassische XML-Sitemap sein, die man gern für SEO einsetzt. Die Einträge sollten möglichst eindeutige Seitentitel beinhalten, die man schnell durchsuchen kann.

Responsiveness

Eine Webseite sollte auf allen Bildschirmgrößen in allen Ausrichtungen funktionieren (das sollte nichts Neues für Sie sein). Aber mit der digitalen Barrierefreiheit wird es jetzt auch verpflichtend. Ihre Seite muss sowohl im Hochformat als auch im Querformat funktionieren, sodass alle Funktionen bedienbar und alle Inhalte lesbar bleiben.

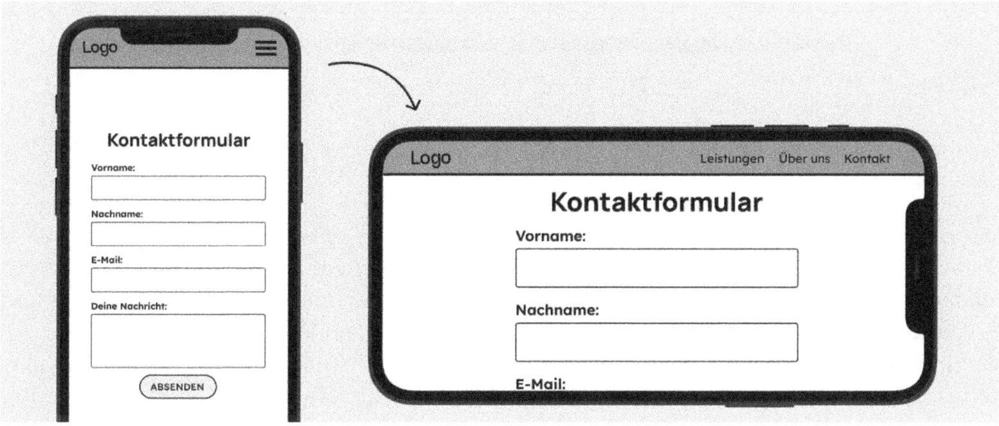

Abbildung 7.63: Eine Website muss im Hoch- und im Querformat funktionieren.

Sinnvolle Überschriftenstruktur

Überschriften sind ein oft unterschätzter Weg der Navigation. Durch das Scannen von Überschriften schaffen sich User schnell einen Überblick und entscheiden dann, was relevant für sie ist.

Eine blinde Person hat diesen Luxus nicht. Man braucht eine semantisch sinnvolle Überschriftenstruktur, damit das Scannen per Screenreader klappt. Die Struktur bekommt man letztlich damit hin, dass man in der Redaktion oder Entwicklung die richtigen HTML-Tags, wie `<h1>` oder `<h2>`, verwendet (mehr dazu im jeweiligen Kapitel). Aber das Planen der Überschriften beginnt schon im Design.

Designer*innen können mithilfe gut geplanter Überschriften für eine klare und nachvollziehbare Hierarchie sorgen und somit die wichtigsten Elemente sofort hervorheben. Allerdings werden Überschriften für einen »cleanen« Look heutzutage oft weggelassen, obwohl sie manchmal hilfreich wären. Überschriften helfen Menschen mit kognitiven Beeinträchtigungen und Menschen, die auf einen Screenreader angewiesen sind, sehr stark dabei, den Aufbau einer Website zu verstehen.

Abbildung 7.64: Screenshot der Startseite der Berliner Verkehrsgesellschaft

Was wir genau damit meinen, sehen Sie auf der Startseite der Berliner Verkehrsgesellschaft (BVG).

Die BVG hat in ihrem Hero-Bereich (oberster Teil einer Webseite, bevor man scrollt) ein Formular für das Suchen einer Verbindung. Dieses Formular kann man mit dem Screenreader problemlos benutzen. Allerdings fehlt diesem Bereich eine Überschrift. Somit kann es schwierig sein, den Bereich zu finden. Wenn keine Überschrift da ist, erscheint sie auch nicht in der Überschriftenliste, die ich mir mit einem Screenreader ausgeben kann. So erkenne ich auf Anhieb nicht, dass es hier einen Abschnitt für die Verbindungssuche gibt. Dazu müsste ich mich zusätzlich per Tab-Taste durch die Seite navigieren, was natürlich länger dauert und das »Scannen« der Seite erschwert.

Die BVG hat das allerdings mitbedacht und schon eine versteckte Überschrift eingebaut!

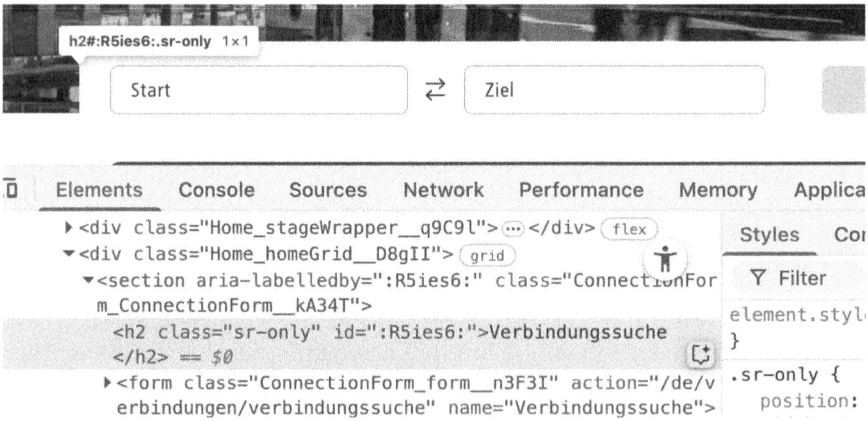

Abbildung 7.65: Beispiel einer versteckten Überschrift über dem Formular zur Verbindungssuche auf der Seite der Berliner Verkehrsgesellschaft

Wie man im Screenshot des Codes erkennt, findet sich über dem Formular eine Überschrift der Ebene zwei, in der »Verbindungssuche« steht. Sie erleichtert das Leben von Menschen, die einen Screenreader nutzen, deutlich.

Dieser Einsatz von versteckten Überschriften ist ein gängiges Mittel in der digitalen Barrierefreiheit, um Informationen an Nutzende von Screenreadern zu geben, die für sehende Menschen visuell aus dem Kontext zu verstehen sind.

In vielen Fällen sind die Informationen aber auch für alle hilfreich. In unserem Formularbeispiel erhöht das Wort »Verbindungssuche« die Verständlichkeit von »Start« und »Ziel« deutlich und kommt dem UX-Prinzip »Don't make me think!« deutlich näher als die Variante ohne Überschrift.

Problematische UI-Komponenten

Zum Abschluss dieses Kapitels werfen wir noch einen Blick auf ein paar problematische UI-Komponenten. Diese Komponenten können bei der Umsetzung in der Entwicklung große Herausforderungen darstellen. Daher ist es sinnvoll, sie bereits im Designprozess zu hinterfragen.

Das bedeutet wie immer nicht, dass Sie komplett auf diese UI-Komponenten verzichten müssen. Es ist lediglich wichtig, ein paar Dinge zu beachten, wenn man sie einsetzen will und seine Entwickler*innen dabei nicht quälen möchte.

Modale und Pop-ups

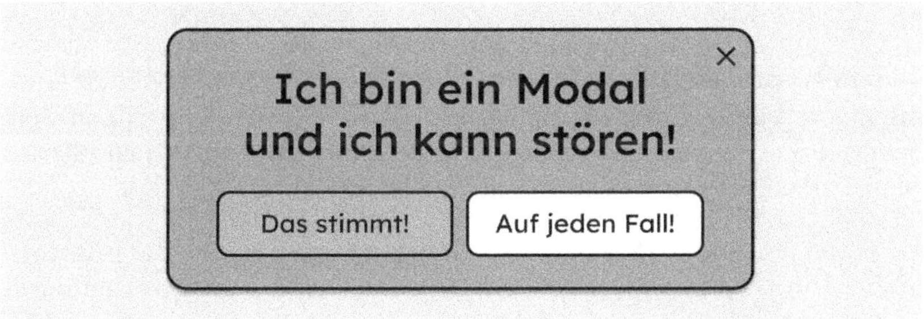

Abbildung 7.66: Ein Modal kann den Userflow oft stören, besonders für Menschen mit Beeinträchtigungen.

Ein Modal oder Pop-up ist eine Art Overlay, das sich über Teile oder den gesamten Inhalt einer Seite legt. Solche Modale, besonders die, die ungewollt aufpoppen, können den Nutzungsfluss unterbrechen und viele Nutzende beim Lesen und Wahrnehmen der Inhalte stören.

Typische Probleme mit Modalen

- ✔ **Fehlende Screenreader-Unterstützung:** Blinde User merken oft gar nicht, dass sich ein Modal geöffnet hat. Sie kommen also entweder gar nicht dazu, den Inhalt des Modals zu lesen, oder aber sie werden in das Modal gezwungen und verlieren dadurch verwirrenderweise den Kontext.
- ✔ **Kein Schließen mit der Escape-Taste:** Modale sind oft nicht, sollten aber mit der [Esc]-Taste schließbar sein, damit man die Informationen schnell und einfach ignorieren kann – auch wenn man ohne Maus unterwegs ist.
- ✔ **Unzugänglicher Schließen-Button:** Modale haben oft einen Icon-Button, wie ein einfaches »X«, um sie zu schließen. Diesen Icon-Buttons fehlt aber oft die Textalternative. Es wird also entweder gar nichts oder »X« anstatt »Schließen« vorgelesen, wenn man sie mit einem Screenreader ansteuert.
- ✔ **Problematischer Umgang mit dem Tastaturfokus:** Während das Modal geöffnet ist, darf der Tastaturfokus nicht hinter das Modal springen. Der Fokus muss im Modal gefangen bleiben, bis sich die Nutzerin dafür entscheidet, das Modal zu schließen oder eine Auswahl zu treffen.
- ✔ **Der Fokus wird nicht auf das Element zurückgesetzt, das das Modal geöffnet hat:** Nach dem Schließen des Modals muss der Fokus automatisch auf das Element zurückspringen, das vor dem Öffnen den Fokus hatte. Fehlt diese Funktion, führt das zu Frustration, weil man dann am Anfang oder am Ende der Seite landet und mit der Tastatur wieder an die Stelle kommen muss, an der man war, als man das Modal geöffnet hat.

Modale können also ziemlich problematisch sein, wenn sie nicht richtig implementiert sind. Aber auch unabhängig von digitaler Barrierefreiheit stehen viele UI-Designer*innen mit Modalen auf dem Kriegsfuß, weil diese entweder unnötige Informationen enthalten oder wichtige Informationen verstecken und so das Verständnis erschweren.

Bevor Sie ein Modal einsetzen, sollten Sie sich also Gedanken machen, ob die Informationen wirklich nützlich sind, und wenn ja, ob Sie sie dann nicht anders präsentieren können. Denken Sie daran, dass Informationen, die hinter einem Klick versteckt sind, für ganz viele User nahezu unsichtbar sind, weil sie wirklich selten überhaupt klicken, um Informationen zu erhalten.

Date Picker

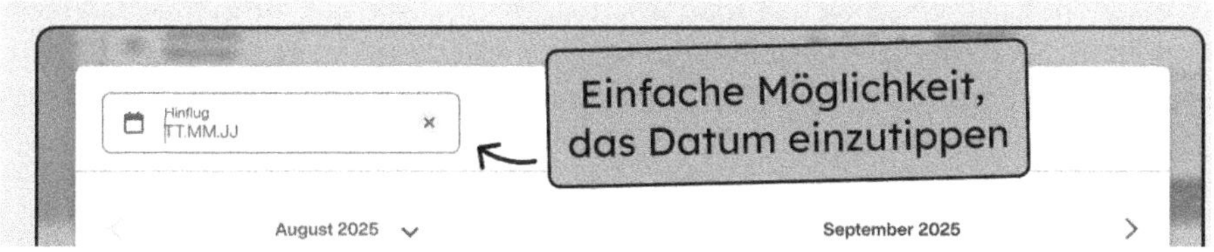

Abbildung 7.67: Ein Date Picker benötigt mindestens ein einfaches Eingabefeld, um das Datum einzutragen.

Ein Date Picker ist ein praktisches Tool, mit dem Nutzende per Klick ein Datum auswählen können. Sie kennen es sicher von Buchungstools oder Formularen. Doch gerade für barrierefreie Anwendungen kann ein Date Picker problematisch sein.

Typische Probleme mit Date Pickern

- ✔ **Schwierig für Screenreader-Nutzende:** Screenreader lesen oft jedes Jahr, jeden Monat und jede Zahl einzeln vor. Das macht die Bedienung extrem mühsam.
- ✔ **Keine Möglichkeit zur Texteingabe:** Viele Date Picker erlauben ausschließlich die Auswahl über das visuelle Tool, was für manche Nutzende eine unnötige Hürde darstellt.
- ✔ **Ähnliche Probleme wie bei Modalen:** Legt sich der Date Picker über andere Inhalte, können die gleichen Probleme auftreten wie bei Modalen.
- ✔ **Fehlende Unterstützung durch assistive Technologien:** Häufig fehlt Date Pickern die korrekte HTML-Semantik, sodass sie von Screenreadern nicht korrekt interpretiert und bedient werden können.
- ✔ **Langsam:** Ein Datum ist selbst von ungeübten Nutzenden in der Regel wesentlich schneller getippt als aus einem Kalender ausgewählt.
- ✔ **Muss erlernt werden:** Gerade selbst entwickelte Kalender halten sich an keine Standards – weil es keine gibt. Dadurch muss man zumindest im Detail jedes Mal durch Ausprobieren herausfinden, wie ein Datum oder Zeitraum einzugeben ist.

Auch wenn diese Probleme bestehen, ist ein Date Picker oft unverzichtbar, besonders für Buchungen oder Reservierungen. Die beste und einfachste Lösung, um einen Date Picker barrierefrei zu machen: Ergänzen Sie ein einfaches Textfeld, in das das Datum manuell eingegeben werden kann. So stellen Sie sicher, dass man sich mit dem Screenreader nicht von Tag zu Tag hangeln muss, um das richtige Datum auszuwählen.

Sticky Header

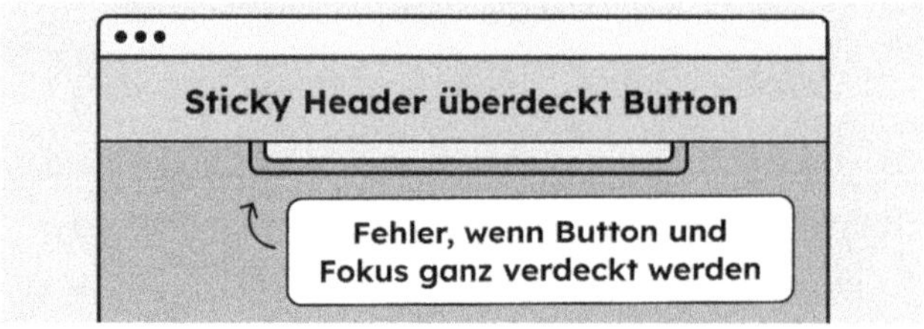

Abbildung 7.68: Ein Sticky Header kann Bedienelemente überdecken, die den Fokus haben. Wenn die Bedienelemente komplett überdeckt werden, dann führt das zu einem Problem mit den WCAG.

»Sticky ist tricky«, wie man so schön sagt! Sticky Header – also Kopfbereiche, die beim Scrollen oben an der Seite haften bleiben – sind zwar beliebt, können aber im Hinblick auf Barrierefreiheit einige Herausforderungen mit sich bringen.

Typische Probleme mit Sticky Headern

- ✔ **Überlappung von Inhalten:** Sticky Header können wichtige Inhalte verdecken, besonders wenn Nutzende die Seite zoomen. Denn es ist hinderlich, wenn die Navigation ein Drittel oder mehr des Bildschirms einnimmt. Die Lesbarkeit und Sichtbarkeit der Inhalte werden dadurch stark beeinträchtigt.
- ✔ **Verwirrende Reihenfolge:** Obwohl Sticky-Navigationen visuell sofort präsent sind, kann ihre tatsächliche Erreichbarkeit für Tastaturnutzende frustrierend sein. Sie müssen sich oft erst durch den Rest der Seite navigieren, bevor sie die Navigation erreichen. Hier kann man argumentieren, dass es eine Diskrepanz zwischen der visuellen und der tatsächlichen Reihenfolge der Inhalte gibt.
- ✔ **Fokuszustände überlagern:** Sticky Header können Elemente verdecken, die gerade den Fokus haben, etwa Buttons oder Formulareingaben. Das verstößt gegen ein Kriterium der WCAG 2.2, das vorschreibt, dass Fokuszustände nie komplett von anderen Elementen überdeckt werden dürfen.

Sticky Header sind kein Tabu, aber man sollte sich über ihre möglichen Probleme bewusst sein und Wege einplanen, diese zu umgehen.

Wir setzen seit Jahren keine Sticky Header mehr ein – und vermissen sie kein bisschen! Wenn das UX-Design und die Struktur einer Seite klar sind, sollten alle intuitiv durch die Inhalte geführt werden, ohne ständig die Navigation im Blick haben zu müssen.

Überlegen Sie mal: Wann greifen Sie wirklich auf die Navigation zu? Einfach so, mitten auf der Seite, fällt Ihnen plötzlich ein, dass Sie jetzt etwas vollkommen anderes suchen? Wenn ja, könnte das zwei Gründe haben:

1. Die Struktur der aktuellen Seite ist nicht optimal und Sie finden nicht, was Sie suchen.

2. Etwas anderes hat Ihre Neugier geweckt und Sie möchten doch noch woanders hin.

Für die seltenen Male, in denen Fall zwei eintritt, ist die Motivation des Users ausreichend, kurz hochzuscrollen, um die Navigation zu erreichen.

Wir würden also empfehlen, auf den Sticky Header zu verzichten und mehr Zeit und Energie in eine durchdachte Seitenstruktur zu investieren.

Karusselle

Abbildung 7.69: Ein Karussell ist eine der schlimmsten UI-Komponenten, unabhängig von den Problemen mit der Barrierefreiheit.

Ja, ich gebe zu, wir haben schon viel auf Karussellen rumgehackt. Aber hier noch mal die gründliche Zusammenfassung, warum wir sie nicht mögen. Karusselle sind UI-Elemente, die Inhalte unnötig verstecken, wie drei, acht oder gar 20 Bilder, von denen immer nur eins angezeigt wird. Oft wechseln die Inhalte automatisch nach einer gewissen Zeit, oder User können sie manuell über Buttons durchblättern. Die Idee von Karussellen findet großen Anklang bei Kunden, in der Hoffnung, sie könnten noch mehr Inhalte in ihre Seite stopfen. Das ist aber leider fast nie der Fall, wie wir gleich sehen werden.

Typische Probleme mit Karussellen

- ✔ **Sie stören das Lesen:** Automatisch wechselnde Texte unterbrechen die Nutzenden beim Lesen und führen schnell zu Frustration. Niemand mag es, wenn der Text unter der Nase weggleitet, bevor man fertig ist.
- ✔ **Tab-Navigation fokussiert unsichtbare Inhalte:** Bei der Tastaturbedienung startet der Fokus oft beim ersten Element des Karussells, auch wenn dieses gerade gar nicht sichtbar ist. Das macht die Navigation verwirrend.
- ✔ **Keine Möglichkeit, den automatischen Wechsel zu stoppen:** Häufig fehlt eine Funktion, um den automatischen Wechsel anzuhalten, also ein Pause-Button.
- ✔ **Schlechte Interaktionsrate:** Studien zeigen immer wieder, dass Karusselle ineffektiv sind. Die durchschnittliche Klickrate liegt bei **unter zwei Prozent.** Das heißt, dass nicht einmal zwei Prozent der Besucher*innen sich überhaupt die Mühe machen, mit dem Slider zu interagieren. Alle Inhalte auf Slide 2 sind praktisch für mehr als 99,8 Prozent Ihrer Nutzenden nicht vorhanden.

Karusselle gehören bei uns deswegen seit einer halben Ewigkeit nicht mehr zu den Elementen, die wir im UI-Design verwenden.

Wir reden hier über Vollbild-Karusselle, nicht über Karusselle mit mehreren Produkt-Cards, wie sie auf Onlineshops oft zu finden sind. Diese Karusselle haben aufgrund der Vielzahl der Produkte eines Shops oft einen wirklichen Sinn und User interagieren auch mit ihnen, um mehr Produkte zu sehen. Diese Karusselle sind oft auch ganz anders implementiert und wesentlich einfacher zu steuern und von technischen Hilfsmitteln auszulesen.

Disabled-Buttons

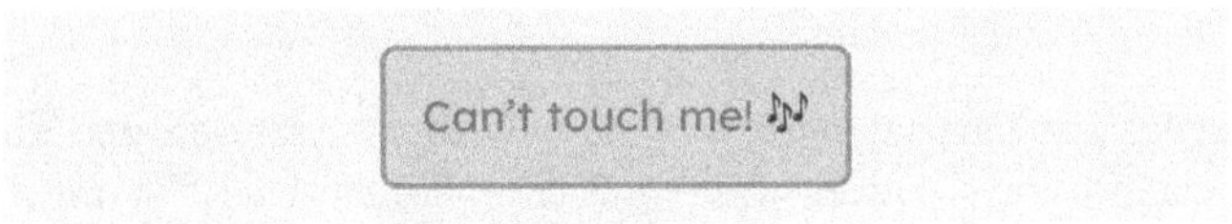

Abbildung 7.70: Ein Disabled-Button, auf dem »Can’t touch me« steht

Über Disabled-Buttons haben wir uns in diesem Kapitel schon mal ausgelassen. Aber hier kommen ein paar weitere Argumente, wieso sie unserer Meinung nach erhebliche Nachteile mit sich bringen. Aber zuerst eine kurze Erläuterung: Disabled-Buttons sind in der Benutzeroberfläche sichtbare, aber nicht bedienbare Buttons, die erst nach einer bestimmten Aktion aktiv werden – wie dem Ausfüllen eines Formularfelds.

Typische Probleme mit Disabled-Buttons

- ✔ **Schlechte Kontraste:** Disabled-Buttons werden oft so gestaltet, dass sie »inaktiv« aussehen – blass oder farblos. Das führt häufig zu schlechten Kontrasten. Auch wenn es für Disabled-Elemente keine verpflichtenden Kontrastanforderungen gibt, gilt für Nutzende mit Sehschwächen hier das Gleiche: Schlechter Kontrast bedeutet, dass sie diesen Button möglicherweise gar nicht erkennen.
- ✔ **Leute versuchen trotzdem zu klicken:** Auch wenn ein Button disabled ist, klicken viele Nutzende trotzdem darauf – und ärgern sich, wenn nichts passiert. Ohne Erklärung bleibt unklar, warum der Button nicht funktioniert.
- ✔ **Kein Feedback, warum disabled:** Wenn der Grund für die Deaktivierung nicht erklärt wird, bleibt er ein Rätsel für die Nutzenden. Das führt oft zum Abbruch der Aufgabe.
- ✔ **Der User muss denken:** Buttons, die nicht bedienbar sind, zwingen Nutzende dazu zu überlegen, was sie machen müssen, um den Button zu aktivieren. Das widerspricht dem Grundsatz der intuitiven Bedienung. Sie erinnern sich: Don't make me think! Wir wollen vermeiden, dass Nutzende denken müssen.
- ✔ **Die Tastatur »sieht« ihn nicht:** Disabled-Buttons sind oft nicht per Tab-Taste erreichbar, da sie für Tastaturbedienungen programmatisch »unsichtbar« sind. Das kann problematisch werden, wenn eine Person mit der Tastatur navigiert und dabei an die Seite zoomt. So sieht sie den Disabled-Button nicht unbedingt visuell und findet ihn mit der Tastatur auch nicht. Die Chance, dass sie überhaupt versteht, dass ein Button vorhanden ist, sinkt dadurch stark.

Wenn Sie trotz aller Nachteile absolut nicht drum herumkommen, einen Disabled-Button zu verwenden, dann folgen Sie zumindest dieser Empfehlung: Setzen Sie einen Text unter oder über den Button, der erklärt, warum er disabled ist. So machen Sie die Nutzbarkeit für alle wesentlich leichter.

Jetzt dürfen Sie offiziell mit Ihrem Wissen bei Ihren Freunden, Ihrer Familie oder Ihrem Team angeben gehen. Sie sind nun bestens gerüstet, um digitale Barrierefreiheit von Anfang an in Ihren Designs mitzudenken. Durch die Designprinzipien haben Sie ein klares Framework an der Hand, das es Ihnen ermöglicht, Barrierefreiheit in jeder Entscheidung zu berücksichtigen – auch dann, wenn Sie nicht jedes Detail der WCAG auswendig kennen. Darüber hinaus verfügen Sie jetzt über das nötige Wissen, um ein vollständiges Designsystem von Grund auf barrierefrei umzusetzen. Im nächsten Schritt sehen wir uns an, wie Sie Ihr Design in barrierefreien Code übertragen können.

IN DIESEM KAPITEL

Was Hilfstechnologie braucht, um Ihre Seite lesen zu können

Wie HTML Ihnen und allen das Leben erleichtert

Wie Sie Ihr barrierefreies Design barrierefrei entwickeln

Kapitel 8
Digitale Barrierefreiheit in der Entwicklung

Die perfekte, barrierefreie Website würde sich genau so verhalten, wie Nutzende es gerade brauchen: Sie wäre für jeden maximal wahrnehmbar, bedienbar, verständlich und sie funktioniert zuverlässig, egal mit welchem Browser sie aufgerufen oder mit welcher assistiven Technologie sie genutzt wird – das Schweizer Taschenmesser unter den Webauftritten!

Natürlich ist das Optimum für jede Person subjektiv. Darum ist unser Ziel in der Entwicklung, eine Website zu bauen, die so flexibel ist, dass sie auf die Bedürfnisse möglichst vieler Menschen reagieren kann. Im Idealfall ist es also egal, ob eine blinde oder gehörlose Person oder jemand mit ADHS unsere Website nutzt.

In diesem Kapitel lernen Sie, wie Sie Websites so entwickeln, dass sie für die meisten Menschen zugänglich und nutzbar sind. Wichtig dabei ist, sich zu erinnern: Barrierefreiheit ist ein Prozess. Nicht alles wird Ihnen von Anfang an perfekt gelingen und Sie werden immer wieder etwas Neues dazulernen. Barrierefreiheit ist eine neue Chance, die eigenen Projekte zu hinterfragen und zu optimieren.

Damit Sie sehen, wie all das zusammenspielt, gehen wir Schritt für Schritt vor: Zuerst erfahren Sie, wie Browser und assistive Technologien Inhalte verstehen. Dann geht es darum, Informationen sinnvoll zu strukturieren und flexibel zu gestalten. Und schlussendlich schauen wir uns an, wie wir sicherstellen, dass auch Screenreader-Nutzende informiert werden, wenn sich Inhalte dynamisch auf der Seite verändern. So lernen Sie nicht nur einzelne Techniken kennen, sondern verstehen, wie Code, Struktur und Kommunikation zusammenwirken, um Barrierefreiheit zu ermöglichen.

So versteht assistive Technologie eine Website

Assistive Technologien wie Screenreader oder Sprachsteuerung (mehr dazu in Kapitel 2) orientieren sich am Code einer Website, um die Inhalte an Nutzende weiterzugeben oder die Seite für sie bedienbar zu machen. Wie gut das klappt, hängt maßgeblich davon ab, wie strukturiert und sauber der Code der Website aufgebaut ist. Um besser zu verstehen, was strukturiert und sauber eigentlich bedeutet, müssen wir von vorne anfangen.

Das Document Object Model (DOM)

Wenn Sie eine Website im Browser öffnen, erstellt der Browser eine Art Strukturplan der Seite, das sogenannte *Document Object Model* (DOM).

Das DOM ist also das Ergebnis dessen, was der Browser aus Ihrem Code verstanden hat. Der Browser ist auch so nett und repariert das DOM von selbst, wenn Ihr HTML-Code nicht ganz korrekt war. Dabei ergänzt er beispielsweise Elemente, die laut Spezifikation zwingend vorhanden sein müssen, wenn Sie diese vergessen haben, oder ergänzt übersehene, schließende Tags (die mit dem Schrägstrich vor dem Elementnamen, zum Beispiel `</p>`).

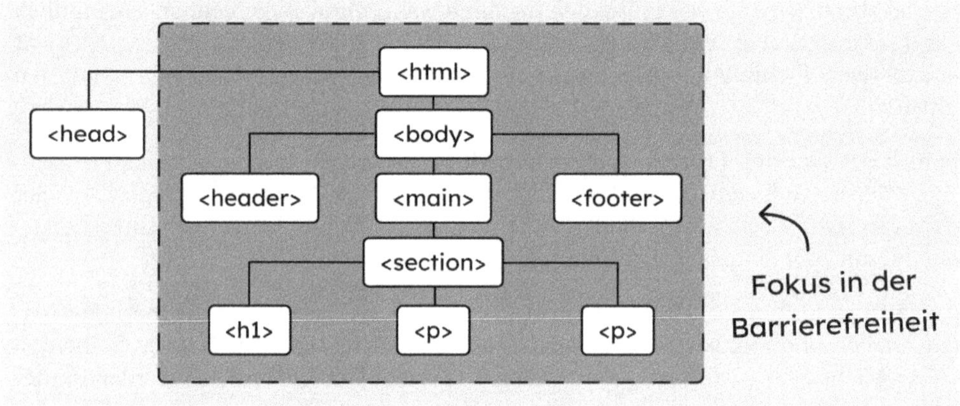

Abbildung 8.1: Ein DOM besteht aus Knoten, die miteinander verbunden sind. Besonders wichtig für die Barrierefreiheit: der <html>-Knoten und alles unterhalb von <body>.

Stellen Sie sich das DOM wie eine Art umgedrehten Baum vor. Ganz oben im DOM steht das `<html>`-Element, das ist die Wurzel. Darunter verzweigt sich das Geäst: `<head>`- und `<body>`-Element. Im `<body>` finden Sie den eigentlichen Seiteninhalt (Blätter und Früchte, wenn Sie so wollen): Navigation, Überschriften, Absätze, Buttons, Formulare und so weiter. Also alles, was für Nutzende sichtbar und bedienbar ist.

Das sind die HTML-Elemente und im DOM bezeichnet man sie als Knoten. Durch die Verbindungen dazwischen kann der Browser nachvollziehen, wie die Elemente zueinandergehören, welches untergeordnet oder übergeordnet ist und in welcher Reihenfolge sie erscheinen. Das DOM ist also einfach eine Art Gliederung, der vorhandenen Elemente.

Aber das DOM kann noch mehr: Es beinhaltet Zustände (zum Beispiel, ob eine Checkbox angehakt ist), bietet Möglichkeiten, gezielt auf einzelne Elemente zuzugreifen (zum Beispiel über eine ID), und definiert Ereignisse, wie das Auslösen eines Klicks auf einen Button.

Das DOM können Sie im Browser ganz einfach selbst einsehen: Öffnen Sie im Browser die Entwicklerkonsole (zum Beispiel per Rechtsklick »(Element) Untersuchen«) und wechseln Sie zum Tab »Elements« oder »Inspektor«.

Das DOM ist die Grundlage für die visuelle Darstellung im Browser, aber auch für den sogenannten *Accessibility Tree.*

Der Accessibility Tree

Die visuelle Darstellung im Browser setzt voraus, dass man sehen kann. Das ist ein Problem für Software wie Screenreader oder Sprachsteuerung, denn die haben keine Augen. Zum Glück hält der Browser hier eine clevere Alternative bereit: den Accessibility Tree (AT).

Der AT wird aus dem DOM erzeugt und enthält alle Informationen, die für assistive Technologien wichtig sind. Die Knoten in diesem Baum heißen Accessibility Tree Objects (ATO).

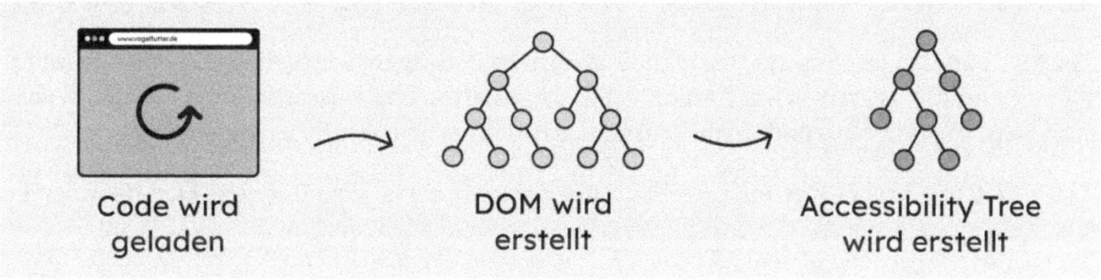

Abbildung 8.2: Wenn der Code geladen wird, erstellt der Browser das DOM und daraus den Accessibility Tree.

Diese vier Aspekte des ATOs werden Sie häufiger beschäftigen:

- ✔ **Name:** Der Name (genauer »zugänglicher Name«, englisch »accessible name«) wird von Hilfsmitteln zur Eingabe oder Ausgabe genutzt. Dadurch wird es möglich, den Browser aufzufordern, einen Button »Senden« zu drücken, oder ein Screenreader kann mitteilen, dass ein Button »Senden« vorhanden ist. Ein gut gewählter Name erhöht die Verständlichkeit und macht eine Anwendung leichter bedienbar.

- ✔ **Rolle:** Die Rolle gibt an, welche Funktion ein Element hat, also wie es verwendet werden soll. Ein Button deutet zum Beispiel immer eine Aktion an, wie das Absenden eines Formulars, das Speichern von Daten oder das Öffnen eines Menüs. Ein Link hingegen stellt eine Verbindung her, zum Beispiel zur nächsten Seite oder zu einer Datei. Während sehende Personen einfach erkennen, was passiert, wenn sie auf ein Element klicken, brauchen assistive Technologien diese Rolle als Hinweis auf die erwartete Interaktion.
- ✔ **Zustände und Eigenschaften:** Ist eine Checkbox angehakt? Ist ein Formularfeld korrekt ausgefüllt? Zustände und Eigenschaften beschreiben, wie sich ein Element aktuell verhält oder welche Merkmale es besitzt. Ein Screenreader muss diese Informationen ansagen können. Darum werden sie im Accessibility Tree mitgeliefert.
- ✔ **Beschreibung**: Manche Elemente benötigen zusätzliche Erklärungen. Eine Beschreibung liefert Informationen, die über den Namen hinausgehen. Zum Beispiel kann sie erklären, warum ein Eingabefeld notwendig ist, oder was passiert, wenn Sie eine bestimmte Auswahl treffen. Diese Informationen sind besonders wichtig, wenn der Zweck eines Elements nicht sofort offensichtlich ist.

Assistive Technologien wie Screenreader können also über den Accessibility Tree Inhalte einer Website erfassen. Doch wie funktioniert die Interaktion, wie das Klicken auf Buttons, das Ausfüllen von Formularen oder das Navigieren durch Menüs? Hier kommt eine zentrale Schnittstelle ins Spiel: das Accessibility API.

Accessibility Application Programming Interface (AAPI)

Das AAPI ist das technische Bindeglied zwischen dem Browser (genauer: dem Accessibility Tree) und der assistiven Technologie. Sie sorgt dafür, dass Informationen aus der Website überhaupt bei den Nutzenden ankommen. Betrachten wir folgendes Beispiel:

Lisa öffnet mit VoiceOver eine Website über artgerechtes Vogelfüttern. Der Browser lädt den Code, erstellt das DOM und daraus den Accessibility Tree.

Lisa möchte sich zuerst einen Überblick verschaffen. Für die Bedienung braucht sie die VO-Taste. VO steht in der Standardkonfiguration für das Tastenkürzel [crtl] + [Alt]. Mit [V] + [⌘] + [H] springt sie nacheinander zu den Überschriften »Warum Vögel füttern«, »Geeignetes und ungeeignetes Futter«, »Futter nach Vogelarten« – Stopp! Lisas Traum, den Specht aus der Nachbarschaft öfter zu Besuch zu haben, ist zum Greifen nah.

Mit [V] + [⌘] + [L] springt sie zum nächsten Link mit der verheißungsvollen Aufschrift »Spechtfutter«. Sie kann nicht widerstehen und aktiviert den Link. Der Browser führt den Klick aus und lädt die neue Seite.

Während Lisa über ihre Tastatur Befehle an den Screenreader weitergibt, tritt dieser im Hintergrund mit dem Accessibility API in Kontakt. Das API übernimmt ihrerseits die Kommunikation mit dem Browser.

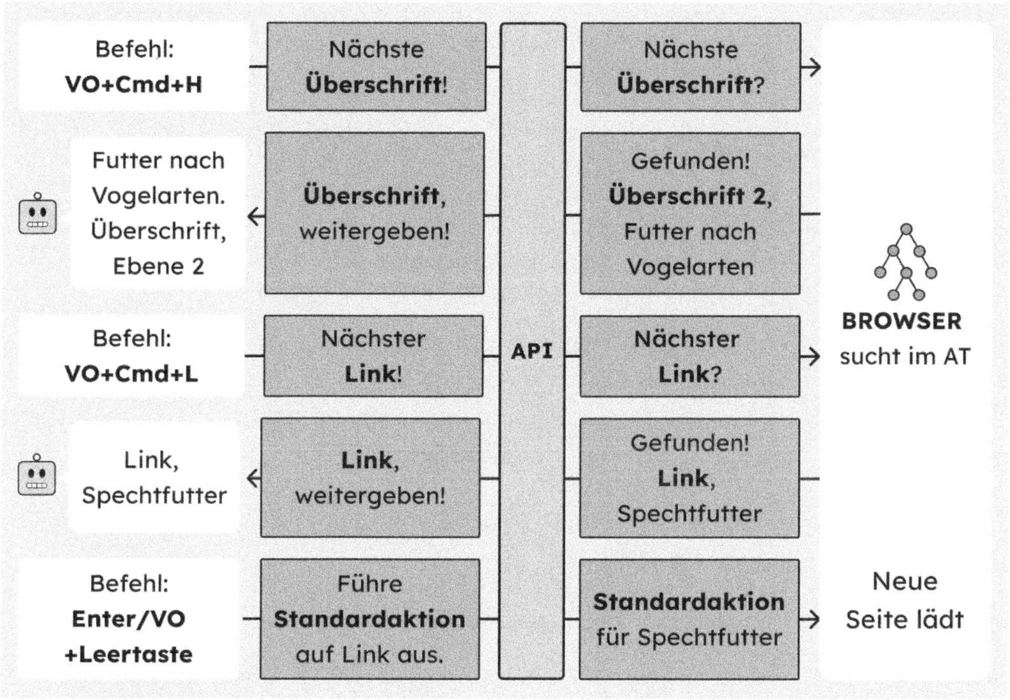

Abbildung 8.3: Das Accessibility API vermittelt Informationen zwischen Browser und Screenreader. Führen Nutzende eine Aktion aus, schickt die API den Befehl an den Browser. Der Browser reagiert und schickt das angefragte Element zurück oder führt einen Klick aus.

Warum ist ein API notwendig? Jeder Screenreader und jeder Browser könnten eine eigene Sprache sprechen. Damit sie sich trotzdem verstehen, gibt es das Accessibility API. Es ist der gemeinsame Dolmetscher.

Das AAPI ist dabei betriebssystemspezifisch. Das bedeutet: Für Windows, macOS oder Linux gibt es jeweils eigene Accessibility APIs. Browser und Screenreader müssen sich nur darauf einigen, wie sie mit diesem API sprechen. So können unterschiedliche Hersteller ihre Produkte bauen und trotzdem reibungslos zusammenarbeiten.

Wenn Sie semantisches HTML verwenden, übernimmt der Browser die Übersetzung für Sie.

Das AAPI zeigt, wie die Übersetzung im Detail aussieht, also welche Informationen der Browser an assistive Technologien weitergibt. Das ist besonders hilfreich, wenn etwas nicht wie erwartet funktioniert: Ein Bereich oder ein Formular erscheint zum Beispiel nicht als Landmark, weil ihm ein zugänglicher Name fehlt. Mit dem AAPI können Sie nachvollziehen, ob die Ursache an der HTML-Struktur, an fehlenden Attributen oder an der Übersetzung des Browsers liegt. Das AAPI finden Sie hier: `www.w3.org/TR/core-aam-1.2/`.

Das Schöne: Sie müssen das AAPI nicht direkt bedienen können. Aber wenn Sie verstehen, was es tut, erkennen Sie schneller, warum ein Element für Screenreader sichtbar oder als Landmark erkennbar ist, oder eben nicht.

Eine der wichtigsten Aufgaben in der barrierefreien Webentwicklung ist es, den Accessibility Tree mit Informationen zu versorgen, die assistive Technologien brauchen, um die Seite verständlich und bedienbar zu machen. Verwenden Sie semantisches HTML, übernimmt der Browser die Hauptarbeit für Sie und füllt den Accessibility Tree automatisch mit sinnvollen Inhalten. Das bedeutet für Sie schlicht und ergreifend: Verwenden Sie HTML so, wie es gedacht ist! Nehmen wir ein simples, aber aussagekräftiges Beispiel:

Hier sehen Sie den Code einer Überschrift mit dem Wortlaut »Vögel richtig füttern«:

```
<h1>Vögel richtig füttern</h1>
```

Durch diesen einen Tag (`<h1>`) weiß der Browser sofort:

- ✔ **Rolle:** Überschrift
- ✔ **Level:** 1 (die wichtigste Überschrift der Seite)
- ✔ **Name:** »Vögel richtig füttern« (der Inhalt, der Text zwischen den Tags)

All diese Informationen landen automatisch im Accessibility Tree. Screenreader und Lisa können daraus ableiten, um was für ein Element es sich handelt und wie man damit umgehen soll.

Ob Sie mit der Umsetzung alles richtig gemacht haben, können Sie selbst überprüfen. Der Browser zeigt Ihnen den Accessibility Tree an, sodass Sie genau sehen können, welche Informationen bei assistiven Technologien ankommen.

Der Weg dorthin ist je nach Browser ein bisschen unterschiedlich. Hier zeigen wir den Weg für Google Chrome:

1. Öffnen Sie Ihre Website im Chrome-Browser.
2. Klicken Sie mit der rechten Maustaste auf ein beliebiges Element (zum Beispiel eine Überschrift oder einen Button) und wählen Sie »Untersuchen«.
3. Es öffnet sich die Entwicklerkonsole. Standardmäßig sehen Sie den Tab »Elemente«.
4. Innerhalb dieses Tabs gibt es einen weiteren Unterreiter namens »Zugänglichkeit« (englisch »accessibility«). Falls Sie ihn nicht sehen, klicken Sie auf die beiden »-Pfeile rechts, um weitere Reiter einzublenden
5. Dort finden Sie dann Informationen zu Name, Rolle und Wert des Elements

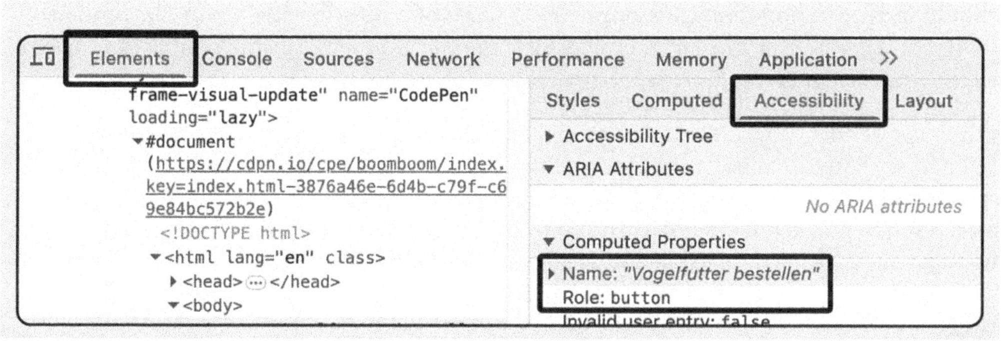

Abbildung 8.4: Screenshot der Entwicklerkonsole mit den offenen Reitern Elements und Accessibility

Damit der Accessibility Tree überhaupt sinnvolle Informationen enthält, braucht er Futter und das kommt aus dem Code. Im nächsten Schritt geht es also darum, wie Sie mit semantischem HTML und ARIA genau diese Informationen bereitstellen.

UI-Elemente, die sich selbst erklären

Wenn Sie die Sache richtig angehen, bedeutet barrierefreie Entwicklung kaum Mehraufwand. Es ist einer der wenigen Bereiche, in denen das Wort »**TEAM**« sehr gerne mit »**T**oll **E**in **A**nderer **M**achts!« übersetzt werden darf. Bilden Sie besagtes Team mit Ihrem Browser. Denn alles, was er braucht, um Ihnen Arbeit abzunehmen, ist semantisches HTML.

Für die Entwicklung von barrierefreien Websites ist Wissen über HTML-Grundlagen unerlässlich. Möchten Sie Ihr Wissen auffrischen, können wir Ihnen die Dokumentation von Mozilla wärmstens empfehlen (`developer.mozilla.org/en-US/docs/Web/HTML`).

In diesem Abschnitt lernen Sie, worin sich semantisches HTML und ARIA unterscheiden und wie Sie HTML oder ARIA nutzen können, um den Accessibility Tree mit den relevantesten Informationen zu versorgen.

Semantisches HTML

Semantisches HTML gibt dem Text, den es umschließt, eine Bedeutung mit. Während das Ankerelement `<a>` in Kombination mit dem `href`-Attribut unter a) den Text als Link markiert, wird dem Text unter b) keine besondere Rolle zugeteilt.

a) `<a href="rare-birds.html">Seltene Vogelarten</a>`

b) `<div>Seltene Vogelarten</div>`

Darum werden beide Elemente von Software ganz unterschiedlich interpretiert. Die Verwendung des Ankerelements `<a>` samt `href`-Attribut macht für assistive Technologien sofort klar, dass hier ein Element mit der Rolle »Link« wartet. Der Link steht für eine

Verbindung zu einer anderen Ressource. Eine wertvolle Information, denn Nutzende sollten wissen, dass sie mit diesem Element interagieren können, um mehr über das Thema »Seltene Vogelarten« zu erfahren.

Als Link verwendet, übernimmt das Ankerelement noch mehr für uns. Es bringt eine ganze Menge an Funktionalität mit. Dazu gehören etwa das Aktivieren des Links, das Link-Kontextmenü (»Seite in neuem Tab oder neuem Fenster öffnen«), die Information, ob wir den Link schon mal geklickt haben, und so weiter. Wäre das nicht der Fall, müssten wir beim Bauen von Websites noch ganz schön viel JavaScript selbst schreiben.

Wenn Sie tiefer eintauchen wollen: Links bringen von Haus aus jede Menge Funktionalität mit. Sie reagieren auf Zustände wie `:link`, `:visited`, `:hover`, `:focus` und `:active`, also darauf, ob ein Link besucht, fokussiert oder aktiviert ist. So steuern Browser, wie Links auf Maus- und Tastaturaktionen reagieren, ohne dass Sie dafür JavaScript schreiben müssen. Mehr dazu finden Sie hier: `wiki.selfhtml.org/wiki/HTML/Tutorials/Links/Maus-_und_Tastaturinteraktionen`.

Das Beste an semantischen Elementen wie dem Anker ist, dass die Funktionalität schon barrierefrei umgesetzt worden ist. Lieben wir! Wir müssen uns also keine Sorgen machen, dass Screenreader oder Sprachsteuerung das Element nicht verstehen oder bedienen können, solange wir es richtig einsetzen.

In seltenen Fällen weichen User Agents, also Browser oder assistive Technologien wie Screenreader, in ihrer Umsetzung leicht voneinander ab. Prüfen Sie bei Bedarf auf Plattformen wie `caniuse.com/` oder `tetralogical.github.io/screen-reader-HTML-support/lookup/lookup.html`, ob ein bestimmtes Element oder Attribut korrekt unterstützt wird.

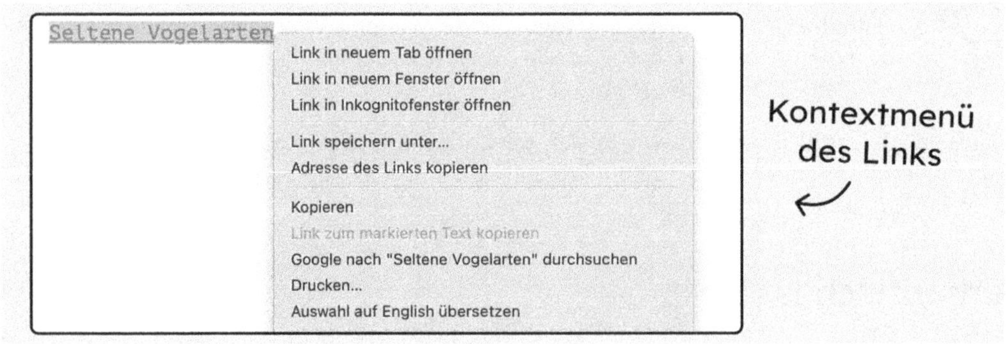

Abbildung 8.5: Screenshot des Link-Kontextmenüs

Der Text »Seltene Vogelarten« in b) ist einfach nur Text und hat gar keine Bedeutung. Und auch keine Funktionalität. Wenn wir wollen, dass eine Nutzerin wie Lisa damit interagieren kann, müssten wir die Funktionalität über JavaScript selbst programmieren und dabei darauf achten, dass jede Hard- und Software damit umgehen kann: Maus, Tastatur, Touch, Screenreader, Sprachsteuerung und vieles mehr. Das ist unglaublich viel Arbeit, die wir uns lieber sparen, um früher in den Feierabend gehen zu können!

Im HTML5-Standard gibt es circa 100 semantische Elemente. Lernen Sie diese Elemente kennen, um eine robuste und verständliche Website zu erstellen: `developer.mozilla.org/en-US/docs/Web/HTML/Reference/Elements`.

ARIA (Accessible Rich Internet Applications)

Semantisches HTML erledigt vieles automatisch für Sie, aber manchmal reicht das nicht. Spätestens dann, wenn Sie eigene Komponenten entwickeln oder mit einem Designsystem arbeiten, das keine nativen HTML-Elemente nutzt, kommen Sie an ARIA kaum vorbei.

ARIA ist eine Sammlung von Attributen und Rollen, mit denen Sie zusätzliche Informationen für assistive Technologien bereitstellen können. Mit ARIA beschreiben Sie, was ein Element ist (zum Beispiel `role="tab"`) oder in welchem Zustand es sich befindet (zum Beispiel `aria-expanded="true"`).

Wichtig ist: **ARIA fügt keine Funktionalität hinzu**. Es ändert nur, wie ein Element verstanden wird, nicht, wie es sich verhält. Für die Interaktion müssen Sie selbst sorgen, möglichst entsprechend der Spezifikationen für native HTML-Elemente, damit Nutzende kein neues Verhalten erlernen müssen, wenn sie auf Ihre Seite kommen.

Mithilfe von ARIA könnten Sie also einem einfachen `<div>` die Rolle `link` geben und damit sagen: Dieses Element ist klickbar und leitet auf »Seltene Vogelarten« weiter.

```
<div role="link">Seltene Vogelarten</div>
```

In der Praxis verhält es sich aber nicht so. Kein Klick, kein Fokus, keine Tastatursteuerung, kein Kontextmenü, all das müssten Sie manuell nachbauen. Darum gilt die wichtigste Regel im Umgang mit ARIA: Nutzen Sie HTML, wo es geht, und ARIA nur, wo es nötig ist.

ARIA kann hilfreich sein, wenn es richtig eingesetzt wird, aber es birgt auch Risiken. Es kann Informationen überschreiben oder verstecken, erfordert zusätzliches Fachwissen und ist oft aufwendiger zu testen. Wenn Sie dagegen auf bewährte semantische Elemente setzen, profitieren Sie von robustem Verhalten, klarer Weiterentwicklung und weniger Fehlerquellen. Sie müssen ARIA also nicht sofort im Detail beherrschen. Später in diesem Kapitel sehen Sie konkrete Beispiele, wie ARIA sinnvoll eingesetzt wird, etwa bei interaktiven Komponenten oder Zuständen, die HTML allein nicht abbilden kann.

Bauen Sie Komponenten, die es in HTML nicht gibt, etwa Tabs, Akkordeons oder Slider, kann ARIA diese Lücken schließen. Dann lohnt es sich, nach etablierten Mustern zu arbeiten, statt bei null anzufangen.

Der WAI-ARIA Authoring Practices Guide (APG) (`www.w3.org/WAI/ARIA/apg/`) bietet erprobte Beispiele und beschreibt genau, welche Rollen, Zustände und Eigenschaften zusammengehören. Oder Sie nutzen fertige Bibliotheken wie KoLiBri (`public-ui.github.io/`).

Wenn Sie tiefer eintauchen wollen, finden Sie die vollständige Spezifikation hier: `www.w3.org/TR/wai-aria-1.2/`. Dort ist genau beschrieben, welche Rollen, Zustände und Eigenschaften wie kombiniert werden dürfen.

Was barrierefreie Elemente ausmacht

ARIA und semantisches HTML geben Informationen an Hilfsmittel weiter. Es gibt viele unterschiedliche Arten von Informationen, die über Attribute vermittelt werden. Ein Attribut ist eine Eigenschaft oder ein Merkmal, das ein Element hat. Nehmen Sie den Zustand eines Untermenüs in der Navigation. Das Untermenü kann entweder offen oder geschlossen sein. Das Wissen über diesen Zustand ist aber wichtig, um zu verstehen, warum man Links im Untermenü erreichen kann oder eben nicht. Die wichtigsten Aspekte eines Elements sind: Name, Rolle, Eigenschaften, Zustände und Beschreibung.

Sie haben diese Attribute schon beim Accessibility Tree kennengelernt. Wir gehen hier noch mal im Detail darauf ein, weil es für digitale Barrierefreiheit unerlässlich ist, dass Sie diese Attribute kennen und verstehen.

Der zugängliche Name

Der zugängliche Name (im weiteren Verlauf als *Name* bezeichnet) beschreibt, wofür ein Element gedacht ist oder was damit erreicht werden kann. Er kann mit dem sichtbaren Text eines Elements identisch sein, ist aber technisch betrachtet etwas anderes. Er wird nämlich von Ihrem Browser berechnet. Der Name darf deshalb nicht mit dem visuell sichtbaren Text verwechselt werden. Beide haben unterschiedliche Zielgruppen:

- ✔ Der sichtbare Text ist das, was für Sehende sichtbar auf der Seite steht.
- ✔ Der Name ist das, was assistive Technologien erkennen, vorlesen oder referenzieren können.

Beides ist wichtig, aber der Name entscheidet, ob ein Element für Screenreader oder Sprachsteuerung nutzbar ist.

Klingt komplizierter, als es ist! Denken Sie beispielsweise an den Onlineshop Ihres Vertrauens. Der hat wahrscheinlich eine »Produktkarte«, ein klassisches UI-Element, in dem ein Produkt mit Bild, Name, Beschreibung und so weiter angezeigt wird. Die Produktkarte enthält oft auch mehrere Bedienelemente. Für unser Beispiel hat sie zwei Buttons: einen Button mit der Aufschrift »Jetzt kaufen« und einen Icon-Button mit Herz (um das Produkt zu favorisieren):

a) <button>Jetzt kaufen</button>

b) <button><img alt="">❤</img></button>

Der Button unter a) wird durch den Screenreader wie folgt ausgegeben: »Schaltfläche: Jetzt kaufen«. Der Name ist »Jetzt kaufen«.

Der Button unter b) wird nur als »Schaltfläche« ausgegeben. Der Name fehlt und es gibt keinen Text, der als Name herangezogen werden kann.

Interaktive Elemente wie <button> oder <a> müssen immer einen Namen haben. Elemente wie <p> oder <span> dürfen gar keinen Namen haben. Gibt man ihnen dennoch einen Namen – etwa mit aria-label – kann der Name von Screenreadern ignoriert werden oder zu unvorhersehbaren Seiteneffekten führen. VoiceOver (Apple) kompensiert diesen Fehler teilweise. Das ist aber keine verlässliche Lösung. Elemente, die keinen Namen haben dürfen, finden Sie in der WAI-ARIA-Spezifikation (www.w3.org/TR/wai-aria-1.2/) unter *5.2.8.6 Roles which cannot be named (Name prohibited).*

Name über Inhalt

Die einfachste Art, Elementen einen Namen zu geben, ist, den Inhalt des Elements zu befüllen. Der Inhalt ist der Bereich zwischen den HTML-Tags. Denken Sie zurück an Lisa und das Vogelhaus im Eingangsbeispiel. Der Button <button>Jetzt kaufen</button> wurde mit dem Text »Jetzt kaufen« gefüllt. Der Browser berechnet daraus den Namen »Jetzt kaufen«.

Der Inhalt kann neben Text auch andere Elemente enthalten, wie das Bild in <button> <img alt=“““>❤</img></button>. In diesem Fall analysiert der Browser die Nachfahren des <button>-Elements und prüft, ob diese einen Namen haben, der genutzt werden kann, um dem Ausgangselement einen Namen zu geben. Mit »Nachfahren« sind HTML-Elemente gemeint, die in dem Element stecken, das Sie gerade betrachten. Das Kind unseres <button> ist <img>. Das Element <img alt=“““>❤</img> hat keinen Namen, darum bekommt der Button auch keinen. Um das zu ändern, gibt es unter anderem diese HTML-Varianten:

- ✔ **Den Icon-Button um Text ergänzen:** Das hat den Vorteil, dass kein User Vorwissen mitbringen muss, um das Herz zu interpretieren:

```
<button>
  <img alt>❤</img>
  <span>Merken</span>
</button>
```

- ✔ **Dem Icon eine textuelle Alternative über das alt-Attribut geben**: Das geht nur bei <img>:

```
<button>
  <img alt="Merken">❤</img>
</button>
```

✔ **Visuell verborgenen Text ergänzen** (mehr dazu im Abschnitt »Sichtbarkeit von Inhalten«).

Achten Sie immer darauf, dass der Name verständlich ist. In folgendem Beispiel hat der Link keinen explizit gesetzten Namen:

```
<a href="#">
  <img alt="Ein Amselweibchen sitzt auf einer Wiese und pickt im Boden nach
  Würmern."></img>
  <h3>Amseln gesund ernähren</h3>
  <p>Mehr erfahren</p>
</a>
```

Der Linkname wird automatisch aus allen Kind-Elementen gebaut: »Ein Amselweibchen sitzt auf einer Wiese und pickt im Boden nach Würmern. Amseln gesund ernähren. Mehr erfahren«.

Das ist sehr lang und nicht eindeutig. Man weiß nicht sofort, wohin der Link führt. Besser ist es, nur den Teil zu verlinken, der die Funktion klar beschreibt, hier die Überschrift:

```
<div>
  <img alt="Ein Amselweibchen sitzt auf einer Wiese..."></img>
  <h3><a href="#">Amseln gesund ernähren</a></h3>
  <p>Mehr erfahren</p>
</div>
```

So lautet der Name einfach »Amseln gesund ernähren«. Das ist kurz, eindeutig und leicht zu verstehen. Wenn Sie trotzdem den ganzen Kasten klickbar machen wollen, können Sie das mit CSS lösen.

Name über das <label>-Element

Das `<label>`-Element benennt – Überraschung – labelbare Elemente. Dazu zählen unter anderem alle Arten von `<input>`-Elementen, `<button>`, `<select>` und `<textarea>`.

Um per `<label>` einen Namen zu vergeben, gibt es zwei Schreibweisen: *explizit* und *implizit*. Bei der expliziten Schreibweise verweist das Label über das *for-Attribut* direkt auf das Button-Element. Der Name des Buttons lautet im folgenden Beispiel »Suche«.

```
<label for="search">Suche</label>
<button id="search"><svg>🔍</svg></button>
```

Bei der impliziten Schreibweise wird das labelbare Element in das Label geschachtelt und die meisten assistiven Technologien können das interpretieren.

```
<label>
  <span>Suche</span>
  <button><svg>🔍</svg></button>
</label>
```

Obwohl die implizite Schreibweise semantisch korrekt ist, haben manche Sprachsteuerungssoftwares Probleme mit der Interpretation. Sie verstehen nur die explizite Schreibweise (zum Beispiel Dragon Naturally Speaking und Voice Control). Wer es perfekt machen möchte, sollte also immer zusätzlich das for-Attribut verwenden. Wir wissen schließlich nie, wie unsere Website benutzt wird.

```
<label for="search">
  <span>Suche</span>
  <button id="search"><svg>🔍</svg></button>
</label>
```

Name über ARIA

In der Sammlung von ARIA gibt es zwei Eigenschaften, die einen Namen vergeben: `aria-label` und `aria-labelledby`. Das `aria-label` (Beispiel a) ist ein Inline-Attribut und wird direkt mit dem gewünschten Namen gefüllt. Mit der Eigenschaft `aria-labelledby` (Beispiel b) können Sie stattdessen über das `id`-Attribut auf ein bereits existierendes Element zeigen und sich den Namen von dort holen.

```
a)
<button>
  <svg aria-label="Merken">♥</svg>
</button>
```

```
b)
<h3 id="title"> Buch Digitale Barrierefreiheit</h3>
<button>
  <svg aria-labelledby="title txt">♥</svg>
  <span id="txt" hidden>Merken</span>
</button>
```

Das `aria-label` wird nicht von automatisierten Übersetzungsprogrammen wie *Google Translate* übersetzt. Möglicherweise werden die Inhalte, trotz Ihrer Mühe, von anderssprachigen Menschen nicht verstanden.

Dieses Problem können Sie mit `aria-labelledby` umgehen, denn hier wird auf ein anderes Element im DOM verwiesen. Außerdem können Sie wie in Beispiel b) mehr als eine Quelle angeben. Dafür müssen Sie nur die IDs der anderen Elemente hintereinanderschreiben. Der Name des Buttons lautet in diesem Fall »Buch Digitale Barrierefreiheit Merken«. Das ist gut gewählt, weil es ohne Kontext präzise und verständlich ist.

Beim Benennen von Elementen über ARIA, kommen Leute oft auf die Idee, die Rolle des Elements mit in den Namen zu schreiben. Das passiert, wenn es ein gefährliches Halbwissen über Screenreader gibt und selten ein Screenreader benutzt wurde. Im folgenden Beispiel würde das dazu führen, dass der Screenreader die Rolle doppelt vorliest: »Link, Link zum Einkaufswagen«.

```
<a href="#" aria-label="Link zum Einkaufswagen">
  <svg aria-hidden="true"></svg>
</a>
```

Der Inhalt »Einkaufswagen« ist ausreichend, da die Rolle über das Ankerelement erkannt wird:

```
<a href="#" aria-label="Einkaufswagen">
  <svg aria-hidden="true"></svg>
</a>
```

Es kann nur einen geben! – Priorität in der Benennung

Werden verschiedene Techniken kombiniert, überschreiben sich die Namen gegenseitig. Bei der Benennung von Elementen verhält sich ARIA wie ein Mantel und überdeckt andere Informationen:

```
<a href="/" aria-label="Einkaufswagen">Warenkorb</a>
```

Der Name lautet jetzt »Einkaufswagen«, weil das `aria-label` eine höhere Priorität als der Inhalt (»Warenkorb«) hat. Die Rangfolge, in der ein Name gewählt wird, lautet:

1. `aria-labelledby`
2. `aria-label`
3. <label>
4. Inhalt

Interessiert Sie, wie der Browser den zugänglichen Namen wirklich berechnet? Die offizielle Spezifikation erklärt es Schritt für Schritt: `https://www.w3.org/TR/accname-1.2/`.

Es kann also immer nur einen Namen geben. In der Praxis schleichen sich dadurch schnell Fehler ein. In unserem Beispiel ist der Text »Warenkorb« visuell sichtbar. Der Link sollte also mit Sprachsteuerung über »Klicke Link Warenkorb« aktiviert werden können. Um dem Befehl Folge zu leisten, sucht die Sprachsteuerung jetzt im Accessibility Tree nach einem Namen, der dem Begriff »Warenkorb« gleicht oder ihn enthält. Dieser existiert aber im Accessibility Tree nicht. Der Name wurde mit dem `aria-label` »Einkaufswagen« überschrieben. Die Sprachsteuerung funktioniert also nicht mehr! Den sichtbaren Text komplett mit einem nicht sichtbaren Namen zu überschreiben, ist ein Verstoß gegen das Erfolgskriterium *2.5.3 Label in Name* (mehr dazu in Teil IV).

Ein guter Name beschreibt klar, was das Element ist oder was es macht, und hält sich dabei so kurz wie möglich. Am leichtesten verständlich sind Namen, die sich von selbst erklären und keinen Extrakontext brauchen.

Do	Don't
Formular Abschicken	Los
Profilbild von Lisa	Bild anzeigen
Profilbild löschen	Löschen

Tabelle 8.1: Empfehlungen für aussagekräftige Namen

Die Rolle

Die Rolle eines Elements beschreibt, wie das Element genutzt werden kann. Eine Nutzerin navigiert per Screenreader durch Ihre Website und stößt auf:

```
<button>Vogelhaus kaufen</button>
```

Dann erkennt der Screenreader: »Schaltfläche: Vogelhaus kaufen«.

Durch die mit dem `<button>`-Element verknüpfte Rolle »Schaltfläche« weiß eine Nutzerin sofort: Das kann ich anklicken, um etwas zu ändern!

Sobald Sie Ihre ersten zarten Erfahrungen mit dem Internet machen, lernen Sie unbewusst, dass hinter jedem Element ein spezieller Zweck steckt. Bei Buttons ist es die Zustandsänderung (Daten speichern oder einen Dialog öffnen) und bei einem Link die Verbindung von zwei Ressourcen (Verlinkung auf eine andere Seite oder Verknüpfung mit dem E-Mail-Programm). Die meisten von uns lernen visuell, darum reicht in diesem Fall das Aussehen. Die Rolle technisch zu hinterlegen ist aber notwendig, damit assistive Technologien diesen Hinweis auch weitergeben können.

Wenn blinde Nutzende über den Screenreader das Wort »Link« hören oder ertasten, wissen sie sofort, worauf sie sich einstellen können. Damit das zuverlässig funktioniert, müssen wir in der Entwicklung die Rollen so spezifisch wie möglich wählen.

Rollen über HTML

Die meisten HTML5-Elemente sind implizit mit einer Rolle verknüpft. Implizit bedeutet, dass die Verknüpfung im Hintergrund für Sie mitgedacht und mitgemacht wird. Verwenden Sie `<h1>`, ergänzt der Browser die Rolle `heading` und die *Ebene 1* , bei `<details>` die Rolle `group` und für `<p>` die Rolle `paragraph`.

Wenn Sie genau wissen wollen, auf welche Rollen die jeweiligen HTML-Elemente übertragen werden, können Sie das in der Accessibility API nachlesen: `https://www.w3.org/TR/html-aam-1.0/`.

Möglicherweise haben Sie in der Vergangenheit auch alles Mögliche aus einem generischen <div> gezaubert. Durch den Einsatz von <div>, statt des richtigen semantischen HTML-Elements, verliert man mehr wichtige Informationen, als im ersten Moment klar ist. Offensichtlich ist die Rolle eine dieser Informationen, die verloren geht. Der Browser kann eine Rolle nur setzen, wenn Sie semantisch arbeiten. Darum ist es unerlässlich, dass Sie lernen, welches HTML-Standardelement für welchen Zweck eingesetzt werden soll. Aber wie alles in der digitalen Barrierefreiheit spart der anfängliche Mehraufwand am Ende viel Zeit und führt Sie zur saubersten Lösung!

Rollen mittels ARIA vergeben

Mit ARIA können Sie Elementen eine Rolle über das Attribut role zuweisen:

```
<div role="button">In den Warenkorb legen</div>
```

Die Rolle wird dann in den Accessibility Tree übernommen. Das <div role="button"> behauptet durch den Einsatz der Rolle jetzt, ein Button zu sein, verhält sich aber noch lange nicht so. Um das zu verändern, müsste man alle in der Spezifikation festgelegten Funktionalitäten per Hand implementieren. Darum noch einmal: Wenn es schon ein HTML-Element für Ihren Anwendungsfall gibt, dann nutzen Sie es! Beispiel hier: <button>.

BEISPIEL

Wenn Sie semantische Elemente verwenden, erhalten Sie die implizite Rolle.

```
<a href="/cart" role="button">In den Warenkorb legen</a>
```

Es wird ein Ankerelement verwendet und die implizite Rolle link mit der Rolle button überschrieben. Die Rolle ändert nichts am Verhalten. Sie beschreibt nur, was für ein Element es ist. Das Ankerelement verhält sich also weiterhin wie ein Link. In diesem Fall vermittelt die Rolle button den Hilfsmitteln ein Bild, das nicht zur Realität passt. Wenn an dieser Stelle ein Button gebraucht wird, ist die einfachste und beste Lösung, gleich ein <button>-Element zu verwenden!

Semantisches HTML deckt eine große Menge an Basiskomponenten ab. Es gibt allerdings Komponenten, die nicht mit Standard-HTML umzusetzen sind. Das kann daran liegen, dass es nicht möglich ist, die Elemente nach den Wünschen des Designers zu stylen, oder daran, dass es die Komponente einfach im HTML so nicht gibt (Beispiel: Registerkarten). Hier müssen Sie unter anderem auch die Rollen manuell per ARIA anreichern, damit sie von assistiven Technologien auch weitergegeben werden können.

Eigenschaften und Zustände

Manche Elemente tragen mehr Informationen in sich, als Name und Rolle allein beschreiben können. Ein Button kann zum Beispiel deaktiviert sein, ein Formularfeld Pflicht oder optional. Diese Informationen zeigen, in welchem Zustand sich ein Element befindet oder welche Bedeutung es zusätzlich hat.

Um unsere Elemente noch verständlicher zu beschreiben, stellt uns ARIA zusätzliche Attribute zur Verfügung. Diese Attribute lassen sich in Zustände (*states*) und Eigenschaften (*properties*) unterteilen. Beide tragen dazu bei, dass assistive Technologien präzise verstehen, was ein Element ist und in welchem Zustand es sich befindet. Sie erkennen sie am Präfix `aria-`, zum Beispiel `aria-label` (beschreibt ein Element) oder `aria-required` (kennzeichnet ein Pflichtfeld). Semantische HTML-Elemente übernehmen zum Glück den korrekten Umgang mit Attributen für Sie und setzen die Werte entsprechend.

Der Zustand

Zustände sind Attribute, deren Werte sich häufig aufgrund von Nutzerinteraktion ändern können – wie bei einer Checkbox, die markiert und wieder abgewählt wird. Der Screenreader muss wissen, ob die Checkbox markiert ist. Darum braucht es an dieser Stelle auch den aktuellen Zustand. Der Wert des Zustandes wird im Accessibility Tree im Attribut `Ticked` (markiert) festgehalten:

```
<input type="checkbox" id="agb">
<label for="agb">AGB akzeptieren</label>
```

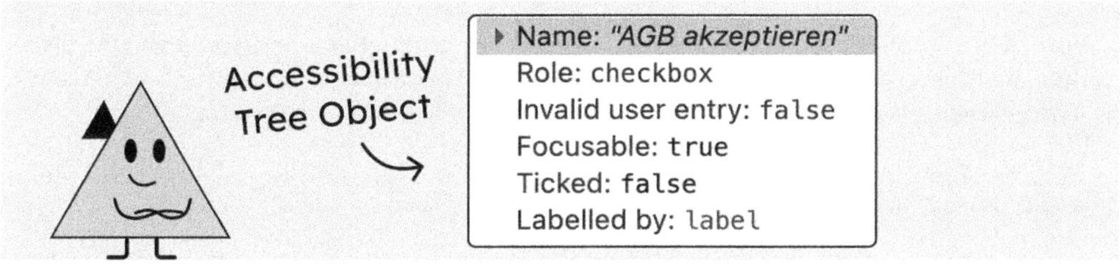

Abbildung 8.6: Ein Screenshot des ATO aus der Entwicklerkonsole. Man sieht neben dem Namen (AGB akzeptieren), die Rolle (checkbox) und den Wert (Ticked: false).

Der Zustand `ticked` kann die Werte `true` (wahr) oder `false` (falsch) annehmen. Verwenden Sie das `<input>`-Element, setzt der Browser den Zustand für Sie.

Können Sie kein `<input>`-Element verwenden, haben Sie die Möglichkeit, über `aria-checked` den Wert manuell mitzugeben:

```
<div role="checkbox"
  aria-labelledby="agb"
  aria-checked="false"></div>
<label id="agb">AGB akzeptieren</label>
```

Zustände tragen zur Bedeutung von Rollen bei. Sie zeigen, in welchem Zustand sich eine Komponente gerade befindet und welchen Zweck sie erfüllt.

Wenn Sie das Kapitel über barrierefreies Design bereits gelesen haben, erinnern Sie sich vielleicht an unseren kleinen Exkurs zum Thema Checkbox und Toggle Switch. Beide Elemente sind sich sehr ähnlich. Während eine Checkbox drei Zustände haben kann (markiert, teilweise markiert und nicht markiert), kann ein Toggle Switch nur an oder aus sein.

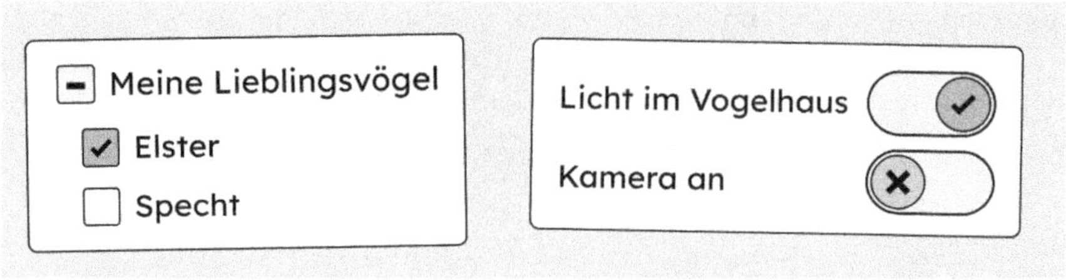

Abbildung 8.7: Eine Checkbox kann auch nur teilweise markiert sein, etwa, wenn nicht alle Unterpunkte ausgewählt sind. Ein Toggle Switch dagegen kennt nur zwei Zustände: an oder aus.

Der HTML-Standard macht hier keinen Unterschied. Technisch können Sie beide mit `<input type="checkbox">` umsetzen. Mit ARIA geben Sie einem Toggle Switch jedoch eine eigene Rolle:

```
<label for="light">Licht im Vogelhaus</label>
<input type="checkbox" role="switch" id="light">
```

Screenreader erkennen daran, dass es sich nicht um eine Checkbox, sondern um einen Schalter handelt, und geben etwa aus: »Licht im Vogelhaus, deaktiviert, wechseln«. Das Wort »wechseln« macht deutlich, dass hier ein Umschalten möglich ist.

Der Schalter funktioniert so ohne weitere Eigenschaften. Anders ist es, wenn Sie einen Schalter mit `<button>` nachbilden:

```
<button role="switch" aria-checked="true" >
  Licht im Vogelhaus
</button>
```

Ein Button ist erst einmal nicht dafür gedacht, einen Zustand wie »an« oder »aus« darzustellen. Deshalb müssen Sie diesen Zustand mit `aria-checked="true"` oder `aria-checked="false"` beschreiben und den Wert per JavaScript ändern.

Oder Sie wählen den pragmatischen Weg: Ändern Sie einfach den Namen des Buttons von »Licht im Vogelhaus anschalten« zu »Licht im Vogelhaus ausschalten«. Damit wird die Funktion für alle verständlich und Sie folgen der goldenen Regel: Kein ARIA ist besser als ARIA.

Die Eigenschaft

Eigenschaften sind Zuständen sehr ähnlich. Im Gegensatz zu Zuständen ändern sich die Werte von Eigenschaften jedoch eher selten (Ausnahmen bestätigen die Regel). Sie beschreiben ein wesentliches Merkmal des Elements.

Eine Eigenschaft ist das bereits bekannte `aria-label`. Über das `aria-label` geben Sie einem Element einen zugänglichen Namen. Man würde nicht erwarten, dass sich der Name einer Komponente während der Nutzung ändert. Ein Eingabefeld für Ihre E-Mail-Adresse würde immer den Namen E-Mail-Adresse haben. Wenn der Name plötzlich Passwort lauten würde, wären Sie aus gutem Grund verwundert!

Ein weiteres Beispiel ist die Eigenschaft `required`, also die Angabe, ob ein Formularfeld ein Pflichtfeld ist. Die HTML-Variante nutzt das `required`-HTML-Attribut in Beispiel a). Das ARIA-Pendant sehen Sie in Beispiel b) mit der Eigenschaft `aria-required`.

Beispiel a)

```
<label for="text">Dein Name</label>
<input type="text" id="name" required>
```

Beispiel b)

```
<label for="text">Dein Name</label>
<input type="text" id="name" aria-required="true">
```

Wann ist unsere Komponente endlich fertig?

Wenn Sie sich jetzt am Kopf kratzen und sich fragen, wie zum Himmel Sie eigentlich von allein auf diese ganzen Attribute kommen sollen: Machen Sie sich keine Sorgen! Zum Glück gibt es jede Menge toller Ressourcen da draußen, die Vorlagen bereitstellen, wie Elemente umgesetzt werden können (der Rest folgt durch Übung und Erfahrung):

- ✔ **Pattern von APG** (ARIA Authoring Practice Guide): Hier finden Sie eine Menge Vorlagen und Anweisungen, welche Attribute für spezielle Pattern notwendig sind: `https://www.w3.org/WAI/ARIA/apg/patterns/`.
- ✔ **Handreichung BFIT Bund:** Hier finden Sie einen sehr strukturierten Anforderungskatalog, der die genauen Anforderungen an Elemente festhält: `https://handreichungen.bfit-bund.de/barrierefreie-uie/`.

Die Beschreibung

Eine Beschreibung erklärt, wie oder warum ein Element benutzt werden soll. Sie ist vor allem dann wichtig, wenn der Zweck des Elements nicht ohne Weiteres klar ist.

BEISPIEL

Denken Sie an einen Registrierungsprozess, in dem ein Passwort gewählt werden soll. Ärgerlich, wenn Sie den geliebten Namen Ihres ersten Haustiers eintippen, um dann zu erfahren, dass es ein Sonderzeichen braucht! Wenn an das Passwort spezielle Anforderungen gestellt werden, wie eine Mischung aus Zahlen, Buchstaben und Sonderzeichen, sollte das in der Beschreibung des Formularfeldes zu finden sein.

Zusätzlich sollte die Beschreibung mit dem Formularfeld programmatisch verknüpft sein. Zu welchem Feld eine Beschreibung gehört, lässt sich sonst oft nur visuell festmachen. Screenreader brauchen eine technische Verbindung, um den Zusammenhang wiederzugeben. Mit der Eigenschaft `aria-describedby` können Sie einem Element eine Beschreibung zuordnen, per Verweis auf eine bestehende ID im DOM:

```
<label for="password">Passwort</label>
<input id="password"
  type="password"
  aria-describedby="pw-hint">
<p id="pw-hint">Zahlen, Buchstaben und Sonderzeichen verwenden!</p>
```

Der Name lautet »Passwort« und die Beschreibung »Zahlen, Buchstaben und Sonderzeichen verwenden!«. VoiceOver würde hier sagen: »Passwort. [Kurze Atempause] Zahlen, Buchstaben und Sonderzeichen verwenden! Text bearbeiten (sicher).«

Wenn Sie Texte über `aria-describedby` verknüpfen, geht bei der Ausgabe die Semantik verloren. Das heißt: Screenreader lesen den gesamten Text nur noch als einfachen String vor, ohne zusätzliche Informationen über die enthaltenen Elemente. Das könnte so aussehen:

```
<p>Zahlen, Buchstaben und <a href="#">Sonderzeichen</a>!</p>
```

Hier wird als Beschreibung vorgelesen: »Zahlen, Buchstaben und Sonderzeichen!«. Der Link wird nicht mehr als Link erkannt. Problematisch wird das, wenn verknüpfte Informationen des Links an keiner anderen Stelle zugänglich sind.

Eine verständliche Seite aufbauen

Sie wissen jetzt, wie Hilfsmittel Ihre Website auslesen und Namen, Rollen und Werte genutzt werden können, um einzelne Elemente zu beschreiben. Jetzt gilt es, die einzelnen Komponenten zusammenzufügen und eine verständliche Seite aufzubauen.

Eine Website besteht meistens aus Bausteinen, die ähnlich dargestellt oder positioniert werden. Jeder Baustein hat einen bestimmten Zweck. Den Header erwarten wir am Seitenanfang. Wenn wir mehr über den Inhalt der Website erfahren wollen, finden wir im Header die Navigation. Je tiefer wir in die Seite einsteigen, desto feingranularer werden die Elemente. Trotzdem haben wir kein Problem damit, Überschriften, Links oder Zitate auf Anhieb visuell zu identifizieren. Dieser innere Aha-Moment muss zusätzlich technisch hinterlegt sein, damit diese Information für assistive Technologie auslesbar ist.

Im Folgenden stellen wir Ihnen die wichtigsten Bausteine einer barrierefreien Website vor.

Der Seitentitel

Jede Seite braucht einen sinnvollen Titel, damit man sie in der Tab-Leiste des Browsers oder in Suchergebnissen wiederfinden und unterscheiden kann.

Wir blicken wieder Lisa über die Schulter. Sie vergleicht gerade mehrere Onlineshops für Vogelfutter und hat fünf Tabs im Browser geöffnet. Zwei davon heißen nur »Startseite«, ein anderer »Unbenanntes Dokument«. Nur beim Browser-Tab mit dem Titel »Bio-Vogelfutter | Vogelmarkt Hackl« erkennt sie sofort, was sie zu erwarten hat. Dank des klaren Titels spart sie Zeit und landet direkt auf der richtigen Seite.

Ein guter Seitentitel sagt klar, worum es geht, ist auch ohne Kontext verständlich und bleibt kurz genug, um in die Tab-Leiste zu passen. Außerdem sollte er eindeutig sein, damit nicht zwei Seiten denselben Titel tragen. Am besten beginnt der Titel mit dem Seitennamen und endet mit dem Namen der Website, zum Beispiel »Startseite | Vogelmarkt Hackl«.

Die Anforderungen der WCAG dazu finden Sie im Kriterium *2.4.2 Page Titled.*

Umgesetzt wird der Seitentitel im <head>-Bereich der Seite mit dem <title>-Element:

```
<head>
  <title>Bio-Vogelfutter | Vogelmarkt Hackl</title>
</head>
```

Die meisten CMS-Systeme (zum Beispiel WordPress) setzen den Seitentitel automatisch aus dem Namen der Seite zusammen. Prüfen Sie trotzdem, ob der Titel sinnvoll und eindeutig ist.

Screenreader lesen den Seitentitel beim Laden einer Seite als Erstes vor. Deshalb ist er nicht nur in Browser-Tabs wichtig, sondern auch für Menschen, die mit Screenreader navigieren. Vermeiden Sie unnötige Sonderzeichen oder Smileys, sie werden vorgelesen und machen den Titel schwer verständlich.

Die Sprache

Damit Ihre Website korrekt interpretiert werden kann, muss die verwendete Sprache ausgezeichnet sein. Die Angabe der Sprache ist zum Beispiel wichtig, damit die automatische Silbentrennung funktioniert, Zahlen mit Nachkommastellen korrekt angezeigt werden oder Screenreader die Inhalte richtig vorlesen. Wenn etwa englische Texte fälschlich als Deutsch ausgezeichnet sind, klingt der Screenreader plötzlich wie eine Schwarzenegger-Parodie. Unterhaltsam für die, die es nicht zwingend brauchen, aber für die Verständlichkeit so hinderlich, dass zentrale Inhalte schlicht verloren gehen. Aber auch Details wie das richtige Vorlesen von Nachkommastellen fallen auf die richtige Angabe der Sprache zurück.

Im HTML zeichnen Sie die Sprache über das `lang`-Attribut aus, das einen Sprachwert erwartet.

Sprache wird mit einem kurzen Code angegeben. Der Grundcode steht für die Sprache selbst, zum Beispiel »en« für Englisch oder »de« für Deutsch. Er lässt sich erweitern, um die Region oder Variante genauer anzugeben. Mit »en-GB« ist britisches Englisch gemeint, »en-US« steht für amerikanisches Englisch. So weiß der Browser oder Screenreader nicht nur, welche Sprache gemeint ist, sondern auch, welche Variante.

Die Seitensprache wird einmal im `<html>`-Element angegeben:

```
<html lang="de"></html>
```

Wenn Sie einen Button zum Sprachwechsel anbieten, müssen Sie das `lang`-Attribut nach dem Wechsel auf eine andere Sprache auch entsprechend anpassen.

Auch Sprachwechsel im Text müssen markiert werden. Beispiel: Wenn die Seitensprache Deutsch, ist aber auf der Seite ein Absatz auf Englisch vorkommt, setzen Sie das Attribut direkt auf den Absatz:

```
<p lang="en">Yes we can</p>
```

Wie vieles von dem, was Sie hier lesen werden, sind auch die Sprachauszeichnungen WCAG-relevant. Mehr dazu finden Sie im Kriterium *3.1.2 Language of Parts* in Teil IV.

Landmarks

Landmarks machen die Hauptabschnitte einer Website wahrnehmbar. Ein Screenreader kann alle Landmarks in einer strukturierten Übersicht listen, sodass User mit seiner Hilfe förmlich über die Seite fliegen können.

Top-Level-Landmarks

Top-Level-Landmarks gliedern Ihre Website auf der höchsten Ebene. Achten Sie bei der Erstellung darauf, wo die entsprechenden HTML-Elemente eingebunden werden. Sie werden nämlich nur dann zu Landmarks, wenn sie direkt unterhalb des `<body>` stehen, also nicht innerhalb eines anderen gliedernden Elements. Dazwischenliegende *Sectioning-Content-Elemente* wie `<section>`, `<article>`, `<nav>` oder `<aside>` erzeugen eigene Gliederungsebenen im Dokument und verhindern, dass Elemente als Landmarks in den Accessibility Tree übertragen werden. Diese vier Top-Level-Landmarks bilden das Grundgerüst einer Seite:

- ✔ **Banner:** Gruppiert einführende Inhalte einer Website, wie das Logo, die Navigation und die Suche. Verwenden Sie `<header>`, wird die Rolle `banner` implizit gesetzt.
- ✔ **Main:** Der Hauptinhalt einer Seite. Typischerweise wiederholt sich der Inhalt des Main-Bereichs nicht auf anderen Seiten. Wiederholt er sich doch, haben Sie für diesen Inhalt möglicherweise nicht den richtigen Tag gewählt. Verwenden Sie `<main>`, wird die Rolle `main` implizit gesetzt.
- ✔ **Complementary:** Sie befinden sich auf einer Website mit Vogelfutter, am Seitenrand werden Spendenprojekte für Vögel gelistet. Die Spendenprojekte sind ohne den Hauptinhalt der Seite verständlich. Ein Fall für `complementary`, denn es enthält Inhalte, die unabhängig vom Hauptinhalt verstanden werden können. Verwenden Sie `<aside>`, wird die Rolle `complementary` implizit gesetzt.

- **Contentinfo:** Der Footer befindet sich üblicherweise ganz unten auf der Seite und enthält Informationen wie Kontaktdetails, Links zu rechtlichen Themen (Impressum, Datenschutz) oder Social-Media-Accounts. Verwenden Sie `<footer>`, wird die Rolle `contentinfo` implizit gesetzt.

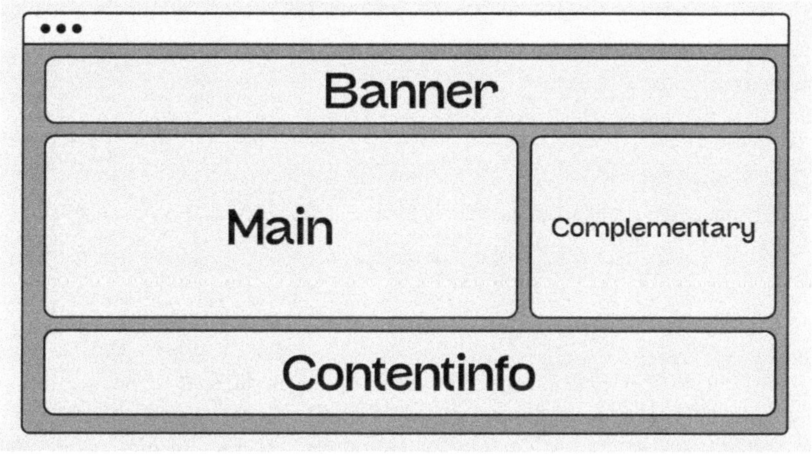

Abbildung 8.8: Illustration der Top-Level-Landmarks Banner, Main, Complementary und Contentinfo

Der Vollständigkeit halber sehen Sie hier die Schreibweise von semantischem HTML und ARIA:

```
<!-- semantisches HTML !-->
<body>
  <header></header>
  <main></main>
  <aside></aside>
  <footer></footer>
</body>
<!-- So kann man dasselbe mit ARIA machen !-->
<body>
  <div role="banner"></div>
  <div role="main"></div>
  <div role="complementary"></div>
  <div role="contentinfo"></div>
</body>
```

Bei der Verwendung von ARIA spielt die Platzierung im Dokument keine Rolle. Landmark-Rollen können an beliebigen Elementen vergeben werden, auch mehrfach.

Der Browser verhindert das nicht und assistive Technologien listen dann alle Vorkommen auf.

Meistens gibt es jede Top-Level-Landmark nur einmal auf der Webseite. Falls Sie sie allerdings doppelt haben, zum Beispiel, wenn Sie einen `<iframe>` auf Ihrer Seite einbinden, sollten Sie die Elemente durch einen Namen für den Screenreader unterscheidbar machen:

```
<body>
  <header aria-labelledby="1">
        <h1 id="1">Wichtiger Header</h1>
  </header>
  <header aria-labelledby="2">
        <h1 id="2">Noch ein wichtiger Header</h1>
  </header>
</body>
```

Navigation

Eine Navigation ist eine Gruppe von Links. Es gibt keine feste Regel, die sagt, ab wann Links zu einer Navigation zusammengefasst werden müssen. Wenn Sie mehrere zusammengehörige Links auf einer Seite zum Zweck der Navigation einbauen, dann sollte diese auch als Navigation ausgezeichnet werden. Verwenden Sie `<nav>`, wird die Rolle `navigation` implizit gesetzt.

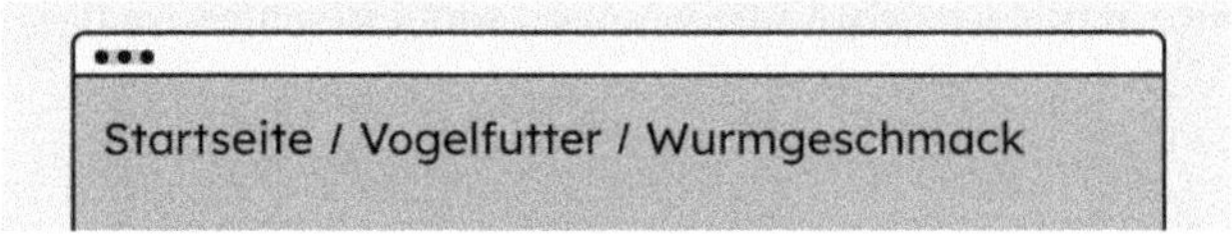

Abbildung 8.9: Illustration einer Website mit einer Breadcrumb-Navigation die drei Seiten enthält: Startseite, Vogelfutter, Mit Wurmgeschmack.

Eine einfache Seitennavigation hat folgende Struktur:

```
<nav>
  <ul>
        <li>
                <a href="#">Impressum</a>
        </li>
        <li>
                <a href="#">Datenschutz</a>
        </li>
        <li>
                <a href="#">AGB</a>
        li>
  </ul>
</nav>
```

Auf einer Website können beliebig viele Navigationen verwendet werden. Wichtig ist, dass die Navigationen unterscheidbar sind, indem Sie den unterschiedlichen Navigationen Namen geben:

```
<h3 id="rechtliches">Rechtliches</h3>
<nav aria-labelledby="rechtliches">[...]</nav>
```

Formulare

Ein Formular ist die Verbindung zwischen Nutzenden und Ihrer Anwendung (fast schon romantisch!). Es ermöglicht ihnen, Informationen einzugeben (zum Beispiel Adressen) und diese Daten gezielt an ein System zu vermitteln, damit daraus eine Aktion entstehen kann, wie ein Bestellvorgang.

Formulare werden mit dem Element `<form>` ausgezeichnet. Allein dadurch entsteht jedoch noch keine Landmark. Damit das Element als Landmark erkannt und weitergegeben wird, muss es einen zugänglichen Namen erhalten:

```
<form aria-labelledby="1">
  <h2 id="1">Newsletteranmeldung</h2>

  <label for="name">Dein Name: </label>
  <input type="text" name="name" id="name" required/>

  <label for="email">E-Mail: </label>
  <input type="email" name="email" id="email" required/>

  <input type="submit" value="Subscribe!"/>
</form>
```

Suche

Eine Suche lässt Kunden effektiver einkaufen und Shopbetreiberinnen mehr Geld verdienen! Mehr Gründe braucht man eigentlich nicht, um die Suche-Landmark zu verwenden. Nutzen Sie `<search>`, um die Suche auffindbar zu machen.

```
<search aria-labelledby="search">
  <form>
       <label for="socks">Socken</label>
       <input type="search" id="socks"/>
       <button type="submit" id="search">Suche</button>
  </form>
</search>
```

Oft wird stattdessen `<form>` mit der Rolle `search` kombiniert:

```
<form role="search">
[...]
</form>
```

Nutzt man nur die Rolle `search`, kann es sein, dass die Suche nicht von allen assistiven Technologien als solche erkannt wird.

Eigene Landmarks definieren

Vorgegebene Landmarks markieren allgemein bekannte Abschnitte einer Website, die von hoher Relevanz sind. Wenn Sie auf Ihrer Seite allerdings einen Bereich haben, der besonders wichtig ist, aber nicht durch ein Standardelement wie `<main>` oder `<nav>` abgedeckt werden kann, können Sie Landmarks auch selbst definieren.

Landmarks sind wirklich nur für essenzielle Bestandteile einer Website gedacht, um Usern die Navigation zu erleichtern. Zu viele Abschnitte als Landmarks auszuzeichnen, würde die Navigation wiederum erschweren. Ihr neuester Blogartikel oder die drei Kundenlieblinge sollten also nicht als Landmark definiert werden. Um die Auffindbarkeit dieser Inhalte zu verbessern, sollten Sie stattdessen eine sinnvolle Dokumentstruktur verwenden und gezielt Überschriften platzieren.

Um eine Landmark zu erstellen, kombinieren Sie das `<section>`-Element mit einem zugänglichen Namen:

```
<section aria-labelledby="notruf">
  <h2 id="notruf"> Notruf absetzen </h2>
</section>
```

Wenn Sie Inhalte innerhalb von Landmarks gliedern möchten, verwenden Sie Rollen für die Dokumentenstruktur.

Die Dokumentenstruktur

Die Dokumentenstruktur beschreibt den Aufbau und die Gliederung einer Seite. Sie macht diese Ordnung sowohl für Menschen als auch für Software (zum Beispiel Screenreader, Suchmaschinen) erkennbar.

Überschriften

Überschriften gliedern Inhalte. Sie zeigen, wo ein neuer Abschnitt beginnt und in welchem Verhältnis Inhalte zueinanderstehen. Das Verhältnis zueinander wird durch eine Rangfolge dargestellt. Im HTML stehen uns dafür sechs Überschriften-Elemente zur Verfügung:

```
<h1> <!-- Überschrift Ebene 1 !--> </h1>
<h2> <!-- Überschrift Ebene 2 !--> </h2>
<h3> <!-- Überschrift Ebene 3 !--> </h3>
<h4> <!-- Überschrift Ebene 4 !--> </h4>
<h5> <!-- Überschrift Ebene 5 !--> </h5>
<h6> <!-- Überschrift Ebene 6 !--> </h6>
```

Gemeinsam bilden sie einen Überschriften-Baum. Ein perfekter Überschriften-Baum gleicht dem Inhaltsverzeichnis eines Buches. Er beginnt mit der Überschrift 1. Darunter finden Sie Überschrift 2 und, wenn es dann noch tiefer gehen soll, eine 3. Sie würden unter einer 2 nie direkt eine 4 erwarten. Springen Sie auf der Seite, genau wie in einem Inhaltsverzeichnis, nicht zwischen den Ebenen hin und her. Verwenden Sie nach der Ebene 1 nicht direkt eine Ebene 3, sondern die Ebene 2.

Sie können sich den Überschriften-Baum einer Website über Browser-Plug-ins wie die `Headings Map` anzeigen lassen. Damit lassen sich Fehler in Bezug auf die Struktur schneller erkennen. Mehr darüber erfahren Sie in Kapitel 11.

Die Verwendung von Überschriften ist grundsätzlich nicht verpflichtend. Sobald Sie aber Text benutzen, der visuell wie eine Überschrift aussieht und Inhalte gliedert, muss der Text im HTML als Überschrift ausgezeichnet sein. Andernfalls kann die Gliederung der Webseite nicht korrekt von Screenreadern interpretiert werden. Nur semantisch ausgezeichnete Überschriften werden in den Überschriften-Baum aufgenommen.

BEISPIEL

Auf einer Website werden die Vorteile von Vogelfutter mit Mehlwürmern erklärt. Jeder Vorteil wird als Karte mit einem Icon, einer Überschrift und einer textuellen Beschreibung dargestellt. Die Überschrift ist allerdings nur visuell gefettet und nicht semantisch hinterlegt. Das ist ein Problem, denn so ist der gefettete Text auch nur visuell als Überschrift zu erfassen. Statt eines `<p>`-Elements sollte hier eine `<h3>` verwendet werden.

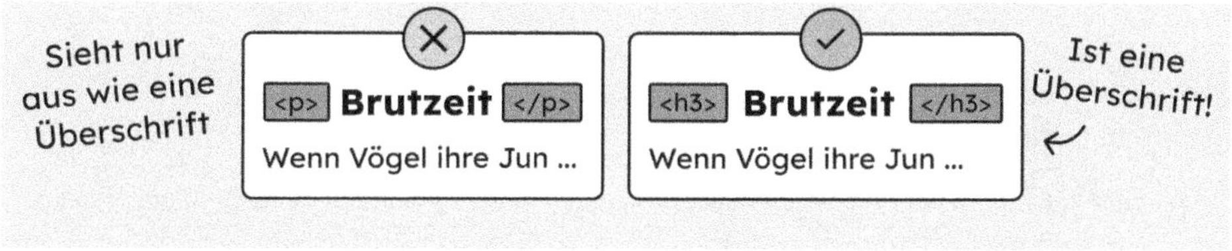

Abbildung 8.10: Gegenüberstellung einer Card. Im ersten Fall wurde ein <p> für die Überschrift verwendet, der Text ist nur visuell als Überschrift zu erkennen. Das ist falsch. Daneben die korrekte Variante: Die Überschrift wurde semantisch mit einer <h3> hinterlegt.

Meist kann man die unterschiedlichen Überschriften-Elemente auch visuell voneinander unterscheiden. Nicht erlaubt ist die Verwendung einer semantischen Überschrift, wenn es nur darum geht, den Text visuell hervorzuheben. Wenn ein Text also nur fett oder groß dargestellt werden soll, der Text aber die Inhalte der Seite nicht sinnvoll gliedert, sollte er im HTML nicht als Überschrift ausgezeichnet sein.

Auf einer Beispiel-Website setzt sich eine Überschrift aus zwei unterschiedlich formatierten Texten zusammen: Der einleitende Teil ist in kleiner Schrift und Großbuchstaben, der zweite Teil in großer, fetter Schrift. In der Praxis werden für die Darstellung oft unterschiedliche Überschriften-Elemente genutzt:

```
<h5>Die Vogelfutterstation</h5>
<h2>Ein Ort der Begegnung</h2>
```

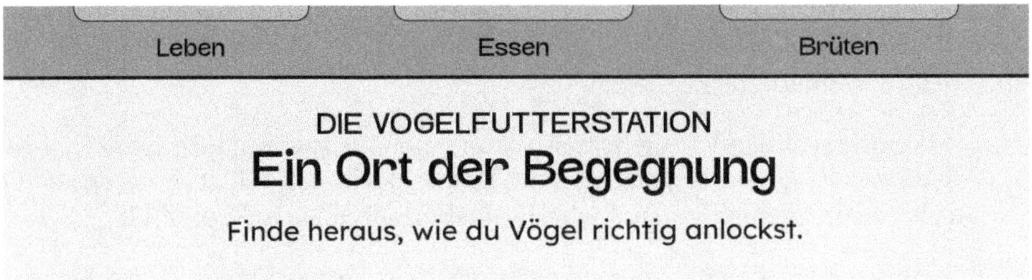

Abbildung 8.11: Ein Website-Ausschnitt mit drei einfachen Überschriften: Leben, Essen, Brüten und einer Kombiüberschrift »Die Vogelfutterstation – Ein Ort der Begegnung«.

Was visuell funktioniert, sagt technisch etwas ganz anderes aus. Der Screenreader kann keinen Zusammenhang zwischen der Überschrift 5 »Die Vogelfutterstation« und der Überschrift 2 »Ein Ort der Begegnungen« herstellen. Stattdessen wird die Überschrift 5 der vorangegangenen Überschrift 3 »Brüten« zugeordnet. Vogelliebhaber wissen: Das ist Unsinn, Vögel brüten nicht in Futterstationen! Durch die falsche Semantik ändert sich die Bedeutung der Inhalte.

Eine barrierefreie Umsetzung verwendet die korrekte Semantik und ändert die Darstellung über *CSS* (Cascading Style Sheet):

```
<h2>
  <span class="intro">Die Vogelfutterstation</span>
  <span>Ein Ort der Begegnung</span>
</h2>

<style type="text/css">
  intro {display: block; //für Zeilenumbruch}
  </style>
```

Auch leere Überschriften-Elemente, wie `<h2></h2>`, sind vom Screenreader ansteuerbar. Vermeiden Sie daher leere Überschriften-Tags in Ihrem Code. Bauen Sie für die Redaktion Komponentenvorlagen zum Befüllen? Dann sollten diese so programmiert sein, dass das Leerlassen von Eingabefeldern keine leeren HTML-Elemente erzeugt. Dieses Problem konnten wir in der Praxis oft bei selbstgebauten Elementen in CMS wie Typo3 oder WordPress beobachten. Ihre Redaktion wird glücklich sein, wenn sie sich nicht auf Ursachenforschung für leere Elemente machen muss!

Neben der Struktur ist auch der Inhalt Ihrer Überschriften wichtig. Ihre Überschriften müssen nämlich beschreibend sein. Das bedeutet, wenn die Überschrift »So ernähren Sie sich in der Schwangerschaft richtig« lautet, darf daraufhin keine Geschmacksanalyse verschiedener Biersorten kommen. Sie haben mit der Überschrift etwas versprochen und der darauffolgende Inhalt sollte das Versprechen erfüllen. Mehr dazu finden Sie im folgenden Kapitel 9.

Sie merken, die Verwendung von Überschriften ist an ein paar Regeln geknüpft. Dass sich der richtige Einsatz lohnt, zeigt die Studie von WebAIM aus dem Jahr 2024. Diese zeigt, dass die meisten Screenreader-Nutzenden gezielt über Überschriften navigieren. Insofern sind Überschriften ein wichtiges Element für eine gute User Experience und sollten bereits – wie im Kapitel zum Design schon angesprochen – früh berücksichtigt werden.

Auszeichnungen

In HTML gibt es Elemente, um Textpassagen mehr Bedeutung zu verleihen, zum Beispiel: »Das Vogelfutter ist **fast ausverkauft!**«

Der Bereich »fast ausverkauft« ist gefettet. Die Fettung betont die Wichtigkeit des Abschnittes visuell. Die Wichtigkeit muss so festgehalten werden, dass auch ein Screenreader sie verstehen kann. Dafür können wir etwa auf die Semantik des `<strong>`-Elements wie in Beispiel a) zurückgreifen oder wie in Beispiel b) in Textform erklären, dass der Abschnitt wichtig ist:

a)

```
<p>Das Vogelfutter ist
  <strong>fast ausverkauft!</strong>
</p>
```

b)

```
<p>Achtung Wichtig:Das Vogelfutter ist
  <span class="bold">fast ausverkauft!</span>
</p>
```

Wenn Sie Bestandteile im sprachlichen Sinne hervorheben wollen, verwenden Sie das `<em>`-Element (Rolle `emphasis`). Das `<em>`-Element betont die markierte Stelle, sodass die Bedeutung eine andere wird. Bei folgendem Satz wird der Stolz durch den Tag `<em>` deutlich gemacht.

Ich habe das `<em>`schönste`</em>` Vogelhaus!

Sprachlich können Sie sich das so vorstellen: »Ich habe das schööönste Vogelhaus!«

`<strong>` und `<em>` müssen übrigens nicht fett und kursiv sein. Dabei handelt es sich nur um die Standard-Darstellung des Browsers. Das Aussehen kann über CSS geändert werden.

Im Gegensatz zum HTML-Standard machen in der Praxis weder Nutzende noch Hilfsmittel einen großen Unterschied zwischen `<strong>`, `<em>` oder vergleichbaren Elementen wie `<b>` oder `<i>`. Sie werden häufig gleichbedeutend eingesetzt.

Listen

Eine Liste strukturiert eine Aufzählung. Sie macht Informationen übersichtlich und leicht erfassbar. Verwenden Sie eine Liste, wenn Sie mehrere Dinge nebeneinander darstellen oder Schritte in einer bestimmten Reihenfolge zeigen möchten.

Zur Feier des Abschnittes: Hier eine Liste mit drei Arten von HTML-Listen!

- **Unsortierte Liste** (`<ul>`): Bei einer unsortierten Liste spielt die Reihenfolge von Elementen keine Rolle. Die Zutatenliste eines Kochrezepts wäre dafür ein Beispiel. Es ist egal, ob zuerst Mehlwürmer oder Sonnenblumenkörner aufgelistet werden. Wichtig ist, dass Sie keine der Zutaten vergessen.
- **Sortierte Liste** (`<ol>`): Bei einer sortierten Liste ist es wichtig, die Reihenfolge zu beachten. Im Gegensatz zur Zutatenliste ist die Reihenfolge bei der Kochanleitung entscheidend. Sie müssen die Zwiebel erst schneiden, bevor Sie sie in die Pfanne werfen.
- **Beschreibungsliste** (`<dl>`): Haben Sie in Ihrer Kindheit auch mit Kartensets gespielt, bei denen Autos miteinander verglichen werden konnten? Die verschiedenen Einträge lassen sich über eine Beschreibungsliste darstellen.

Den Tags `<ul>` und `<ol>` wird implizit dieselbe Rolle `list` zugeteilt. Der Screenreader kann deshalb die Listentypen nicht anhand der Rolle unterscheiden und würde in folgendem Beispiel zweimal ankündigen: »Liste, 5 Elemente«.

```
<ul>
  <li>Haferflocken</li>
  <li>Mehlwürmer</li>
  <li>Sonnenblumenkerne</li>
</ul>
```

wird im Standard zu

- Haferflocken
- Mehlwürmer
- Sonnenblumenkerne

```
<ol>
  <li>Haferflocken</li>
  <li>Mehlwürmer</li>
  <li>Sonnenblumenkerne</li>
</ol>
```

wird im Standard zu

1. Haferflocken
2. Mehlwürmer
3. Sonnenblumenkerne

Ob die Elemente aufeinander aufbauen oder unabhängig voneinander sind, wird über das Listitem (<li>, Rolle listitem) definiert. Unsortierte Listenelemente bekommen Bulletpoints, die einer sortierten Liste Ziffern.

Bulletpoints und Ziffern sind Standardverhalten. Überschreiben Sie das Pseudo-Element ::marker, um das Aufzählungszeichen selbst zu bestimmen. Wenn Sie gar keine Listendarstellung wünschen, können Sie diese im CSS über list-style:none; deaktivieren.

Es gibt keine festen Regeln, ab wann Sie eine Gruppe an Elementen als Liste auszeichnen müssen. Achten Sie darauf, dass die Einträge als Liste wirklich sinnvoll sind.

Wir verwenden meistens ab drei Elementen eine Listen-Syntax, weil dann auch die Anzahl wichtig wird – zum Beispiel bei Blogartikeln. In diesem Fall würden wir eine unsortierte Liste verwenden, da Artikel in beliebiger Reihenfolge gelesen werden können. Um eine ansprechende Card-Optik zu erreichen, müssen wir das default Listen-Styling über list-style:none entfernen und selbst definieren.

```
<ul style="list-style:none;">
  <li class="card">...</li>
  <li class="card">...</li>
  <li class="card">...</li>
<ul>
```

Eine Beschreibungsliste ist eine Liste, bei der jedem Begriff eine *Erklärung* zugeordnet ist.

```
<dl>
  <dt>Mehlwürmer</dt>
  <dd>1,99 €</dd>

  <dt>Sonnenblumenkerne</dt>
  <dd>1,29 €</dd>
</dl>
```

Tabellen

Unser Vogelfan Lisa hat Sie inspiriert und jetzt möchten Sie eine Kostenaufstellung für das Vogelfutter erstellen? Dann ist die Tabelle das Element Ihrer Wahl. Kein anderes HTML-Element eignet sich so gut, um Daten übersichtlich und strukturiert darzustellen.

Eine Tabelle besteht aus Reihen und Spalten von Zellen, die jeweils Daten enthalten. Tabellen sollten auch ausschließlich für diesen Zweck verwendet werden. Als das Internet erfunden wurde, haben unsere Großeltern HTML-Tabellen noch fürs Layout missbraucht. Zum Glück haben wir heute durch CSS-Eigenschaften wie Flexboxen und Grids bessere Wege dafür!

Screenreader bieten spezielle Navigationsfunktionen für Tabellen. Nutzende können sich nicht nur von Zelle zu Zelle bewegen, sondern auch zeilen- oder spaltenweise springen. Damit diese Orientierung funktioniert, müssen Tabellen korrekt ausgezeichnet sein.

Eine Tabelle (`<table>`) besteht im HTML aus einer Kopfzeile (`<thead>`), einem Hauptbereich (`<tbody>`) und optional einem Footer (`<tfoot>`). Darin liegen die Reihen der Tabellendaten (`<tr>`) und in diesen die Kopfzellen (`<th>`) und Datenzellen (`<td>`):

Zutat	Kosten	Gemocht von
Mehlwürmer	1,99 €	Kohl- und Blaumeise
Haferflocken	0,99 €	Spatzen

Die Tabelle könnte so ins HTML übertragen werden:

```
<table>
  <caption>Vogelfutter</caption>
  <thead>
        <tr>
                  <th>Zutat</th>
                  <th>Kosten</th>
                  <th>Gemocht von</th>
        </tr>
  </thead>
  <tbody>
        <tr>
                  <td>Mehlwürmer</td>
                  <td>1,99 €</td>
                  <td>Kohl- und Blaumeise</td>
        </tr>
        <tr>
                  <td>Haferflocken</td>
                  <td>0,99 €</td>
                  <td>Spatz</td>
        </tr>
  </tbody>
</table>
```

Manchmal ist es sinnvoll, auch die Inhalte der ersten Spalte als Kopfzellen zu kennzeichnen. Zum Beispiel, wenn jede Zeile eine eigene Rubrik beschreibt (wie hier die Zutaten). Um dann die richtige Zuordnung der Kopfzellen zu den einzelnen Inhalten zu machen, hilft das Attribut `scope`. Es legt fest, ob eine Kopfzelle sich auf eine Spalte (`scope="col"`) oder eine Zeile (`scope="row"`) bezieht.

Viele CMS wie WordPress erzeugen standardmäßig einfache Tabellen und geben das `scope`-Attribut oft nicht automatisch aus. Für barrierefreie Tabellen muss der HTML-Code nachträglich ergänzt werden.

In diesem Beispiel haben wir die ursprüngliche Tabelle modifiziert und pro Reihe aus den Zutaten eine Überschrift erstellt.

Zutat	Kosten	Gemocht von
Mehlwürmer	1,99 €	Kohl- und Blaumeise
Haferflocken	0,99 €	Spatzen

```
<table>
  <caption>Vogelfutter</caption>
  <thead>
        <tr>
                  <th scope="col">Zutat</th>
                  <th scope="col">Kosten</th>
                  <th scope="col">Gemocht von</th>
        </tr>
  </thead>
  <tbody>
        <tr>
                  <th scope="row">Mehlwürmer</th>
                  <td>1,99 €</td>
                  <td>Amsel</td>
        </tr>
        <tr>
                  <th scope="row">Haferflocken</th>
                  <td>0,99 €</td>
                  <td>Spatz</td>
        </tr>
  </tbody>
</table>
```

Bei komplexeren Tabellen reicht `scope` nicht mehr aus, etwa wenn eine Kopfzelle sich über mehrere Spalten oder Zeilen erstreckt. In diesen Fällen muss jede Kopfzelle eine eindeutige `id` erhalten, und die Datenzellen werden über das Attribut `headers` mit den passenden `id`s verknüpft. So kann der Screenreader auch in verschachtelten Tabellen zuverlässig die richtigen Überschriften ansagen.

Die manuelle Zuordnung von `headers` und `id` ist sehr fehleranfällig und solche Tabellen stellen auch Menschen ohne kognitive Einschränkungen vor erhebliche Herausforderungen. Insbesondere wenn die Spalten- oder Zeilenüberschriften (teilweise) aus dem sichtbaren Bereich gescrollt wurden In den meisten Fällen lässt sich das vermeiden, indem Sie mehrere kleine Tabellen verwenden, anstatt eine große Tabelle für Daten zu nutzen.

Paragrafen, Zitate und andere semantische Elemente

Auch für Texte gibt es viele semantische Elemente für spezifische Anwendungszwecke. Sie müssen nicht alle auswendig kennen, aber Sie sollten einen Blick dafür entwickeln, was ein Inhalt ausdrückt oder wofür er steht. Dann machen Sie sich auf die Suche nach einem semantischen Pendant oder – falls es das nicht gibt – nach einer Umsetzung mit ARIA.

Fangen wir mit einem einfachen Beispiel an:

```
<div>Man soll nicht alles glauben, was im Internet steht.</div>
```

Dieser Text wurde innerhalb eines `<div>` platziert.

Das `<div>` gehört neben `<span>` zu den Layout-Elementen. Layout-Elemente sind für das Styling gedacht und werden mit der Rolle `generic` in den Accessibility Tree übersetzt. Sprich: Sie haben keine besondere Bedeutung und sollten nicht verwendet werden, wenn es ein spezifisches Element gibt.

Ist das `<div>` hier semantisch korrekt? Nein. Wir haben hier einen Textblock vor uns. Richtig wäre hier der Einsatz des Paragrafen-Elements, damit implizit die Rolle `paragraf` gesetzt wird:

```
<p>Man soll nicht alles glauben, was im Internet steht.</p>
```

`<p>`-Elemente sind semantisch und werden vom Screenreader aufgegriffen. Darum eignen sich leere `<p>` nicht für das Erstellen von Abständen. Verwenden Sie für Anpassungen im Layout immer CSS. Manche CMS (beispielsweise WordPress) stellen dafür ein Element mit dem Namen Abstandhalter bereit.

So weit, so gut. Bauen wir den Text weiter aus:

»Man soll nicht alles glauben, was im Internet steht«, Albert Einstein

Ganz genau: ein Zitat! Ein Zitat ist ein Satz oder Text, den man wortgetreu von jemand anderem übernimmt, wie Kundenrezensionen in dem Vogel-Shop Ihres Vertrauens. Hierfür eignen sich `<blockquote>` (was wurde gesagt) und das `<cite>`-Element (wo steht es).

```
<blockquote>
  <p>Man soll nicht alles glauben, was im Internet steht, Albert Einstein
  auf <cite>Wikipedia</cite></p>
</blockquote>
```

Zusammengehörige Elemente sollten programmatisch gruppiert sein. Laut HTML-Spezifikation ist es aber technisch falsch, `<cite>` in das `<blockquote>`-Element zu schachteln. Der Autorenname soll ebenfalls nicht Teil des Elements sein. Folgende Variante wäre technisch korrekt:

```
<blockquote>
  Man soll nicht alles glauben, was im Internet steht,
</blockquote>
Albert Einstein in <cite>Wikipedia</cite>.
```

Auf diese Art sind die Elemente nicht mehr programmatisch gruppiert. Andere Kollegen empfehlen daher, `<blockquote>` und `<cite>` in einer `<figure>` zu kombinieren. Es gibt aktuell keinen Konsens darüber, welche Variante vorzuziehen ist.

Zurück zu unserem Text. Stellen Sie sich vor, Sie entwickeln einen Texteditor, der eine Historie der Textänderungen enthält. Eingefügte Texte werden mit `<ins>` markiert und damit wird die Rolle `insertion` implizit für Sie gesetzt. Dadurch kann technisch nachvollzogen werden, welche Bestandteile hinzugefügt worden sind:

```
<p> Man soll <ins>nicht</ins> alles glauben, was im Internet steht </p>
```

Stand heute ist leider nicht jeder Screenreader in der Lage, Start und Ende der markierten Textpassagen auszugeben. Dass Hilfsmittel nicht wie erwartet funktionieren, ist bedauerlicherweise kein Einzelfall und oft eine Mischung aus falschen Vorannahmen und seltenen technischen Mängeln. Abhängig davon, welchen Screenreader Sie verwenden, werden manche Ausgaben unterstützt und andere eben nicht. Gewöhnen Sie sich am besten daran, Ihren Code regelmäßig auf Barrierefreiheit zu testen. Nur so können Sie sicherstellen, dass Ihre Lösungen zu den gewünschten Ergebnissen führen.

Interaktive Elemente

Interaktive Elemente machen es möglich, Aktionen auszulösen, etwa eine Bestellung aufzugeben, eine Seite zu wechseln oder ein Formular abzusenden. Die korrekte Verwendung ist besonders wichtig, weil Nutzende eine erfahrungsbasierte Erwartung haben, wie sich Elemente verhalten.

Schauen wir uns das Ganze am Beispiel eines Links an. Sie wissen bereits, dass ein Ankerelement über `<a>` erstellt werden kann und dass es zwei Ressourcen miteinander verknüpft. In der Praxis begegnet uns in Hauptnavigationen auf Websites häufig folgendes Beispiel:

```
<a onclick"save()">
  <svg aria-label="speichern"> </svg>
</a>
```

Das Ankerelement wird mit einem OnClick-Event kombiniert, und obwohl der Code für Mausnutzende funktioniert, handelt es sich um eine falsche Verwendung von `<a>`. Wollen Sie einen Link, sollte das Ankerelement immer mit einem `href`-Attribut verwendet werden. Andernfalls wird es weder mit der Rolle `link` in den Accessibility Tree überführt noch zu einem für alle nutzbaren interaktiven Element. Stattdessen wird der **falsche Link** mit der Rolle `generic` belegt. Ein klassisches Beispiel für die falsche Elementwahl. Richtig wäre, einen Button zu verwenden.

```
<button onclick"save()">
  <svg aria-label="Suche"> </svg>
</button>
```

Die Klickfläche

Ein Klick auf einen Button kann mühselig sein, wenn andere Bedienelemente zu nah am Button platziert sind oder der Button so winzig ist, dass Sie fünfmal zielen müssen, um zu treffen. Der Frust lässt sich leicht umgehen, indem Klick- beziehungsweise Tab-Flächen groß genug gemacht werden – nach WCAG mindestens 24 × 24 Pixel. Tatsächlich haben Sie mehr Einfluss auf die Klickfläche, als Ihnen möglicherweise bewusst ist. Schauen wir uns das am Beispiel einer Checkbox an:

a)

```
<input id="explizit" type="checkbox"/>
<label for="explizit">Ich akzeptiere die AGBs</label>
```

b)

```
<label for="implizit">
  <input type="checkbox" id="implizit"/>
  <span>Ich akzeptiere die AGBs</span>
</label>
```

c)

```
<label for="implizit-2">
  <input type="checkbox" id="implizit-2"/>
  <a href="#">Ich akzeptiere die AGBs</a>
</label>
```

Unter a) kann die Checkbox aktiviert werden, indem entweder das Kästchen oder das Label geklickt wird. Bei b) gilt dasselbe, nur ist zusätzlich durch die implizite Schreibweise die Lücke zwischen Label und Checkbox klickbar geworden. Unter c) sind nur die Checkbox und die Lücke klickbar, da wir das Label mit einem Link vollgemüllt haben – damit haben wir sehr viel Benutzerfreundlichkeit weggenommen.

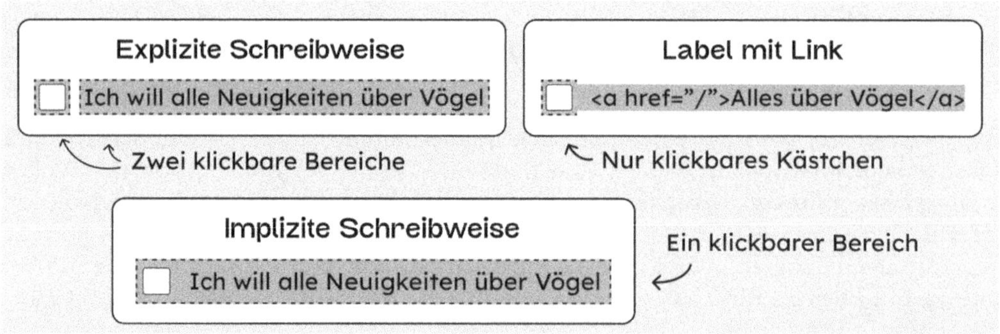

Abbildung 8.12: Drei unterschiedliche Herangehensweisen beim Erstellen einer Checkbox und der daraus entstehenden klickbaren Fläche

Den Zweck eines Links klarmachen

Sie wissen bereits, dass der zugängliche Name entscheidend für die Verständlichkeit einer Anwendung ist. An Eingabefelder und Links werden von den WCAG noch speziellere Anforderungen gestellt.

Gute Linknamen sind sprechend, das heißt, Sie benötigen keinen visuellen Kontext, um das Linkziel zu verstehen. Bei »Startseite«, »Impressum« oder »Datenschutz« geht der Zweck des Links direkt aus dem Namen hervor. Das ist bei schlechten Linknamen nicht der Fall. Um zu verstehen, was sich hinter »Mehr lesen« oder »Hier« verbirgt, müsste man entweder auf den Link klicken oder das Umfeld untersuchen, in der Hoffnung, mehr Informationen zu bekommen.

Sie sollten versuchen, einen sprechenden Linknamen zu wählen. Ist das nicht möglich, geben Sie diese Information im unmittelbaren Kontext mit. So können Nutzende wenigstens selbst herausfinden, wohin der Link führt.

a)

```
<h3>Socken mit gestickten Meerschweinchen</h3>
<p><a href="#">Mehr erfahren</a></p>
```

b)

```
<p>
  <a href="#">Hier</a>
  Socken mit gestickten Meerschweinchen kaufen.
</p>
```

c)

```
<li>
  Socken mit gestickten Meerschweinchen
  <a href="#">Mehr erfahren</a>
</li>
```

d)

```
<article>
  <p>Socken mit gestickten Meerschweinchen</p>
  <p><a href="#">Mehr erfahren</a></p>
</article>
```

Die Beispiele a) bis d) haben eines gemeinsam: Aufgrund der verwendeten Semantik stellen sie einen Kontext her, den Programme herausfinden können. So kann der Zweck des Links über den Screenreader erschlossen werden:

a) Die Überschrift erklärt den Link.

b) Man kann den unmittelbaren Paragrafen untersuchen.

c) Der Inhalt des Listenelements kann untersucht werden.

d) Der Inhalt des Artikels kann untersucht werden.

Nutzende müssen bei diesem Vorgehen deutlich mehr Gehirnschmalz investieren, um eine Website zu verstehen. Dabei wollen wir sie doch gemütlich shoppen lassen! In einer Zeit, in der Aufmerksamkeitsspannen immer kürzer werden, ist es umso wichtiger, Inhalte so zu gestalten, dass sie Nutzende fesseln und halten. Bemühen Sie sich deshalb um sprechende Linknamen.

Den Zweck des Eingabefeldes klarmachen

Sie kennen die Situation: Nach stundenlangem Vogelfuttershopping sind Sie endlich im Check-out angekommen. Aber was ist das? Ihre Adressdaten mühsam von Hand eintippen? Und das, obwohl der Mausfinger schon glüht? Das kostet Zeit und Nerven.

Zum Glück geht es einfacher. Für personenbezogene Daten wie Name, E-Mail, Telefonnummer, Adresse oder Geburtstag lässt sich im Formularfeld der jeweilige Zweck angeben. Moderne Browser speichern diese Daten ohnehin. Mit dem Attribut `autocomplete` können Sie festlegen, was in ein Feld gehört, und der Browser schlägt den passenden Wert automatisch vor oder füllt ihn direkt ein:

```
<label for="vorname">Vorname:</label>
<input name="vorname" id="vorname" type="text" autocomplete="given-name"/>
```

In den WCAG finden Sie eine Auflistung der Nutzerdaten, die mit `autocomplete` markiert werden müssen: `www.w3.org/TR/WCAG22/#input-purposes`.

Tastaturbedienbarkeit

Alle interaktiven Elemente müssen mit der Tastatur bedienbar sein. Das ist wichtig, weil viele Hilfsmittel, wie der Screenreader, auf die Tastaturnutzung angewiesen sind.

Tab-Reihenfolge

User springen bei der Tastaturbedienung mit der Tabulatortaste von einem Element zum nächsten und müssen jederzeit wissen, wo sie sich befinden. Mit semantischem HTML ist das einfach, denn Buttons und Links sind automatisch per Tastatur erreichbar und in die richtige Tab-Reihenfolge eingebunden. Deshalb sollte man die Tab-Reihenfolge nur in Ausnahmefällen ändern.

Falls nötig, gibt es dafür das Attribut `tabindex`:

- ✔ **tabindex="-1":** Das Element kann nicht mit der Tab-Taste, aber per JavaScript fokussiert werden.
- ✔ **tabindex="0":** Das Element ist per Tastatur erreichbar und reiht sich automatisch in die logische Tab-Reihenfolge ein.
- ✔ **tabindex="[<=1]":** Damit kann man die Reihenfolge selbst festlegen. Nicht empfohlen, weil das selten nachvollziehbar ist und Nutzende verwirrt. [<=1] heißt eine beliebige Zahl größer gleich 1.

Achten Sie außerdem darauf, dass keine versteckten Elemente angesteuert werden können. Das tritt manchmal bei Karussellen auf, wenn Inhalte zwar außerhalb des sichtbaren Bereichs liegen, aber nicht korrekt ausgeblendet wurden und deshalb trotzdem mit der Tastatur erreichbar sind.

Unerwartete Aktionen

Auch wenn die Tab-Reihenfolge stimmt und unsichtbare Elemente sauber ausgeblendet sind, können immer noch neue Probleme entstehen. Nämlich dann, wenn ein Feld beim Fokussieren plötzlich eine Aktion auslöst:

Lisa befindet sich mitten im Bestellprozess und landet im Eingabefeld »Postleitzahl«. Kaum hat das Feld den Fokus, öffnet sich ein Dialog mit Versandinformationen, obwohl Lisa noch gar nichts eingetragen hat. Für sie ist das irritierend, denn allein das Fokussieren hat schon einen Kontextwechsel ausgelöst. Eine Website sollte vorhersehbar und selbsterklärend sein. Das ist sie, wenn Lisa selbst darüber entscheiden kann, ob sie Versandinformationen einsehen möchte. Kontextwechsel sollten nur passieren, wenn Nutzende das ausdrücklich auslösen. Mehr darüber erfahren Sie im Kriterium *3.2.1 On Focus.*

Lisa schließt den Dialog, der Fokus landet wieder auf dem Feld der Postleitzahl. Sie navigiert weiter zum Feld »Versandart« und wählt »Expressversand«. Und schon wieder passiert etwas Unerwartetes: Die Seite lädt neu, um die Versandkosten anzupassen. Ohne Vorwarnung befindet sich Lisa plötzlich wieder ganz am Anfang des Formulars und muss sich durch alle Felder hangeln. Auch hier verhält sich unsere Website nicht vorhersehbar. Besser wäre, wenn die Auswahl erst nach einer bewussten Bestätigung wirksam wird. Ist ein sofortiger Seitenwechsel unvermeidbar, muss Lisa vorher unmissverständlich darauf hingewiesen werden. Mehr dazu erfahren Sie im Kriterium *3.2.2 On Input.*

Um verstehen zu können, was passiert, müssen wir auch jederzeit sehen können, wo sich der Fokus gerade befindet.

Sichtbarer Fokus

Ein fehlender Fokuszustand bei der Tastaturbedienung gehört zu den häufigsten Fehlern auf nicht-barrierefreien Websites. Dabei ist es leicht zu prüfen: Öffnen Sie eine Seite, drücken Sie mehrfach die Tab-Taste und achten Sie darauf, ob Sie jederzeit erkennen können, wo Sie sich gerade befinden.

Standardmäßig haben semantische interaktive Elemente wie Links oder Buttons einen sichtbaren Fokusrahmen, es sei denn, er wurde per CSS entfernt.

Sie können den Fokusrahmen überschreiben. Wichtig ist dabei immer ein ausreichender Farbkontrast von 3:1, damit der Fokus deutlich erkennbar bleibt. Am einfachsten ist ein doppelter Fokusrahmen (eine Kombination aus »outline« und »box-shadow«). Der ist gut sichtbar und bringt den nötigen Kontrast mit:

```
<style type="text/css">
  :focus-within {
  outline: .0.3rem solid black;
  box-shadow: 0 0 0 .25rem white;
  }
</style>
```

Mit der CSS-Pseudoklasse `:focus-within` können Sie einem Element ein Styling geben, wenn es selbst oder eines seiner Kindelemente den Fokus hat.

Die meisten Browser zeigen von Haus aus einen doppelten Fokusrahmen. So bleibt er auch auf bunten Hintergründen gut sichtbar. Safari hinkt hier hinterher, dort ist der Fokusrahmen nur einfarbig. Ändern Sie also den Hintergrund, kann es passieren, dass der Rahmen schlecht oder gar nicht zu sehen ist.

Reihenfolge von Elementen

Semantisches HTML macht vieles einfacher, aber Ihnen ist inzwischen bekannt: Visuelle Darstellung und das, was der Screenreader weitergibt, sind zwei Paar Schuhe. Insbesondere, wenn wir im Design auf Patterns wie das Prinzip der Nähe zurückgreifen. Schauen wir uns das anhand von Blogartikel-Kärtchen an. Ein Kärtchen besteht aus einem Bild, auf das eine Überschrift folgt.

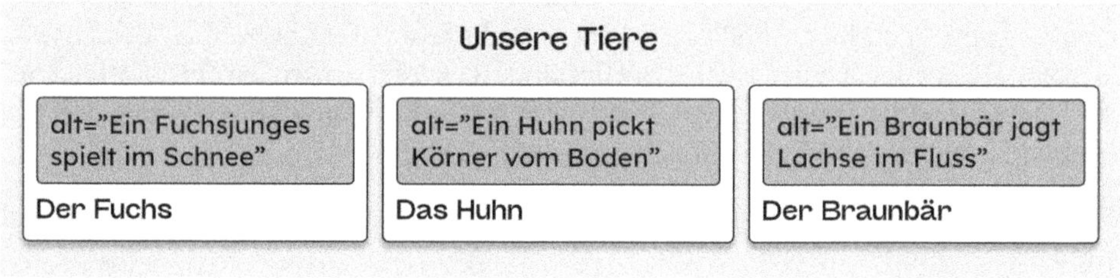

Abbildung 8.13: Drei Cards, die jeweils aus einem Bild und einer Überschrift bestehen. Die Bilder haben Alt-Texte.

Intuitiv würde man das Design vermutlich erst mal in folgender Form anlegen:

```
<h2>Unsere Tiere</h2>

<div class="animals">
  <div class="card">
          <img alt="Ein Fuchsjunges spielt im Schnee"></img>
          <h3>Der Fuchs</h3>
  </div>
  <div class="card">
          <img alt="Ein Huhn pickt Körner vom Boden"></img>
          <h3>Das Huhn</h3>
</div>
<div class="card">
          <img alt="Ein Braunbär jagt Lachse im Fluss"></img>
          <h3>Der Braunbär</h3>
  </div>
</div>
```

Überlegen Sie selbst einen Moment: Wie würde der Screenreader diesen Code interpretieren?

Sie liegen goldrichtig, wenn Sie darauf gekommen sind, dass wir an der Stelle wieder kompletten Murks verbrochen haben! Bei Nutzenden würde nämlich folgende Struktur ankommen:

1. Überschrift Ebene 2, Unsere Tiere
2. Bild, Ein Fuchsjunges spielt im Schnee
3. Überschrift Ebene 3, Der Fuchs
    1. Bild, Ein Huhn pickt Körner vom Boden
4. Das Huhn
    1. Bild, Ein Braunbär jagt Lachse im Fluss
5. Der Braunbär

Der Screenreader navigiert anhand des DOM. Darum müssen wir auch im DOM die Dinge glattziehen. Eine Möglichkeit, das Problem zu lösen, ist, die HTML-Elemente logisch sinnvoll zu strukturieren (erst Überschrift, dann Bild) und dann via CSS die Darstellung abzuändern. Das erreichen Sie beispielsweise über eine CSS-Flexbox und die Eigenschaft `order`. Mit `order` können Sie das Bild visuell an den Anfang stellen. Auf diese Art kann der Screenreader einfach von oben nach unten laufen und die Designer werden glücklich mit Ihnen sein:

```
<div class="card">
  <h3>Der Fuchs</h3>
  <img alt="Ein Fuchsjunges spielt im Schnee"></img>
</div>

<style type="text/css">
   .card {
        display: flex;
        flex-direction: column;
}
.card img {
        order:-1;
  }
</style>
```

Sie können die Elemente (zusätzlich) auch semantisch über eine Liste oder über `<article>` gruppieren.

a)

```
<ul class="animals">
  <li class="card">
          <h3>Der Fuchs</h3>
          <img alt="Ein Fuchsjunges spielt im Schnee"></img>
</li>
[...]
</ul>
```

b)

```
<article class="card">
  <h3>Der Fuchs</h3>
  <img alt="Ein Fuchsjunges spielt im Schnee"></img>
</article>
[...]
```

Sichtbarkeit von Inhalten

Dass Menschen Inhalte auf unterschiedliche Weise wahrnehmen, ist Ihnen längst vertraut. Die eigentliche Herausforderung liegt darin, diese Unterschiede gezielt zu berücksichtigen. Mal sind Informationen gefragt, die allen gleichermaßen zugänglich sein müssen. Mal genügt es, wenn ein Element, etwa ein Bild oder eine Grafik, nur für Sehende sichtbar ist. Und manchmal sind sogar Zusatzinformationen erforderlich, die exklusiv für Screenreader bestimmt sind.

Inhalte vor allen verbergen

Stellen Sie sich eine Navigation mit drei Oberpunkten vor: »Leistung«, »Über uns« und »Kontakt«. Der Menüeintrag »Leistung« hat die vier Unterpunkte »Design«, »Entwicklung«, »Inhalte« und »Branding«. Die vier Unterpunkte sind nicht permanent sichtbar, sondern über ein Untermenü zu erreichen, das geöffnet und geschlossen werden kann. Der folgende HTML-Code zeigt den Oberpunkt »Leistung« mit den dazugehörigen Unterpunkten:

```
<button>Leistung</button>
<ul>
  <li><a href="/design">Design</a></li>
  <li><a href="/entwicklung">Entwicklung</a></li>
  <li><a href="/inhalte">Inhalte</a></li>
  <li><a href="/branding">Branding</a></li>
</ul>
```

Die Unterpunkte sollen, wenn das Untermenü geschlossen ist, für niemanden zu sehen sein. In der Praxis führt das aber häufig zu einem Fehler mit dem WCAG-Kriterium der sinnvollen Tab-Reihenfolge. Oft ist das Untermenü nämlich nur visuell ausgeblendet, per Tastatur oder Screenreader aber weiterhin ansteuerbar. Ein geschlossenes Menü kann so per Tastatur erreicht werden, obwohl die Inhalte nicht sichtbar sind. Das führt besonders bei sehbehinderten (aber nicht blinden) Usern, die einen Screenreader nutzen, zu Verwirrung. Aber auch für sehende Menschen, die aus anderen Gründen auf die Tastatur angewiesen sind, ist das ein Problem. Ausgeblendete Inhalte sollten also nicht nur visuell, sondern vollständig verborgen werden.

HTML, CSS und ARIA stellen erstaunlich viele Möglichkeiten zur Verfügung, um Inhalte zu verstecken. Damit Sie verstehen, welche davon wann sinnvoll sind, schauen wir uns alle im Detail an.

Mit den CSS-Einstellungen `display: none` oder `visibility: hidden` wird ein Element vor allen verborgen. Bei `display: none` belegt es keinen Platz mehr auf der Seite, bei `visibility: hidden` behält zumindest der Container seinen Platz im Layout:

```
<ul style="[disyplay:none|visibility:hidden]">
  [...]
</ul>
```

Das semantische Attribut `hidden` markiert ein HTML-Element als versteckt. Auch hier werden Inhalte im Browser nicht angezeigt. Ähnlich wie bei `display: none` in CSS nehmen auch sie keinen Platz auf der Seite ein:

```
<ul hidden>
  [...]
</ul>
```

Inhalte vor Hilfsmitteln verbergen

Sie werden immer wieder Elemente auf Websites nutzen, die keinen zusätzlichen Informationswert vermitteln. Damit ist nicht die visuelle Aussagekraft gemeint, sondern die inhaltliche, beispielsweise eine grafische Wiederholung: ein Link, der ein PDF-Icon und daneben den Text »Theaterprogramm 2025 (pdf)« enthält. Das Icon sagt nichts Neues, sondern ist nur ein visuelles Extra. Das Icon ist deshalb redundant und sollte für Screenreader über `aria-hidden="true"` ausgeblendet werden:

```
<a>
  <svg aria-hidden="true">pdf icon<svg>
  <span>Theaterprogramm 2025 (pdf)</span>
</a>
```

> Wird ein interaktives Element mit `aria-hidden="true"` versehen, entsteht für Screenreader ein Problem: Der Screenreader ignoriert das Element vollständig, während es technisch weiterhin im Fokusablauf bleibt. Wer mit der Tastatur navigiert, kann also plötzlich in ein Eingabefeld oder eine Schaltfläche springen, ohne dass diese vom Screenreader angekündigt wird. Für die betroffene Person wirkt das wie ein leeres oder defektes Element und führt zu Orientierungslosigkeit. Deshalb gilt: **Interaktive Elemente dürfen niemals nur über `aria-hidden` verborgen werden**, sondern müssen auch technisch deaktiviert oder entfernt sein. In der Praxis können die Ergebnisse variieren. Manche Kombinationen (zum Beispiel VoiceOver mit Chrome) gleichen Entwicklungsfehler aus und lesen solche Elemente trotzdem vor. Verlassen Sie sich aber nicht darauf!

Neben aria-hidden können Sie einem Element die semantische Bedeutung über role="none" entziehen.

```
<h2 role="none">Semantik von Elementen</h2>
```

ist gleichbedeutend mit

```
<div>Semantik von Elementen</div>
```

Der Text bleibt erreichbar, aber Screenreader erfahren nicht mehr, dass es sich um eine Überschrift handelt. Wenn Sie role="none" auf Elemente anwenden, die verpflichtende Kindelemente haben (zum Beispiel <ul> und <li>), wird auch den Kindern die Semantik entfernt.

Aus

```
<ul role="none">
  <li><a href="/design">Design</a></li>
  <li><a href="/entwicklung">Entwicklung</a></li>
  <li><a href="/inhalte">Inhalte</a></li>
</ul>
```

wird im Endeffekt

```
<div role="none">
  <div><a href="/design">Design</a></div>
  <div><a href="/entwicklung">Entwicklung</a></div>
  <div><a href="/inhalte">Inhalte</a></div>
</div>
```

Browser sind dazu angehalten, die Rolle none auf interaktiven Elementen zu ignorieren. Bei <a href="#" role="none">Impressum</a> würde der Browser role="none" nicht übernehmen.

Inhalte für Sehende verbergen

Manchmal ist unsere Designsprache so klar, dass kein sichtbarer Text nötig ist, um Inhalte zu erklären. Öffnen Sie die Website der Berliner Verkehrsbetriebe und Sie erkennen visuell sofort die Verbindungssuche, obwohl es keine einleitende Überschrift gibt.

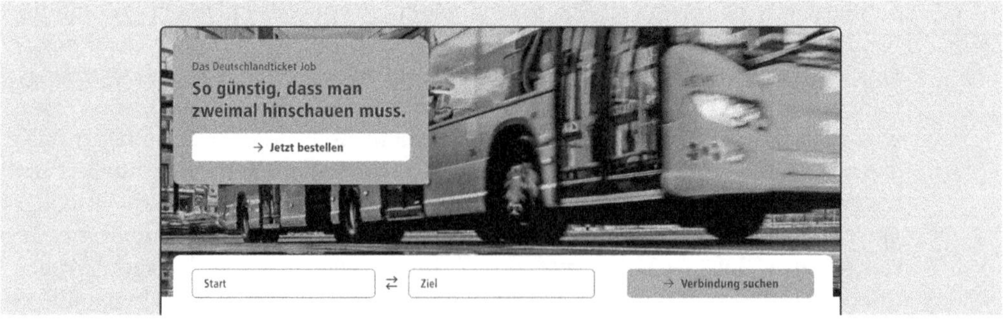

Abbildung 8.14: Startseite der Berliner Verkehrsbetriebe

Für einen Screenreader-User ist das möglicherweise nicht ganz der Fall. Nehmen wir an, »Das Deutschlandticket Job« ist die Überschrift 1. Dann würde man inhaltlich nicht unbedingt direkt darunter die Verbindungssuche erwarten. Insofern wäre für einen korrekten Überschriftenbaum eine einleitende Überschrift 2 »Verbindungssuche« wünschenswert.

Wenn Sie das Layout nicht ändern möchten, können Sie eine unsichtbare Überschrift platzieren, die nur für Screenreader zugänglich ist. Das funktioniert mit ein bisschen CSS, das als Klasse meist `visually-hidden` genannt wird. Mit `visually-hidden` bleibt das Element immer noch im DOM vorhanden, ist nur einen Pixel groß und kann daher von Screenreadern weiterhin aufgegriffen werden.

```
<h2 id="h-connection" class="visually-hidden">Verbindungssuche</h2>

<form aria-labelledby="h-connection">
  <!-- Start und Ziel --!>
</form>
<style type="text/css">
   .visually-hidden:not(:focus):not(:active) {
        width: 1px;
        height: 1px;
        overflow: hidden;
        clip: rect(0 0 0 0);
        clip-path: inset(50%);
        position: absolute;
        white-space: nowrap;
  }
</style>
```

Interaktive Elemente (zum Beispiel Links oder Buttons) dürfen nicht dauerhaft versteckt sein. Darum wird im CSS über `:not(:focus):not(:active)` eingestellt, dass ausgeblendete Elemente wieder sichtbar werden, sobald sie fokussiert oder aktiviert sind.

Vielleicht haben Sie beim Thema SEO sofort Bedenken: »Versteckter Text? Das straft Google doch ab!« Hier können wir Sie beruhigen. Wenn es um kleine Mengen an Text geht, die aus Gründen der Barrierefreiheit unsichtbar sind (zum Beispiel eine Überschrift nur für Screenreader), ist das unproblematisch. Suchmaschinen werten so etwas nicht negativ.

Trotzdem ist sichtbarer Text immer die bessere Wahl. Denn nicht alle Screenreader werden gleich genutzt. Viele Menschen bewegen sich linear durch die Seite, etwa mit den Befehlen »Zur nächsten Überschrift springen« oder »Liste aller Überschriften anzeigen«. Diese Methoden erfassen auch unsichtbare Überschriften zuverlässig. Andere erkunden die Seite dagegen mit dem Finger direkt auf dem Touchscreen (»Explorative Touch« in VoiceOver). In diesem Fall liest der Screenreader nur das vor, was unter dem Finger liegt – ein auf ein Pixel verkleinertes Element wird dabei fast nie getroffen.

Auch kognitiv beeinträchtigte Menschen profitieren von sichtbaren Überschriften, weil sie die Struktur der Seite schneller erfassen können. Ein gutes Beispiel liefert die Website der Deutschen Bahn. Dort fügt sich die sichtbare Überschrift harmonisch ins Layout ein und wirkt überhaupt nicht störend.

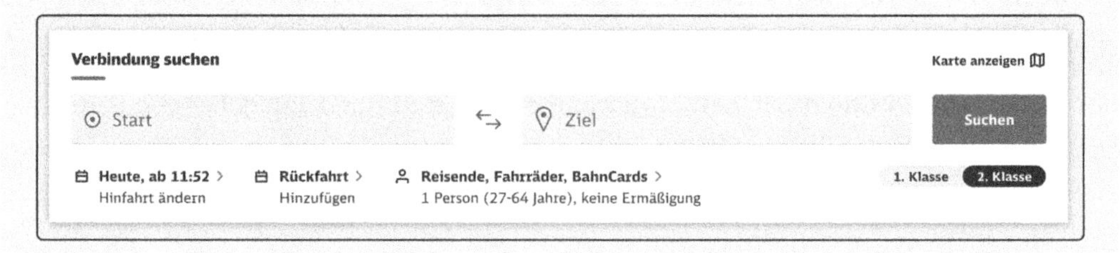

Abbildung 8.15: Startseite der Deutschen Bahn mit sichtbarer Überschrift 2 »Verbindung suchen«

Unsichtbare Überschriften sind also erlaubt, aber wenn es gestalterisch möglich ist, machen sichtbare Überschriften die Seite für alle verständlicher.

Entscheidungshilfe: Wann Sie Inhalte verstecken

In der Praxis ist es gar nicht so einfach zu entscheiden, wann welche Technik zum Verbergen passt. Stellen Sie sich deshalb immer zwei Fragen:

- ✔ Welche Information soll vermittelt werden?
- ✔ Wer braucht diese Information?

Die zweite Frage betrachten Sie am besten für drei Gruppen:

- ✔ **Navigation mit Hilfsmitteln** (Screenreader, Spracherkennung und so weiter, die über die Accessibility API arbeiten)
- ✔ **Navigation mit Tastatur**
- ✔ **Visuelle Navigation**

Machen wir das an einem Beispiel fest:

Lisa shoppt mal wieder Vogelfutter. Sie überlegt kurz, ob sie ihr letztes Geld für besonders fetthaltiges Spezialfutter ausgeben soll, entscheidet sich aber vernünftigerweise, den Kauf auf den Monatsanfang zu verschieben.

Gerade bewegt sie den Mauszeiger auf den Schließen-Button des Browsers, da springt ein Dialog auf: »Heute 10 % Rabatt – nur jetzt zugreifen!«

Die Website besteht in diesem Momentan aus zwei Ebenen, dem Dialog und dem Onlineshop dahinter. Welche Information soll vermittelt werden? Ganz klar: Die Marketingabteilung will, dass Lisa sich voll auf den Rabatt konzentriert. Relevant ist nur der Dialog, der Shop im Hintergrund dagegen nicht.

Wie sieht das für die drei Nutzergruppen aus?

- ✔ **Sehende:** Dialog sichtbar, Hintergrund unkenntlich oder unscharf
- ✔ **Tastaturnavigation:** Darf den Shop nicht erreichen, kein »Hineintabben« (mit der Tab-Taste navigieren), solange der Dialog offen ist.
- ✔ **Hilfsmittel:** Dialoginhalt ist erreichbar, Elemente im Hintergrund können nicht angesprungen werden.

Der Hintergrund ist in diesem Moment für keine Gruppe relevant, also sollte er für niemanden zu erreichen sein. Die passende Technik dafür ist das HTML-Attribut `inert`. Damit wird ein ganzer Container für Hilfsmittel und Tastatur blockiert. Wenn Sie den Dialog nicht selbst machen, sondern `<dialog>` verwenden, übernimmt der Browser diese Deaktivierung automatisch.

Die Situation mit dem Rabatt-Dialog ist nur ein Spezialfall. Je nach Kontext brauchen Sie andere Techniken, um Inhalte zu verbergen oder zugänglich zu machen. Damit Sie den Überblick behalten, finden Sie hier eine kleine Vergleichstabelle:

Technik	Accessibility API	Tastatur	Visuell (gerendert)
CSS: `display:none`	Versteckt	Versteckt	Versteckt
CSS: `visibility:hidden`	Versteckt	Versteckt	Versteckt, Platz bleibt belegt
HTML: `hidden`	Versteckt	Versteckt	Versteckt
CSS: `visually-hidden`	Sichtbar	Sichtbar	Versteckt
HTML: `disabled`	Sichtbar	Versteckt	Sichtbar
HTML: `tabindex=-1`	Sichtbar	Versteckt	Sichtbar
HTML: `inert`	Versteckt	Versteckt	Sichtbar
HTML: `aria-hidden`	Versteckt	Sichtbar	Sichtbar

Manchmal muss man sich also entscheiden, welche Elemente für welche User relevant sind. Genauso wichtig ist aber, dass User Inhalte verkleinern oder vergrößern können, ohne dass die Seite dabei kaputtgeht. Genau darum geht es im nächsten Abschnitt.

Vergrößerung von Inhalten

Um barrierefrei zu sein, müssen Websites es erlauben, Inhalte zu vergrößern, ohne dass die Seite auseinanderfliegt. Viele Menschen nutzen den Zoom des Browsers oder erhöhen die Schriftgröße, um Inhalte besser lesen zu können. Ihre Aufgabe als Entwickler*in ist es, die Website so zu bauen, dass sie bei einer der folgenden Vergrößerungen nicht kaputtgeht:

- ✔ **Seitenzoom:** Die ganze Website wird größer gezogen.
- ✔ **Textvergrößerung:** Nur die Schrift wird größer gestellt.

Seitenzoom: Alles wird größer

Der einfachste Weg, Inhalte zu vergrößern, ist der Browser-Zoom. Dafür drücken Sie auf Windows [Strg] und [+] oder [cmd ⌘] und [+] auf Ihrem Mac und zack, alles ist groß!

Klingt harmlos, kann aber für Ihre Website zum Albtraum werden. Denn beim Zoomen müssen folgende Dinge gewährleistet sein:

- ✔ Texte werden nicht abgeschnitten und sind dadurch immer noch komplett lesbar.
- ✔ Elemente bleiben jederzeit sichtbar und werden nicht von anderen Elementen überlagert, sodass Inhalte lesbar und bedienbar bleiben.
- ✔ Bedienelemente sind vollständig innerhalb des sichtbaren Bereichs angeordnet und ragen nicht über den Bildschirmrand hinaus, damit sie uneingeschränkt nutzbar sind.

Abbildung 8.16: Website, in der sich auf Zoom die Inhalte überlagern

Nach den WCAG muss sich Text ohne Informationsverlust vergrößern lassen. Inhalte müssen bei Vergrößerung richtig umgebrochen werden und vollständig bedienbar bleiben. Mehr dazu erfahren Sie in den WCAG-Kriterien unter *1.4.4 Resize text* und *1.4.10 Reflow.*

Die Lösung hier ist *Responsiveness.* Eine responsive Website passt sich flexibel an den verfügbaren Platz an. Auf größeren Bildschirmen liegen Elemente nebeneinander, bei wenig Platz oder starkem Zoom rutschen sie automatisch untereinander. Wer so entwickelt, vermeidet die meisten Zoom-Probleme von vornherein.

Kritisch wird es vor allem bei starr gebauten Layouts. Absolut positionierte Elemente sind ein Klassiker. Sie sind wie festgenagelt und verdecken beim Zoomen andere Inhalte oder verschwinden aus dem Sichtbereich. Auch ausgeblendete Inhalte für Mobilgeräte können Ärger machen. Denn bei 400 Prozent Zoom verhält sich die Seite ähnlich wie eine Smartphone-Ansicht. Wenn wichtige Informationen versteckt werden, fehlen sie plötzlich auch beim Zoom.

Bauen Sie Ihre Seite deshalb konsequent flexibel: Nutzen Sie *CSS-Grid* oder *Flexbox* für das Layout, *Media Queries* für Umbrüche und relative Einheiten (em oder rem) statt fixer Pixel. Bilder und Videos sollten sich genauso flexibel verhalten wie das Layout. Mit `max-width: 100 %` sorgen Sie dafür, dass sie nicht breiter werden als ihr Container. So ragen sie beim Zoomen nicht über den Bildschirmrand hinaus. Vermeiden Sie außerdem starre Höhen. Wenn ein Container eine feste Höhe hat, läuft der Text beim Zoomen schnell über den Rand und wird abgeschnitten. Vorsicht gilt auch bei `overflow: hidden`. Damit verstecken Sie alles, was über den Rahmen hinausgeht. Beim Zoomen können dadurch plötzlich ganze Textteile verschwinden.

Wenn Sie darauf achten, bleibt Ihre Website auch bei starker Vergrößerung vollständig lesbar und bedienbar und erfüllt ganz nebenbei die WCAG-Kriterien.

Der Meta-Viewport

Damit Websites auf mobilen Geräten gut lesbar und bedienbar sind, braucht der Browser Informationen darüber, wie er den Inhalt auf kleinen Bildschirmen skalieren soll. Diese Informationen stehen im sogenannten Meta-Viewport-Tag im `<head>`-Bereich des HTML-Dokuments.

Beispiel für eine sinnvolle Grundkonfiguration:

```
<head>
  <meta name="viewport" content="width=device-width, initial-scale=1">
</head>
```

Der Meta-Viewport bewirkt Folgendes:

- ✔ `width=device-width` sorgt dafür, dass sich die Seite an die tatsächliche Bildschirmbreite des Geräts anpasst.
- ✔ `initial-scale=1` legt fest, dass die Seite in ihrer normalen Größe geladen wird, also ohne künstliche Verkleinerung oder Vergrößerung.

Ohne diese Angaben interpretieren viele mobile Browser die Seite so, als wäre sie für große Bildschirme entworfen. Das führt dazu, dass Nutzende erst heranzoomen müssen, um überhaupt etwas zu lesen oder Schaltflächen zu treffen.

Textvergrößerung: Nur die Schrift wächst

Nicht alle Menschen wollen gleich die ganze Seite zoomen. Einige stellen nur die Schriftgröße hoch. Das tun sie beispielsweise über die Einstellungen im Browser oder über eigene Stylesheets (also individuelle Gestaltungsvorgaben). Damit das funktioniert, muss Ihre Seite so gebaut sein, dass sich Texte mitvergrößern.

Ihre Schriftgrößen sollten Sie deshalb nie in Pixel (px) angeben. Denn wenn Sie Schriftgrößen mit Pixeln angeben, meißeln Sie die Zahl in Stein. Die `font-size: 12px` bleibt immer 12 Pixel. Egal, wie groß im Browser die gewünschte Darstellung eingestellt ist. Der Text wächst nicht mit.

Das liegt daran, dass Pixel absolute Einheiten sind. Sie orientieren sich an der Bildschirmauflösung und nicht an den individuellen Anzeigeeinstellungen. Wenn ein Browsertext vergrößert wird, passen sich Pixelangaben nicht an, sie bleiben exakt so groß wie definiert.

Eine Ausnahme gilt für das Root-Element (`<html>`). Hier ist eine Angabe in Pixeln zulässig und sinnvoll, denn sie dient als Basisschriftgröße, an der sich alle relativen Einheiten orientieren. Wird dort etwa `font-size: 16px` definiert, ergibt das die Grundlage, von der sich `em`- und `rem`-Werte ableiten.

Relative Einheiten orientieren sich an dieser Basisschriftgröße und passen sich automatisch an, wenn sie sich verändert. Wächst die Basis, wächst der Text mit. Die gängigsten relativen Einheiten für Text sind `em` und `rem`:

- ✔ `em` bezieht sich auf die Schriftgröße des Elternelements. Hat das Root-Element eine Schriftgröße von 10px und ein Kindelement `2em`, ergibt das 20px. Wird darin noch ein weiteres Element mit `2em` verschachtelt, ergibt sich 40px. Jede Ebene übernimmt also die Größe der vorherigen und skaliert sie weiter. Das kann schnell zu ungewollt großen Texten führen, wenn viele Ebenen ineinander verschachtelt sind.
- ✔ `rem` bezieht sich dagegen immer auf die Schriftgröße des Root-Elements. Hat dieses `font-size: 10px`, bedeutet `2rem` immer 2 × 10 = 20px, ganz egal, wie tief das Element verschachtelt ist. Dadurch bleiben Schriftgrößen vorhersagbar und konsistent.

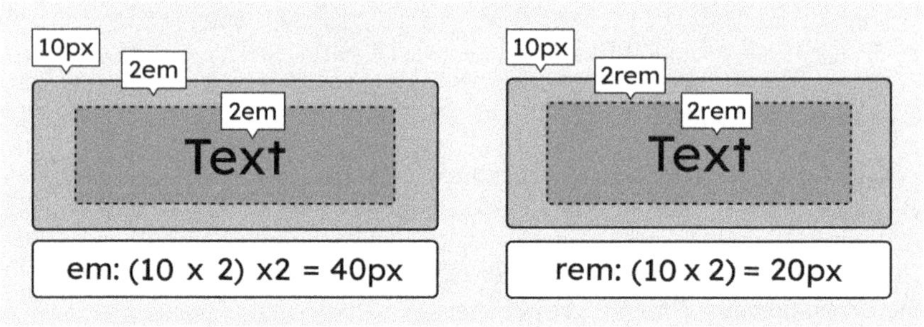

Abbildung 8.17: Die Auswirkung von em und rem

Es gibt keine feste Regel, welche Einheit die beste Wahl ist. Sowohl **`em`** als auch **`rem`** sind gleichermaßen geeignet für barrierefreie Schriftgrößen. Welche Einheit Sie einsetzen, hängt vom Aufbau Ihres CSS ab. Wichtig ist vor allem, konsequent eine klare Logik beizubehalten, so bleibt Ihr Design berechenbar und zugänglich.

Damit schließen wir das Thema Zoom ab. Eine verständliche Seite besteht aber nicht nur aus gut lesbarem Text. Sie muss auch dafür sorgen, dass Nutzende Veränderungen und Rückmeldungen sofort mitbekommen. Websites sind heute dynamisch. Inhalte erscheinen, verschwinden oder ändern sich, ohne dass man neu lädt. Damit das verständlich bleibt, brauchen Sie klare Status-Updates. Im nächsten Abschnitt widmen wir uns diesen.

Dynamische Status-Updates

Status-Updates tauchen oft plötzlich auf. Für Sehende ist das kein Problem, sie nehmen die meisten Inhalte auf einmal wahr. Screenreader dagegen bewegen sich von Element zu Element. Befinden sie sich gerade in der Mitte der Seite, bekommen sie ein Update weiter oben nicht mit. Genau hier helfen Live Regions.

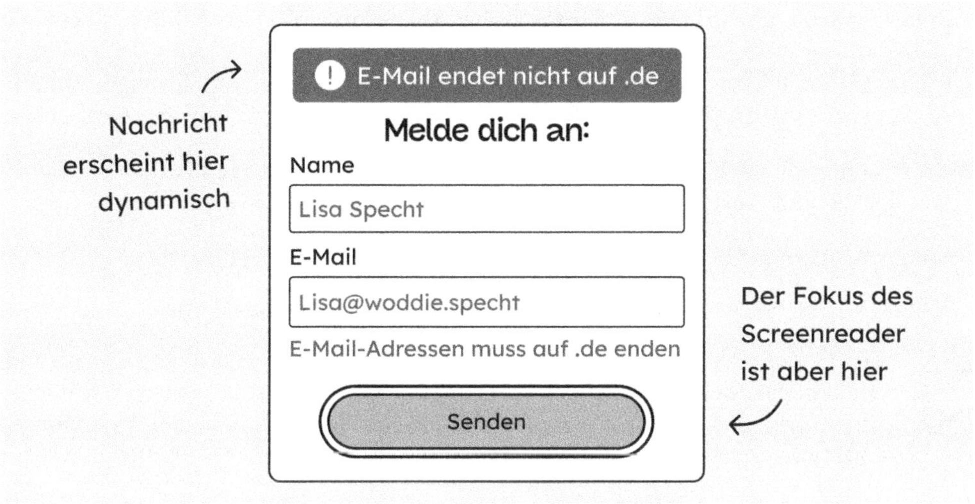

Abbildung 8.18: Ein Screenreader erfasst ein Formular Schritt für Schritt. Befindet sich der Fokus am Ende auf dem Senden-Button und erscheint nach dem Absenden eine Fehlermeldung am Anfang des Formulars, bekommt der Screenreader das ohne zusätzliche Maßnahmen nicht automatisch mit.

Live Regions: informativ und nicht interaktiv

Lisa hat ihre Daten mit dem Screenreader im Vogelshop eingegeben und bestätigt den Kauf über einen Button. Der Button behält den Fokus, und Lisa bekommt die Rückmeldung: »Deine Bestellung wurde aufgegeben und macht sich gleich auf den Weg zu dir!«

Im Hintergrund ist eine Live Region am Werk. Das ist ein Bereich im HTML, der den Screenreader automatisch informiert, sobald sich sein Inhalt ändert. Alles, was Sie tun müssen, ist die Region im Code anlegen und Text hineinschreiben.

Eine Möglichkeit, das umzusetzen, bietet das `<output>`-Element:

```
<label for="status-msg">Updates</label>
<output id="status-msg" role="status"></output>
```

Die meisten Browser behandeln `<output>` automatisch als Live Region. Stand 2025 sollte man der Robustheit wegen zusätzlich die Rolle `status` setzen.

Alternativ können Sie eine Live Region über ARIA umsetzen:

```
<div role="[status|alert]"></div>
```

- ✔ Rolle `status`: Eignet sich für Rückmeldungen, bei denen Nutzende informiert, aber nicht gestört werden sollen.
- ✔ Rolle `alert`: Zeitkritische Inhalte, es ist äußerst relevant, dass die Nutzenden sofort Bescheid wissen.

Die Rollen `status` und `alert` sind praktische Abkürzungen. Hinter ihnen steckt eine Sammlung an Voreinstellungen, die man auch manuell setzen könnte, zum Beispiel `aria-live=[polite|assertive]`. Mit `role="status"` sparen Sie sich die Konfiguration für `polite`. Mit `role="alert"` bekommen Sie automatisch die »dringend«-Variante (`assertive`).

Manchmal stellt sich die Frage, ob bei einer Änderung nur der neue Teil vorgelesen werden soll oder der gesamte Text. Dafür gibt es die Eigenschaft `aria-atomic`.

- ✔ Mit `aria-atomic="false"` liest der Screenreader nur die Änderung vor.
- ✔ Mit `aria-atomic="true"` wird der gesamte Inhalt erneut ausgegeben.

Der Status von Lisas Vogelfutterbestellung springt von »wird verpackt« auf »ist unterwegs«. Bei `aria-atomic="false"` hört Lisa nur »ist unterwegs«. Mit `aria-atomic="true"` wird der gesamte Satz erneut vorgelesen: »Deine Bestellung ist unterwegs.« Die Nachricht wird dadurch verständlicher.

Mit `aria-busy` können Sie eine Live Region als »in Arbeit« markieren. Solange `aria-busy="true"` gesetzt ist, können assistive Technologien Änderungen innerhalb des Elements ignorieren und diese erst nach Abschluss als ein einzelnes Update ausgeben.

Möchten Sie Live Regions visuell verbergen, bis sie aktiv werden, nutzen Sie dafür nur Techniken, die die Region nicht aus dem DOM entfernen (kein `display:none`, `visibility:hidden` oder `hidden`). Andernfalls werden die Updates sehr wahrscheinlich nicht zuverlässig weitergegeben. Verwenden Sie stattdessen die CSS-Klasse `visually-hidden` aus dem Abschnitt »Sichtbarkeit von Inhalten«.

Updates innerhalb einer Live Region sollten nur Text enthalten, denn bei der Ausgabe geht die Semantik verloren. Screenreader lesen den gesamten Text nur als einfachen String vor, ohne zusätzliche Informationen über die enthaltenen Elemente.

```
<div role="alert">
  <p>Sie sind dabei, überteuertes Vogelfutter zu kaufen</p>
  <button>Kauf stoppen!</button>
</div>
```

Das Update aus dem Codebeispiel wird vorgelesen als »Sie sind dabei, überteuertes Vogelfutter zu kaufen, Kauf stoppen!«. Dass es einen Button gibt, wird verschluckt und Lisa wüsste gar nicht, dass es ihn gibt. Sie könnte sich nicht nach einem alternativen Anbieter umschauen.

Eine Live Region darf also keine interaktiven Inhalte verwenden. Wenn Sie möchten, dass jemand direkt auf eine Information reagieren kann, sind Live Regions nicht das Element Ihrer Wahl. Als Nächstes schauen wir uns an, was Sie stattdessen tun könnten.

Interaktive Updates

Im Abschnitt »Unerwartete Aktionen« haben Sie gelernt, dass ein Fokus niemals von allein springen darf. Nutzende müssen eine Aktion bewusst selbst auslösen, zum Beispiel durch einen Klick.

Genau das passiert, wenn Lisa am Ende des Kaufprozesses auf den Button »Kaufen« klickt. Sie hat ausdrücklich eine Zustandsänderung bestätigt. In so einem Fall spricht nichts dagegen, den Kontext zu wechseln und Lisa eine Wahlmöglichkeit zu geben, etwa in einem Dialog:

```
<dialog aria-labelledby="title" open>
   <h1 id=>Es gibt einen günstigeren Anbieter</h1>
   <p>Sie sind dabei, überteuertes Vogelfutter zu kaufen</p>
   <form>
        <button formmethod="dialog">Sofort Abbrechen!</button>
        <button >Trotzdem kaufen</button>
  </form>
</dialog>
```

Eine Alternative zum nativen `<dialog>` ist ein eigener Bereich, den Sie gezielt in den Fokus nehmen:

```
<div id="update" role="group" aria-labelledby="title" tabindex="-1">
   <h1 id=>Es gibt einen günstigeren Anbieter</h1>
   <p>Sie sind dabei, überteuertes Vogelfutter zu kaufen</p>
   <div>
        <button>Sofort Abbrechen!</button>
        <button>Trotzdem kaufen</button>
  </div>
</div>

<script>
document.getElementById('update').focus();
</script>
```

1. Rolle (`group`) und Name machen den Bereich für den Screenreader verständlich.
2. `tabindex="-1"` macht das Element per JavaScript fokussierbar, aber nicht per Tastatur.
3. Mit `focus()` springen wir gezielt zu diesem Element und der Screenreader liest es sofort vor.

Hier sorgt `role="group"` zusammen mit einem sprechenden Namen dafür, dass Screenreader-Nutzende den neuen Bereich verstehen.

- ✔ `tabindex="-1"` macht das Element zwar nicht über die Tab-Taste erreichbar, aber per JavaScript fokussierbar.
- ✔ Mit `focus()` springen Sie direkt zu diesem Bereich und der Screenreader liest ihn sofort vor.

Dieses Pattern wird häufig bei Fehlerzusammenfassungen in komplexen Formularen verwendet. Statt jede Meldung einzeln vorzulesen, springt der Fokus an eine Stelle, die die Fehler gebündelt erklärt.

Je nach Situation müssen Sie den Fokus vielleicht gar nicht verschieben. Wenn nach dem Klick eine neue Seite geladen wird, übernimmt der Screenreader automatisch und liest als Erstes den Seitentitel vor.

In anderen Fällen reicht es, eine klare Ankündigung zu machen, was einen erwartet. Lisa erlebt das beim Filtern im Vogelshop: Neben der Checkbox »Nur Bio-Futter anzeigen« steht der Hinweis »Änderungen am Filter aktualisieren die Ergebnisse sofort«. Damit weiß sie schon vorher, dass sich die Produktliste direkt anpasst, sobald sie den Filter setzt, ohne dass eine Live Region oder ein Fokuswechsel nötig wären.

Damit endet der Entwicklerteil. Sie haben gesehen, wie Sie mit semantischem HTML, ARIA und klar definierten Namen, Rollen und Werten die technische Basis für Barrierefreiheit schaffen. Sie wissen jetzt, wie assistive Technologien eine Seite lesen, wie man verständliche Strukturen anlegt und wie man Statusupdates zugänglich macht.

Doch eine barrierefreie Website lebt nicht allein von der Technik. Genauso wichtig sind die Inhalte: Sprache, Struktur und Redaktion entscheiden darüber, ob Informationen wirklich verständlich sind. Im nächsten Teil widmen wir uns deshalb der Barrierefreiheit in der Redaktion, damit nicht nur der Code, sondern auch der Text und die Aufbereitung barrierefrei umgesetzt werden kann.

IN DIESEM KAPITEL

Wie Sie Struktur wahren und damit alles übersichtlich halten

Was Sie bei Ihren Texten beachten sollten

Wie Sie Bilder für alle wahrnehmbar machen

Kapitel 9
Digitale Barrierefreiheit in der Redaktion

Stellen Sie sich vor, Sie bauen ein Haus mit Ihrem Team. Die Pläne sind vom Designteam gezeichnet, das Haus ist von der Entwicklung gebaut. Sie dürfen sich nun an die finale Einrichtung machen, juche! Doch auch, wenn Ihr Team (oder Sie selbst) hervorragende barrierefreie Voraussetzungen geschaffen hat: Wenn Sie die falschen Möbel aussuchen oder mit ihnen die Rampe verstellen, dann ist es schnell wieder vorbei mit der Zugänglichkeit!

Soll heißen: Das nutzungsfreundlichste Design und die gewissenhafteste Entwicklung können nicht gewährleisten, dass Ihre Website barrierefrei bleibt, wenn Sie die Inhalte nicht richtig einpflegen.

Grundlagen digitaler Barrierefreiheit in der Redaktion

Die erste Regel des Barrierefreiheitsclubs lautet: Wir treffen keine Vorannahmen über unsere User. Die zweite Regel des Barrierefreiheitsclubs lautet: Wir treffen keine Vorannahmen über unsere User! Falls Sie nie *Fight Club* gesehen haben, kommt Ihnen diese Doppelung vielleicht merkwürdig vor. In jedem Fall ist das Motto allerdings eine Doppelung wert. Denn wenn wir unvoreingenommen sind, arbeiten wir deutlich inklusiver.

Wir möchten unser Haus also so einrichten, dass einziehen kann, wer will. Oder weniger metaphorisch gesprochen: Wir stellen unsere Inhalte so zur Verfügung, dass jeder sie verstehen kann. Wir beziehen uns dafür in diesem Kapitel wie immer auf die WCAG. Gleichzeitig möchten wir aber ein paar zusätzliche Grundsätze einfließen lassen, die eigentlich zum Handwerkszeug aller gehören sollten.

Gute Struktur, gutes Fundament

Meistens steht, wenn es an die Redaktion geht, schon ein Screendesign für Ihre Seite. Sie haben also Ihre Inhalte schon vorstrukturiert, um sie dem Designteam als Basis für das Layout zur Verfügung zu stellen. Dennoch haben Sie beim Einpflegen der Inhalte oftmals gewisse Freiheiten. Um hier nicht wieder in die Strukturlosigkeit zu verfallen, gibt es ein paar Dinge zu beachten:

- ✔ **Klare Überschriften nutzen:** Inhalte hierarchisch aufbauen
- ✔ **Absätze und Listen einsetzen:** Informationen lesbar und leicht erfassbar gliedern
- ✔ **Texte kürzen:** Weniger ist mehr! Bleiben Sie beim Kern Ihrer Aussagen.
- ✔ **Medien sinnvoll einbinden:** Bilder, Videos und Grafiken so einfügen, dass sie den Text unterstützen, und dabei kritisch hinterfragen, welches Medium sich gerade am besten eignet.
- ✔ **Konsistenz wahren:** Gleiche Inhalte gleich strukturieren und benennen

Struktur durch Semantik

Um es assistiven Technologien möglich zu machen, auf Ihre Inhalte zuzugreifen, brauchen Sie *Semantik* – ein schickes Wort für implizierte Bedeutung. Inhalte mit den richtigen *Tags* im Code auszuzeichnen, ist dafür unabdingbar. Bevor Sie jetzt panisch zum Inhaltsverzeichnis blättern: Nein, das hier ist nicht der Entwicklungsteil. Dort finden Sie allerdings alles Technische, das Sie zu Semantik wissen sollten! Werfen Sie dafür also gerne einen Blick in Kapitel 8. In den Abschnitten »UI-Elemente, die sich selbst erklären« und »Eine verständliche Seite aufbauen« finden Sie detaillierte Erklärungen.

Abgesehen von Semantik gibt es noch ein paar andere grundsätzliche Dinge, die man für gute Zugänglichkeit der Inhalte beachten kann, unter anderem die Sprachform unserer Inhalte.

Nieder mit den Sprachbarrieren!

Während wir mit Sprachbarriere meist meinen, dass es ohne nötiges Vokabular schwer ist, im Frankreichurlaub ein Glas Wein zu bestellen, möchten wir hier auf alltäglichere Hürden aufmerksam machen. Denn, um eines gleich vorwegzunehmen: Die meisten Texte auf Websites sind deutlich komplizierter, als dass Durchschnittsdeutsche sie verstehen können. Aber woran misst man die Komplexität von Sprache?

Die deutschen Sprachniveaustufen

Wenn es darum geht, dass wir einfach kommunizieren sollten, werden vermehrt die Sprachniveaustufen des *Gemeinsamen europäischen Referenzrahmens* (GER) zitiert. Um die Einstufung von Sprachkenntnissen leichter zu machen, hat der Europarat ein System entwickelt:

Abbildung 9.1: Sprachniveaus des GER

- Elementare Sprachverwendung (A1 und A2)
- Selbstständige Sprachverwendung (B1 und B2)
- Kompetente Sprachverwendung (C1 und C2)

Obwohl diese Sprachstufen oft genutzt werden, um zu illustrieren, wie unterschiedlich die Sprachniveaus sind, ist umstritten, ob dieses Sprachmodell uns wirklich Aufschluss über Sprachkompetenz gibt. Denn ursprünglich geht es bei dieser Einordnung um das Erlernen von Fremdsprachen.

Die BFSG-Verordnung nimmt (in Paragraf 17 Absatz 2) tatsächlich Bezug auf den GER. Informationen zur Funktionsweise von Bankdienstleistungen sollen danach für Verbraucher verständlich sein. So sollen Banken in ihren Inhalten die Schwierigkeitsstufe B2 nicht überschreiten. Schätzungen zufolge liegt das Sprachverständnis der Deutschen nämlich zu über 90 Prozent unter dem Level C1, während das Sprachniveau von Behörden und Firmen zu circa 75 Prozent über C1 liegt. Hier wird also sehr stark an der Zielgruppe vorbeikommuniziert! Bisher scheint es keine endgültig repräsentativen Zahlen zu geben, wie viel Prozent der Deutschen wirklich unter C1 liegen. Wir möchten uns deshalb zusätzlich einer anderen Quelle bedienen.

In den meisten Studien zu Sprachniveaus werden nur Menschen einbezogen, die genug Sprachkenntnisse haben, um an einer solchen Studie teilzunehmen. Spreche ich die Sprache der Studie nicht ausreichend, um die gestellten Fragen zu beantworten, darf ich auch nicht teilnehmen. Es gibt also über die Studien hinaus noch eine hohe Dunkelziffer an Menschen, deren Sprachniveau nicht erfasst wird.

Wie spreche ich alle an?

Die internationale Studie PIACC (*Programme for the International Assessment of Adult Competencies*) hat 2023 ergeben, dass etwa jeder fünfte Erwachsene in Deutschland Texte nur so gut versteht wie ein Kind im Grundschulalter. Das bedeutet: Allzu komplexe Sprache schließt viele Lesende aus.

Barrierefreiheit heißt deshalb auch, sprachliche Hürden abzubauen. Es geht nicht darum, Inhalte »banal« zu machen, sondern darum, dass wichtige Informationen verständlich, klar und strukturiert vermittelt werden – und zwar für alle. Das nützt nicht nur Menschen mit kognitiven Einschränkungen oder Lernschwierigkeiten, sondern auch:

- ✔ Menschen, die sich nicht lange konzentrieren können
- ✔ Menschen, die in einer anderen Sprache denken
- ✔ Jedem, der in Eile schnell etwas finden muss
- ✔ Ihnen, wenn Sie müde versuchen, diesem Buch zu folgen

BEISPIEL

Markus hat eine ADHS (Aufmerksamkeitsdefizit-/Hyperaktivitätsstörung). Er ist ein ziemlich helles Kerlchen und sein Hirn arbeitet ständig auf Hochtouren. Eintönige Aufgaben wie Behördenkontakt oder sich um eine Krankenversicherung kümmern fallen ihm schwer. Denn alles, was sein Hirn nicht stimuliert, boykottiert es. (Sie kennen die Stimme im Kopf, die »Laaaaangweilig!« ruft, bevor Sie eine Aufgabe abbrechen und auf irgendwann verschieben.) Deshalb muss Markus seinen ganzen Fokus zusammennehmen, um sich durch Beamtendeutsch und lange Texte zu quälen. Er hat also kein generelles Problem mit Sprachverständnis und dennoch kommen ihm kurze, prägnante Texte sehr entgegen.

Oft werden Komplexität und Kompetenz gleichgesetzt: Je mehr Fachwörter, umso schlauer die Sprecherin. Je länger die Sätze, umso mehr Wissen hat der Autor. So die Annahme. Dass dem nicht so ist, zeigt ein wunderbares Zitat (das verschiedenen Verfasser*innen zugeschrieben wird, unter anderem Goethe):

»Ich schreibe Dir einen langen Brief, weil ich für einen kurzen keine Zeit habe.«

Je präziser wir Inhalte auf den Punkt bringen möchten, umso mehr Zeit müssen wir uns nehmen, um sie zu durchdenken. Und je klarer die Aussage, umso besser der Informationsfluss.

Sie haben sich für ein Buch der »Dummies«-Reihe entschieden, Ihnen müssen wir das Prinzip von leichter Wissensvermittlung eigentlich gar nicht erklären! Denn Sie haben genau das einem dicken, komplexen Wälzer vorgezogen: die wichtigsten Informationen, einfach auf den Punkt.

Sprachformen und ihre Zielgruppen – Wer findet was verständlich?

Einfach ist relativ. Je nach Bildungsgrad, kognitiven Fähigkeiten oder Wortschatz kann es uns leichter oder schwerer fallen, Texte zu verstehen. Deshalb gibt es mittlerweile Sprachformen, an denen wir uns orientieren können. Wichtig ist in jedem Fall, die Zielgruppe zu kennen und bei jedem Text abzuwägen, wen er informieren soll. Um Ihnen dabei zu helfen, die richtige Sprachform zu finden, werfen wir einen Blick auf die bestehenden Varianten.

Einfache Sprache

Einfache Sprache ist ein großartiges Werkzeug, um komplexe Inhalte verständlich zu machen – und zwar für möglichst viele Menschen. Seit 2023 gibt es sogar eine internationale Norm dafür und mit der neuen DIN 8581-1 nun auch klare Regeln für die deutsche Sprache.

Im Mittelpunkt stehen vier einfache Prinzipien (die man letztlich auf alle Inhalte einer Seite übertragen kann)

- ✔ **Relevanz**: Die Lesenden erhalten, was sie brauchen.
- ✔ **Auffindbarkeit**: Sie finden es schnell.
- ✔ **Verständlichkeit**: Sie verstehen es beim ersten Lesen.
- ✔ **Anwendbarkeit**: Sie können die Information direkt nutzen.

Mit Einfacher Sprache erreichen Sie also eine breite Masse. Dafür müssen Sie übrigens nicht mit der DIN unter dem Kopfkissen schlafen. Versuchen Sie im ersten Schritt, die vier Prinzipien anzuwenden und hinterfragen Sie Ihre Texte auf unnötige Komplexität. Ihnen wird schnell auffallen, dass es immer etwas zu reduzieren oder zu vereinfachen gibt. Dadurch werden Ihre Texte treffender und die Lesenden werden es Ihnen danken. Gesetzlich verpflichtend ist Einfache Sprache nicht.

BEISPIEL

Standardsprache:

Ein E-Auto, das mehr als 40.000 Euro kostet, können die wenigsten erwerben.

Einfache Sprache:

Die wenigsten können sich ein E-Auto kaufen, das mehr als 40.000 Euro kostet.

Von Andrea Halbritter, Expertin für Leichte und Einfache Sprache

Leichte Sprache

Leichte Sprache hingegen ist nach der BITV (*Barrierefreie-Informationstechnik-Verordnung*) für öffentliche Stellen verpflichtend. Sie müssen eine kurze Zusammenfassung der Inhalte, die wichtigsten Infos zur Barrierefreiheit und die Bedienung der Website in Leichter Sprache anbieten. In der Privatwirtschaft ist es Ihnen überlassen, ob Sie eine solche Option anbieten.

Leichte Sprache ist nicht einfach nur »noch simpler«, sondern folgt ganz eigenen Regeln. Sie wurde speziell für Menschen entwickelt, die Lernschwierigkeiten haben – zum Beispiel Menschen mit Trisomie 21. Damit ist Leichte Sprache ein wichtiger Bestandteil inklusiver Kommunikation.

Es gelten strenge Regeln für Wortwahl, Satzbau, Zeitformen, Gestaltung und so weiter. Ein paar davon sind:

- ✔ Oft bestehen Sätze nur aus einem Hauptsatz.
- ✔ Fachwörter werden vermieden oder falls nicht anders möglich erklärt.
- ✔ Lesende werden direkt angesprochen.
- ✔ Bilder unterstützen das Verständnis.
- ✔ Layoutanpassungen helfen, die Struktur auf Verständlichkeit zu optimieren.

Grundlage dafür ist in Deutschland die DIN SPEC 33429, ein Regelwerk für die Erstellung von Texten in Leichter Sprache.

BEISPIEL

Einfache Sprache:

Die wenigsten können sich ein E-Auto kaufen, das mehr als 40.000 Euro kostet.

Leichte Sprache:

Manche E-Autos kosten mehr als 40.000 Euro.

Das ist für die meisten Menschen zu viel Geld.

Von Andrea Halbritter, Expertin für Leichte und Einfache Sprache

Leichte Sprache eignet sich überall dort, wo essenzielle Informationen für alle zugänglich sein müssen – etwa bei Wahlen, in Behörden oder auf öffentlichen Websites. Wenn Sie also die breite Masse informieren wollen: Bieten Sie die Texte Ihrer Website zusätzlich in Leichter Sprache an. Hierfür braucht es Expert*innen in Leichter Sprache, die Ihre Inhalte analysieren und sie sowohl in Sprache als auch Erscheinungsbild anpassen.

Für Informationen in Leichter Sprache braucht es wie bereits erwähnt Bilder. Diese sollen ebenfalls leicht zu erfassen sein. Denn sie unterstützen die sprachlichen Inhalte. Wie Sie ebensolche Bilder finden, verrät Ihnen Andrea Halbritter in diesem Blogbeitrag: `cotelangues.com/de/leichte-sprache-bilder-kostenlos-kostenpflichtig/`.

Der Zugang zu den übersetzten Inhalten muss außerdem präsent platziert und tastaturbedienbar sein wie hier auf der Seite der Bundesagentur für Arbeit in Hauptnavigation:

Abbildung 9.2: Screenshot der Startseite der Bundesagentur für Arbeit mit Leichte-Sprache-Button in der Navigation

Manche Menschen halten es für sinnvoll, direkt komplette Seiten in Leichter Sprache anzubieten. Das kann in Kontexten mit bestimmten Zielgruppen Sinn machen. Die Seite LeNaDi (*Leichte Nachrichten digital*) der *Lebenshilfe Freising* ist beispielsweise komplett in Leichter Sprache gehalten, da es sich um einen Nachrichtendienst für genau diese Zielgruppe handelt. Leichte Sprache kann aber auch irritierend sein für Menschen, die sie nicht gewohnt sind. Unter Umständen muss man weiter ausholen, braucht mehr Platz, um den Text in einzelne Zeilen zu gliedern und so weiter. Auch hier gilt es also zu hinterfragen: Wen möchte ich ansprechen? Gegebenenfalls reicht eine Zusammenfassung in Leichter Sprache auf einer schnell auffindbaren Unterseite aus.

Eine Kontaktmöglichkeit für alle Sprachformen sollte nie fehlen. So kann gewährleistet werden, dass das Angebot auch in Anspruch genommen werden kann, selbst wenn nicht die ganze Seite in Leichte Sprache übersetzt wurde.

Mehr Informationen zu Einfacher und Leichter Sprache finden Sie beispielsweise im Blog von Andrea Halbritter (`coteslangues.com/de`).

Gebärdensprache

Gebärdensprache ist nicht einfach das Mimen von Lautsprache – sie ist eine eigenständige, vollwertige Sprache mit eigenem Wortschatz und eigener Grammatik. In Deutschland nutzen rund 200.000 Menschen die Deutsche Gebärdensprache (DGS). Die Grammatik der DGS unterscheidet sich grundlegend von der deutschen Lautsprache – sie ist räumlich und visuell aufgebaut, nutzt Mimik, Körperhaltung, Handformen, Mundgestik und unterschiedliche Bewegungsmuster.

Abbildung 9.3: Gebärdenbeispiel von `www.visuelles-denken.de`

Gemäß dem *Behindertengleichstellungsgesetz* (BGG) haben Menschen mit Hör- oder Sprachbehinderungen das Recht, DGS bei offiziellen Angelegenheiten zu nutzen. Das gilt etwa für Behördenkontakte oder Gerichtsverfahren.

Für die Barrierefreiheit im digitalen Raum heißt das: Informationen von öffentlichen Stellen sollten nicht nur in Schrift- oder Lautsprache vorliegen, sondern auch in DGS. Das kann zum Beispiel durch Gebärdensprachdolmetscher*innen bei Livestreams geschehen, durch eingeblendete Dolmetschvideos in aufgezeichneten Vorträgen oder durch Erklärvideos der Seiteninhalte, die direkt in DGS produziert sind. Sie müssen nicht die komplette Seite in Gebärdensprache übersetzen lassen. Es reicht, wenn Sie eine gut zugängliche Unterseite anbieten, auf der die Kerninformationen Ihrer Seite zu finden sind (Ein gutes Beispiel – Stand jetzt – dafür finden Sie auf der Seite der Bundesagentur für Arbeit.) Privatwirtschaftlich sind Sie hingegen nicht zu Gebärdensprache verpflichtet, empfehlenswert ist die Option natürlich dennoch.

Es gibt mittlerweile sehr viele KI-Tools für die Vereinfachung oder Übersetzung von Sprache. Wie immer in der Barrierefreiheit gilt: KI ist (noch) nicht so weit, die komplette Arbeit für Sie zu übernehmen. Sie können sich von KI zuarbeiten lassen. Final müssen immer Expert*innen das Ergebnis prüfen und überarbeiten. Das sollten Menschen mit passender Ausbildung sein wie auch Menschen aus der Zielgruppe! Gerade das Einbeziehen von Betroffenen wird oft unterschätzt und sollte nicht vergessen werden. Denn theoretische Ansätze und praktische Erfahrungen können auseinandergehen.

Mit diesen Grundlagen im Gepäck steht unseren barrierefreien Inhalten nichts mehr im Weg! Los geht's mit allem, was Sie zu beachten haben, um Zugänglichkeit bei der Erstellung von Text, Bild, Video und Co. einzuarbeiten und schon bald mühelos mitzudenken!

Verständliche Texte auf Ihrer Website

Stellen Sie sich Informationsvermittlung ohne Text vor. Wie wäre es, Websites zu besuchen und deren zu Inhalt erfassen, ohne die Texte verstehen zu können? Ziemlich kryptisch, oder? Wir würden sogar weitergehen und sagen: undenkbar. Und doch für viele Menschen ist das im Internet Realität. Doch das werden Sie bald zu vermeiden wissen!

Die WCAG fordern in Level A und AA nicht direkt eine der vorweg erklärten Sprachformen. Allerdings gibt es einige Kriterien, die sich direkt oder indirekt auf die Verständlichkeit von Texten beziehen.

Beschreibende Überschriften

Überschriften sollten funktionieren wie Wegweiser: Sie müssen klar sagen, was danach kommt. Das definieren die WCAG in Kriterium *2.4.6 Headings and Labels*. Eine Überschrift wie »Kekse backen leicht gemacht« sollte also nicht plötzlich zu einem Text über Sonnenblumen führen. Klingt absurd, passiert aber schneller, als man denkt – etwa wenn Texte kopiert oder Inhalte verschoben werden.

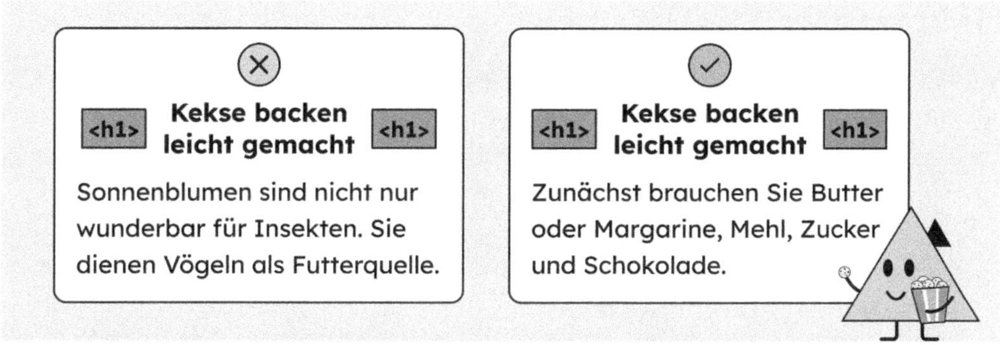

Abbildung 9.4: Stellen Sie sicher, dass unter Ihren Überschriften auch der thematisch richtige Absatz steht.

Auch Überschriften wie »Einleitung«, »Fazit« oder »Service« sind eher generisch und waren schon in der Schule ungern gesehen (ja, Herr Schmidt, wir erinnern uns!). Sie würden damit zwar nicht gegen das Kriterium verstoßen, dennoch macht es Sinn, sie zu individualisieren (beispielsweise »Fazit: Kekse machen glücklich!«). So geben Sie auch Screenreader-Usern in Überschriftenlisten direkt aussagekräftige Informationen.

Sensorische Hinweise

Der rote Knopf steht für »aus«, der grüne für »an«. Das sollte allen klar sein, oder? Wieder einmal eine Annahme, die wir treffen und die so nicht der Realität entspricht. Denn es gibt sehr viele Menschen, die aufgrund von Farbsinnstörungen keine oder andere Farben wahrnehmen. Deshalb sollte man sich nie allein auf Farbe verlassen (mehr dazu finden Sie im Kriterium *1.3.3 Sensory Characteristics*).

Auch Hinweise wie »der Button oben« oder »die linke Spalte« funktionieren nur für sehende Menschen. Kurz gesagt: Meiden Sie Verweise auf Sensorik. Bleiben Sie konkret für alle, indem Sie das Kind (in unserem Fall den Button) beim Namen nennen.

Abbildung 9.5: Sensorische Hinweise wie oben, links, unten und so weiter sind nicht für alle verständlich. Drücken Sie sich vor allem bei Call to Actions klar aus.

Linktexte

Auch Links gehören zu Texten. Damit wir Screenreader-User nicht mit unnötig langen Klarlinks in den Ohren liegen (»h-t-t-p-s Slash Slash Doppelpunkt Punkt w-w-w- Punkt ... « Sie können es sich vorstellen), setzen wir Links also im Text direkt:

Abbildung 9.6: Sinnvoll benannte Links werden vom Screenreader verständlicher wiedergegeben.

Screenreader lesen dann statt der unverständlichen Buchstabenfolge einer URL: »Link [Linktext].« So haben auch User, die mit Linklisten arbeiten, direkt eine klare Vorstellung, wohin der Link führt, ohne ihn im Kontext des Textes zu lesen.

BEISPIEL

Manfred ist blind und möchte sich über Ihre Firma informieren. Er geht auf Ihre Seite und will sich einen Überblick verschaffen. Manfred tut das nicht mit den Augen, sondern mit dem Screenreader. Als Erstes lässt er sich also ein paar Listen ausgeben. Eine Überschriftenliste, eine Linkliste und schon hat er die wichtigsten Fakten der Seite vor sich. Leider ist die Linkliste wenig aufschlussreich. »Mehr lesen. Mehr lesen. Mehr lesen ... Mehr wovon?« fragt sich Manfred und verlässt frustriert die Seite.

Es ist allerdings dennoch erlaubt, Links wie »Mehr lesen« zu nutzen. Dann muss der Kontext aus anderen Elementen wie der Überschrift hervorgehen. Mehr dazu lesen Sie in Teil IV, Kriterium *2.4.4: Link Purpose (In Context))*. Ein guter Linktext sagt also aus, wo der Link hinführt beziehungsweise was der Klick darauf auslöst.

Fremdsprachen

Wenn wir Wörter oder ganze Absätze in einer Sprache verfassen, die nicht der Sprache der Seite entspricht, dann müssen wir diese in der jeweiligen Sprache auszeichnen. Denn Screenreader machen selbst dem bekanntesten Österreicher-Denglisch Konkurrenz, wenn sie beispielsweise englische Wörter mit deutscher Aussprache vorlesen. Wie man die Sprache auszeichnet, lesen Sie auch im Teil IV, Kriterien *3.1.1 Language of Page* und *3.1.2 Language of Parts*.

Konsistenz

»Consistency is key!« (Konsistenz ist der Schlüssel! Klingt auf Deutsch weniger magisch, aber ist genauso wahr.) Konsistenz hilft allen in allen Bereichen der digitalen Barrierefreiheit. Sie schafft Wiedererkennungswert, Klarheit, Ordnung und damit Orientierung und Kundenbindung. Das Kriterium *3.2.4 Consistent Identification* bezieht sich zwar eher auf interaktive Komponenten, es kann aber dennoch auf Ihre gesamten Texte übertragen werden. Es sagt kurzum: Nutzen Sie konsistente Begriffe. Wenn Sie von Mandys leckeren »Keksen« sprechen, nennen Sie sie wenig später nicht »Cookies« oder »Plätzchen«. Wenn Sie den Onlineshop für Ihre Kundin einrichten, nennen Sie den Warenkorb nicht plötzlich Einkaufstasche. Konsistenz ist nicht nur barrierefrei, sondern schlichtweg gute Nutzerführung.

Wie Sie verständlichen Text schreiben

Zusammenfassend lässt sich also sagen:

- ✔ Passen Sie Ihre Texte der Zielgruppe an.
- ✔ Fassen Sie sich, wenn möglich, kurz.
- ✔ Erklären Sie Ihre Inhalte auch für alle, die nicht vom Fach sind.
- ✔ Kurze Sätze sind für alle hilfreich.
- ✔ Fremdwörter oder Abkürzungen sollten möglichst vermieden oder erklärt werden.
- ✔ Meiden Sie Ironie oder Witze, die Ihre Zielgruppe womöglich verwirren.
- ✔ Leichte Sprache ist vor allem für öffentliche Einrichtungen relevant.
- ✔ Einfache Sprache ist in den meisten Fällen die beste Wahl.
- ✔ Kommunizieren Sie klar und konsistent.
- ✔ Vermeiden Sie sensorische Hinweise.
- ✔ Lassen Sie Ihren Text von Ihrer Zielgruppe prüfen und passen Sie ihn gegebenenfalls an.

Wir haben noch nie von einem Workshopteilnehmer oder einer Vortragszuhörenden gesagt bekommen: »Ich wünschte, die Inhalte wären komplexer geschildert worden.« Verwechseln Sie also nie Kompetenz mit Komplexität. Jeder ist froh, einfach zu verstehen.

Wenn Sie Ihre Texte gut verständlich verfasst haben, gilt es nur noch, sie auf der Seite zu platzieren. Dafür braucht es barrierefreies Design und die sachgemäße technische Auszeichnung in der Entwicklung.

Das Aussehen von Text

Ein gut lesbarer Text muss in gut lesbarer Schrift gesetzt sein und einen ausreichenden Kontrast – in den meisten Fällen 4,5:1– zum Hintergrund haben. Er muss also gut wahrnehmbar gestaltet sein. Wie Sie hier genau vorgehen, finden Sie im Abschnitt »Barrierefreie Designsysteme erstellen« in Kapitel 7 dieses Buches.

Die Semantik von Text

Wie eingangs erwähnt sollten Sie zusätzlich zur barrierefreien Gestaltung Ihres Textes Ihre Textelemente auszeichnen. Auf ein paar der häufigsten Auszeichnungen, die auch im Redaktionsbereich zum Einsatz kommen, werden wir hier eingehen.

Überschriften

Überschriften strukturieren nicht nur optisch, sondern auch inhaltlich. Für jede Überschrift gibt es ein passendes HTML-Element – `<h1>` bis `<h6>`. Screenreader können von Überschrift zu Überschrift springen, genauso wie sehende Personen, die sich schnell einen Überblick verschaffen wollen. Deshalb sind richtig ausgezeichnete Überschriften wichtig zur Orientierung aller.

Bettina entwickelt eine Seite für die Hundetrainerin Luisa. Sie will Hundecoaching anbieten und einen Blog schreiben. Luisa liefert die Inhalte gut strukturiert vor. Da Bettina Vollprofi ist, weiß sie direkt, was zu tun ist: Die Hauptüberschrift der Startseite bekommt ein <h1>, die Bereiche »Über Luisa«, »Angebote« und »Kontakt« jeweils ein <h2>. Die Untergliederung dieser Bereiche bekommt ein <h3> und so weiter.

```
<h1>Hundeherzen in guten Händen</h1>
<h2>Angebote</h2>
<h3>Hundetraining</h3>
<h3>Beratung</h3>
<h2>Über Luisa</h2>
<h3>Berufserfahrung</h3>
<h3>Meine Hunde: Habibi & Joschi</h3>
<h2>Kontakt</h2>
```

Sollten Sie ausschließlich in einem CMS arbeiten, wird es noch einfacher! Hier reicht es, die richtige Hierarchieebene auszuwählen, wie in diesem Wordpress-Beispiel:

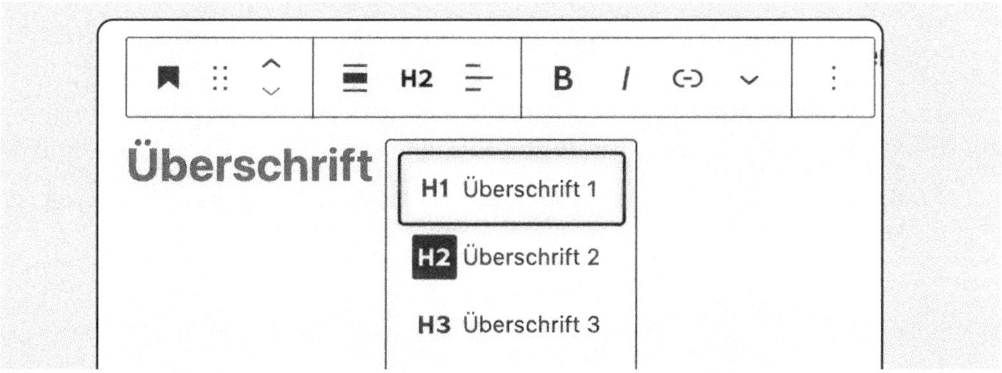

Abbildung 9.7: Toolbar in Wordpress mit offener Überschriftenübersicht

Ab und zu –das passiert vor allem gern CMS-User*innen – verirrt sich ein leeres Überschriften-Tag auf Seiten. Vielleicht haben sie den Text einer Überschrift entfernt, nicht aber den dazugehörigen Überschriftenblock. Leere Überschriften-Tags werden allerdings von Hilfstechnologie trotzdem angesteuert und sollten deswegen vermieden werden.

Paragrafen

Auf eine Überschrift folgt im Normalfall ein Text. Dieser wird mit dem `<p>`-Tag als Paragraf ausgezeichnet. Jeder Absatz sollte klar als solcher markiert werden. So erkennen assistive Technologien, wann ein thematischer Abschnitt zu Ende ist und ein neuer beginnt. Außerdem kann Elementen, die innerhalb eines `<p>`-Tags liegen, ein klarer Kontext zugeordnet werden.

Genau wie bei Überschriften sollten wir darauf achten, dass sich keine leeren `<p>`-Tags auf unserer Seite befinden.

Listen

Listen strukturieren Inhalte und machen sie leichter erfassbar – sowohl für alle Lesenden als auch für assistive Technologien. Jede Liste sollte korrekt ausgezeichnet werden: `<ul>` für ungeordnete Listen, `<ol>` für nummerierte Listen und `<li>` für jedes einzelne Listenelement. Bevor Sie eine Liste erstellen, lohnt es sich, kurz zu überlegen: Brauche ich wirklich eine nummerierte Liste oder reicht eine ungeordnete Liste? Oftmals werden nummerierte Listen genutzt, obwohl die Reihenfolge keine Rolle spielt – das kann unnötig verwirrend sein.

BEISPIEL

Auf ihrer Seite möchte Mandy die Kekse auflisten, die sie schon gebacken hat. Außerdem bietet sie Rezepte als Schritt-für-Schritt-Anleitung an. Sie entscheiden sich in der Umsetzung der Seite an diesen Stellen für Listen. Aber welcher Listentyp für welchen Einsatz? Das Keksrepertoire braucht keine Reihenfolge, eine `<ul>` ist hier völlig ausreichend.

```
<ul>
  <li>Schokokekse</li>
  <li>Spekulatius</li>
  <li>Nusskekse</li>
</ul>
```

Bei einem Rezept spielt es allerdings eine große Rolle, welcher Schritt zuerst kommt. Hier entscheiden Sie sich am besten für eine `<ol>`.

```
<ol>
  <li>Mehl und Zucker mischen</li>
  <li>Butter hinzufügen</li>
  <li>Teig kneten</li>
</ol>
```

Tabellen

Tabellen sind in der Barrierefreiheit zugegebenermaßen kein einfaches Thema. Meist liegt das allerdings daran, dass es gruselig komplexe Tabellen sind, die umgesetzt werden sollen. Hinterfragen Sie also am besten immer zuerst: Ist eine Tabelle hier die beste Art, die Inhalte zu vermitteln?

Wenn die Antwort ja lautet, dann müssen Sie die Tabelle nur noch richtig umsetzen. Tabellen sind wahre Wunderwerke der Informationsvermittlung, *wenn* man sie sehen kann. Denn sie brechen mit der gängigen Leseweise. Statt alles von links nach rechts in Zeilen zu lesen, springen wir mit unseren Augen hin und her und stellen so Zusammenhänge her. Genau diese Zusammenhänge gilt es bei der Umsetzung auch technisch zu hinterlegen.

BEISPIEL

Manus Musik-Ecke ist ein kleiner Laden und hat daher nicht jeden Tag zur gleichen Zeit geöffnet. Manu beschließt, die Öffnungszeiten auf seiner Seite in eine Tabelle zu packen, denn er ist ein Fuchs!

Montag	Dienstag	Mittwoch	Donnerstag	Freitag	Wochenende
geschlossen	9–12 Uhr	geschlossen	9–12 Uhr	9–12 Uhr	geschlossen
geschlossen	17–20 Uhr	geschlossen	geschlossen	17–20 Uhr	geschlossen

Dadurch, dass er die Kopfzeile, also die mit den Wochentagen, als solche ausgezeichnet hat, weiß der Screenreader, dass sich die beiden Datenzeilen darunter beide auf die jeweilige Kopfzeile beziehen. Wird die Tabelle nicht richtig ausgezeichnet, gibt der Screenreader sie gegebenenfalls Zeile für Zeile wieder (»Montag, Dienstag, Mittwoch … geschlossen, 9–12 Uhr« und so weiter). Die Tabellensemantik ginge dann verloren.

Wie genau Sie eine Tabelle taggen finden Sie in Kapitel 8 in dem Abschnitt »Tabellen«. Arbeiten Sie mit einem CMS, gibt es im Normalfall immer die Möglichkeit, eine Tabelle einzufügen und die Kopfzeile auszeichnen.

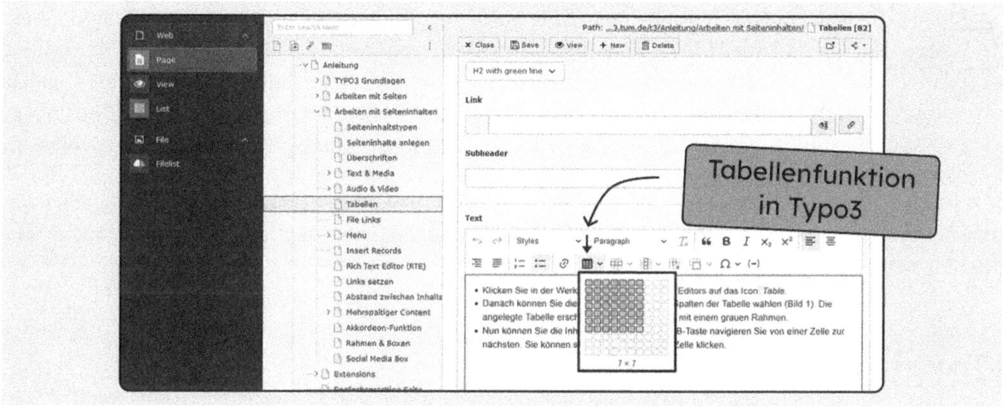

Abbildung 9.8: Tabellen einfügen in Typo 3 (Screenshot der Seite der Technischen Universität München: typo3.tum.de)

Sonstige semantische Auszeichnungen

Darüber hinaus gibt es noch weitere Elemente, die eine Auszeichnung brauchen. Dazu gehören:

- ✔ Zitate
- ✔ Hervorhebungen
- ✔ Links

Um noch tiefer in die Welt des Codes einzusteigen, werfen Sie einen Blick in Kapitel 8, Barrierefreiheit in der Entwicklung. Dort finden Sie alle ergänzenden Informationen zum Auszeichnen Ihrer Inhalte. Die jeweiligen Kriterien finden Sie im WCAG-Teil des Buches. Als Redakteur*innen arbeiten wir meistens mit CMS. Wichtig ist dann, unsere Werkzeuge so zu nutzen, wie sie gedacht sind. Für alle gängigen Formatierungen gibt es im Normalfall eine passende Funktion im CMS.

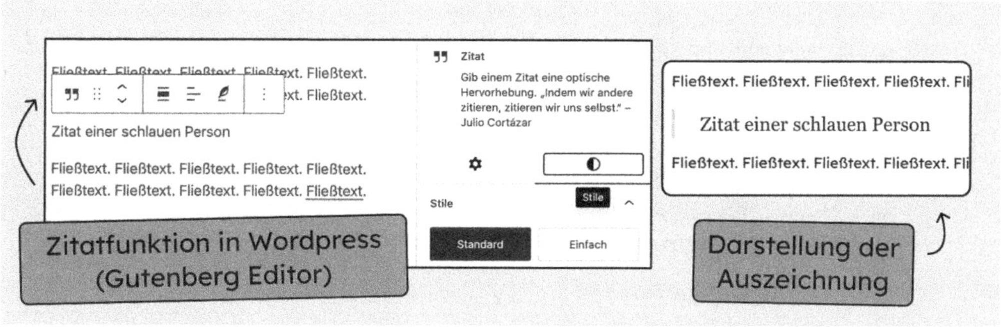

Abbildung 9.9: Zitatfunktion im Gutenberg-Editor. Das Zitat wird auf der fertigen Seite mit einer vertikalen Linie eingerückt und in einer anderen Schriftart formatiert.

Sie möchten ein wichtiges Zitat auf Ihrer Website platzieren. Sie machen es fett, setzen es in Anführungszeichen und schreiben den Autor dahinter. Für sehende Personen wird so deutlich, dass es sich um ein Zitat handelt. Barrierefrei ist das jedoch nicht, denn wir müssen Zitate auch als solche auszeichnen. Deshalb gehen wir nicht den Weg über die visuelle Hervorhebung. Der ist im Zweifelsfall eh umständlicher.

Ihre barrierefreien Texte stehen? Stark! Dann werfen wir einen Blick auf Bilder und was es dort zu beachten gibt.

Barrierefreie Bilder

Was wäre Ihr Webauftritt ohne Bilder? Würde man noch alles verstehen oder gäbe es Informationen, die verloren gehen? Egal, ob mit schlechter Internetverbindung in der Bahn oder mit einer Sehbehinderung: Oftmals ist die Welt der digitalen Bilder frustrierend. Denn meistens fehlen entsprechende Alternativen, um die Bilder in jeder Situation verständlich zu machen. Diesem Umstand setzen die WCAG das Kriterium *1.1.1 Non-text Content* entgegen. Es fordert Textalternativen für alle Nicht-Text-Inhalte.

Herbert ist viel mit der Bahn unterwegs. Fleißig wie er ist, nutzt er seine Fahrtzeit produktiv. Im firmeneigenen Forum teilen Kolleg*innen Fotos von technischen Problemen und bitten um seinen Expertenrat. Doch das Zug-WLAN ist launisch, und die Bilder laden oft nur halb. Zum Glück hat das Team gelernt, aussagekräftige Alternativtexte zu schreiben. So erkennt Herbert sofort, worum es geht – und kann helfen, noch bevor das Bild vollständig geladen ist.

Wie Sie aussagekräftige Alternativen gestalten, folgt nun.

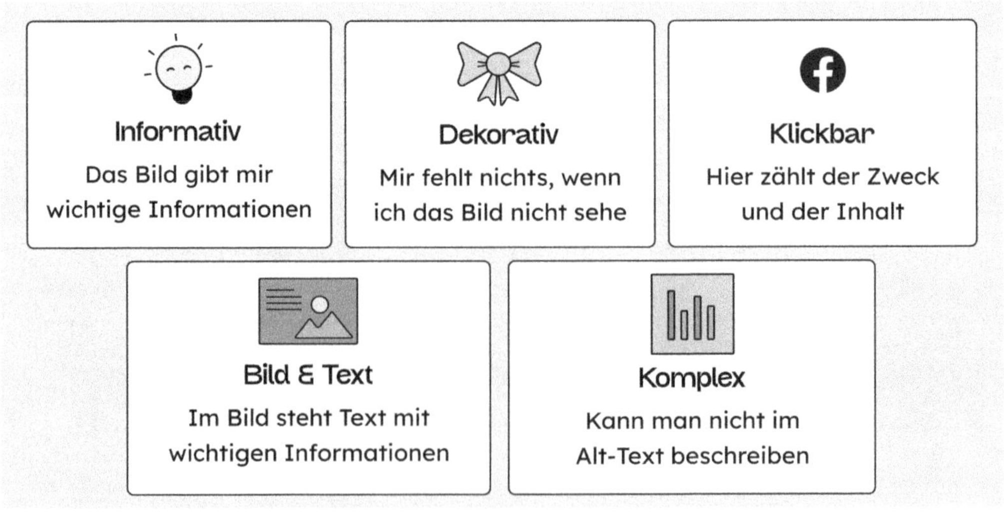

Abbildung 9.10: Verschiedene Bildtypen brauchen verschiedene Alternativen.

Fünf Typen von Bildern

Es gibt eine ganze Reihe an Wegen, um Alternativen für Bilder bereitzustellen. Welche Alternative sich am besten eignet, kommt auf die Art des Bildes an. Hierbei unterscheiden wir fünf Kategorien:

- ✔ Informative Bilder (wie Teamfotos)
- ✔ Dekorative Bilder (wie Trennlinien)
- ✔ Klickbare Bilder (wie Social-Media-Icons im Footer)
- ✔ Bilder mit Text darin (wie ein Foto von einem Hotel mit Namensschild)
- ✔ Komplexe Bilder (wie Diagramme)

Wenn Sie sich klarmachen, in welche der Kategorien Ihre Bilder fallen, dann sind Sie schon einen guten Schritt weiter. Denn dann müssen Sie nur noch die passende Alternative wählen und schon ist Ihr Bild barrierefrei wahrnehmbar. Wir widmen uns also erstmal den *Bildtypen*. Im Anschluss stellen wir Ihnen die *Alternativen* vor.

Informative Bilder

Im Grunde sind die meisten Bilder, die Sie auf Ihrer Seite verwenden, da, um Informationen zu vermitteln – sonst hätten Sie sie vermutlich nicht gewählt. Sie können unterschiedliche Dinge vermitteln:

- ✔ Die **Stimmung** Ihrer Seite oder Ihres Unternehmens (zum Beispiel Stockfotos mit lächelnden Menschen, die eine typische Aufgabe Ihres Unternehmens ausüben)
- ✔ Informationen zu einer **Person** oder einer Personengruppe (zum Beispiel Porträts oder Teambilder)
- ✔ **Landschaften** oder **Sehenswürdigkeiten** (zum Beispiel auf der Seite eines Reiseanbieters)
- ✔ **Essen** oder **Trinken** (zum Beispiel auf der Seite eines Restaurants)

Alle Bildinhalte, die Sie nutzen, um eine Botschaft zu transportieren, sind informativ und brauchen daher eine Textalternative.

Dekorative Bilder

Der Begriff »dekorativ« ist bezüglich Barrierefreiheit im Deutschen eigentlich etwas irreführend – wir sind sicher, all Ihre Bilder sind herrlich dekorativ. Im englischen Original spricht die WCAG von »decorative«. Im Deutschen gibt es kein wirklich treffendes Pendant, denn eigentlich handelt es sich hier um Bilder, die überhaupt keinen inhaltlichen Mehrwert haben. Sie sind rein zum Zwecke der visuellen Unterstreichung da.

Hierzu gehören:

- ✔ Trennlinien (wenn sie keinen inhaltlichen Mehrwert bieten)
- ✔ (Stock-)Bilder, die die Information im Text doppeln
- ✔ Hintergrundmuster (wenn sie keine Information beinhalten)

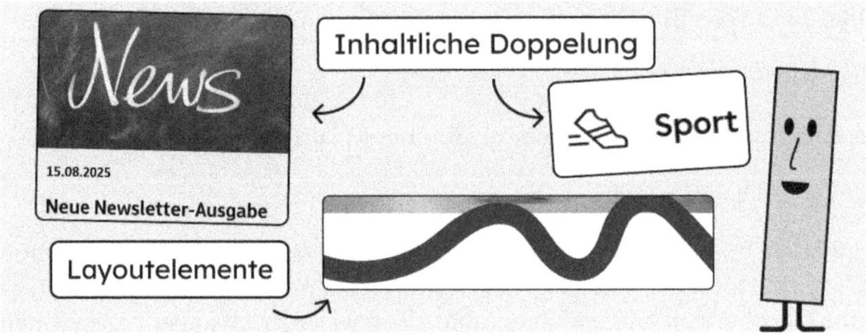

Abbildung 9.11: Beispiele für dekorative Grafiken

Dekorative Bilder sind also nur für sehende Menschen hilfreich, und das auch überwiegend aus einem ästhetischen Grund, und brauchen daher keine Textalternative.

Klickbare Bilder (Bedienelemente)

Klickbare Bilder haben nicht nur den Zweck der visuellen Information. Sie sind außerdem Bedienelemente. Sie verlinken also auf eine andere Seite oder führen eine Aktion aus, wenn man sie anklickt.

BEISPIEL

Nehmen wir das Bild einer Lupe in Ihrer Navigation. Es geht hier nicht darum, dass Sie ein Fan von Vergrößerungsgläsern sind. Die Lupe steht für die Suche. Diese Information muss in der Textalternative hinterlegt sein, damit auch Screenreader-Nutzende wissen, was sie beim Klick erwartet. Ein passender Alt-Text wäre also: »Suche öffnen« nicht aber »Lupe«.

Hier ist wichtig, dass auch nicht-sehende User wissen, was bei einem Klick passiert, auch hier ist also eine Textalternative nötig.

Enthält das Bild allerdings relevante Informationen, müssen der Bildinhalt und das Klickziel im Alt-Text erläutert werden. Ein klickbares Foto von Ihnen beispielsweise, das auf Ihre Über-mich-Seite führt und sonst nirgendwo auftaucht, würde im Alt-Text Sie beschreiben **und**, dass es zur Über-Mich-Seite führt.

Komplexe Bilder

Komplexe Bilder sind Bilder, die Sie nicht in ein bis zwei Sätzen wiedergeben können. Hierzu gehören beispielsweise:

- ✔ Diagramme (zum Beispiel ein Balkendiagramm mit Besucherzahlen)
- ✔ Karten (zum Beispiel eine Illustration des Weges zu Ihrer Agentur)
- ✔ Fahrpläne (zum Beispiel Liniennetze der U-Bahn)
- ✔ Zeitleisten

All die wichtigen Informationen sollen nicht an unseren User*innen vorbeigehen, weshalb wir auch hier eine Alternative zur Verfügung stellen.

Bilder von Text

Manche Bilder beinhalten Text. Da er Teil einer Pixelgrafik ist und nicht im Code der Seite hinterlegt, kann er nicht uneingeschränkt vergrößert werden. Außerdem haben assistive Technologien keinen Zugriff darauf. Deswegen gehen die WCAG im Kriterium *1.4.5 Images of text* auf diesen Fall genauer ein (mehr zum Kriterium in Teil IV).

BEISPIEL

Sie möchten Ihre Mitarbeitenden über ein Betriebsfest informieren. Ein toller Anlass, zu dem die Chefin höchstpersönlich einlädt. Sie verfassen das Schreiben für sie und drucken es aus. Die Chefin unterschreibt, sie scannen das Schreiben und laden es als Bilddatei ins Intranet. Ihr blinder Kollege lädt das Bild herunter und erfährt nichts über das Fest, außer, dass es nicht sonderlich inklusiv zu sein scheint.

Wie das Beispiel schon verrät, braucht es besonders hier eine Alternative, da das Bild viele Informationen beinhaltet und Sie sicher nicht allein feiern wollen!

Ist der Text nur zufällig auf dem Bild (zum Beispiel ein Schild im Hintergrund) oder in ein paar Worten zitierbar, fällt das Bild wieder unter die informativen Bilder.

Mögliche Textalternativen

Sie haben Ihr Bild in eine Kategorie eingeordnet? Prima! Jetzt gilt es, die passende **Alternative** zu finden. Dafür gibt es verschiedene Möglichkeiten:

- ✔ Alt-Text versteckt im Alt-Attribut des Bildes
- ✔ Sichtbare Textalternative, die die Kernbotschaft des Bildes wiedergibt, in der Nähe des Bildes für alle platzieren
- ✔ Link oder aufklappbare Box zu diesem Text tastaturzugänglich nahe dem Bild platzieren

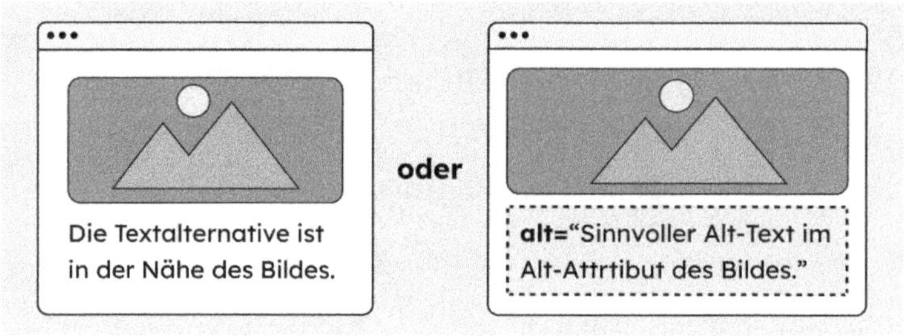

Abbildung 9.12: Die Textalternative eines Bildes für alle sichtbar oder im Alt-Text platziert

Textalternativen für informative Bilder

Die meisten Bilder auf Websites sind informativ. Wenn sie nicht redundant sind, weil ihr Inhalt schon auf der Seite für alle sichtbar beschrieben wird, gibt es eine praktische Möglichkeit, die Alternative eher versteckt zu platzieren.

Der Alt-Text

Der Alt-Text steht im Alt-Attribut. Das ist ein Teil des Codes eines Bildes. Technisch sieht das Ganze so aus:

```
<img src="Beispielbild.jpg" alt="hier steht der Alt-Text">
```

Keine Sorge: In den meisten Fällen tragen Sie den Alt-Text in die dazugehörige Box in einem Content-Management-System ein.

Der Alt-Text ist eine wunderbare Option, Ihrem **informativen Bild** ohne viel Aufwand eine Textalternative zu geben, die Hilfstechnologien ansteuern können. Ansonsten ist er nur sichtbar, wenn man den Code des Bildes untersucht oder Bilder nicht geladen werden – weil datensparende Nutzende oder eine sehr langsame Internetverbindung das so wollen.

Alt-Texte sollten

- ✔ circa ein bis zwei Sätze lang sein,
- ✔ unformatiert sein,
- ✔ keine Anführungszeichen beinhalten,
- ✔ die Kernaussage des Bildes wiedergeben,
- ✔ nicht zu sehr ins Detail gehen,
- ✔ informieren, ohne zu interpretieren,
- ✔ den Kontext des Bildes einbeziehen,
- ✔ direkt mit der Beschreibung anfangen ohne »ein Bild von … «.

Über Alt-Texte wurde vor dem Erscheinen dieses Buch viel diskutiert und Sie werden auch danach noch viele kontroverse Meinungen finden. Wichtig ist: Bei einem Test auf Barrierefreiheit wird geprüft, ob der Alt-Text einigermaßen sinnvoll ist, nicht, ob er gut ist. Rechtlich ist also einfach wichtig**, dass** es eine Alternative gibt.

Für Betroffene ist wichtig, dass die Alternative auch sinnig ist. Jeder hat allerdings unterschiedliche Bedürfnisse und demnach auch individuelle Wünsche für Textalternativen. Lassen Sie sich also nicht zu sehr verunsichern.

Packen Sie die relevantesten Informationen an den Anfang des Alt-Textes und gehen Sie erst am Ende ins Detail, wenn notwendig.

Um Ihnen einen Leitfaden an die Hand zu geben, folgen gleich einige Beispiele mit Kontext.

Die Bildunterschrift

Die Bildbeschreibung oder Bildunterschrift kann ebenfalls ein sinnvoller Ort für Textergänzungen sein. Sie wird allen angezeigt und somit kann man sie bestens nutzen, um Zusatzinformationen zum Bild zur Verfügung zu stellen, die nicht auf Anhieb im Bild klar werden.

BEISPIEL

Annegret liest gern Blogs über die Bepflanzung ihrer Dachterrasse. Mit über 70 ist die Hobbygärtnerin immer noch findig im Web unterwegs. Auf einem Foto sieht sie eine Pflanze, die viel Sonne verträgt. Perfekt für ihr Vorhaben! Im Alternativtext wird ihr Aussehen beschrieben für alle, die den Screenreader nutzen. In der Bildunterschrift dagegen steht der Pflanzenname. So wissen **alle**, worum es geht: wie die Pflanze aussieht **und** wie sie heißt. Annegret notiert zufrieden den Namen auf ihrer Einkaufsliste und macht sich auf zum Baumarkt!

Textalternativen für komplexe Bilder

Wenn Ihr Bild zu **komplex** ist, um es im Alt-Text in ein bis zwei Sätzen ordentlich beschreiben zu können, haben Sie verschiedene Möglichkeiten:

- ✔ Bieten Sie eine Textalternative in der Nähe des Bildes an, in der die wichtigsten Informationen des Bildes zu entnehmen sind.
- ✔ Sie haben zu wenig Platz auf der Seite? Kein Problem: Platzieren Sie einen Link in der Nähe des Bildes, der auf eine Unterseite mit der Textalternative führt, oder nutzen Sie eine aufklappbare Box. Ihr Bild können Sie dann entweder als dekorativ kennzeichnen, also für Hilfstechnologien ausblenden, oder Sie geben dem Bild im Alt-Text einen aussagekräftigen Namen und verweisen auf die zugehörige Textalternative.

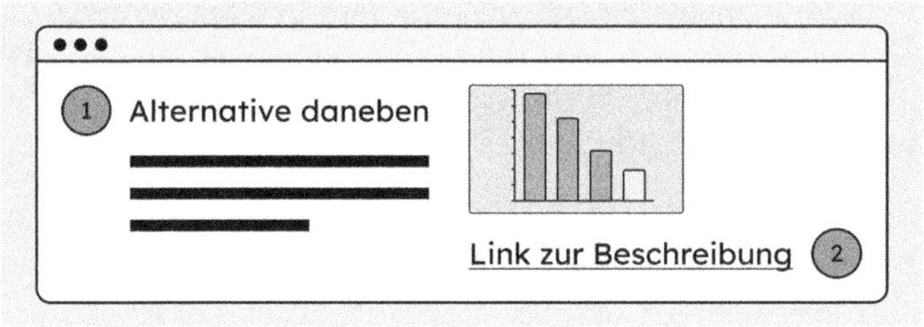

Abbildung 9.13: Zwei Möglichkeiten, eine Textalternative für komplexe Grafiken zu platzieren

Komplexe Grafiken können hilfreich sein, um schwierige Inhalte visuell zu erklären. Sie können allerdings auch für sehende Menschen schwer zu verstehen sein. Wenn Sie ausreichend Platz auf der Seite haben, macht es Sinn, die Grafik für alle sichtbar auf der Seite zu erläutern. So bieten Sie eine sichtbare Alternative für alle.

Textalternativen für Bilder von Text

Grundsätzlich gilt: Wenn Sie es vermeiden können, relevanten Text in Bildern darzustellen, umso besser. Schreiben Sie den Text lieber als Paragraf, Überschrift oder anderes auslesbares Textelement. In manchen Fällen lässt sich Text im Bild allerdings nicht vermeiden. Hierzu gehören:

- ✔ Buchcover
- ✔ Komplexe Grafiken (siehe Absatz davor)
- ✔ Dokumentations-Screenshots
- ✔ Bilder mit Schildern darauf

Hier gilt es, den Text entweder zu vernachlässigen, weil er nicht relevant ist, oder den Text in der Textalternative zu erwähnen, damit er für alle wahrnehmbar ist – auch für Menschen, die beispielsweise Inhalte stark vergrößern müssen, um sie zu erkennen.

Als dekorativ markieren statt Alternative

Wie schon erwähnt, haben manche Bilder rein visuellen Mehrwert. Um zu vermeiden, dass Sie anderen Usern mit unnötigen Bildinformationen die Nutzung verkomplizieren, markieren Sie das Bild als dekorativ anstatt eine Textalternative anzubieten. Es wird dann von Hilfstechnologie nicht mehr angesteuert.

Je nach Kontext funktioniert das Dekorativ-Markieren ein bisschen anders, beispielsweise:

- ✔ **Im Code**: Leeres Alt-Attribut (`alt=""` oder `alt`)
- ✔ **In den meisten CMS:** Das Alt-Text-Feld leer lassen

Das genaue Vorgehen hängt also vom Einsatzbereich Ihres Bildes ab. Wichtig ist demnach – und das gilt für alle Themen der Barrierefreiheit, also aufgemerkt –, **dass** Sie das Bild dekorativ kennzeichnen müssen, nicht unbedingt **wie**. Das Wie können Sie so gut wie immer durch ein bisschen Recherche der Software oder des CMS finden. Denn Barrierefreiheit bedeutet größtenteils einfach nur korrektes Handling des Tools.

Quiztime! Welches Bild braucht welche Alternative?

Textalternativen erklärt man am besten am Praxisbeispiel. Und weil Praxis viel mehr Spaß macht, wenn Sie mitmachen, dürfen Sie eben Gelesenes jetzt direkt anwenden! Im Folgenden bilden wir ein paar Beispielbilder ab und geben einen Kontext mit an. Betrachten Sie das Bild und ordnen Sie es einem der fünf Typen zu. Wenn das geschafft ist, überlegen Sie sich, was eine sinnvolle Textalternative sein könnte. Wir positionieren die Alternative unter den Bildern. So können Sie mit einem Blatt die Antwort verdecken, bis Sie die Auflösung sehen wollen. Los geht's!

Bild 1

Stellen Sie sich vor, dieses Bild ist auf der Seite einer Designagentur abgebildet und zeigt eine Mitarbeiterin im Gespräch:

Abbildung 9.14: Bild 1 des Alternativen-Quiz (stockphoto designed by `rawpixel.com - Freepik.com`)

Bildtyp: Wir erfahren, dass zwei Personen sich in einem hellen Raum gegenübersitzen. Die Stimmung ist freundlich und produktiv. Deswegen hat die Agentur das Bild gewählt: Es soll zeigen, dass die Arbeit Spaß macht und der Dialog locker und freundlich ist. Es geht nicht um räumliche Details oder darum, eine Person vorzustellen, sondern nur darum, die positive Arbeitsweise abzubilden. Der Bildtyp ist **informativ**.

Mögliche Alternative: Eine Person mit einem Stift in der Hand vor einem Laptop und einem offenen Notizbuch. Sie lächelt freundlich ihr Gegenüber an.

Sieht Ihre Alternative so oder so ähnlich aus? Sehr gut. Natürlich gibt es immer Spielraum. Hat das Bild auf der Seite vielleicht eine Bildunterschrift? Dann könnte man dort noch für alle sichtbar ergänzen, dass die Mitarbeiterin Sarah heißt und gerade in einem Beratungsgespräch ist. Auf diese Informationen könnten Sie dann auch im Alt-Text Bezug nehmen. Wenn diese Informationen allerdings nicht auf der Seite für alle ersichtlich sind, sollte man sie auch nicht im Alt-Text platzieren. Bleiben Sie so nah wie möglich am Bildinhalt – ohne Interpretation – und beschreiben Sie so viel wie nötig, um die Kernbotschaft mitzugeben.

Oftmals ist die erste Einschätzung, dass Bilder dieser Art, vor allem, wenn es Stockfotos sind, dekorativ sind. Würden wir dieses Bild als dekorativ markieren, würde vielleicht keine lebenswichtige Information fehlen. Doch die Stimmung, die hier vermittelt wird, ginge verloren. Auch Menschen, die nicht visuell wahrnehmen, sind an der Stimmung auf der Seite interessiert. Malen Sie also mit ein paar Worten ein Bild in den Köpfen der Menschen, die das Bild nicht sehen. So nehmen sie es dennoch wahr und Ihre Brand Voice (der Ton der Marke) wird transportiert. Die Kernaussage des Bildes kommt also bei allen an.

Bild 2

Bei dem Besuch einer Zahnarzt-Website stoßen Sie auf ein Bild, das eine stilisierte Person zeigt, die sich entspannt auf einem Stuhl zurücklehnt. Die Überschrift darunter ist »Entspannt«.

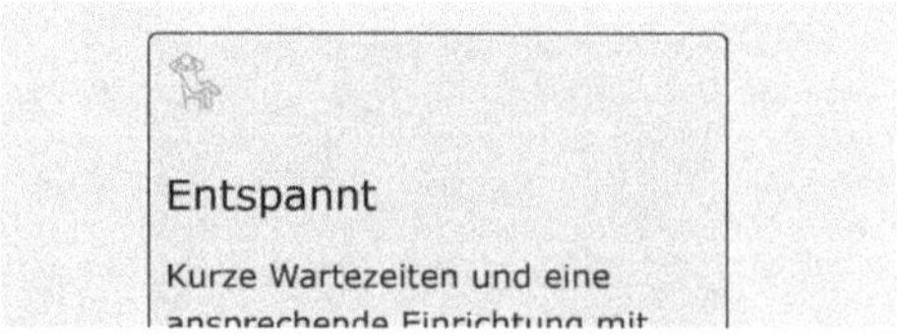

Abbildung 9.15: Bild 2 des Alternativen-Quiz

Bildtyp: Sicherlich haben Sie es schon vermutet: Das Bild ist hier dekorativ. Es hat klar die Aufgabe, die Überschrift visuell zu doppeln. Das ist ein rein optischer Mehrwert, der für Sehende mehr Struktur auf der Seite schafft.

Mögliche Alternative: Für nicht visuell wahrnehmende Menschen wäre eine Textalternative hier eine inhaltliche Doppelung und würde wenig Sinn ergeben. Die Kernaussage des Bildes ist »entspannt sein«. Da diese Information mit der Überschrift abgedeckt ist, brauchen wir keine zusätzliche Textalternative. Das Alt-Attribut bleibt leer.

Bild 3

Auf der Seite eines Möbelhauses sind in der Navigation einige unbeschriftete Icons abgebildet. Sie sind klickbar und führen zur Suche, zum Log-in und zum Warenkorb.

Abbildung 9.16: Bild 3 des Alternativen-Quiz

Bildtyp: Wenn Sie zu Beginn gut aufgepasst haben, bravo, Heimspiel! Denn wie im Beispiel bereits erwähnt: Diese Bilder sind Bedienelemente und fallen damit unter die **klickbaren Bilder.**

Mögliche Alternative: Statt hier also einfach »Lupe«, »Person« und »Einkaufswagen« zu schreiben, geben wir im Alt-Text den Zweck des Bildes wieder, beispielsweise mit »Suche öffnen«, »Zum Log-in-Bereich« und »Warenkorb ansehen«.

Ist die Suche für alle zugänglich beschriftet wie hier?

Abbildung 9.17: Suchleiste mit Lupenbild und textueller Ergänzung

Dann kann das Lupenbild dekorativ markiert werden. Egal, wie offensichtlich die Textalternative also wirkt, beachten Sie immer den Kontext Ihrer Grafik.

Bild 4

Diese Grafik ist auf einem Barrierefreiheitsblog abgebildet:

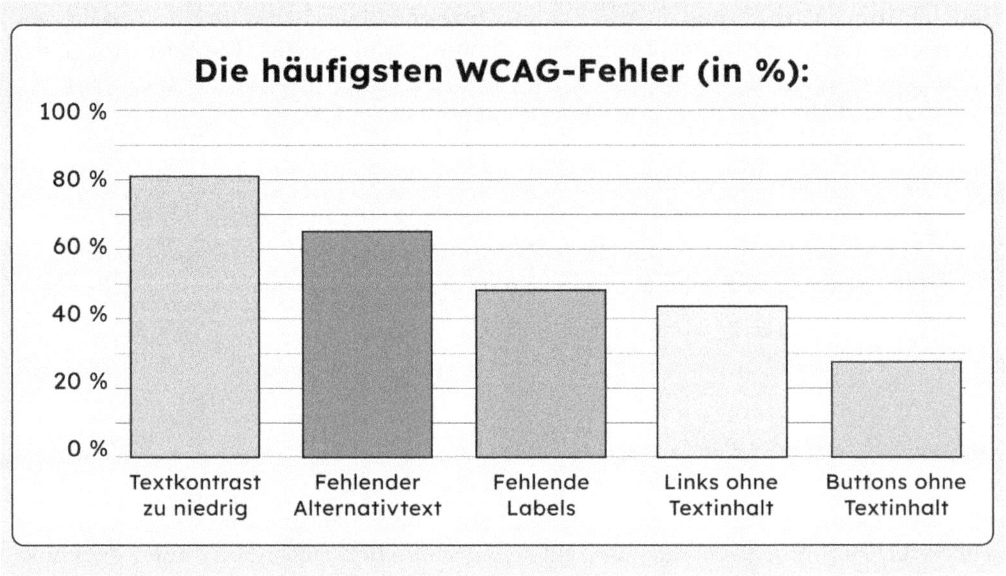

Abbildung 9.18: Bild 4 des Alternativen-Quiz

Bildtyp: Die Grafik lässt sich nicht in ein bis zwei Sätzen wiedergeben. Sie ist zwar ebenfalls informativ, wie unser Bild 1, aber zusätzlich **komplex**.

Mögliche Alternative: Es gibt verschiedene Wege, diese Grafik umzuschreiben:

- ✔ Sie füllen den Inhalt der Grafik in eine zugängliche Tabelle.
- ✔ Sie setzen einen Link in die unmittelbare Umgebung der Grafik, der zu einer Alternative auf einer Unterseite führt.
- ✔ Sie schreiben einen Text, der die Grafik komplett erläutert, in die Nähe des Bildes auf Ihre Website.

In das Alt-Attribut schreiben Sie dann einen aussagekräftigen Namen für die Grafik mit einem Hinweis, wo die Textalternative zu finden ist. Gegebenenfalls können Sie die Grafik auch als dekorativ markieren, weil Ihre Alternative sie doppelt. Oder Sie merken, dass die Grafik überflüssig ist, weil Ihre zugängliche Alternative für alle die bessere Lösung ist. In dem Fall gilt:

> *»Kill your darlings!«*

Ein sehr weiser Rat, der oft William Faulkner zugeordnet wird! Er bedeutet, dass man immer bereit sein soll, sich von den bereits produzierten Inhalten zu trennen, um zu einem noch besseren Ergebnis zu kommen, und das könnte bezüglich digitaler Barrierefreiheit nicht treffender sein.

Bild 5

Das *Braille Institut of America* bietet auf seiner Seite die besonders gut lesbare Schriftart *Atkinson Hyperlegible* zum Download an. Um das Erscheinungsbild zu zeigen, wird folgendes Bild genutzt:

Abbildung 9.19: Bild 5 des Alternativen-Quiz – Buchstaben der Schriftart Atkinson Hyperlegible

Bildtyp: Vermutlich der Archetyp eines **Bildes von Text**! Den hier abgebildeten Text wortwörtlich wiederzugeben, macht keinen Sinn. Das Bild soll dokumentieren, wie die Schrift aussieht. Wir versuchen also wieder, die Kernbotschaft zu vermitteln.

Mögliche Alternative: »Abbildung aller Großbuchstaben der Schriftarten Atkinson Hyperlegible inklusive Akzentzeichen für verschiedene Sprachen«

Bild 6

Die Chefin eines Restaurants wünscht sich eine neue Seite, möchte aber gerne ihre alten Überschriften behalten und liefert diese als Bilddateien (Kundschaft ...).

Abbildung 9.20: Bild 6 des Alternativen-Quiz

Bildtyp: Unschwer zu erkennen: auch hier ein **Bild von Text**. Wir brauchen allerdings keine Textalternative! Wieso nicht? Der Text lässt sich als echter Text abbilden und mit CSS stylen. Ein Bild von Text wäre in diesem Fall ein Verstoß gegen das Kriterium *1.4.5 Images of Text.*

Bild 7

Ein Mietertreff informiert auf seiner Seite über ein Live-Event. Hierfür wurde der Flyer als JPEG auf die Seite geladen.

Abbildung 9.21: Bild 7 des Alternativen-Quiz

Bildtyp: Goldrichtig, ein **Bild mit Text!** Und **komplex** ist es noch dazu. Gerade bei Veranstaltungen werden sehr oft Plakate oder Flyer ins Web gestellt. Wichtig ist: Ohne Alternative ist der Text hier nicht ordentlich zoombar und wird auch nicht von Hilfstechnologie erfasst.

Mögliche Alternative: Genau wie im vorherigen Beispiel haben Sie die Möglichkeit, die Alternative als Link in der Nähe zur Verfügung zu stellen. Alternativ können Sie den Text aus dem Bild neben dem Bild ergänzen, um ihn ohne einen zusätzlichen Klick für alle zugänglich zu machen. In diesem Fall wäre ein geeigneter Alt-Text womöglich: »Flyer des Irish-Folk-Konzertes ABC mit einem Porträt der lächelnden Musikanten«. Der Flyer ist hier also eher als unzugängliche Alternative zu einem zugänglichen Text zu betrachten.

Noch besser wäre es, als Bild nicht den Flyer, sondern das Foto der Musikanten zu nutzen. Hierfür kann man prima einen Alt-Text schreiben und die restlichen Informationen als Text abbilden.

Na, wie haben Sie abgeschnitten? Gar nicht so schwierig wie gedacht, oder? Natürlich sind Alternativen für Bilder immer diskutierbar. Verkopfen Sie sich nicht zu sehr. In einem Test auf Barrierefreiheit wird getestet, ob Ihr Alt-Text richtig ist, nicht, ob er gut ist. Solange Sie also keine wichtigen Informationen unterschlagen oder aus Bequemlichkeit »Artikelbild 12 final« in den Alt-Text eintragen, sind Sie auf einem guten Weg!

Nun sind Sie bestens gewappnet, Ihre Bilder barrierefrei zu machen. Im Weiteren werfen wir einen Blick auf Ihre To-dos für barrierefreie Videos!

Zeitbasierte Medien (Videos und Audiodateien)

Abbildung 9.22: Unsere Maskottchen sind bereit für den Dreh!

Wie viele Videos oder Audios haben Sie heute schon konsumiert? Vielleicht die Nachrichten beim Frühstück, einen Podcast während der Arbeit oder ein wenig Katzen-Content auf Social Media (keine Sorge – wir urteilen nicht. Katzen können ausgesprochen unterhaltsam sein!)? Klar ist: Zeitbasierte Medien gehören längst zum Alltag. Sie informieren, unterhalten und erklären.

Sie können allerdings auch zur Barriere werden. Denn Videos setzen in der Regel voraus, dass man gleichzeitig sehen und hören kann. Ist einer der beiden Sinneskanäle eingeschränkt oder ganz ausgefallen, fehlt ein Teil der Information. Beim Katzenvideo ist das meist zu verschmerzen – bei erklärenden Inhalten oder wichtigen Informationen kann es dagegen problematisch werden. Auch Podcasts kann nicht jeder hören. Im besten Fall maßen wir uns nicht an zu beurteilen, welche Inhalte für andere von Bedeutung sind. Stattdessen stellen wir sie mit einer Alternative bereit.

Barrierefreie Videos und Audios sind deshalb so gestaltet, dass sie Menschen mit ganz unterschiedlichen körperlichen oder kognitiven Voraussetzungen erreichen. Sie bieten Alternativen zu Gehörtem und Gesehenem.

Vier Typen von zeitbasierten Medien

Nicht jedes Video ist gleich. Manche sind stumm, manche kombinieren Bild und Ton, manche werden aufgezeichnet und manche laufen live. Für Sie ist es erst einmal entscheidend, welche Inhalte das Video bietet, um herauszufinden, welche Ergänzungen notwendig sind. Wie bereits bei den Bildern widmen wir uns also erst den **Typen von Videos** bevor wir dann zu den **Medienalternativen** übergehen.

Stumme Videos

Videos ohne Ton benötigen lediglich eine zugängliche Textalternative (oder wahlweise eine Audiodatei, die das Video beschreibt). So stellen wir sicher, dass alle Videoinhalte des Videos nochmal in Textform zu erreichen sind. Das hat nicht nur den Vorteil, dass blinde Personen sie sich vorlesen lassen können; man kann auch nach Schlagwörtern suchen!

Liveübertragungen

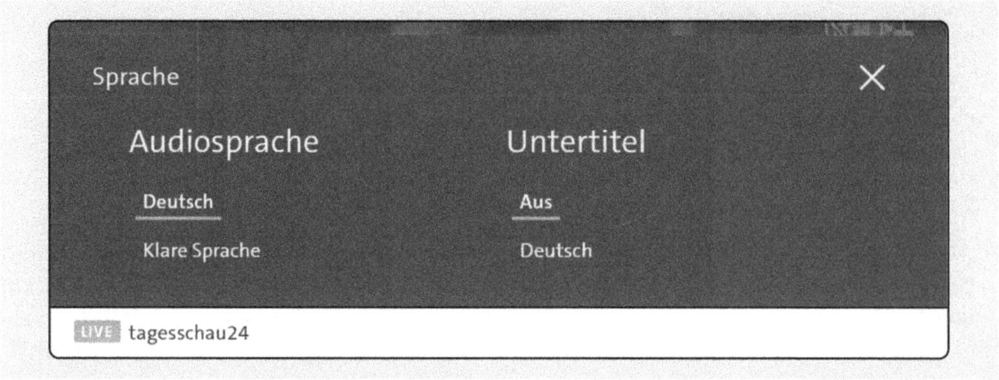

Abbildung 9.23: Screenshot der Tagesschau24-Liveseite mit Untertiteloptionen

Für Livevideos kann man die Alternative nicht wirklich vorbereiten. Für die Bereitstellung von Untertiteln in Echtzeit können deshalb automatische Tools eingesetzt werden. Allerdings ist deren Qualität nicht immer zuverlässig, was zu schwerwiegenden Fehlinformationen führen kann. Alternativ können Menschen engagiert werden, die den gesprochenen Inhalt simultan verschriftlichen. Eine Audiodeskription ist von den WCAG für Livevideos nicht extra vorgeschrieben, macht aber natürlich Sinn.

Aufgezeichnete Videos mit Ton und Bild

Bei aufgezeichneten Videos, die sowohl Ton als auch Bild enthalten, ist eine umfassende Barrierefreiheit besonders wichtig. Hier müssen wir nämlich Alternativen für zwei Sinne bereitstellen: Untertitel (alternativ zum Gehörten) und Audiodeskription (alternativ zum Gezeigten).

Abbildung 9.24: Screenshot der ZDF-Mediathek mit Audiodeskriptions- und Untertitel-Button (`www.zdf.de/magazine/loewenzahn-mit-fritz-fuchs-100`)

Die Integration dieser Elemente sollten Sie bereits bei der Produktion berücksichtigen, um ein stimmiges Gesamterlebnis zu schaffen. Wir sind uns bewusst, dass das nicht immer realistisch ist. Deshalb finden Sie im kommenden Teil einen passenden Workaround.

Audiodateien

Wie war das noch gleich? Alles Hörbare machen wir …? Richtig, lesbar! Podcasts, aufgezeichnete Interviews, Audios von Vorträgen oder eingesprochene Lerninhalte sollten also ebenfalls immer eine Alternative haben.

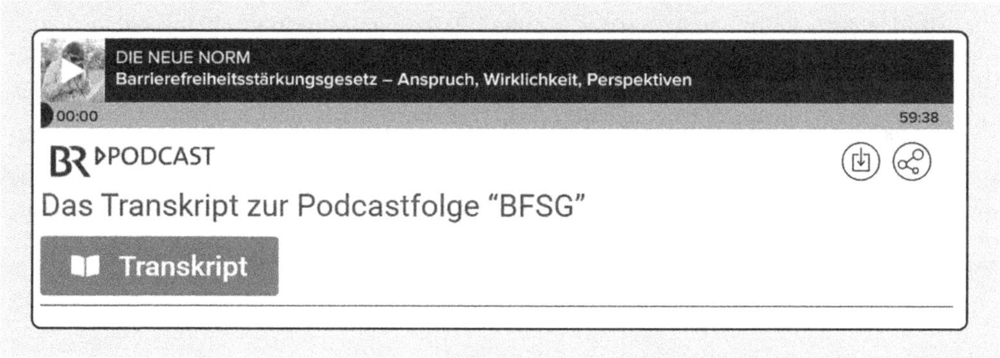

Abbildung 9.25: Screenshot einer Podcastfolge der neuen Norm (dieneuenorm.de/podcast/bfsg/)

Mögliche Alternativen für zeitbasierte Medien

Wenn Sie nun wissen, welchen Typ Video Sie vor sich haben, dann können Sie mit der Erstellung der passenden Alternative beginnen.

Transkript oder Videobeschreibung: Hörbares lesbar machen

Ein Transkript ist die Mitschrift der Tonspur. Alles Hörbare wird in Text umgewandelt und in der Nähe des Videos oder der Audioaufnahme platziert.

Stellen Sie sich vor, eine Kollegin teilt ein sehr hilfreiches, jedoch scheinbar unendlich langes Video vom letzten Meeting mit Ihnen. Um herauszufinden, an welcher Stelle es für Sie relevant wird, müssen Sie das komplette Video ansehen. Haben Sie allerdings ein Transkript zur Verfügung, können Sie den Text durchsuchen und die gesparte Zeit in Katzenvideos investieren.

Gerade für Meetings, in denen nur gesprochen wird, oder für Podcasts ist ein Transkript eine perfekte Alternative. Um es zu erstellen, kann man sich mittlerweile einfacher Tools bedienen. Man lädt Audio oder Video in eine Software und erhält eine Mitschrift des Gesagten. Jetzt müssen Sie nur noch Korrektur lesen und die Datei als Text exportieren und schon haben Sie einen großen Schritt auf dem Weg zu einem barrierefreien Medium gemacht.

Transkripte sind lediglich für Audiodateien wie zum Beispiel Podcasts eine WCAG-taugliche Alternative. Für Videos sind sie ein Nice-to-have, aber rechtlich nicht ausreichend.

Audiodeskription (AD): Sichtbares hörbar machen

Nicht alles, was im Video wichtig ist, ist der Tonspur zu entnehmen. Ab und an transportieren nur Bilder zentrale Informationen. Geht eine Person im Film in ein Krankenhaus, wird das oft dadurch deutlich, dass der Eingang mit dem Namensschriftzug gezeigt wird. Gesagt wird dazu nichts. Aber auch Gestik und Mimik können wortlos Wichtiges wiedergeben. Wer das nicht sieht, verpasst Inhalte – oder sogar den kompletten Kontext.

Für blinde oder sehbehinderte Menschen braucht es daher eine zusätzliche Tonspur, die erklärt, was zu sehen ist. Diese sogenannte AD ergänzt das Gesprochene wie eine Art Hörbuch. Erinnern Sie sich an Ihre Kinderkassetten? Während Sie malten oder Lego bauten wurde Ihnen eine komplette Geschichte erzählt, die nur durch Sprache Bilder malte, sodass die Geschichte komplett ohne Bilder ausgekommen ist.

Klingt aufwendig. Es gibt allerdings auch eine recht praktikable Lösung: In vielen Fällen reicht eine zweite Videoversion, in der Sie zusätzliche Beschreibungen einsprechen – zum Beispiel in Sprechpausen als separates VoiceOver. Ihr Video hat kaum Sprechpausen? Kein Problem: Pausieren Sie das Video an der Stelle, an der Sie etwas einsprechen möchten, so lange, bis Sie fertig erklärt haben, was zu sehen ist. Dann setzen Sie das Video fort. Das wiederholen Sie, bis alles erklärt ist. Das ist sicher nicht die kunstvollste Option, aber eine pragmatische Alternative, die mit wenig Mitteln Zugänglichkeit schafft.

Art der AD	Vorteile	Nachteile
Integriert (Alle Videoinhalte werden von vornherein kommentiert und sind somit hörbar.)	✔ Informationen direkt im Video enthalten ✔ Kein nachträgliches Überarbeiten nötig	✔ AD muss schon bei Videoerstellung mitgedacht werden. ✔ Video wird eventuell (deutlich) länger.
Mit zweiter Tonspur (AD wird in zur Verfügung stehenden Sprechpausen ergänzt.)	✔ Video behält ursprüngliche Länge.	✔ Es sind nur kurze AD möglich. Eine Nachbearbeitung des Videos ist notwendig.
Erweitert (Das Video wird beispielsweise an den notwendigen Stellen geschnitten und pausiert.)	✔ Ausführlichere AD möglich ✔ Zwei Videoversionen können zur Verfügung gestellt werden.	✔ Nachbearbeitung ist notwendig. ✔ Video wird durch Standzeiten verlängert.

In *§1 Zweck und Anwendungsbereich* des *Barrierefreiheitsstärkungsgesetzes* steht: »(4) Dieses Gesetz gilt nicht für den folgenden Inhalt von Websites und mobilen Anwendungen: aufgezeichnete zeitbasierte Medien, die vor dem 28. Juni 2025 veröffentlicht wurden.« Ihre älteren Videos müssen also wahrscheinlich nicht überarbeitet werden. Stellt sich nur die Frage, wie man nachweist, wann das Video veröffentlicht wurde und ob das wirklich auch so ist, wenn das Video zum Beispiel Teil einer Produktverkaufsseite ist. Es würde in einem Test auf die Barrierefreiheit zumindest sehr wahrscheinlich von der Marktüberwachungsbehörde als Fehler angemerkt werden und man wird darüber diskutieren müssen.

Videobeschreibung

Kombiniert man Transkript und Audiodeskription (AD), bekommt man eine Videobeschreibung: einen Text, der komplett wiedergibt, was gezeigt **und** gesagt wird. Perfekt für Videos mit Bild und Ton. Geht es nach den WCAG, ist dies für Videos mit Ton keine vollwertige Alternative zur AD. Sie kann allerdings eine sehr hilfreiche Ergänzung sein, um den gesamten Videoinhalt zu erfassen, beispielsweise für Social Media.

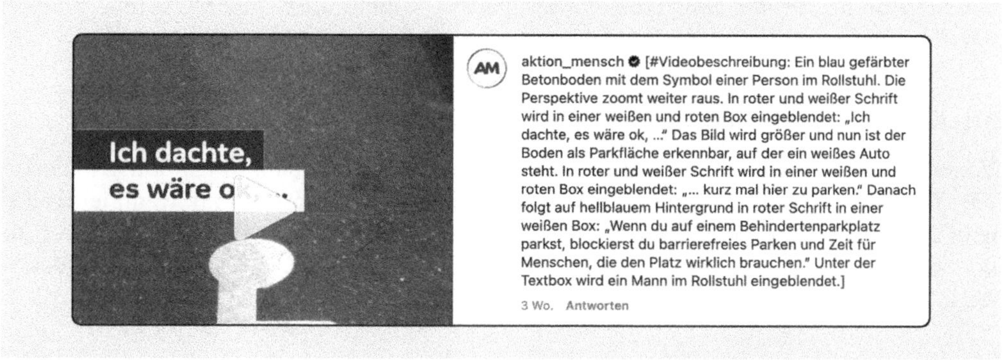

Abbildung 9.26: Screenshot des Instagram-Auftritts von Aktion Mensch

Untertitel

Wenn man nicht (gut) hören kann, braucht man Untertitel – und zwar vollständige. Dazu gehören nicht nur die gesprochenen Worte, sondern auch Hinweise auf Musik, Umgebungsgeräusche oder Emotionen (beispielsweise [Handy klingelt], [schlägt Tür energisch zu]). Nur so lässt sich ein Video auch ohne Ton nachvollziehen.

Untertitel sind inzwischen relativ einfach umzusetzen. Zahlreiche Tools erstellen automatisch Untertitel, die Sie anschließend korrigieren und exportieren können. Besonders praktisch: Sie können entscheiden, ob Sie Untertitel als separate Datei (zum Beispiel SRT) anbieten (wichtig für die Einbindung bei YouTube) oder sie fest ins Video integrieren (wichtig, wenn der Player keine Untertitelfunktion anbietet).

Eingebrannte Untertitel

Bei eingebrannten Untertiteln (auf Englisch »open captions«, also solche, die immer zu sehen sind) nutzen Sie am besten helle Schrift auf schwarzem Hintergrund. Das hilft, damit Bewegung hinter der Schrift nicht ablenkt. Wählen Sie eine schlichte Schrift mit genügend Buchstabenabstand – Finger weg von Schnörkeln oder Karaoke-Effekten (damit meinen wir, dass jedes Wort einzeln in Ihrem Untertitel aufblinkt).

Abbildung 9.27: Meryl Evans in ihrem LinkedIn-Beitrag

Achten Sie außerdem darauf, dass Sie verschiedene Sprecher*innen nicht nur durch Schriftfarbe kennzeichnen. Menschen mit Farbfehlsichtigkeiten können dies nicht wahrnehmen. Nennen Sie stattdessen sprechende Personen beim Namen, wenn sie schon vorgestellt wurden. Sind sie noch unbekannt, reicht »Sprecher 1« vollkommen aus. Mehr tolle Beispiele und Tipps dazu finden Sie auf der Seite von Meryl Evans (`meryl.net/`).

Zuschaltbare Untertitel

Wenn Sie die Wahl haben, nutzen Sie *zuschaltbare Untertitel* (closed captions). Sie lassen sich einfacher anpassen (zum Beispiel vergrößern) und sind abschaltbar, wenn jemand sie nicht braucht. Wenn Sie allerdings von vornherein wissen, dass der genutzte Player dies nicht erlaubt, integrieren Sie die Untertitel direkt fest ins Video. Hierfür kann man das Video in den meisten Softwares inklusive Untertitel exportieren.

Gebärdensprache

Über Gebärdensprache haben wir einleitend schon angesprochen. Auch wenn sie für viele Videos rechtlich nicht verpflichtend ist, sollte sie für barrierefreie Videos unbedingt mitgedacht werden.

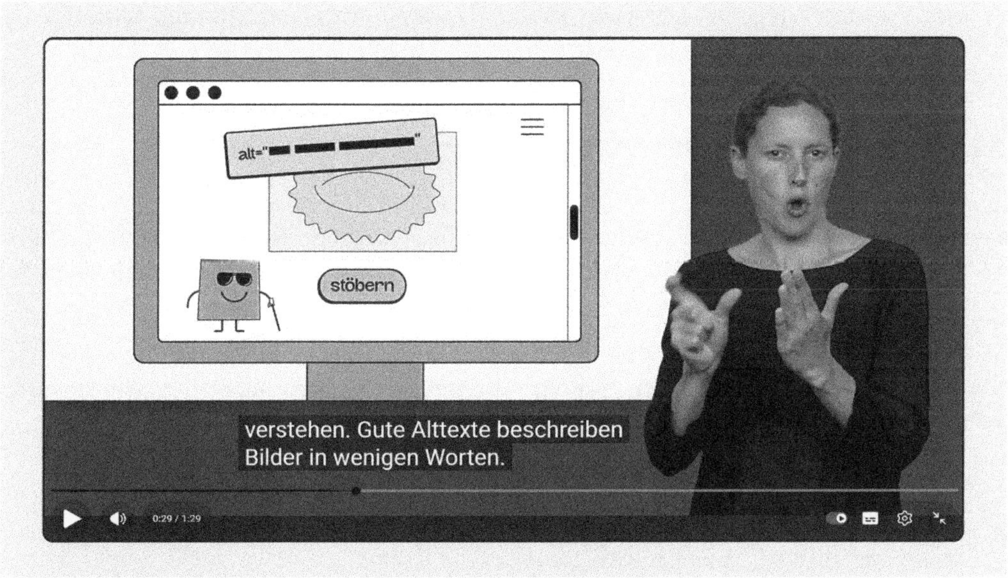

Abbildung 9.28: Screenshot eines Erklärvideos des Animationsstudios Lichtspieler, mit Gebärdensprache gedolmetscht durch die Agentur yomma

Barrierefreie Videoinhalte

Sollten Sie an der Produktion der Videos auf Ihrer Seite beteiligt sein, können Sie schon beim Inhalt anfangen, Barrierefreiheit mitzudenken. Ihr Video sollte

- ✔ klar strukturiert sein,
- ✔ deutlich gesprochenen Ton und einfache Formulierungen aufweisen,
- ✔ Alternativen zum bewegten Bild und zum Ton bieten.

So lassen sich Trigger umgehen und Reizüberflutungen reduzieren – essenziell zum Beispiel für Menschen mit Autismus, die nur eingeschränkte Reizfilter haben und sich vor Überlastung schützen müssen. Auch Menschen mit Lernschwierigkeiten, ADHS oder Konzentrationsproblemen profitieren davon. Aber letztlich alle, die Informationen schnell und klar aufnehmen möchten.

Krissi und Thomas sind super Eltern, doch zwischen Job und Familie bleibt wenig Zeit – da helfen klare Anleitungen! Als Gesa und Thea sich zu Weihnachten ein Baumhaus wünschen, finden die beiden online einen Blogartikel auf der Seite eines Baumarkts: Schritt für Schritt steht dort, was sie brauchen und wie sie loslegen. Unter dem Video gibt es ein Transkript – perfekt, um die Einkaufsliste direkt zu kopieren. Die Arbeitsanweisungen sind kinderleicht, sodass die beiden starken Helferlein auch sofort verstehen, was zu tun ist. Am Ende wird daraus ein großartiges Gemeinschaftsprojekt, Kundenbindung inklusive!

Ist der Player barrierefrei?

Richtig ärgerlich ist es, wenn man vorbildlich barrierefreie Inhalte erstellt und die dann in einen nicht-barrierefreien Rahmen packen muss. Da hilft nämlich der sorgfältigste Content nichts: Ist das System nicht barrierefrei, kann es den Inhalt auch nicht so wiedergeben.

Kann Ihr Player also keine Untertitel wiedergeben, bringt es auch nichts, wenn Sie eine separate Untertitelspur erstellt haben. Kann ich mit meiner Tastatur nicht den Player steuern, kann ich auch nicht die AD anschalten und so weiter.

Für Ihren Player heißt das:

- ✔ Der Player muss mit der Tastatur zugänglich und navigierbar sein. Das hilft Menschen, die keine Maus nutzen können oder wollen.
- ✔ Die Buttons des Players müssen ausreichend Kontrast haben und gut erkennbar sein.
- ✔ Für Untertitel und Audiodeskription muss es einen direkt sichtbaren Button auf gleicher Ebene mit anderen Navigationselementen geben.
- ✔ Der Player lässt eine separate Untertitelspur zu, die sich Nutzende selbst gestalten können (Schriftart, Kontrast, Größe et cetera) für optimale Lesbarkeit.
- ✔ Für die AD muss es ebenfalls eine Upload-Möglichkeit geben, entweder in Form einer zweiten Tonspur oder eines Alternativvideos mit integrierter AD.
- ✔ Tastenkombinationen für die Bedienung des Players müssen abschaltbar sein oder nur gelten, wenn man sich innerhalb des Players bewegt. (Bei YouTube kann zum Beispiel über die Taste *f* das Vollbild angezeigt werden.)
- ✔ Umgebung des Players: Sie müssen dem Video einen Namen oder eine Überschrift geben können, damit ein Screenreader versteht, um was es in dem Video geht.

Playerempfehlungen

Einen passenden Player einzubinden, ist je nach CMS, Ressourcen et cetera nicht immer einfach. Gute Optionen, Videos möglichst barrierefrei einzubinden sind:

Abbildung 9.29: Screenshot des Videoplayers der Aktion Mensch

- ✔ Aktion-Mensch-Player: Der kostenlose Player von Aktion Mensch bietet die Möglichkeit für Untertitel, Audiodeskription und sogar Gebärdensprache (`www.aktion-mensch.de/inklusion/barrierefreiheit/barrierefreie-videos-fuer-alle`).
- ✔ Able Player: Ein Open-Source-Player, der viele Barrierefreiheitsfunktionen mitbringt – von Untertiteln bis Audiodeskriptionen – und uns momentan als barrierefreiste Lösung bekannt ist (`ableplayer.github.io/ableplayer/`).
- ✔ YouTube: Wenn auch nicht ganz barrierefrei, möchten wir YouTube hier nicht unerwähnt lassen, da es sehr oft genutzt wird. Die Untertitel lassen sich hier separat hochladen und anpassen. Auch der Upload eines zweiten Audiotracks (für die AD) ist möglich für Premiumnutzende. Allerdings gibt es keinen sofort zugänglichen AD-Button. Ein Workaround wäre hier, das Video einmal mit und einmal ohne AD hochzuladen und den Link zum Video mit AD in der Beschreibung abzulegen.

Mehraufwand, der sich lohnt!

Barrierefreie Videos zu erstellen, ist kein Selbstläufer, das ist klar. Untertitel schreiben sich nicht von allein, Audiodeskriptionen brauchen Zeit und Technik. Aber: Es lohnt sich! Denn mehr Menschen nehmen Ihre Videos und den damit verbundenen Aufwand war und können künftig auf sie zukommen.

Wenn Sie Unterstützung bei barrierefreien Videos brauchen, sind die *Lichtspieler* (`lichtspieler.tv`) eine grandiose Adresse. Sie erstellen Erklärvideos und Animationen – wertorientiert, nachhaltig und nah am Menschen. Die Videos sind effektiv und beinhalten alle gewünschten Barrierefreiheitsmerkmale (wir sprechen aus Erfahrung)!

Teil III

Meine Seite ist barrierefrei – glaube ich! (Barrierefreiheit testen)

IN DIESEM TEIL ...

- So testen Sie auf digitale Barrierefreiheit
- Tools und Plug-ins zum Testen

IN DIESEM KAPITEL

Welche (Unter-)Seiten Sie testen müssen

Welche Testmethoden es gibt und wie man sie einsetzt

Ob und wie sinnvoll eine Zertifizierung Ihrer Seite ist

Kapitel 10
So testen Sie Ihre Seite auf digitale Barrierefreiheit

Auch wenn wir es für dieses Buch sinnvoller fanden, das Testen als eigenen Teil nach der Umsetzung zu behandeln, sollte eine Website auf gar keinen Fall erst am Ende auf Barrierefreiheit getestet werden! Das Testen muss fester Bestandteil des Entstehungsprozesses sein und idealerweise in der Definition of Done und den Akzeptanzkriterien verankert werden. Jedes Teammitglied sollte wissen, was getestet werden muss, bevor eine UI-Komponente als barrierefrei gilt.

Zusätzlich zu den Tests nach jedem Arbeitsschritt sollte ab und zu auch die ganze Seite auf Barrierefreiheit getestet werden. Das kann der Fall sein, wenn

- ✔ eine bestehende Seite noch nie komplett getestet wurde,
- ✔ Sie immer mal wieder sichergehen wollen, dass auch wirklich alles stimmt –Flüchtigkeitsfehler schleichen sich nämlich immer ein,
- ✔ Sie die Einschätzung eines Experten haben wollen. Man lernt nie aus und auch das eigene Team kann Wissenslücken haben,
- ✔ Sie andere mit dem Barrierefreiheitsscore Ihrer Website beeindrucken möchten!

Darum werfen wir nun einen Blick darauf, wie Sie einen Testprozess planen, um die ganze Website zu testen.

Testen Sie keine Website, die nicht schon ein Stück weit auf Barrierefreiheit optimiert wurde. Dann wird ein Audit sehr aufwendig und die Fehlerliste sehr lang. Sinnvoller ist es, zunächst die Website nach bestem Wissen und Gewissen anzupassen und erst dann ein umfassendes Audit durchzuführen. Das spart Zeit und Geld und sorgt dafür, dass das Team nicht von 170 Fehlern (keine erfundene Zahl!) demotiviert wird.

Eine Seitenauswahl zum Testen treffen

Fangen wir ganz vorne an mit der Frage: »Muss ich jede Unterseite meines Webauftritts testen?« Tatsächlich nicht!

Bei großen Websites und Onlineshops ist es fast unmöglich, jede Seite auf Barrierefreiheit zu testen. Der Test einer Seite dauert im Durchschnitt drei bis vier Stunden. Ein Webauftritt mit 50 Seiten zu testen, dauert also nicht nur gefühlt eine Ewigkeit!

Auch professionellen Tester testen nicht alle Seiten eines Webauftritts. Für einen Test werden im Durchschnitt sieben bis zwölf Seiten ausgewählt. Dabei geht es darum, die Seiten zu finden, die zusammen alle wichtigen Komponenten der Website abdecken, insbesondere komplexe oder interaktive Elemente. Man spricht hier auch oft von einer »repräsentativen Seitenauswahl«.

Bei einem klassischen Onlineshop könnte die Auswahl so aussehen:

- ✔ Startseite
- ✔ Seite der Suchergebnisse
- ✔ Kategorieseite
- ✔ Produktseite
- ✔ Warenkorb
- ✔ Check-out
- ✔ AGBs

Weil man nie den ganzen Webauftritt testet, spricht man nur von einer »Konformitätsvermutung«. Basierend auf dem getesteten Ausschnitt der Seiten vermutet man, dass die ganze Seite barrierefrei ist. Es wird also von den getesteten Seiten auf den Rest der Website geschlossen, um den Zeitaufwand rentabel zu halten.

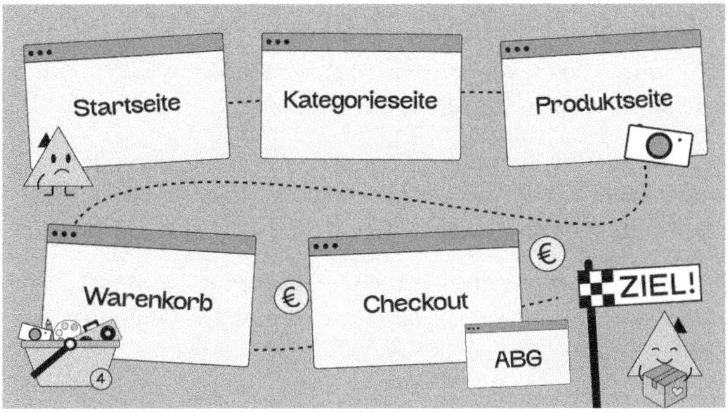

Abbildung 10.1: Übersicht der Vertriebsprozessseiten eines Onlineshops

Wie testet man die einzelnen Seiten?

Nachdem wir die Seitenauswahl getroffen haben, können wir mit dem Testen beginnen. Dazu machen wir folgende zwei Schritte:

- ✔ Automatisierte Tests laufen lassen
- ✔ Manuell testen

Schritt 1: Automatisierte Tests laufen lassen

Automatisierte Tests werden oft als einfache Lösung für Barrierefreiheitsanalysen dargestellt. Es klingt natürlich schön, dass man einfach automatisierte Tests startet und so alle Fehler findet. Aber wie alles, was zu schön klingt, um wahr zu sein, ist das weit entfernt von der Realität! Gute Tools finden im Schnitt etwa 20 Prozent der Verstöße gegen die Kriterien der EN 301 549. Automatisierte Tests sind aber dennoch sehr nützlich, weil sie einen schnellen Überblick über gängige Probleme geben und die Arbeit beim Suchen ersparen.

Was ist ein automatisiertes Test-Tool?

Automatisierte Test-Tools sind digitale Werkzeuge, die prüfen, ob Websites die Kriterien der Barrierefreiheit erfüllen. Sie analysieren Seiten auf WCAG-Konformität, finden Fehler und geben Hinweise, wie diese behoben werden können. Diese Tools gibt es als Browser-Add-ons oder Softwareprogramme.

Eine Auflistung mit Links zu solchen Tools haben wir Ihnen im nächsten Kapitel zusammengestellt.

Warum finden automatisierte Test-Tools nicht alle Fehler?

Computer sind leider doch nicht immer so clever, wie wir es gerne hätten. Was wir damit meinen, lässt sich anhand von Textalternativen für Bilder gut erklären.

Bilder benötigen in den meisten Fällen eine Textalternative. Diese befindet sich häufig im alt-Attribut oder im Text neben dem Bild. Wenn das Letztere wahr ist, kann das Bild mit einem leeren alt-Attribut als dekorativ gekennzeichnet werden.

Also muss das Testtool in der Lage sein, zwei Entscheidungen zu treffen: Ist eine Textalternative für das Bild erforderlich, und wenn eine gebraucht wird und vorhanden ist, genügt sie?

Das Problem automatisierter Test-Tools ist, dass sie dafür nicht nur das Bild selbst interpretieren, sondern auch den inhaltlichen Kontext analysieren müssten. Nur so ließe sich feststellen, ob eine Textalternative, oder das bewusste Weglassen einer solchen, ausreichend ist. Bis heute ist das eine Aufgabe, die nur von Menschen übernommen werden kann.

Automatisierte Tests-Tool stoßen bei vielen Kriterien an ihre Grenzen und können das Testen von den allerwenigsten Punkten vollständig übernehmen. Trotzdem lohnen sich automatisierte Tests sowohl während als auch nach der Entwicklung. Während der Entwicklung können sie schon beim »Commit« helfen, Probleme zu finden, die man aus Versehen eingebaut hat. Dazu zählt zum Beispiel, dass man das `alt`-Attribut nicht einfach nur leer gelassen, sondern ganz rausgeschmissen hat. (Ein `<img>` ganz ohne `alt`-Attribut ist nämlich auch ein Fehler.)

Nach der Entwicklung sind sie besonders hilfreich, um schnell Fehler zu finden, ohne jedes Element einzeln prüfen zu müssen. So können automatisierte Tests Dinge finden, wie:

- ✔ Kontrastfehler
- ✔ Fehlende `alt`-Attribute
- ✔ Fehlende zugängliche Namen von Links und Buttons
- ✔ Falsche Nutzung von ARIA
- ✔ Fehlender Titel für `<iframes>`

Schritt 2: Manuell testen

Manuelles Testen ist wahrscheinlich der arbeitsintensivste Teil, wenn es um digitale Barrierefreiheit geht. Oft hat es auch keinen guten Ruf, weil es nicht gerade einfach und selbsterklärend ist. Das liegt daran, dass die Anforderungen sehr allgemein formuliert sind, um möglichst viele Anwendungsfälle abzudecken. Die Anforderungen der WCAG und der EN 301 549 lassen häufig Raum für Interpretationen. Da das gerade am Anfang sehr frustrierend sein kann, sollen folgende Tipps Ihnen helfen, einen guten Einstieg ins Testen zu finden und typische Anfängerfehler zu vermeiden.

Mit einem Prüfkatalog arbeiten

Die Anforderungen, was überhaupt getestet werden soll, finden Sie in den WCAG und in der EN 301 549. Diese Dokumente beschreiben, was überhaupt barrierefrei sein muss, also die inhaltlichen und technischen Anforderungen.

Beispiele für Prüfkataloge:

- ✔ EN 301 549, Kapitel 5, 6, 7, 11, 12 (teilweise), Kapitel 9 (Web) vollständig, aktuelle Version (zur Drucklegung noch Version 3.2.1, aber schon in 2026 erscheint Version 4.1.1)
- ✔ EN 301 549 Version 3.2.1 + WCAG 2.2 AA
- ✔ WCAG 2.2 A, AA und AAA

Diese Prüfkataloge sagen Ihnen zwar, was geprüft werden muss, aber nicht, wie Sie prüfen. Dafür gibt es Testverfahren, die genau beschreiben, wie einzelne Anforderungen überprüft werden.

Das passende Testverfahren einsetzen

Ein Testverfahren beschreibt, wie die Anforderungen aus den Prüfkatalogen konkret überprüft werden. Es enthält Prüfschritte, Bewertungskriterien und Auslegungen der jeweiligen Normen.

Ein Kriterium kann beispielsweise so lauten: »Jeder nicht-textliche Inhalt hat eine textliche Alternative, die denselben Zweck erfüllt.« (WCAG-Erfolgskriterium 1.1.1)

Dazu passend kann zum Beispiel geprüft werden:

- ✔ Hat die Seite informative Bilder?
- ✔ Hat jedes informative Bild eine Textalternative?
- ✔ Erfüllt die Textalternative denselben Zweck?
- ✔ Ist der Text redundant (zum Beispiel Überschrift in das `alt`-Attribut kopiert, sodass die Überschrift mit dem Screenreader immer doppelt vorgelesen wird)?
- ✔ Sind dekorative Bilder so ausgezeichnet, dass sie von Hilfsmitteln ignoriert werden?

Hätten Sie an all diese Dinge bei Bildern gedacht? Vermutlich nicht! Darum sind Prüfschritte so hilfreich und nützlich. Alle Prüfschritte bilden zusammen eine Art Checkliste, die Prüfer für jede Seite der Seitenauswahl durchgehen und abhaken können.

Testverfahren haben den Vorteil, dass sie die Prüfung standardisieren. Alle Tester arbeiten nach derselben Methode und die Ergebnisse sind nachvollziehbar und vergleichbar.

Der BIK-BITV-Test

Das bekannteste Testverfahren in Deutschland ist der BIK-BITV-Test. Er basiert auf der EN 301 549 und wird seit vielen Jahren genutzt, um öffentlichen Stellen auf digitale Barrierefreiheit zu testen. Besonders geschätzt wird er, weil alle Prüfschritte öffentlich zugänglich sind (bitvtest.de/pruefverfahren/bitv-20-webuie/). So kann jeder nachvollziehen, wie die einzelnen Anforderungen praktisch geprüft werden.

Seit dem Inkrafttreten des BFSG werden auch privatwirtschaftliche Websites mit dem BIK-BITV-Test getestet. Den Test zu bestehen, bringt allerdings keine Rechtssicherheit. Es ist also keine offiziell anerkannte Zertifizierung, die vor Strafen schützt. Dennoch hat ein Siegel des BIK-BITV-Tests auf einer Website viel Gewicht und es ist wesentlich unwahrscheinlicher, dass man mit so einem Siegel überhaupt geprüft wird. Wenn ein BIK-BITV-Tests bestanden wurde, ist es in der Regel so, dass es keine (schwerwiegenden) Probleme mehr auf der Website gibt.

Der BIT-Inklusiv-Test

Während der BIK-BITV-Test auf Websites und Webanwendungen ausgerichtet ist, ist der BIT-Inklusiv-Test für die Prüfung von Desktop- oder Fachanwendungen gedacht. Er ist das Standardverfahren für das Prüfen von barrierefreier Software am Arbeitsplatz.

Schauen Sie sich verschiedene Testverfahren an! Selbst wenn Sie nur Websites prüfen, lohnt sich ein Blick in den BIT-Inklusiv-Test – er zeigt zusätzliche Perspektiven und sensibilisiert für unterschiedliche Nutzungsszenarien.

Hilfreiche Ergänzung: Handreichung des Bundes

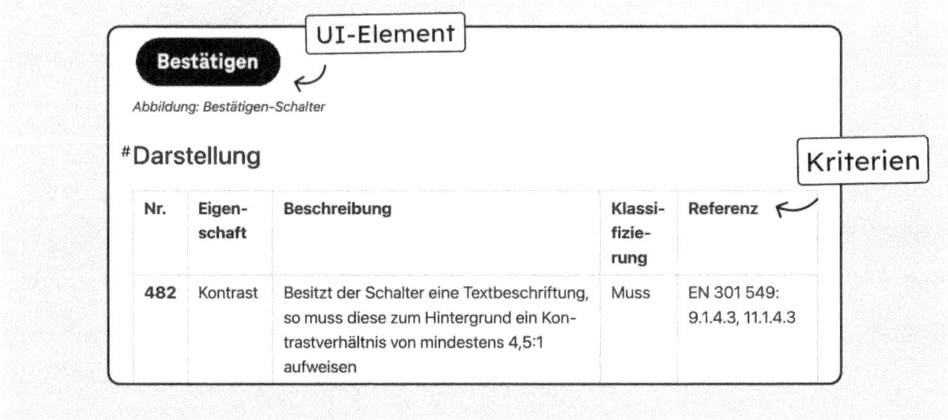

Abbildung 10.2: Screenshot der Handreichung des Bundes

Kein Testverfahren im engeren Sinn, aber sehr hilfreich ist die *Handreichung des Bundes für die barrierefreie Gestaltung von User-Interface-Elementen* (`handreichungen.bfit-bund.de/barrierefreie-uie/0.4/`). Sie verfolgt einen komponentenbasierten Ansatz. Statt ganze

Websites zu bewerten, zeigt sie, wie einzelne UI-Komponenten, etwa Buttons, Menüs oder Karussells, barrierefrei gestaltet und getestet werden können. Das macht die Handreichung besonders hilfreich für Designer*innen und Entwickler*innen, die ihre eigene Definition of Done (also den Punkt, an dem eine Komponente als fertig gilt) konkretisieren möchten. Für komplette Seitenprüfungen ist die Handreichung weniger geeignet, da sie nicht nach WCAG-Kriterien gegliedert ist.

Das richtige Test-Tool wählen

Nachdem Sie sich für einen Prüfkatalog entschieden haben, bleibt noch eine Frage, bevor es losgeht: »Wo und wie dokumentiere ich die Fehler, die ich beim Testen finde?«

Wenn Sie ganz wild darauf sind oder an Ihrer mentalen Toughness arbeiten wollen, können Sie eine einfache Excel-Tabelle nutzen. Da allerdings nur sehr wenige Menschen auf psychische Schmerzen stehen, gibt es mittlerweile viele hilfreiche Tools, die ihnen das Testen erleichtern.

Ein niederschwelliger Einstieg ist die BIK-BITV-Selbstbewertung. Dieses kostenlose Tool finden Sie auf der Seite der BIK-BITV. Es eignet sich vor allem zur Dokumentation von Testergebnissen. Für jeden Prüfschritt finden Sie eine Schritt-für-Schritt-Anleitung zum Testen. Zudem können Sie die Fehler in Textform beschreiben und Screenshots hochladen. Am Ende erzeugt das Tool einen Prüfbericht, den Sie herunterladen können. Der Funktionsumfang ist schlank gehalten, dafür aber leicht verständlich. Mit dem Tool lässt sich jeweils nur eine einzelne Seite prüfen und es darf nicht für kommerzielle Testaufträge genutzt werden.

Wer mehr Struktur und Komfort benötigt, kann auf spezialisierte Testmanagement-Tools wie *CAAT*, *a11yplan* oder unser eigenes *Accessibility Center* (AC) zurückgreifen. Diese Werkzeuge unterstützen ebenfalls beim manuellen Testen, bieten aber zusätzliche Funktionen wie flexiblere Reporting-Möglichkeiten oder eine bessere Integration in bestehende Prozesse.

CAAT (Computer Aided Accessibility Testing) wird von der Firma *mindscreen* entwickelt und ist aus der Prüfpraxis entstanden. Es bietet umfangreiche Teamfunktionen, beliebig viele anpassbare Kataloge und kann Websites (inklusive PDFs) automatisch monitoren. Es richtet sich vor allem an erfahrene Tester und Teams.

A11yplan ist ein webbasiertes Tool, mit dem Barrierefreiheitsprüfungen durchgeführt werden können. Es kombiniert automatisierte Checks mit einem geführten manuellen Audit. Das Tool macht Screenshots der einzelnen Unterseiten, auf denen man Fehler markieren und Kommentare hinterlassen kann.

Das *Accessibility Center* unterstützt Teams im Alltag bei der digitalen Barrierefreiheit. Für jeden Prüfschritt gibt es Anleitungen im Text- und Videoformat sowie vorgefertigte Problem- und Lösungsvorschläge. Besonders praktisch: Man kann direkt auf der Website testen und dabei kollaborativ arbeiten. Testende können ihr Team taggen, Kommentare hinterlassen und den Austausch über Probleme und Lösungen direkt im Tool organisieren. Dazu kommt ein Lern-Hub (also eine Lernplattform), in dem umfangreiches Wissen rund um digitale Barrierefreiheit gebündelt ist – egal ob zur Umsetzung oder zur Prüfung. Damit eignet sich das Accessibility Center perfekt für Teams, die gemeinsam an einer Website arbeiten und ihre Ergebnisse transparent festhalten wollen.

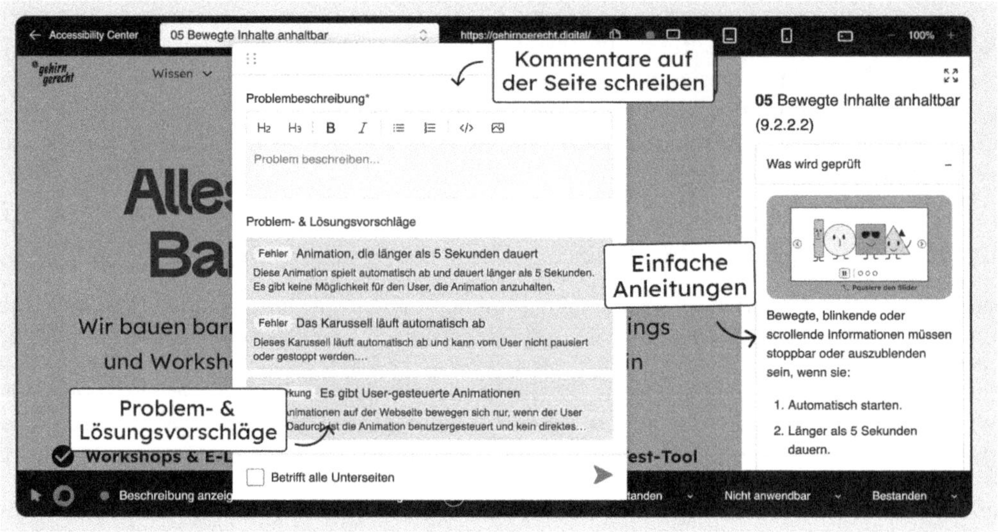

Abbildung 10.3: Screenshot des Accessibility Centers

Die Wahl des richtigen Werkzeugs hängt davon ab, wie umfangreich und wie regelmäßig Sie testen wollen. Für einen ersten Einstieg ist die BIK-BITV-Selbstbewertung ideal, für kontinuierliches Arbeiten im Team sind spezialisierte Tools sinnvoll.

Die Tools ersetzen einen Prüfkatalog nicht. Sie müssen sich immer noch entscheiden, nach welchem Prüfkatalog Sie testen wollen. Die Tools nutzen dann nur den Prüfkatalog und erstellen daraus im Grunde Checklisten mit Kommentarmöglichkeit. So helfen sie, die Arbeit besser zu strukturieren, im Team abzustimmen und nachvollziehbar zu dokumentieren.

Die einzelnen Kriterien richtig testen

Jetzt wird endlich getestet! Dazu rufen Sie die zu prüfende Seite auf, öffnen Ihren Prüfkatalog und arbeiten die Kriterien Schritt für Schritt durch.

Nehmen wir als Beispiel die Farbkontraste. Die WCAG verlangen im Kriterium *1.4.3 Kontrast (Minimum)*, dass Text unter 24 Pixeln ein Kontrastverhältnis von mindestens 4,5:1 zum Hintergrund hat.

Wie prüft man das? In der Theorie könnten Sie für jeden Text Ihrer Seite so vorgehen:

1. Text in der Entwicklerkonsole untersuchen
2. Farbwerte von Text und Hintergrund notieren
3. Werte in ein Kontrast-Tool eintragen
4. Prüfen, ob das Verhältnis stimmt

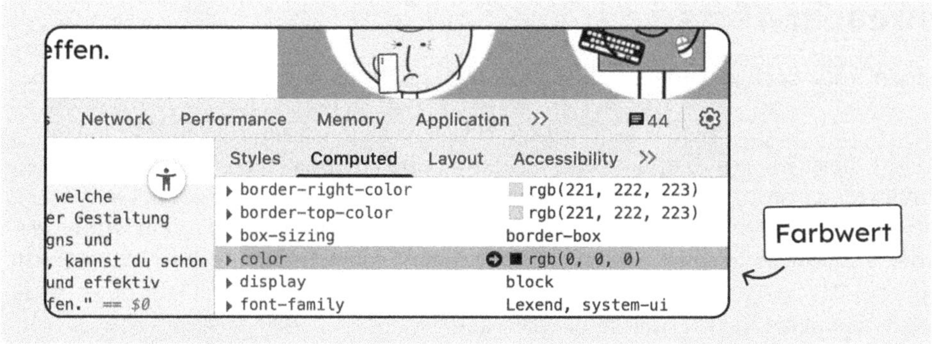

Abbildung 10.4: Farbwert aus der Entwicklerkonsole im Tab Computed. Die Hintergrundfarbe finden Sie unter background-color.

Wie Sie sich vorstellen können, kann das eine ganze Weile dauern. Deshalb lohnt es sich, bei manchen Kriterien automatisierte Test-Tools einzusetzen. Hier würden automatisierte Tests Farbkontraste automatisch berechnet und eventuell Fehler auflisten.

Damit ist es allerdings nicht ganz getan. Wie Sie sich vielleicht noch erinnern, haben automatisierte Tools ihre Grenzen. So erkennen sie zum Beispiel keine Texte in Bildern und auch Gestaltungseffekte, wie Hintergründe mit Transparenz, können die Tools nicht immer richtig bewerten. Deshalb sollten Sie trotz automatisierter Tests immer noch selbst einen Blick auf die Seite werfen, ob Ihnen Probleme mit den Kontrastanforderungen auffallen.

Und so gehen Sie jetzt tatsächlich jedes Kriterium auf Ihrer Liste oder des Prüfkatalogs durch. Sie testen die Seite durch, schreiben die gefundenen Fehler auf und machen Screenshots der jeweiligen Stelle. (Sie werden nach fünf bis zehn Kriterien merken, warum ein professionelles Tool dafür sehr hilfreich sein kann!)

Testen mit assistiven Technologien

Ein weiteres wichtiges Hilfsmittel beim Testen auf Barrierefreiheit sind assistive Technologien.

Abbildung 10.5: Screenreader, Bildschirmlupe und Sprachsteuerung

Screenreader-Tests

Screenreader-Tests decken Probleme auf, die mit automatisierten Tools nicht sichtbar werden.

Ein typisches Beispiel: ein Navigationsmenü mit Untermenüs. Die Untermenüs einer Navigation werden oft nur visuell, aber programmatisch nicht richtig versteckt. Das bedeutet, auch wenn das Untermenü visuell geschlossen ist, kann man darin mit dem Screenreader oder der Tastatur navigieren. Sie können also Inhalte navigieren, die gar nicht erreicht werden sollten. Das ist besonders für sehende Tastaturnutzende problematisch, da sie nicht sehen, welche Elemente gerade angesteuert werden.

Dieses Problem findet (momentan) noch kein automatisiertes Tool, weil diese meistens nur den Code untersuchen und nicht visuell die UI prüfen. Anhand von Code allein lässt sich aber nicht beurteilen, wann es richtig ist, ob ein Untermenü jetzt geschlossen oder visuell geöffnet ist.

Auch andere Probleme lassen sich mit dem Screenreader gut aufdecken. Hier ein paar Beispiele:

- ✔ Fehlende Alternativtexte für Bilder und grafische Bedienelemente (wie klickbare Icons)
- ✔ Unterschiede in der sichtbaren Beschriftung eines Elements und dem zugänglichen Namen im Accessibility-Tree (also dem, was der Screenreader vorliest)
- ✔ Name, Rolle oder Werte eines Bedienelements fehlen oder sind falsch (ist der visuelle Button auch programmatisch ein Button?).
- ✔ Programmatisch unlogische Reihenfolge von Inhalten, die nur optisch mit CSS in eine sinnvolle Reihenfolge gebracht wurden

All diese Fehler können im Code auf den ersten Blick korrekt aussehen – fallen aber sofort auf, wenn man die Seite mit einem Screenreader durchgeht.

⚠ Auch wenn Ihre eigenen Screenreader-Tests sehr nützlich sind, um die Kriterien abzutesten, ersetzen diese keine User-Tests. Blinde User sind Profis in Screenreadern und nutzen diese oft ganz anders als Personen, die einen Screenreader einfach mal zum Testen auspacken. So stellen blinde User meist den Screenreader auf sehr hohe Geschwindigkeit, springen gezielt per Tastenkürzel durch die Seite und sind komplett auf die akustische und strukturelle Ausgabe angewiesen. Für wirklich realistische Ergebnisse (besonders was die Usability angeht) braucht es also die Erfahrung von Menschen, die den Screenreader täglich nutzen!

Tests mit Zoom

Auch die Kriterien, die das Zoomen betreffen, lassen sich eigentlich nur manuell testen. Nach den WCAG muss zum Beispiel eine Website auch bei 200 Prozent Vergrößerung noch vollständig nutzbar sind (Kriterium *1.4.4 Resize Text*).

In der Praxis treten dabei häufig Fehler auf:

- ✔ **Inhalte werden unlesbar:** Texte oder Elemente werden abgeschnitten oder überlagern sich mit anderen verdecken Texten oder Inhalten.
- ✔ **Scrollbalken:** Inhalte brechen nicht richtig um, wodurch ein horizontaler Scrollbalken entsteht. Nutzende müssen dann ständig hin- und herschieben, um Texte zu lesen, was sehr mühsam ist.
- ✔ **Überlagernde Elemente:** Sticky Elemente wie Header oder Footer können bei Zoom andere Inhalte überdecken und sie nicht mehr lesbar oder erreichbar machen. Das gilt auch für nicht-sticky Elemente, die aber im Z-Index verändert wurden und dadurch auf einer »höheren Ebene« auf der Website liegen.

Um diese Probleme zu finden, müssen Sie die Seite manuell auf 200 Prozent vergrößern und prüfen, ob noch alles gut lesbar und bedienbar ist.

Schritt für Schritt lostesten

Nachdem Sie jetzt mit allen einzelnen Schritten des Testens vertraut sind, bringen wir alles zusammen! Für Ihren ersten Test empfehlen wir folgendes Vorgehen:

1. **Prüfkatalog des BIK-BITV-Tests öffnen**: Rufen Sie die Website des BIK-BITV-Tests auf und wählen Sie »BIK BITV-Test + WCAG 2.2 (Web)«, damit wirklich alle Prüfschritte abgedeckt sind.
2. **Beim ersten relevanten Prüfschritt starten**: Beginnen Sie beim ersten für Ihre Seite relevanten Prüfschritt. Klicken Sie zum Beispiel auf den Prüfschritt »Aktivierung von Barrierefreiheitsfunktionen«.
3. **Anwendbarkeit prüfen**: Nachdem Sie auf den Prüfschritt geklickt haben, lesen Sie den Abschnitt »Anwendbarkeit« unter »Wie wird geprüft«. Manche Prüfschritte sind nur relevant, wenn bestimmte Funktionen vorhanden sind. So sind zum Beispiel Kriterien, die Videos betreffen, natürlich nur anwendbar, wenn es Videos auf der Seite gibt.
   a. Nicht anwendbar? Dann abhaken und zum nächsten Prüfschritt gehen.
   b. Anwendbar? Mit der Prüfung fortfahren.
4. **Prüfen und dokumentieren:** Folgen Sie dem Text unter »Wie wird geprüft«.
5. **Dokumentieren Sie gefundene Fehler:** Beschreiben Sie den Fehler in Textform, idealerweise mit Screenshot und Verweis auf die betroffene Stelle.
6. **Für alle geplanten Seiten wiederholen:** Arbeiten Sie so jeden Prüfschritt für alle ausgewählten Seiten durch.

Es wird passieren, dass Sie auch nach dem Lesen von »2. Prüfung« noch Fragen haben. Manchmal gibt es dann noch den Punkt »3. Hinweise« als Hilfe. Außerdem finden Sie in Teil IV dieses Buches auch noch einmal alle Kriterien im Detail, was hoffentlich hilft, um offene Fragen zu klären!

Kann man sich als barrierefrei zertifizieren lassen und gibt es Siegel?

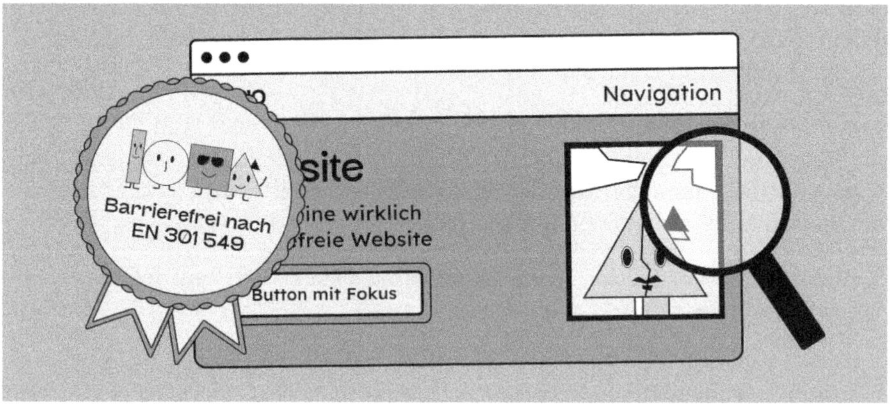

Abbildung 10.6: Siegel für Barrierefreiheit

Nein. Man kann und muss eine Website nicht als barrierefrei zertifizieren lassen. Es gibt kein staatlich vorgeschriebenes oder anerkanntes Zertifikat, das eine Website offiziell als »barrierefrei« ausweist. Aber es gibt Verfahren, mit denen Sie ein Siegel erhalten können.

Deutschland: BIK-BITV-Test

Wenn Sie alle Prüfschritte des BIK-BITV-Tests bestehen, erhalten Sie ein BITV-Prüfzertifikat. Das Zertifikat gilt maximal zwei Jahre oder bis sich wesentliche Inhalte oder Strukturen Ihrer Website ändern. Es ist kein rechtlich bindender Nachweis, wird aber in der Praxis sehr hoch geschätzt.

Österreich: WACA

In Österreich gibt es mit dem WACA-Zertifikat (Web Accessibility Certificate Austria) ein offizielles Prüfverfahren, das auf den WCAG und der EN 301 549 basiert. Das Zertifikat wird unter anderem vom TÜV Austria vergeben und ist für zwei Jahre gültig.

Schweiz: Access for All

In der Schweiz vergibt die Stiftung *Zugang für alle – Access for All* ein eigenes Zertifikat für barrierefreie Websites. Grundlage sind die WCAG 2.1 sowie die europäische Norm EN 301 549.

Das Zertifikat gibt es in verschiedenen Stufen (A, AA und AAA), je nachdem, wie umfassend die Anforderungen erfüllt werden. Damit können Website-Betreiber nach außen sichtbar machen, auf welchem Level ihre Seite geprüft wurde.

Vorteile und Grenzen von Siegeln

Siegel können ein wirkungsvolles Signal sein. Sie zeigen, dass Sie Barrierefreiheit ernst nehmen, rechtliche Anforderungen erfüllen und ein klares Qualitätsziel erreicht haben. In Ausschreibungen oder im Marketing dienen sie oft als Nachweis und schaffen Vertrauen bei Kunden und Auftraggeberinnen.

So hilfreich diese Nachweise auch sind, sie haben klare Schwächen:

- ✔ **Hohe Kosten:** Je nach Umfang der Website kann eine Zertifizierung schnell teuer werden.
- ✔ **Momentaufnahme:** Siegel bestätigen nur den Stand zum Zeitpunkt der Begutachtung. Ändert sich danach etwas, können sofort wieder neue Fehler entstehen.
- ✔ **Keine Garantie:** Ein Siegel bedeutet nicht, dass die Seite fehlerfrei ist, sondern nur, dass im geprüften Umfang keine Verstöße gefunden wurden.
- ✔ **Fraglicher Nutzen:** Juristisch schützt ein Siegel nicht vor Klagen. Für viele Organisationen ist es sinnvoller, Geld in kontinuierliche barrierefreie Entwicklung und internes Wissen zu investieren, anstatt in ein einmaliges Zertifikat.

Statt Geld und Zeit in eine Zertifizierung zu stecken, investieren Sie in Teamschulungen und testen Sie regelmäßig Ihre Seite. Damit sind Sie besser abgedeckt, als Sie es mit einem Siegel je sein könnten.

IN DIESEM KAPITEL

Welche automatisierten Werkzeuge Ihnen beim Testen wirklich helfen

Welche kostenlosen Helfer das Internet für Sie bereithält

Kapitel 11
Tools und Plug-ins

In diesem Kapitel finden Sie unsere Empfehlungen für Test-Tools, die Ihnen den Arbeitsalltag erleichtern.

Automatisierte Test-Tools

Wir starten mit den Test-Tools, die automatisiert ablaufen und die Website auf Fehler analysieren. Jedes Tool arbeitet mit einem eigenen Regelset, das normalerweise auf den WCAG-Kriterien basiert. Diese Regelsets unterscheiden sich teils deutlich – ein Tool meldet Fehler, die ein anderes übersieht. Deshalb lohnt es sich, verschiedene Tools zu kombinieren, um ein vollständigeres Bild zu bekommen.

Hinweis zu Beginn: Ein Browser-Plug-in installieren

Viele automatisierte Test-Tools werden als Browser-Plug-in angeboten. Die Installation funktioniert bei allen recht ähnlich.

Am Beispiel von Chrome sieht das so aus:

1. Öffnen Sie den Chrome Web Store.

2. Suchen Sie nach dem gewünschten Plug-in, zum Beispiel »ARC Toolkit« oder »axe DevTools«.

3. Klicken Sie auf »Zu Chrome hinzufügen« und bestätigen Sie die Installation.

Nach der Installation finden Sie das Plug-in im Menü »Erweiterungen« (Puzzle-Icon). Manche Tools erscheinen zusätzlich als Tab in den Entwickler-Tools.

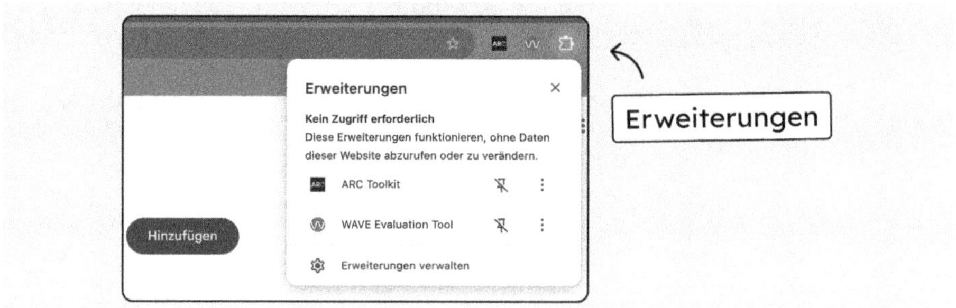

Abbildung 11.1: Das Puzzle-Icon im Google Chrome führt zu den Erweiterungen.

Für Firefox und Safari läuft der Vorgang ganz ähnlich, nur eben über den jeweiligen Add-on-Store.

ARC-Toolkit

Das *ARC-Toolkit* von *TPGi* ist ein kostenloses Browser-Plug-in (für Chromium-Browser wie Edge, Opera und viele Linux-Browser und Firefox), das direkt in die Entwickler-Tools eingebunden wird. Mit einem Klick lassen sich alle Tests einer Seite starten oder gezielt bestimmte Kategorien prüfen, zum Beispiel Kontrast, interaktive Elemente oder Bilder.

Die Ergebnisse erscheinen in zwei Ansichten: Links sehen Sie die Ergebnisse sortiert nach Elementen der Seite, rechts nach Fehlermeldungen. Das ARC-Toolkit unterscheidet bei den Ergebnissen zwischen drei Kategorien: »Errors« markieren eindeutige Barrieren, die auf jeden Fall behoben werden müssen. »Alerts« sind Verdachtsfälle, bei denen das Tool nicht sicher entscheiden kann, ob wirklich ein Problem vorliegt. Hier ist eine manuelle Überprüfung nötig. Und unter »Best Practices« zeigt ARC Empfehlungen an, die zwar nicht direkt in den WCAG gefordert sind, aber die Nutzung mit assistiven Technologien erleichtern können. Über Filter lassen sich die Ergebnisse gezielt ein- oder ausblenden, sodass man den Überblick behält.

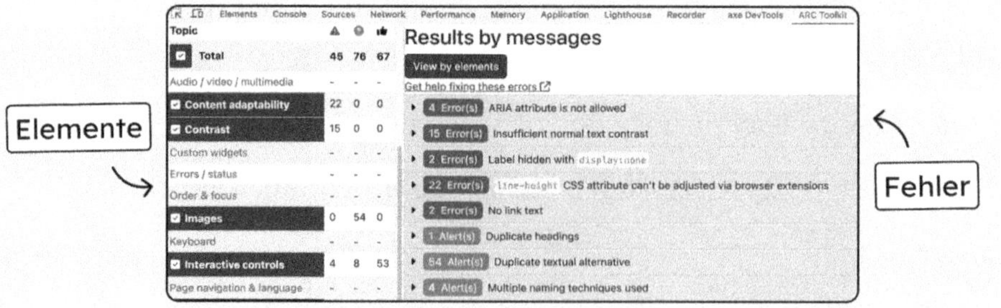

Abbildung 11.2: Ergebnisse des ARC-Toolkit-Plug-ins

Besonders hilfreich ist, dass die Ergebnisse auch hier die betroffenen Stellen im DOM der Seite anzeigen. So müssen Sie die Fehler nicht lange suchen.

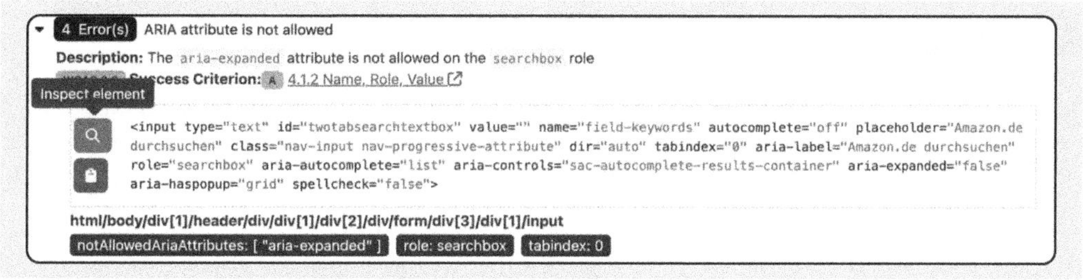

Abbildung 11.3: Hervorhebung des Fehlers direkt im Code

axe DevTools

axe DevTools ist die Browser-Erweiterung der Firma *Deque*. Sie ist für Chrome, Microsoft Edge und Firefox verfügbar. Nach der Installation finden Sie die Erweiterung als eigenen Tab in den Entwickler-Tools.

Mit einem Klick auf »Scan ALL of my page« starten Sie die Analyse. Ist der Test durchgelaufen, sehen Sie im linken Bereich eine Übersicht, im rechten Bereich eine Liste der einzelnen Probleme. Jeder Fund wird nach Schwere eingestuft: von kritisch über ernst und mittel bis hin zu geringfügig.

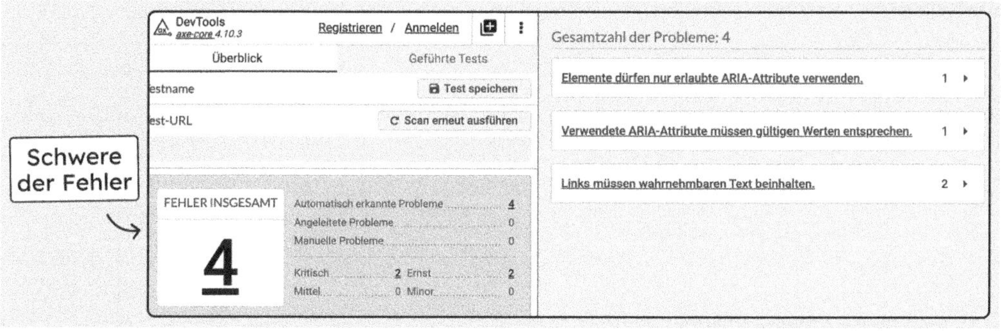

Abbildung 11.4: Ergebnisanzeige der axe DevTools

Wenn Sie auf einen Fehler klicken, öffnet sich eine Detailansicht. Dort können Sie ebenfalls direkt zur betroffenen Stelle auf der Webseite springen. Zusätzlich erhalten Sie ein Code-Snippet sowie weiterführende Informationen, die erklären, warum das Problem besteht und wie es sich beheben lässt.

In der kostenlosen Version können Sie Scans durchführen und Details prüfen. Funktionen wie CSV-Export, Teamfunktionen und die sogenannten *Intelligent Guided Tests* (IGT) sind der kostenpflichtigen Pro-Version vorbehalten. Die geführten Tests sind sehr nützlich, weil sie Schritt für Schritt durch komplexe Prüfungen führen, die sich nicht vollständig automatisieren lassen. Dazu zählen etwa die Prüfung der Alternativtexte und die Frage, ob ein Alternativtext wirklich sinnvoll ist.

Google Lighthouse

Bei *Google Lighthouse* handelt es sich um ein kostenloses Tool von Google. Nach dem Öffnen der Entwicklerkonsole in Chrome finden Sie den Reiter »Lighthouse«. Dort können Sie einen Test starten und auswählen, ob die Seite im Desktop- oder Mobilmodus geprüft werden soll.

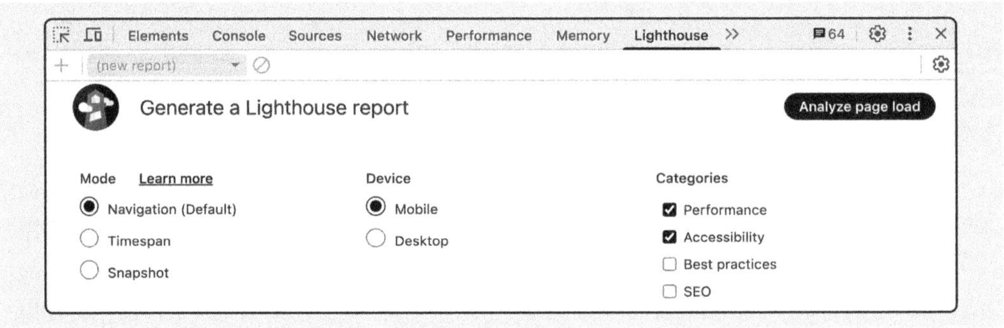

Abbildung 11.5: Google Lighthouse in der Entwicklerkonsole

Ein Klick auf »Analyze page load« startet die Analyse und wenige Sekunden später erscheint ein Report.

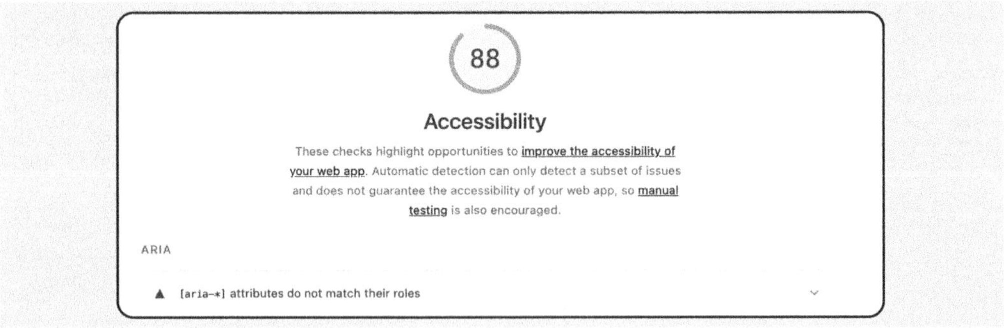

Abbildung 11.6: Ergebnisse des Google-Lighthouse-Tests

Die Ergebnisse werden in Form einer Punktzahl zwischen 0 und 100 zusammengefasst. Diese Zahl vermittelt einen ersten Eindruck davon, wie barrierefrei die Seite ist. Der Wert bezieht sich nicht auf die Anforderungen der EN 301 549 oder der WCAG, sondern auf das in Lighthouse hinterlegte Regelset. Eine 100 bedeutet also nicht, dass Ihre Seite vollständig barrierefrei ist!

Unterhalb der Punktzahl listet Lighthouse die gefundenen Probleme auf und ordnet sie den jeweiligen Kriterien zu. Jeder Eintrag enthält eine kurze Erklärung, einen Screenshot der betroffenen Stelle und Links zur Dokumentation, sodass Sie verstehen, warum das Problem besteht und wie es sich beheben lässt.

Die Tests basieren auf einem Subset des axe-Regelwerks von Deque.

WAVE

WAVE ist eine kostenlose Erweiterung der Organisation *WebAIM*, verfügbar für Chrome, Firefox und Edge. Um eine Seite zu prüfen, öffnen Sie sie im Browser, klicken auf das Plug-in und lassen die Analyse starten. Die Ergebnisse erscheinen visuell direkt in der Seite. WAVE legt Icons, Umrandungen und Hinweise über die vorhandenen Inhalte.

Parallel öffnet sich eine Seitenleiste mit sechs Kategorien: »Errors« für eindeutige Barrieren, »Contrast Errors« für Farbkontrastprobleme, »Alerts« für Verdachtsfälle, »Features« für gute Zugänglichkeitshilfen, »Structural Elements« für Seitenelemente wie Überschriften und Regionen sowie ARIA-Markierungen.

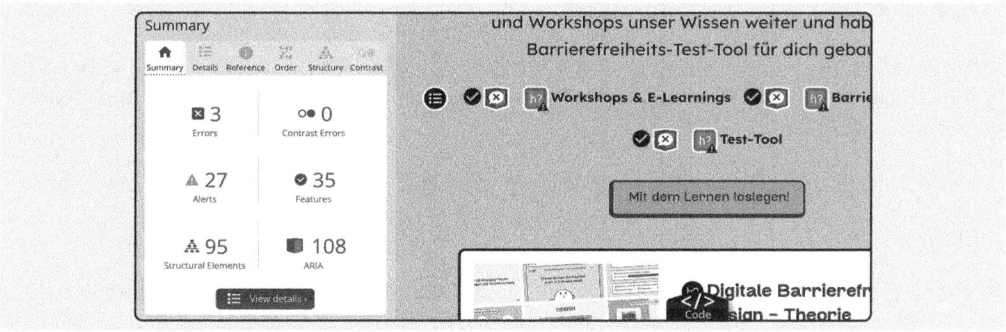

Abbildung 11.7: Ergebnisse der Analyse durch WAVE

Ein Klick auf ein Icon in der Seite öffnet ein Tooltip mit Erklärungen, Lösungsvorschlägen und Verweisen auf die relevanten WCAG-Kriterien. Über die Tabs »Details«, »Reference«, »Structure«, »Order« und »Contrast« können Sie tiefer einsteigen. Im »Order«-Tab sehen Sie zum Beispiel die Tab-Index-Reihenfolge und die zugänglichen Namen interaktiver Elemente, während der »Contrast«-Tab direkt die Farbkontraste berechnet und Anpassungen erleichtert.

Zu jeder markierten Stelle können Sie sich zudem die Stelle im Code anzeigen lassen.

Manuelle Test-Tools

Diese Tools helfen Ihnen bei manuellen Tests, die einzelnen Prüfschritte schneller und gezielter durchzuführen. Sie machen sichtbar, was Sie sonst mühsam im Code suchen müssten, etwa die Struktur der Überschriften oder die Alternativtexte von Bildern. So können Sie viele Aspekte der Barrierefreiheit direkt visuell im Browser sehen, ohne sich durch den Quellcode zu arbeiten.

Viele Prüfenden nutzen eine Kombination aus Plug-ins und *Bookmarklets*. Beide Helferlein unterstützen bei der Durchführung einzelner Tests, liefern aber keine vollständige Bewertung.

Eine praktische All-in-one-Lösung ist unser *Accessibility Center*. Es kombiniert verschiedene Prüf- und Dokumentationsfunktionen in einer Oberfläche und vereint viele kleine Helfer, die sonst über einzelne Plug-ins oder Bookmarklets bereitgestellt werden. Damit eignet es sich ideal, wenn Sie regelmäßig testen oder im Team arbeiten und Ihre Ergebnisse direkt festhalten möchten.

Bookmarklets verwenden

Bookmarklets sind kleine JavaScript-Snippets, die Sie per Drag and Drop in Ihre Lesezeichenleiste ziehen können. Danach reicht ein Klick, um das Bookmarklet auf einer beliebigen Seite auszuführen.

Die erste Nutzung ist ein bisschen ungewohnt, darum hier eine kurze Anleitung:

1. Öffnen Sie die Lesezeichenleiste in Ihrem Browser
2. Klicken Sie auf das Bookmarklet und halten Sie die Maus gedrückt – zum Beispiel »Inhalte gegliedert« aus der Werkzeugliste des BIK-BITV-Tests (`bitvtest.de/testmethodik/web/werkzeugliste`).
3. Ziehen Sie das Bookmarklet in die Lesezeichenleiste.
4. Öffnen Sie eine Seite Ihrer Wahl und klicken Sie auf das Bookmarklet in der Lesezeichenleiste. Der Effekt wird sofort sichtbar.
5. Um zur normalen Ansicht der Website zurückzukehren, laden Sie diese neu (Strg/Cmd + R).

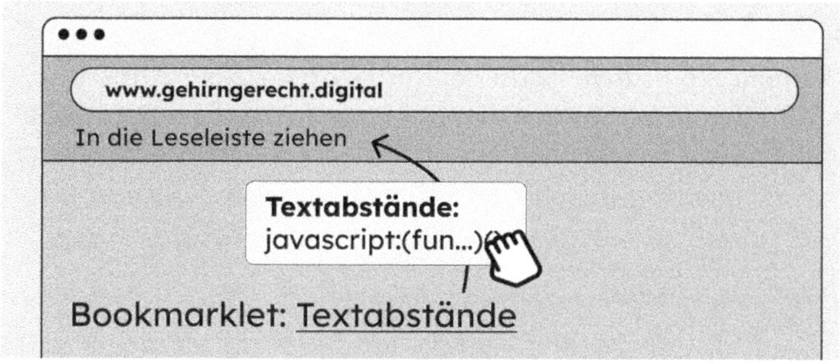

Abbildung 11.8: So hinterlegen Sie ein Bookmarklet in Ihren Lesezeichen im Browser.

Bilder prüfen

Die folgenden Tools helfen Ihnen dabei, zu prüfen, ob Ihre Bilder einen sinnvollen Alternativtext enthalten.

Plug-in »Web Developer«

Mit dem Plug-in können Sie alle Bilder auf einer Seite ausblenden und stattdessen die zugehörigen Alternativtexte anzeigen. So sehen Sie auf einen Blick, ob Bilder einen Alt-Text haben und ob dieser sinnvoll ist. So geht's:

1. Öffnen Sie das Plug-in.

2. Wählen Sie den Reiter »Images«.

3. Aktivieren Sie die Optionen »Display Alt Attributes« und »Hide Images«.

Jetzt erscheinen anstelle der Bilder die Alt-Texte. Das ist hilfreich, um schnell zu sehen, ob Texte fehlen oder unverständlich sind oder ob ein Bild fälschlich als dekorativ behandelt wurde.

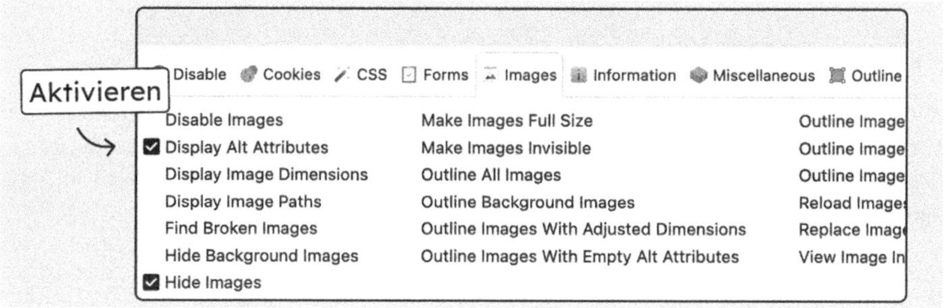

Abbildung 11.9: Der Image-Tab der Web-Developer-Toolbar. »Display Alt Attributes« und »Hide Images« sind aktiviert.

Bookmarklet »images«

Mit diesem Bookmarklet können Sie prüfen, ob Bilder auf einer Seite ein Alt-Attribut haben. Wenn ein Bild einen Alt-Text besitzt, wird dieser angezeigt. Ist das `alt`-Attribut leer, erscheint ein Totenkopfsymbol. So erkennen Sie, wo Alt-Texte fehlen oder unverständlich sind.

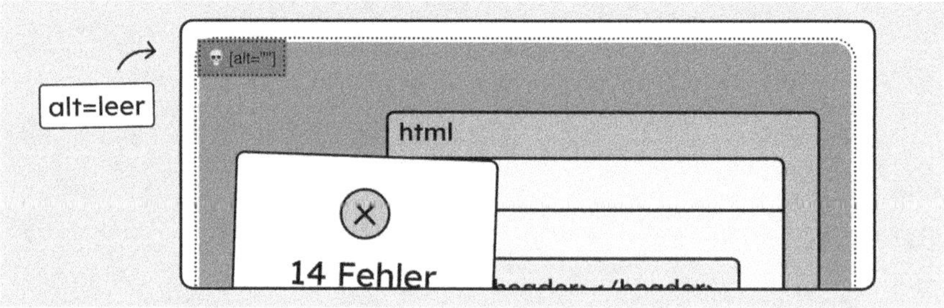

Abbildung 11.10: Ein leeres alt-Attribut hat einen Totenkopf als Symbol.

Zu finden ist das Bookmarklet in der Toolliste von *Tollwerk* (den Link dazu finden Sie im Abschnitt Quellen.)

Farbkontraste checken

Die meisten Kontrastmesser haben eine Pipette, mit der Sie Farben direkt vom Bildschirm aufnehmen können. Dabei sollten Sie aber vorsichtig sein, denn oft erwischt die Pipette nicht genau den Farbwert, der tatsächlich im Code steht.

Am genauesten ist es, wenn Sie die Farbwerte direkt aus dem CSS kopieren. Öffnen Sie dafür die Entwicklerkonsole Ihres Browsers, wählen Sie die betroffene Schrift und wechseln Sie im Bereich »elements« auf den Tab »computed« (auf Deutsch: berechnet). Dort finden Sie die Angaben zu Vordergrundfarbe (»color«) und Hintergrundfarbe (»background-color«). Diese Werte können Sie direkt kopieren und im Kontrastmesser einfügen.

Software »Color Contrast Analyser«

Der »Color Contrast Analyser« ist eine Anwendung für Windows und macOS. Besonders praktisch ist, dass sich das Fenster des Tools über jede andere Anwendung legen lässt. Es spielt keine Rolle, ob Sie Farben im Browser, in *Figma* oder in *Canva* testen möchten, das Arbeiten bleibt flexibel.

Um eine Kombination zu prüfen, können Sie entweder die Farbwerte für Vorder- und Hintergrund in das Tool eingeben oder die integrierte Pipette nutzen. Das Ergebnis zeigt, ob der Farbkontrast den Anforderungen der WCAG entspricht und ob die Kriterien für die Stufen AA oder AAA erfüllt sind. Geprüft werden dabei sowohl Texte als auch nicht-textliche Inhalte wie Symbole oder grafische Bedienelemente (Download unter `www.tpgi.com/color-contrast-checker/`).

Plug-in »WCAG Color contrast Checker«

Mit diesem Plug-in können Sie schnell prüfen, welche Farbkombinationen auf einer Website verwendet werden. Das Tool zeigt automatisch, wie gut die Kontraste zwischen Schriftfarbe und Hintergrund sind. So bekommen Sie sofort einen Überblick über mögliche Probleme.

Ganz perfekt ist das Ergebnis aber nicht. Schrift, die auf Bildern oder Farbverläufen liegt, wird nicht richtig erkannt. Das liegt daran, dass das Plug-in nur die reinen Farbwerte aus dem CSS ausliest und keine komplexeren Darstellungen versteht.

Trotzdem ist es sehr praktisch, um sich einen ersten Eindruck zu verschaffen. Sie können damit prüfen, ob die Kontraste die WCAG-Stufen AA oder AAA erfüllen. Wenn Sie unsicher sind, können Sie mit einer Pipette einzelne Farben noch einmal manuell nachmessen.

- ✔ Das Tool für Chrome: `chromewebstore.google.com/detail/wcag-color-contrast-check/plnahcmalebffmaghcpcmpaciebdhgdf`
- ✔ Das Tool für Firefox: `addons.mozilla.org/en-US/firefox/addon/wcag-contrast-checker/`

Contrast Grid – Alle auf einen Blick!

Besonders im Designprozess ist es wichtig, **alle** Farbkombinationen mitzudenken.

Ein hilfreiches Werkzeug dafür ist das *EightShapes Contrast Grid*. Es vergleicht nicht nur zwei Farben, sondern stellt gleich mehrere Farben in einer Matrix gegenüber. Das ist besonders nützlich für Designsysteme, in denen alle Farbkombinationen miteinander funktionieren müssen – nicht nur einzelne Paare.

BEISPIEL

Ein Unternehmen setzt auf Dunkelgrau, Orange und Weiß als Markenfarben. Der Kontrast zwischen Dunkelgrau und den beiden anderen Tönen ist stimmig – doch wie sieht es aus, wenn Orange auf Weiß trifft? Genau hier zeigt das Contrast Grid zuverlässig, welche Farbkombinationen funktionieren und wo nachgebessert werden sollte.

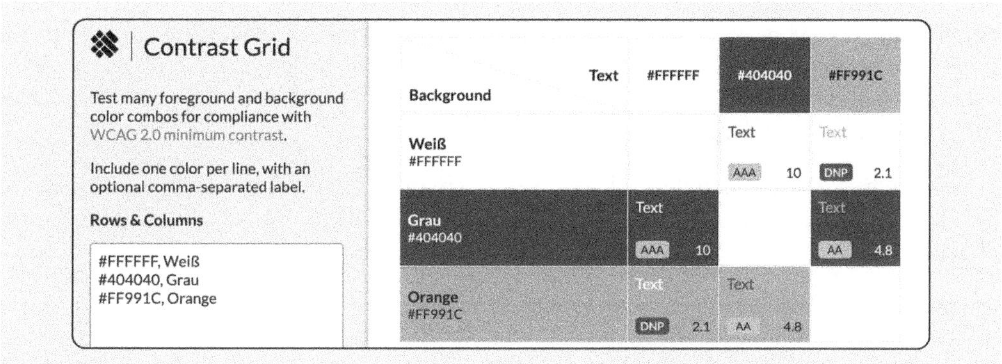

Abbildung 11.11: Contrast Grid gibt einen Überblick der Farbkontraste unterschiedlicher Farbkombinationen.

So nutzen Sie Contrast Grid:

1. Geben Sie den HEX-Code aller Farben an, die in Ihrem Designsystem vorkommen.
2. Grid generieren lassen – das Tool erstellt eine Matrix mit allen möglichen Kombinationen.
3. Lesen Sie die Kontrastwerte ab: »AA/AAA« ist barrierefrei nach dem jeweiligen Level der WCAG, während »DNP« für »did not pass« steht, also für Farbkombinationen mit zu wenig Kontrast.
4. Prüfen Sie kritische Kombinationen und passen Sie sie gegebenenfalls im Designsystem an.

»Contrast« in Figma

Sie designen mit *Figma*? Perfekt! Figma hat nämlich mittlerweile einen eigenen Kontrast-Checker integriert. Sobald Sie eine Farbe in Figma auswählen, wird der Kontrast automatisch gegen den Hintergrund getestet. Figma unterscheidet auch automatisch, ob Ihr Text über oder unter 24 Pixel ist und gibt basierend darauf den richtigen Richtwert (4,5:1 oder 3:1) an.

Ein weiteres hilfreiches Plug-in für Kontraste in Figma ist *Contrast*. Das Besondere: Es berechnet nicht nur den Wert eines einzelnen Pixels (wie bei einer Pipette), sondern bildet einen Mittelwert aus den umgebenden Pixeln. Das ist vor allem dann hilfreich, wenn Text auf Fotos liegt, weil der Mittelwert die tatsächliche Lesbarkeit meist realistischer widerspiegelt.

Semantik prüfen

Im kommenden Abschnitt zeigen wir Ihnen Tools, um zu prüfen, ob die technische Struktur korrekt angelegt worden ist.

Plug-in »HeadingsMap«

Das Plug-in ist sehr praktisch, um die Überschriftenstruktur einer Website zu prüfen. Auf einen Blick erkennen Sie, ob die Überschriften logisch aufgebaut sind, also ob es eine klare Reihenfolge gibt (H1, H2, H3 und so weiter) und ob die Auszeichnung im Code wirklich zu dem passt, was visuell dargestellt wird.

So lässt sich schnell feststellen, ob die Seite semantisch korrekt aufgebaut ist oder ob Überschriften nur optisch hervorgehoben wurden, ohne die passende HTML-Struktur zu nutzen.

- ✔ Das Plug-in für Chrome: `chromewebstore.google.com/detail/headingsmap/flbjommegcjonpdmenkdiocclhjacmbi`
- ✔ Das Plug-in für Firefox: `addons.mozilla.org/en-US/firefox/addon/headingsmap`

Bookmarklet »Inhalte gegliedert«

Mit diesem Bookmarklet werden alle Überschriften, Absätze und Auszeichnungen auf der Seite sichtbar hervorgehoben. So lassen sich Fehler leicht erkennen, zum Beispiel, wenn Elemente falsch ausgezeichnet oder ganz vergessen wurden. Auch leere Überschriften oder Absätze fallen damit sofort auf. Solche Probleme sind im normalen Layout oft schwer zu bemerken, mit dem Bookmarklet aber direkt sichtbar. Sie finden das Bookmarklet in der BIK-BITV-Werkzeugliste (siehe Abschnitt »Quellen«).

Bookmarklet »Lists«

Listen sollen im Code korrekt ausgezeichnet sein, also mit den passenden HTML-Elementen wie `<ul>`, `<ol>`, `<dl>` oder `<li>` versehen werden. Dieses Bookmarklet macht das Markup von allen Listen direkt im Browser sichtbar. Sie müssen dafür nicht extra in der Entwicklerkonsole nachschauen. Zu finden ist das Bookmarklet in den Tools von Paul J. Adam (siehe Abschnitt »Quellen«).

Bookmarklet »What the Focus«

Mit diesem Bookmarklet können Sie sich Informationen zu interaktiven Elementen einer Seite anzeigen lassen. Es zeigt zum Beispiel die Rolle eines Elements sowie den zugänglichen Namen, dessen Quelle und das zugrunde liegende HTML-Element. Normalerweise müssen Sie dafür im Accessibility Tree suchen.

Das Bookmarklet ist hilfreich, um schnell zu prüfen, ob Buttons, Links oder Formulare korrekt ausgezeichnet sind und von Screenreadern verstanden werden. (a11y-Tools, siehe Abschnitt Quellen).

Tastaturbedienbarkeit prüfen

Diese Tools helfen Ihnen dabei, zu prüfen, ob eine Website mit der Tastatur bedienbar ist.

Bookmarklet »Focus Order«

Um die Fokus-Reihenfolge zu prüfen, können Sie entweder mit der Tab-Taste durch die Website tabben oder Sie aktivieren dieses Bookmarklet und lassen sich die Reihenfolge visuell ausgeben (a11y-tools, siehe Abschnitt »Quellen«)

Bookmarklet »Force Focus«

Um die Tastaturbedienbarkeit prüfen zu können, braucht man einen sichtbaren Fokusrahmen. Auf manchen Websites wird er aber gar nicht angezeigt. Mit diesem Bookmarklet können Sie den Fokusrahmen einfach einschalten und so trotzdem testen, wie gut sich eine Seite per Tastatur bedienen lässt. Zu finden ist das Bookmarklet in den Tools von Paul J. Adam (siehe Abschnitt »Quellen«).

Bookmarklet »Tabindex«

Dieses Bookmarklet zeigt Ihnen direkt auf der Seite, wo im Code das Attribut `tabindex` gesetzt wurde. Damit greifen Entwickler in die Tab-Reihenfolge ein. Solche Stellen sollten Sie besonders sorgfältig prüfen, weil sonst die Tastaturnavigation durcheinandergeraten kann (Tools von Paul J. Adam, siehe Abschnitt »Quellen«).

Textprüf-Tools

Mit diesen Tools können Sie Ihren Text auf Barrieren überprüfen.

Bookmarklet »Lang«

Jede Website braucht eine Angabe zur Sprache und auch Sprachwechsel im Text müssen korrekt ausgezeichnet sein. Dieses Bookmarklet zeigt Ihnen direkt auf der Seite, welches `lang`-Attribut im Code gesetzt ist. So sehen Sie sofort, ob die Sprache richtig angegeben wurde (Tools von Paul J. Adam, siehe Abschnitt »Quellen«).

Bookmarklet »Textabstände«

Texte müssen so gestaltet sein, dass sich Abstände wie Zeilenhöhe, Absatzabstand oder Buchstabenabstand anpassen lassen. Mit diesem Bookmarklet können Sie schnell testen, ob eine Website diese Anpassungen unterstützt (Quelle: BIK-BITV-Werkzeugliste, siehe Abschnitt Quellen).

Quellen

Es gibt unzählige Werkzeuge, mit denen Sie Barrierefreiheit prüfen können. Viele davon tauchen auch in den Prüfschritten des BIK-BITV-Tests auf. Zusätzlich lohnt sich ein Blick in andere Sammlungen, in denen Sie weitere praktische Tools finden:

- ✔ BIK-BITV-Werkzeugliste: `bitvtest.de/test-methodik/web/werkzeugliste`
- ✔ Tollwerk: `tollwerk.github.io/a11y-bookmarklets/`
- ✔ Paul J. Adam: `www.pauljadam.com/bookmarklets/index.html`
- ✔ a11y-tools: `a11y-tools.com/bookmarklets/`

Teil IV

Alle Kriterien der digitalen Barrierefreiheit im Detail

IN DIESEM TEIL …

- Die Barrierefreiheitskriterien (WCAG und EN 301549) in unseren Worten
- Hinweise und Ausnahmen zu den Kriterien
- Quellen zu den WCAG-Techniken

IN DIESEM KAPITEL

Was Sie im kommenden Teil erwartet

Wie Sie den kommenden Teil nutzen

Kapitel 12
Wie die Kriterienübersicht funktioniert

Dieses Kapitel listet alle wichtigen Kriterien auf, um Ihre Website nach den gesetzlichen Vorgaben barrierefrei zu machen.

Die Auflistung bietet Ihnen einen schnellen Überblick über jedes Kriterium und praktische Hinweise zur Umsetzung. Sie dient als Nachschlagewerk für die tägliche Arbeit.

Der Fokus liegt auf den WCAG-Kriterien Level A und AA, da nur diese rechtlich relevant sind – sowohl für öffentliche Stellen als auch für die Privatwirtschaft. Eine digitale Übersicht aller WCAG-Kriterien inklusive Level AAA finden Sie hier: `www.w3.org/WAI/WCAG22/quickref`.

In Kapitel 17 gibt es zusätzlich einen Überblick über weitere Kriterien aus der EN 301549.

Aufbau der Kriterien

Name des Kriteriums

Zuerst finden Sie den Namen des Kriteriums. Um die WCAG-Kriterien leicht zuordnen und wiederfinden zu können, haben wir die englischen Originaltitel beibehalten.

Beschreibung des Kriteriums

Jedes Kriterium beginnt mit einer kurzen Beschreibung, was es aussagt. Danach folgt ein Abschnitt, der zeigt, wie Sie das Kriterium auf Ihrer Website umsetzen können, inklusive Quellen zu den WCAG-Techniken. Manche Kriterien enthalten zusätzliche Hinweise oder Ausnahmen, die wir besonders wichtig finden und hervorheben.

Die Kriterien und Techniken sind nicht in voller Länge und nicht normativ dargestellt. Sie sind in unseren Worten zusammengefasst und vereinfacht. Es werden auch nicht alle WCAG-Techniken genannt, sondern hauptsächlich die, die wir häufig im Alltag brauchen.

Wir hoffen, dass Ihnen dieser Überblick künftig als Nachschlagewerk dient. Wann immer Sie nach der Umsetzung eines Kriteriums suchen, sollten Sie hier konkrete Antworten finden. Wenn Sie vorher die anderen Teile des Buches gelesen haben: Wir sind stolz auf Sie, hier ist Ihr Fleißbildchen!

Abbildung 12.1: Unsere Maskottchen feiern Sie für Ihren Einsatz!

Viel Spaß beim Stöbern!

IN DIESEM KAPITEL

Wie Sie die Kriterien des Prinzips »Wahrnehmbarkeit« umsetzen

Welche Techniken die WCAG dazu empfehlen

Kapitel 13
WCAG-Kriterien für bessere Wahrnehmbarkeit

1.1.1 Non-text Content (Level A)

Alle Nicht-Text-Inhalte einer Website brauchen eine Textalternative, die denselben Zweck erfüllt. Nicht-Text-Inhalte sind zum Beispiel Bilder, grafische Bedienelemente oder Videos.

Das Kriterium ist sehr umfangreich. Deswegen haben wir es zur besseren Übersichtlichkeit in mehrere Unterschritte aufgeteilt.

1.1.1a Textalternativen für grafische Bedienelemente

Rein grafische Bedienelemente brauchen eine Textalternative. Beispiele für solche Bedienelemente sind klickbare Icons und klickbare Bilder.

So setzen Sie Kriterium 1.1.1a um

1. Grafischen Bedienelementen Textalternativen geben

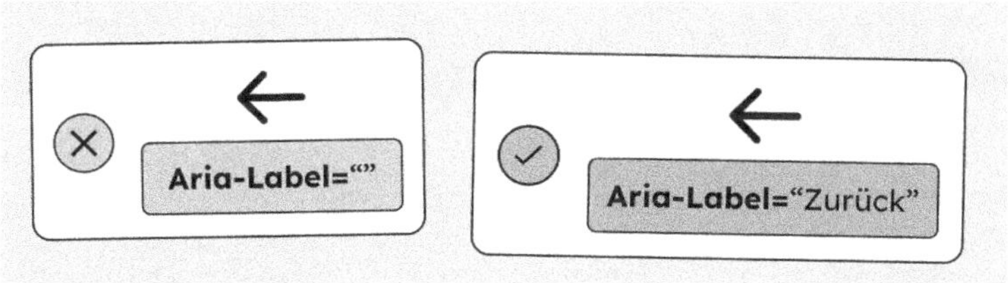

Abbildung 13.1: Ein Icon als Bedienelement bekommt den Namen über ein aria-label.

Eine Textalternative kann auf unterschiedliche Weise gesetzt werden:

- ✔ **Bei Pixelgrafiken:** Bei Pixelgrafiken (`<img>`) wird das `alt`-Attribut genutzt, um das Bild und die Funktion des Bildes zu beschreiben. Beispiel: `alt="Ein Mann steht vor einem Publikum und hält eine Rede. Verlinkt zu unseren Vorträgen."`
- ✔ **Bei SVG-Grafik oder Icon-Fonts:** Wenn eine Grafik als SVG (`<svg>`) eingebunden wird, hat das HTML-Element kein `alt`-Attribut. Hier braucht es `aria-label`, `aria-labelledby` oder eine andere Methode, um die Grafik zu benennen. Beispiel: `aria-label="Zurück"`.
- ✔ **Allgemein:** Eine Textalternative kann auch neben einer Grafik stehen. Wenn das der Fall ist, dann sollte die Grafik als dekorativ gekennzeichnet sein. Ein Beispiel dafür wäre ein Text »Menü«, der neben einem Hamburger-Icon steht. Mehr zu dekorativen Grafiken finden Sie im Abschnitt »1.1.1b Textalternativen für Bilder und Grafiken«.

WCAG-Techniken:

- ✔ G94: Providing short text alternative for non-text content that serves the same purpose and presents the same information as the non-text content
- ✔ ARIA6: Using aria-label to provide labels for objects
- ✔ ARIA10: Using aria-labelledby to provide a text alternative for non-text content

2. Image-Maps Textalternativen geben

Abbildung 13.2: Bei einer Image-Map müssen auch die einzelnen Elemente einen Alt-Text bekommen.

Image-Maps sind Bilder mit einzelnen klickbaren Bildbereichen. Hier braucht die komplette Map eine Textalternative sowie jedes einzelne klickbare Element der Map. Die Textalternative der Map sollte das ganze Bild beschreiben. Die Textalternativen der einzelnen klickbaren Bilder beschreiben das Bild und/oder die Funktion (zum Beispiel das Ziel des Links).

WCAG-Technik:

- ✔ H24: Providing text alternatives for the area elements of image maps

3. Beschriftungen für Formularfelder hinzufügen

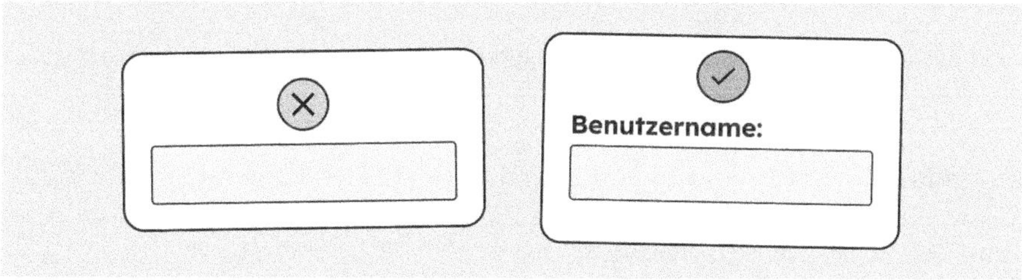

Abbildung 13.3: Formularelemente müssen beschriftet sein.

HTML-Formularfelder (<input>) sind eigentlich auch rein grafische Bedienelemente und haben von sich aus keinen Namen im Accessibility Tree. Darum brauchen sie eine Textalternative in Form einer sichtbaren Beschriftung. Der beste Weg, ein Formularfeld zu beschreiben, ist durch ein <label>. Das <label> wird dann per for-Attribut mit dem Formularfeld verknüpft. Dadurch bekommt das Formularfeld sowohl einen sichtbaren Namen als auch einen Namen im Accessibility Tree.

BEISPIEL

```
<label for="username">Benutzername:</label>
<input id="username" name="username" type="text">
```

WCAG-Techniken:

- ✔ H44: Using label elements to associate text labels with form controls
- ✔ H65: Using the title attribute to identify form controls when the label element cannot be used

4. CAPTCHAs beschreiben und ihnen eine Alternative geben

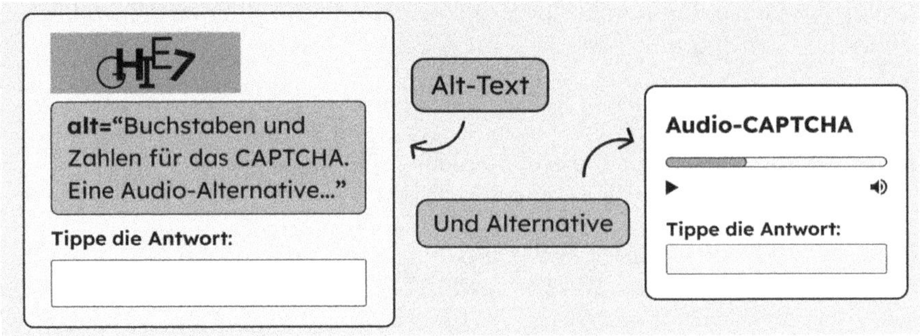

Abbildung 13.4: Ein Bild-CAPTCHA braucht einen sinnvollen Alt-Text sowie eine Alternative, die mit einem anderen Sinn zu verstehen ist (etwa ein Audio-CAPTCHA).

CAPTCHAs müssen für alle User zugänglich sein. Jede CAPTCHA-Variante braucht dafür eine Alternative, die einen anderen Sinn anspricht. Ein Bild-CAPTCHA braucht so zum Beispiel ein Audio-CAPTCHA als Alternative.

Ein Bild-CAPTCHA benötigt zudem eine Textalternative, die erklärt, dass es sich um das CAPTCHA handelt und wo die Alternative zu finden ist.

BEISPIEL

Ein Bild-CAPTCHA mit Zahlen und Buchstaben könnte diese Textalternative haben: »Buchstaben und Zahlen für das CAPTCHA. Die Audioalternative findest du weiter unten mit dem Text »Audiofrage beantworten«.«

WCAG-Techniken:

- ✔ G143: Providing a text alternative that describes the purpose of the CAPTCHA
- ✔ G144: Ensuring that the web page contains another CAPTCHA, serving the same purpose using a different modality

Weitere Hinweise zur Umsetzung

1. Verlinkten Logos eine Textalternative geben

Abbildung 13.5: Klickbares Logo von Gehirngerecht mit Alt-Text

Auch Logos, die als Bedienelement eingesetzt werden, brauchen eine Textalternative. Wir empfehlen, dass im Alt-Text sowohl die Firma als auch das Ziel des Links genannt wird, Beispiel: »Logo Gehirngerecht, verlinkt zur Startseite«.

2. Verlinkten Bildern eine Textalternative geben

Abbildung 13.6: Ein Bild kann einen Link ersetzen. Dann muss das Bild auch das Ziel des Links beschreiben.

Bei verlinkten Bildern stellt sich oft die Frage: »Muss das Bild oder das Linkziel beschrieben werden?« Das kommt darauf an, wie Sie folgende Fragen beantworten:

- ✔ **Ist nur das Ziel des Links wichtig?** Dann reicht es, nur das Ziel des Links zu beschreiben. Das ist oft bei Icons der Fall, wie Social-Media-Icons, die zu Plattformen wie Facebook oder Instagram führen.
- ✔ **Sind das Bild und der Link wichtig?** Dann muss beides in der Textalternative beschrieben sein. Beispiel: Ein Bild, das gleichzeitig als Lupenfunktion dient. Das Bild wird also vergrößert, wenn man es klickt. Wenn das Bild diese Funktion hat, muss die Textalternative das Bild und die Funktion beschreiben. (Wir würden allerdings empfehlen, eher einen Button mit Lupen-Icon für die Funktion bereitzustellen.)

1.1.1b Textalternativen für Bilder und Grafiken

Alle Bilder, die wichtige Informationen vermitteln oder dazu beitragen, die Inhalte einer Website besser zu verstehen, benötigen eine Textalternative.

So setzen Sie Kriterium 1.1.1b um

1. Aussagekräftigen Bildern Textalternativen geben

Abbildung 13.7: Eine Textalternative kann im Alt-Attribut des Bildes, aber auch neben dem Bild stehen.

Aussagekräftige Bilder brauchen eine Textalternative. Dazu zählen fast alle Bilder, meist auch solche, die Gefühle oder eine Stimmung transportieren.

Eine Textalternative wird bei Pixelgrafiken oft über das `alt`-Attribut gegeben, bei SVGs meistens per `aria-label` oder `aria-labelledby`. Eine weitere Möglichkeit, dem SVG einen Namen zu geben, wäre über einen versteckten Text, der aber im DOM sichtbar ist. Mehr dazu finden Sie in Kapitel 8, Digitale Barrierefreiheit in der Entwicklung.

Die Textalternative kann aber auch einfach neben dem Bild stehen. Wenn das der Fall ist, muss bei Pixelbildern das `alt`-Attribut leer gelassen werden. SVG-Grafiken müssen dann über `aria-hidden` versteckt werden, damit sie von assistiven Technologien ignoriert werden.

Die Textalternative sollte so gut wie möglich die Inhalte des Bildes wiedergeben. Mehr über gute Textalternativen erfahren Sie in Kapitel 9.

WCAG-Techniken:

- ✔ G94: Providing short text alternative for non-text content that serves the same purpose and presents the same information as the non-text content
- ✔ H37: Using alt attributes on img elements

2. Videos Textalternativen geben

Abbildung 13.8: Kurze Textalternative für ein Video im title-Attribut des iframes

Auch Videos benötigen eine kurze Textalternative. Diese muss knapp zusammenfassen, worum es in dem Video geht. Die Textalternative kann über `aria-label` oder `aria-labelledby` gesetzt werden. Bei iFrames geht das über das `title`-Element. Beim YouTube- oder Vimeo-Player ist standardmäßig der Titel des Videos auch im `title`-Element hinterlegt.

WCAG-Technik:

✔ G68: Providing a short text alternative that describes the purpose of live audio-only and live video-only content

3. Gruppen von Bildern Textalternativen geben

Abbildung 13.9: Eine identische Gruppe von Bildern, bei der nur das erste Bild einen Alt-Text hat

Bei Gruppen von Bildern, die fast identisch aussehen oder deren Inhalt man logisch gut zusammenfassen kann, reicht es aus, wenn nur ein Bild der Gruppe einen Text im `alt`-Attribut hat. Dieser Text muss dann die Gruppe sinnvoll beschreiben. Die `alt`-Attribute der anderen Bilder können oder müssen dann leer bleiben. Das einzige Beispiel, das wir dafür kennen, sind grafische Sternebewertungen.

WCAG-Technik:

- ✔ G196: Using a text alternative on one item within a group of images that describes all items in the group

4. Dekorative Bilder verstecken

Abbildung 13.10: Dekorative SVG müssen mit aria-hidden=true versteckt werden.

Bilder, die rein visuellen Mehrwert liefern und keine wichtigen Informationen vermitteln, brauchen keine Textalternative. Zu diesen Bildern gehören:

- ✔ Redundante Icons
- ✔ Trennstriche
- ✔ Musterartige Formen im Hintergrund

Diese Elemente müssen teilweise vor Screenreadern extra versteckt werden. Um eine Pixelgrafik (`<img>`) zu verstecken, lässt man einfach das alt-Attribut leer. SVGs und andere Grafiken haben kein alt-Attribut. Damit dekorative SVGs vom Screenreader ignoriert werden, muss man sie mit `aria-hidden="true"` auszeichnen. Allerdings sollten generell Elemente, die nur für die Präsentation da sind, gar nicht im HTML vorkommen. Die WCAG schlägt in ihrer Technik selbst vor, dass diese einfach per CSS eingebunden werden, zum Beispiel mit der CSS-Eigenschaft background-image.

WCAG-Techniken:

- ✔ C9: Using CSS to include decorative images
- ✔ H67: Using null alt text and no title attribute on img elements for images that assistive technology should ignore.

1.2.1 Audio-only and Video-only (Prerecorded) (Level A)

Audiodateien brauchen eine Alternative in Form von Text. Stumme Videos können als Alternative eine Beschreibung der Inhalte in Textform oder in Form einer Audiodatei haben.

So setzen Sie Kriterium 1.2.1 um

1. Eine Textalternative für Audioinhalte bereitstellen

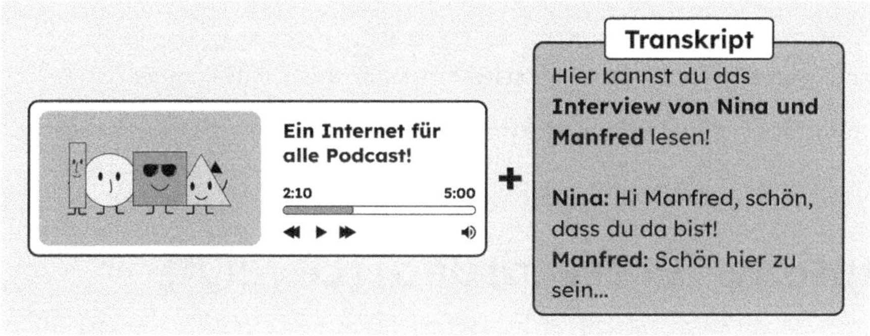

Abbildung 13.11: Audiodateien benötigen ein Transkript als Alternative.

Jede Audiodatei auf einer Website benötigt einen Text als Alternative, der den Inhalt der Audiodatei wiedergibt. Dieser Text ist oft ein Transkript des Gesagten. Falls es unterschiedliche Sprecher gibt, muss das Transkript auch die Namen der Sprecher beinhalten. Auch eventuelle Geräusche, die für das Verständnis wichtig sind, müssen Teil des Transkripts sein.

WCAG-Technik:

- ✔ G158: Providing an alternative for time-based media for audio-only content

2. Für stumme Videoinhalte eine Alternative anbieten

Abbildung 13.12: Stumme Videos benötigen einen Text oder eine Audiodatei als Alternative.

Stumme Videos können auf zwei Wegen eine Alternative bekommen:

- ✔ **Videobeschreibung in Textform:** Ein Weg ist, einen Text (in der Sprache der Website) bereitzustellen, der den Inhalt des Videos so ausführlich wie möglich beschreibt. Dazu zählen die Beschreibung von Kulisse, Handlungen, Ausdrucksformen und Weiteres.

- ✔ **Videobeschreibung als Audiodatei:** Der zweite Weg ist, die Beschreibung als Audiodatei zur Verfügung zu stellen. Diese kann eine zuschaltbare Tonspur sein oder sich in der Nähe des Videos befinden. Das Audio sollte in einem gängigen Audioformat wie MP3 vorliegen.

WCAG-Techniken:

- ✔ G159: Providing an alternative for time-based media for video-only content
- ✔ G166: Providing audio that describes the important video content and describing it as such

1.2.2 Captions (Prerecorded) (Level A)

Aufgezeichnete Videos brauchen synchrone Untertitel. Zu einem vollständigen Untertitel gehören nicht nur gesprochene Worte, sondern auch menschliche Laute wie Lachen und wichtige Geräusche wie Musik, falls diese für das Verständnis des Geschehens nötig sind.

So setzen Sie Kriterium 1.2.2 um

1. Geschlossene Untertitel bereitstellen

Abbildung 13.13: Untertitel müssen auch den Namen der sprechenden Person und eventuelle Geräusche enthalten.

Geschlossene Untertitel sind Untertitel, die als separate Datei zu einem Video hochgeladen werden. Diese können bei Bedarf von Usern zugeschaltet werden. Der größte Vorteil von geschlossenen Untertiteln ist, dass der User sie an die eigenen Bedürfnisse anpassen kann. So kann man die Schriftgröße, Schriftfarbe oder Hintergrundfarbe des Untertitels verändern.

WCAG-Technik:

- ✔ G87: Providing closed captions

2. Offene Untertitel (immer sichtbar) bereitstellen

Offene Untertitel werden bei der Erstellung des Videos direkt mit »eingebrannt«. Sie sind dauerhaft sichtbar und können nicht an- und ausgeschaltet werden. Da diese Form von Untertiteln vom User auch nicht angepasst werden kann, würden wir sie nicht empfehlen. Offene Untertitel sind allerdings dort sinnvoll, wo geschlossene Untertitel nicht unterstützt werden. Bei Videos auf Social-Media-Plattformen geht es zum Beispiel oft nur mit offenen Untertiteln.

WCAG-Technik:

- ✔ G93: Providing open (always visible) captions

Weitere Hinweise zur Umsetzung

1. Achtung bei automatisch erstellten Untertiteln

Überprüfen Sie automatisch erstellte Untertitel. Fehler in Untertiteln können verwirren oder – wenn es mies läuft – auch den Sinn eines Satzes komplett verändern. So kann ein »Diese Pflanze zu essen, ist ein Problem.« und »Diese Pflanze zu essen, ist (k)ein Problem.« einen ziemlich wichtigen Unterschied machen!

2. Video sind nur eine Medienalternative

Videos, die nur als Medienalternativen dienen, brauchen keine Untertitel. Als Medienalternative zählt ein Video, wenn alle seine Inhalte bereits im Text erklärt sind. Es darf also im Video keine Infos geben, die nicht auch im Text stehen.

BEISPIEL: Ein Video ist lediglich eine animierte Darstellung einer bereits vollständig beschriebenen Bastelanleitung.

1.2.3 Audio Description or Media Alternative (Prerecorded) (Level A)

Videos benötigen eine Audiodeskription oder Volltextalternative, wenn sie wichtige Inhalte vermitteln, die nicht bereits über die Tonspur bereitgestellt werden.

Das Kriterium sagt, dass auch eine Volltextalternative ausreicht. Es gibt allerdings ein Kriterium von Level AA, das immer eine Audiodeskription verlangt. Da wir uns gesetzlich an WCAG-Level AA halten müssen, wird Kriterium 1.2.3 hier im Buch ignoriert. Wie Sie das AA-Kriterium für Audiodeskription erfüllen, finden Sie unter »1.2.5 Audio Description (Prerecorded)«.

1.2.4 Captions (Live) (Level AA)

Live-Videoübertragungen benötigen synchrone Untertitel. Zu einem vollständigen Untertitel gehören nicht nur gesprochene Worte, sondern auch menschliche Laute wie Lachen und wichtige Geräusche wie Musik, wenn diese für das Verständnis notwendig sind.

So setzen Sie Kriterium 1.2.4 um

Liveuntertitel generieren lassen

Abbildung 13.14: Auch Liveübertragungen brauchen einen synchronen Untertitel.

Das Generieren von Liveuntertiteln kann eigentlich nur über externe Services passieren. Es gibt mittlerweile einige Echtzeit-Untertitelungsdienste, die diesen Service anbieten. Es ist allerdings immer noch schwierig, genaue Untertitel in Echtzeit zu erstellen, da nur wenig Zeit bleibt, um Fehler zu korrigieren.

Die Liveuntertitel können als offene oder geschlossene Untertitel bereitgestellt werden.

WCAG-Techniken:

- ✔ G9: Creating captions for live synchronized media
- ✔ G93: Providing open (always visible) captions
- ✔ G87: Providing closed captions

1.2.5 Audio Description (Prerecorded) (Level AA)

Wenn ein Video wichtige Inhalte nur visuell vermittelt, braucht es eine Audiodeskription. Ein wichtiger Inhalt kann zum Beispiel der Name einer Person sein, der in einem Video eingeblendet, aber auditiv nie gesagt wird.

So setzen Sie Kriterium 1.2.5 um

1. Eine zweite Audiospur mit Audiodeskription bereitstellen

Abbildung 13.15: Ein Video, das wichtige Inhalte nur visuell vermittelt, braucht eine Audiodeskription.

Eine Möglichkeit, eine Audiodeskription bereitzustellen, ist über eine separate Tonspur. Diese Tonspur kann vom User zugeschaltet werden und beschreibt dann in den Sprechpausen wichtige visuelle Informationen aus dem Video.

WCAG-Technik:

- ✔ G78: Providing a second, user-selectable, audio track that includes audio descriptions

2. Ein zweites Video mit Audiodeskription bereitstellen

Abbildung 13.16: Eine Audiodeskription kann auch in einem separaten Video bereitgestellt werden.

Sie können auch ein separates Video mit ausführlicher Audiodeskription bereitstellen. Das ist besonders bei langen Erklärungen hilfreich, falls die Zeit in den normalen Sprechpausen nicht ausreicht. Das separate Video zeigt dann Standbilder, solange die Audiodeskription alles Wichtige beschreibt. Der Link zum Extravideo mit Audiodeskription muss sich in der Nähe des Originalvideos befinden und klar beschriftet sein.

WCAG-Technik:

✔ G8: Providing a movie with extended audio descriptions

3. Audiodeskription direkt beim Erstellen des Videos in die Tonspur mitsprechen

Abbildung 13.17: Sprechen Sie eingeblendete Elemente, wie Name und Beruf, gleich im Video mit.

Am einfachsten ist es, wenn man die visuellen Informationen, die im Nachgang eingeblendet werden, schon beim Filmen des Videos mitbedenkt. Dann können diese Informationen gleich von Sprechern mitgesprochen werden. Zum Beispiel kann eine Person ihren Namen sagen, wenn man weiß, dass sie später visuell eingeblendet wird. Damit wird die Audiodeskription praktisch schon Teil des Videos.

Das ist aus Nutzersicht meistens die beste Variante. Sie hilft Menschen, die nicht (schnell) lesen können, neurodivergenten Personen und inklusiven Gruppen mit unterschiedlichsten Teilnehmerinnen, gleichzeitig ein Erlebnis zu teilen.

WCAG-Technik:

✔ G226: Providing audio descriptions by incorporating narration in the soundtrack

1.3.1 Info and Relationships (Level A)

Zusammenhänge von Inhalten, die durch die visuelle Darstellung (das Layout) klar werden, müssen auch programmatisch (im Code) nachvollziehbar sein.

Das Kriterium ist sehr umfangreich. Deswegen haben wir es zur besseren Übersichtlichkeit in mehrere Unterschritte aufgeteilt.

1.3.1a Richtige HTML-Strukturelemente

Durch das Design einer Website werden oft Beziehungen von Elementen untereinander visuell verdeutlicht. Diese Beziehungen müssen im HTML nachvollziehbar sein, damit auch User von assistiven Technologien diese Zusammenhänge verstehen.

So setzen Sie Kriterium 1.3.1a um

1. Überschriften richtig auszeichnen

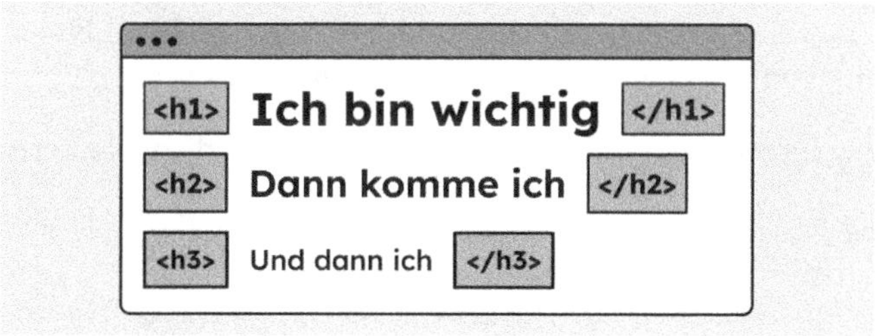

Abbildung 13.18: Überschriften müssen im HTML-Tag auch als Überschriften ausgezeichnet sein.

Überschriften geben einer Seite eine visuelle Struktur. Fette und große Texte zeigen, dass dieser Text wichtig ist. Außerdem gliedern sie eine Seite sinnvoll in unterschiedliche Bereiche. Sie vermitteln, dass hier etwas Neues losgeht und dass Inhalte, die darunter zu sehen sind, zu diesem Teil gehören. Damit diese Beziehungen und Strukturen auch nicht-visuell vermittelt werden, muss man die Überschriften semantisch als Überschriften auszeichnen. Alle großen und fetten Texte, die als Überschriften dienen, müssen also auch ein passendes

HTML-Tag (`<h1>` bis `<h6>`) haben. Falls es nicht möglich ist, HTML-Tags zu verwenden, kann als Ersatz ein `role="heading"` mit dem korrekten `aria-level`-Attribut gesetzt werden:

```
<div role="heading" aria-level="1">Ich bin wichtig</div>
```

WCAG-Techniken:

✔ H42: Using h1-h6 to identify headings

✔ ARIA12: Using role=heading to identify headings

2. Listen richtig auszeichnen

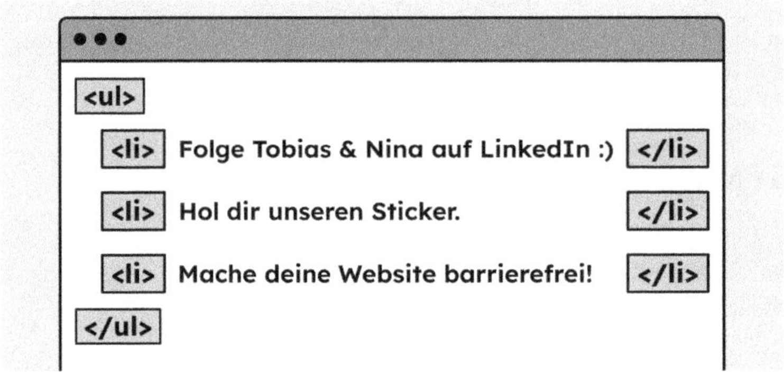

Abbildung 13.19: Visuelle Listen müssen auch als Listen im HTML ausgezeichnet sein.

Wenn es Inhalte gibt, die visuell wie Listen aussehen, dann müssen sie auch mit den richtigen HTML-Tags ausgezeichnet sein. Die Tags dafür sind `<ol>`, `<ul>` oder `<dl>`. Wenn die Reihenfolge der Elemente wichtig ist, sollte es eine `<ol>` (ordered list) sein. Auch ein Navigationsmenü ist nur eine Aufzählung von Links und muss deswegen eine `<ul>` sein.

Listen dürfen dagegen nicht für optische Effekte missbraucht werden – das wird von Testern auch abgewertet.

WCAG-Techniken:

✔ H48: Using ol, ul and dl for lists or groups of links

✔ H97: Grouping related links using the nav element

3. Zitate richtig auszeichnen

Abbildung 13.20: Kundenzitate sollten als eigene Blockquote im HTML ausgezeichnet sein.

Alleinstehende Zitate brauchen das HTML-Tag `<blockquote>`. Dazu gehören zum Beispiel einzelne Kundenzitate.

Für Zitate als Teil eines Paragrafen (`<p>`) gibt es zwar auch ein separates HTML-Element (`<q>`). Dieses Element wird aber meist von Screenreadern ignoriert. Wenn es aus dem Text hervorgeht, von wem das Zitat ist, kann man auf jeden Fall darauf verzichten. Beispiel: Angela Merkel sagte anlässlich des erhöhten Flüchtlingsaufkommens: »Wir schaffen das« – hier ist klar, dass es ein Zitat von Merkel ist. Wenn es aus dem Text nicht hervorgeht, sollte man für die Robustheit `<q>` verwenden.

WCAG-Techniken:

- ✔ G115: Using semantic elements to mark up structure
- ✔ H49: Using semantic markup to mark emphasized or special text

4. Paragrafen haben die richtigen HTML-Auszeichnungen

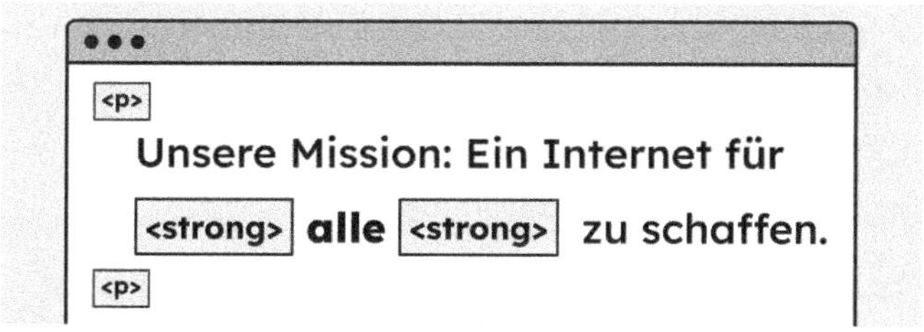

Abbildung 13.21: Fettung im Text sollte mit <strong> gemacht werden.

Das visuelle Hervorheben von Texten in einem Paragrafen (`<p>`) bedeutet oft, dass diese Texte besonders wichtig sind. Um das auch nicht-visuell zu vermitteln, müssen diese Inhalte mit den richtigen HTML-Elementen ausgezeichnet sein. Für gefettete Texte ist das richtige Element `<strong>` und für kursive Texte `<em>`.

Im Fließtext muss man zusätzlich darauf achten, dass keine künstlichen Leerzeilen entstehen. Das passiert, wenn man zwei weiche Umbrüche macht. Dadurch werden im HTML zwei `<br>` gesetzt, anstatt dass ein neuer Paragraf (`<p>`) erstellt wird.

WCAG-Techniken:

- ✔ G115: Using semantic elements to mark up structure
- ✔ H49: Using semantic markup to mark emphasized or special text

5. Landmarks werden eingesetzt

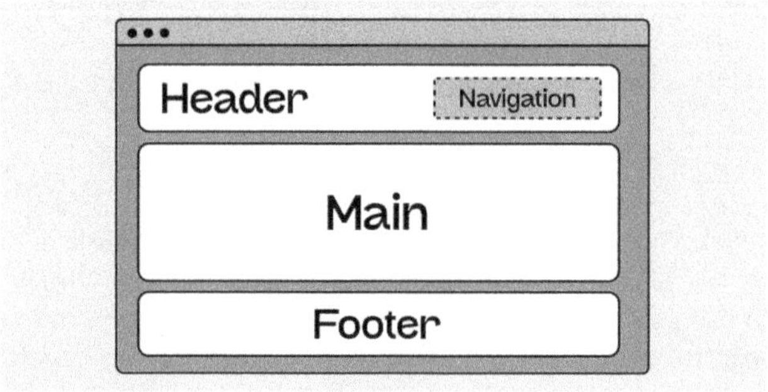

Abbildung 13.22: Eine Website sollte die Landmarks <header>, <nav>, <main> und <footer> haben.

Eine Webseite ist in 99 Prozent der Fälle visuell in Hauptbereiche untergliedert (zum Beispiel Navigation, Main oder Footer). Diese Hauptbereiche müssen auch mit HTML-Landmarks ausgezeichnet sein: `<nav>`, `<main>`, `<footer>` oder mit ARIA-Rollen wie »navigation«, »main«, »search«, »banner«, »contentinfo« oder »region«.

BEISPIEL

Wenn eine Landmark mehrmals auf der Seite verwendet wird (zum Beispiel für zwei Navigationsbereiche), sollten diese eindeutig benannt sein. Best Practice ist, dem Bereich eine sichtbare oder versteckte Überschrift zu geben und auf diese per `aria-labelledby` zu verweisen.

```
<nav aria-labelledby="main-navi-heading">
<h2 id="main-navi-heading">Hauptnavigation</h2>
</nav>
```

Landmarks wie `<header>` oder `<footer>` erscheinen im Accessibility-Tree nicht als Landmark, wenn sie ein Kindelement eines anderen Abschnittselements sind (`<nav>`, `<article>`, `<section>`, `<aside>`). Darum brauchen sie dann auch keine eindeutigen Namen.

WCAG-Techniken:

- ✔ ARIA11: Using ARIA landmarks to identify regions of a page
- ✔ H101: Using semantic HTML elements to identify regions of a page
- ✔ ARIA13: Using aria-labelledby to name regions and landmarks

1.3.1b Umgang mit Formularfeldern

Formulare müssen so implementiert sein, dass Struktur und Zusammenhänge auch im HTML deutlich werden. Dazu gehört, dass jedes Formularfeld einen Namen hat und dass Gruppen von Formularfeldern programmatisch als Einheit ausgezeichnet werden.

So setzen Sie Kriterium 1.3.1b um

1. Formularfeldern einen zugänglichen Namen geben

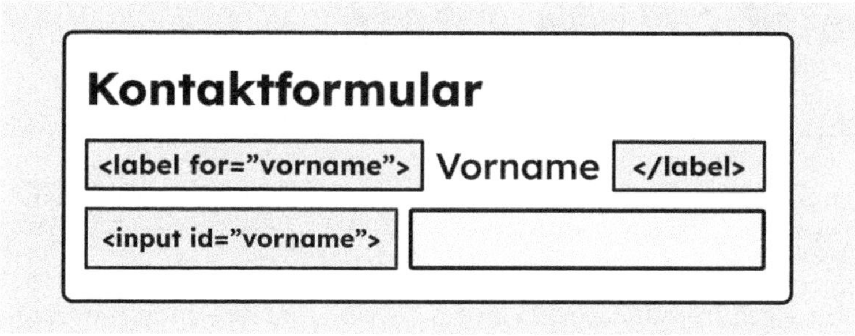

Abbildung 13.23: Die Beschriftung eines Formularfelds sollte mit <label> und dem for-Attribut gemacht werden.

HTML-Formularfelder (`<input>`) haben von sich aus keinen Namen im Accessibility Tree. Darum braucht es einen Text, der programmatisch mit dem Input verknüpft ist. Der empfohlene Weg dafür ist, ein `<label>` zu nutzen und es per `for`-Attribut mit dem `<input>` zu verknüpfen:

```
<label for="firstname">First name:</label>
<input id="firstname" name="firstname" type="text">
```

Manchmal ist es allerdings nicht möglich, einen Namen per `<label>` zu setzen. Dann geht es auch per `aria-label` oder `aria-labelledby`. Hier ein Beispiel von einem Slider:

```
<p> Bitte wähle die
<span id="label"> Anzahl der Tage deines Aufenthalts.</span>
</p>
<div id="mysldr" role="slider" aria-labelledby="label">
</div>
```

WCAG-Techniken:

- ✔ H44: Using label elements to associate text labels with form controls
- ✔ ARIA16: Using aria-labelledby to provide a name for user interface controls

2. Zusammengehörende Formularfelder gruppieren

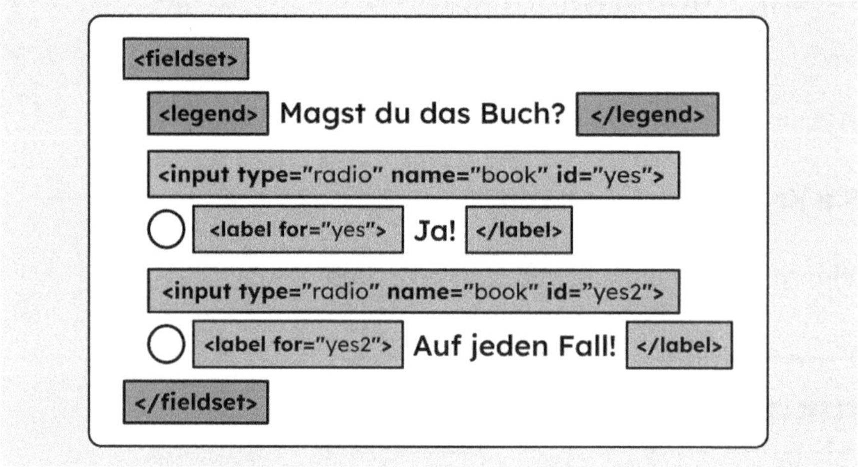

Abbildung 13.24: Zusammengehörende Input-Gruppen sollten mit einem <fieldset> umschlossen werden und mit einer <legend> beschriftet sein.

Formularfelder, die zusammengehören und visuell gruppiert sind, müssen auch programmatisch als eine Einheit ermittelbar sein (wie Checkboxen und Radio-Groups).

Dazu müssen sie als `<fieldset>` oder als `<div>` mit der `role="group"` ausgezeichnet werden.

Wenn es für das Verständnis der Gruppe wichtig ist, benötigt die Gruppe außerdem eine Beschriftung. Bei einem `<fieldset>` passiert das per `<legend>`. Bei einem `<div>` mit der `role="group"` braucht es eine Überschrift, die auf das `<div>` per `aria-labelledby` verweist. Die einzelnen `<input>`-Felder benötigen dann auch noch ein verknüpftes `<label>`.

WCAG-Techniken:

- ✔ H71: Providing a description for groups of form controls using fieldset and legend elements
- ✔ ARIA17: Using grouping roles to identify related form controls

1.3.1c Umgang mit Tabellen

Tabellen müssen mit den richtigen HTML-Elementen aufgebaut sein, damit die Zusammenhänge auch nicht-visuell klar werden.

So setzen Sie Kriterium 1.3.1c um

1. Tabellarische Informationen als Tabellen auszeichnen

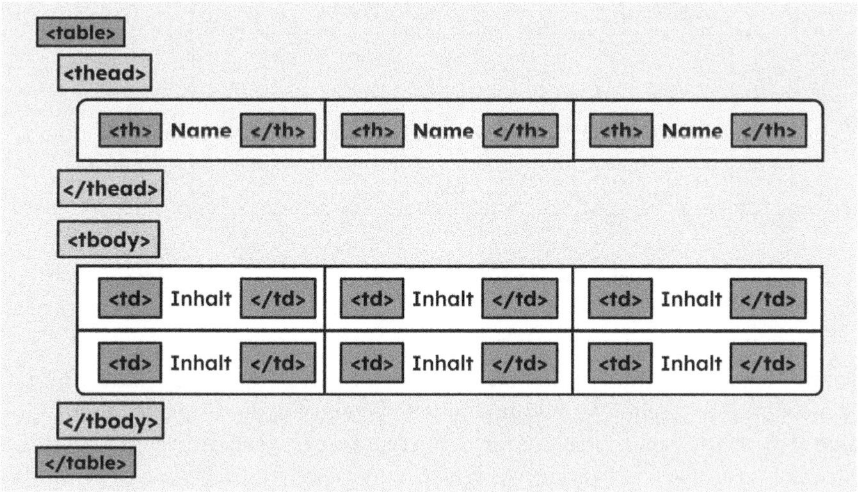

Abbildung 13.25: Tabellen brauchen die richtigen Auszeichnungen.

Informationen, die wie eine Tabelle aussehen, müssen auch im HTML als Tabelle ausgezeichnet sein. Dafür gibt es das Tag `<table>` für die Tabelle. Die Header sollten Sie mit `<thead>` und `<th>` und die Inhalte mit `<tbody>` und `<td>` auszeichnen.

Eine sehr kleine Tabelle, bei der die Überschriften/Beschriftungen links stehen und es dazu nur eine weitere Spalte mit Inhalten gibt, braucht nicht zwingend Header mit `<thead>` und `<th>`. Durch die Lesereihenfolge von links nach rechts kann der Zusammenhang der Überschrift zum Inhalt auch ohne Tabellenüberschrift verstanden werden.

WCAG-Technik:

✔ H51: Using table markup to present tabular information

2. Tabellen-Header richtig mit den Inhalten verknüpfen

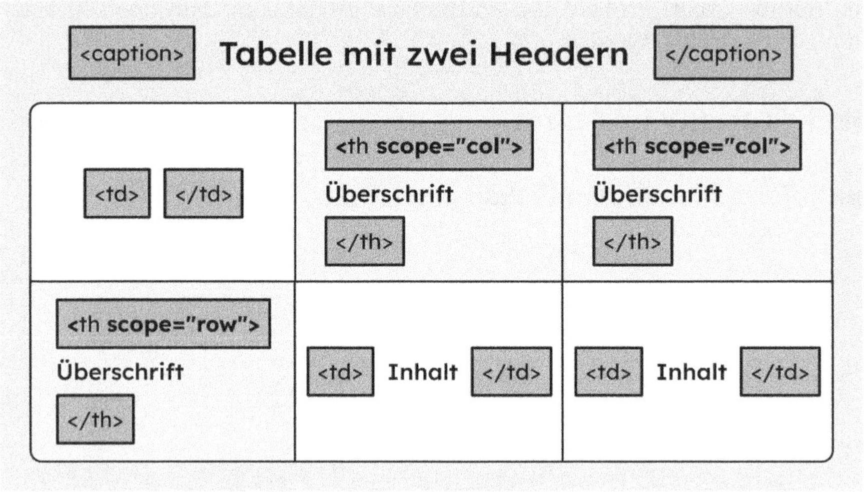

Abbildung 13.26: Wenn die Tabelle zwei Header hat, sollte das scope-Attribut eingesetzt werden, um die Inhalte klar miteinander zu verknüpfen.

Bei Tabellen mit zwei Headern (links und oben) brauchen Sie das `scope`-Attribut, um die Tabellen-Header mit den Datenzellen zu verbinden. `Scope` zeigt an, ob die Zelle eine Kopfzelle für eine Zeile (`row`), eine Spalte (`col`) oder eine Gruppe von Zeilen (`rowgroup`) oder Spalten (`colgroup`) ist.

Bei komplexeren Tabellen mit mehreren Zwischenheadern brauchen die `<th>`-Elemente auch eine ID, um sie mit den einzelnen Tabellenzellen zu verknüpfen.

Sehr gute Beispiele dafür findet man auf der Seite des W3C: `www.w3.org/WAI/tutorials/tables/`.

WCAG-Techniken:

- ✔ H63: Using the scope attribute to associate header cells with data cells in data tables
- ✔ H43: Using id and headers attributes to associate data cells with header cells in data tables

3. Die Tabellenbeschreibung mit der Tabelle verknüpfen

Eine Tabelle braucht nicht zwangsweise eine Beschreibung. Wenn es aber eine Beschreibung zu der Tabelle gibt, dann muss diese Beschreibung programmatisch mit der Tabelle verknüpft sein. Das geht über eine `<caption>`.

WCAG-Technik:

- ✔ H39: Using caption elements to associate data table captions with data tables

1.3.2 Meaningful Sequence (Level A)

Inhalte auf Websites können visuell auf alle möglichen Arten und Weisen angeordnet werden. Das geht zum Beispiel über CSS-Grids, Flexboxen und Leerzeichen. Die Reihenfolge der Inhalte muss allerdings nicht nur visuell Sinn ergeben, sondern auch für den Screenreader sinnvoll auslesbar sein. Die visuelle Anordnung darf also die lineare, logische Reihenfolge der Elemente nicht so beeinflussen, dass sie beim Auslesen mit einem Screenreader keinen Sinn mehr ergibt.

Wenn die Reihenfolge der Elemente nicht für das Verstehen der Inhalte wichtig ist, dann ist es in Ordnung, wenn die visuelle Darstellung von der linearen Reihenfolge abweicht.

So setzen Sie Kriterium 1.3.2 um

Sicherstellen, dass alle Inhalte in einer sinnvollen Reihenfolge angeordnet sind

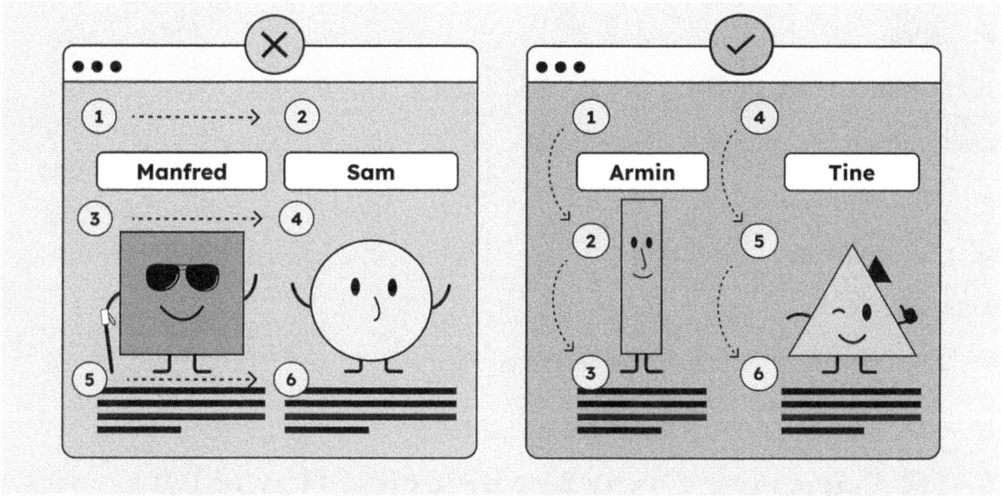

Abbildung 13.27: Die Lesereihenfolge für den Screenreader sollte der visuellen Reihenfolge folgen.

Achten Sie darauf, dass beim Stylen durch CSS oder beim visuellen Anordnen der Elemente (zum Beispiel mit nicht empfehlenswerten Layouttabellen) alle Inhalte auch in linearer Reihenfolge Sinn ergeben.

BEISPIEL

Gehen wir davon aus, wir machen eine Gegenüberstellung unserer Maskottchen in Spaltenform und zeigen das in einem Grid an. Wenn wir jetzt die Informationen in unserem Grid einfach nebeneinander platzieren würden, dann würde das Grid von links nach rechts gelesen keinen Sinn ergeben. Es würde den Namen jedes einzelnen Maskottchens vorlesen, dann jedes Bild des Maskottchens und dann die Beschreibung. Wir hätten also eine Spalte geschaffen, die visuell von oben nach unten Sinn ergibt, im Code aber so angeordnet wäre, dass sie von links nach rechts die einzelnen Elemente der Spalte lesen würde. Wir müssen unser Grid also im Code richtig strukturieren, damit es so vorgelesen wird, wie wir uns das visuell auch vorstellen.

Sie können Ihr Layout testen, indem Sie mit einem Plug-in im Browser das CSS deaktivieren und so die Website in linearer Reihenfolge sehen. Ein gutes Tool dafür ist die *Web Developer Toolbar*. Natürlich können Sie es sich auch einfach von Ihrem Screenreader vorlesen lassen.

Weitere Beispiele für Inhalte, deren Bedeutung sich aus ihrer Reihenfolge ergibt:

- ✔ Geordnete Liste
- ✔ Tabelle
- ✔ Zusammenhängende Überschriften und Absätze

Beispiele für Inhalte, deren Bedeutung nicht von der Reihenfolge abhängt, sind:

- ✔ Ungeordnete Liste
- ✔ Listenansicht von Produkten

WCAG-Technik:

- ✔ G57: Ordering the content in a meaningful sequence

1.3.3 Sensory Characteristics (Level A)

Wenn textlich erklärt wird, wo man auf der Seite ein Element (Beispiel: Button) oder Inhalte findet, darf das nicht nur über sensorische Merkmale wie Farben, Formen oder die Position des Elementes passieren. Nicht alle Menschen können sensorische Hinweise wahrnehmen.

Auch bei Angaben wie »links« oder »rechts« muss man aufpassen. Viele Menschen surfen im Web mit dem Smartphone. In der schmalen Ansicht hat man nur eine Spalte. Damit Ihre Beschreibung von allen verstanden wird, müssen Sie zusätzlich schreiben, was es für ein Element ist oder wie es benannt ist.

So setzen Sie Kriterium 1.3.3 um

Auf Elemente per Namen oder durch andere textliche Identifizierung verweisen

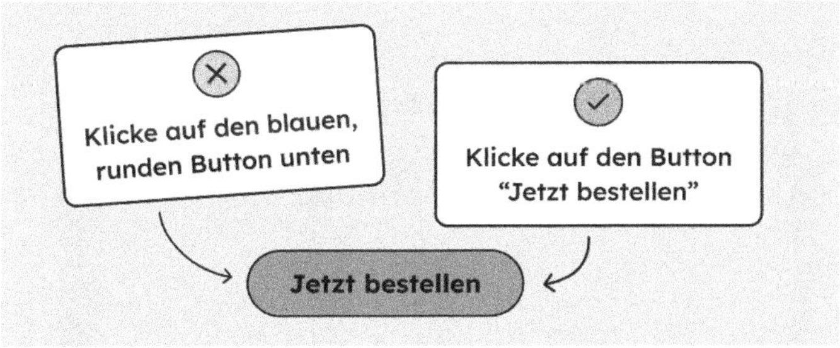

Abbildung 13.28: Beziehen Sie sich auf ein Element nicht nur über sensorische Merkmale.

Verweisen Sie auf Elemente mit der textlichen Nennung des Namens oder auf andere textliche Weise, die nicht nur auf sensorischen Merkmalen beruht. Angaben wie Position, Farbe oder Ähnliches dürfen gerne zusätzlich genannt werden.

- ✔ Klicke auf den gelben -Button mit dem Text »Jetzt bestellen« unten links.
- ✔ In der Liste rechts, mit der Überschrift »Unsere Standorte«, findest du den Weg zu uns. So kann ein Sehender rechts nach einer Liste und ein Blinder nach der Überschrift »Unsere Standorte« suchen.

WCAG-Technik:

- ✔ G96: Providing textual identification of items that otherwise rely only on sensory information to be understood

1.3.4 Orientation (Level AA)

Eine Website sollte sowohl im Hoch- als auch im Querformat funktionieren.

So setzen Sie Kriterium 1.3.4 um

Ihre Website responsive gestalten

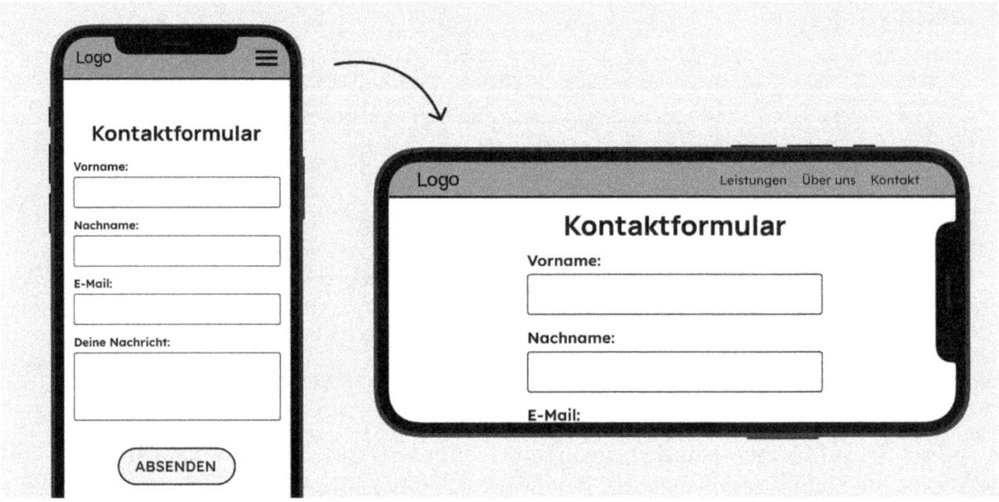

Abbildung 13.29: Eine Website muss im Hoch- und im Querformat funktionieren.

Eine Website muss sowohl im Hoch- als auch im Querformat nutzbar sein. Man sollte das Gerät drehen können, ohne dass Inhalte abgeschnitten werden oder Teile der Seite nicht mehr bedienbar werden.

Ist die Ausrichtung fixiert, muss es eine zugängliche Möglichkeit geben, sie zu entsperren – etwa über einen Button.

Eine Ausnahme sind Anwendungen, bei denen die Ausrichtung essenziell für die Funktion ist. Das ist dann der Fall, wenn Inhalte nur in einer bestimmten Ausrichtung sinnvoll zu bedienen sind.

- ✔ Eine Klavier-App, bei der das Gerät im Querformat sein muss, damit genug Platz für die Klaviertasten da ist, um sie zu bedienen.
- ✔ Eine Banking-App, bei der man eine Überweisung abscannen muss, was nur im Querformat funktioniert.

WCAG-Technik:

✔ G214: Using a control to allow access to content in different orientations which is otherwise restricted

1.3.5 Identify Input Purpose (Level AA)

Formularfelder müssen im Code so gekennzeichnet sein, dass der Browser und assistive Technologien ihren Zweck erkennen können. Dadurch kann der Browser dann passende Vorschläge zur Autovervollständigung anbieten. Das gilt nur für Formularfelder, die sich auf die aktiven Nutzenden beziehen und personenbezogene Daten abfragen, wie Name, Adresse oder E-Mail.

So setzen Sie Kriterium 1.3.5 um

Das Autocomplete-Attribut nutzen

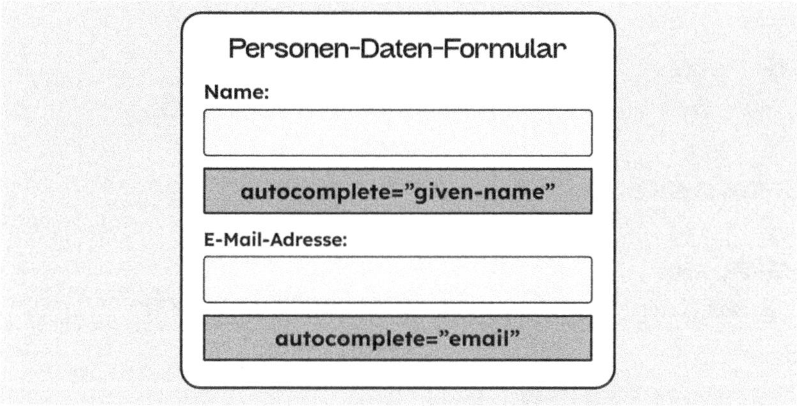

Abbildung 13.30: Autocomplete-Attribute für E-Mail-Adresse und Namen

Nutze das `autocomplete`-Attribut für Formularfelder, die personenbezogene Daten abfragen. Beispiel: Ein Feld für die E-Mail-Adresse bekommt das Attribut `autocomplete="email"`.

Die Anforderung gilt nur für Felder, die sich auf den User selbst beziehen. Sie gilt nicht, wenn die Eingabe von persönlichen Daten von mehreren Personen möglich ist und dadurch nicht zwischen dem eingebenden User und anderen Personen unterschieden werden kann. Ein Beispiel dafür sind Buchungsseiten von Fluglinien. Hier sind Daten des Users nicht von den Daten eventueller anderer Mitreisender zu unterscheiden. In solchen Fällen brauchen die Formularfelder kein `autocomplete`-Attribut.

Eine Liste aller möglichen Werte finden Sie hier: `developer.mozilla.org/en-US/docs/Web/HTML/Reference/Attributes/autocomplete`.

WCAG-Technik:

✔ H98: Using HTML autocomplete attributes

1.4.1 Use of Color (Level A)

Wichtige Informationen auf einer Website dürfen nicht nur durch den Einsatz von Farbe vermittelt werden (Beispiel: Aktiv- oder Fehlerzustände).

So setzen Sie Kriterium 1.4.1 um

1. Alternativen für sinngebende Farben schaffen

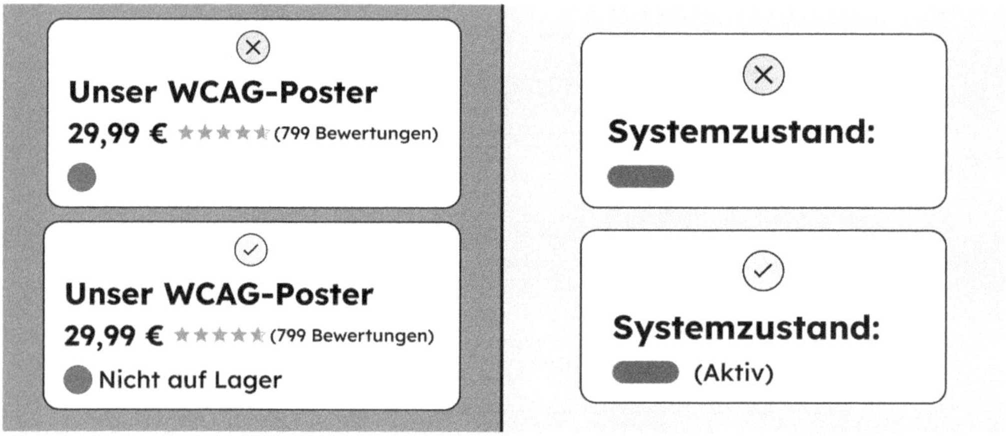

Abbildung 13.31: Beispiele von Informationen, bei denen man die Farben an sich erkennen muss, um den Sinn zu verstehen

Wenn Farbe allein eine sinngebende Information trägt, muss es immer eine zweite Möglichkeit geben, diese Information zu erfassen. Beispiel: Wenn Grün oder Rot den Lagerbestand oder den Aktivzustand eines Systems kennzeichnet, braucht es zusätzlich eine klare Textangabe oder ein alternatives Merkmal (wie eine andere geometrische Form), um diese Information zu kommunizieren.

WCAG-Technik:

✔ G14: Ensuring that information conveyed by color differences is also available in text

2. Wichtige Informationen in Infografiken nicht nur durch Farbe kennzeichnen

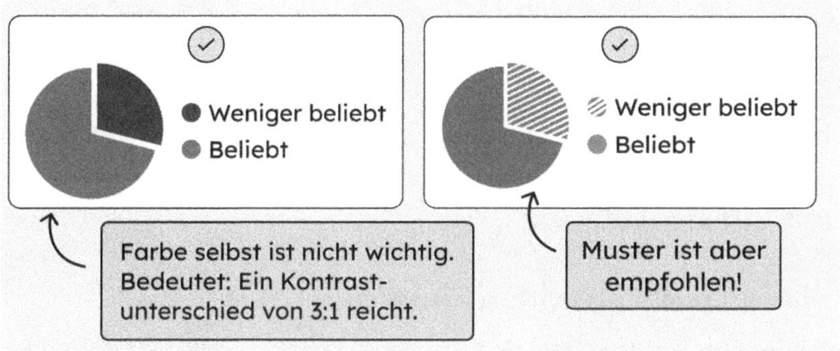

Abbildung 13.32: Bei einem Tortendiagramm dürfen sich Farbflächen mit einem Kontrast von mindestens 3:1 zueinander unterscheiden. Empfohlen ist es dennoch, auch Muster zu der Farbe zu nutzen.

Wenn ein Bild nur über Farben wichtige Informationen unterscheidet – etwa in Karten oder Infografiken –, braucht es zusätzlich Muster, Symbole oder Beschriftungen. So bleibt die Aussage auch ohne Farbwahrnehmung verständlich. Entscheidend ist dabei, ob die Farbe selbst eine Bedeutung trägt. Steht die Farbe Grün allein für »positiv«, braucht es ein weiteres Merkmal. Haben die Farben keine eigene Bedeutung, wie bei den Segmenten eines Tortendiagramms, reicht ein ausreichender Farbkontrast von mindestens 3:1.

WCAG-Techniken:

- ✔ G111: Using color and pattern
- ✔ G14: Ensuring that information conveyed by color differences is also available in text

3. Links im Fließtext nicht nur durch Farbe hervorheben

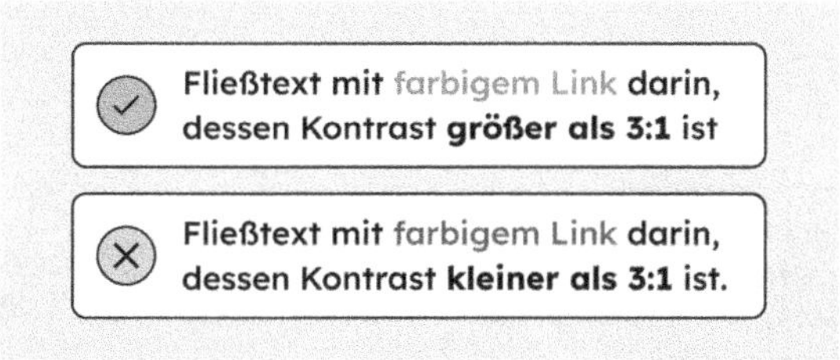

Abbildung 13.33: Links im Fließtext, die nur durch Farbe hervorgehoben werden, brauchen einen Mindestkontrast von 3:1 zur Farbe des umgebenden Textes.

Links im Fließtext sollten nicht nur farblich, sondern auch visuell klar hervorgehoben werden, am besten durch eine Unterstreichung des Links. Wenn sich Links in Fließtexten allerdings ausschließlich farblich unterscheiden, braucht es mindestens einen Kontrast von 3:1 zum umgebenden Text (und 4,5:1 zum Hintergrund).

In den WCAG steht dazu noch, dass ein Link spätestens bei Hover ein zusätzliches Merkmal wie eine Unterstreichung braucht. Das wird aber mittlerweile als »optional« betrachtet. Dennoch würden wir es stark empfehlen.

WCAG-Technik:

✔ G183: Using a contrast ratio of 3:1 with surrounding text and providing additional visual cues on hover for links or controls where color alone is used to identify them

Weiterer Hinweis zur Umsetzung

Ein Kontrast von über 3:1 reicht als Unterschied aus

Wenn Farben sich nicht nur im Farbton, sondern auch deutlich in der Helligkeit unterscheiden, zählt das allein als zusätzliche visuelle Unterscheidung – vorausgesetzt, der Kontrast beträgt mindestens 3:1 zu der anderen Farbe. Ein helles Grün und ein dunkles Rot wären also erlaubt. Wichtig ist aber: Sobald die genaue Farbwahrnehmung nötig ist (zum Beispiel grün = gültig, rot = ungültig), braucht es zusätzlich ein anderes Unterscheidungsmerkmal, etwa Symbole oder Text.

Wir empfehlen allerdings immer, ein zusätzliches Merkmal zu nutzen. Sich nur auf den Farbkontrast zu verlassen, ist nicht für jeden User optimal.

1.4.2 Audio Control (Level A)

Wenn eine Website automatisch Geräusche abspielt, die länger als drei Sekunden dauern, muss man sie abschalten können.

So setzen Sie Kriterium 1.4.2 um

1. Audios automatisch nach drei Sekunden stoppen

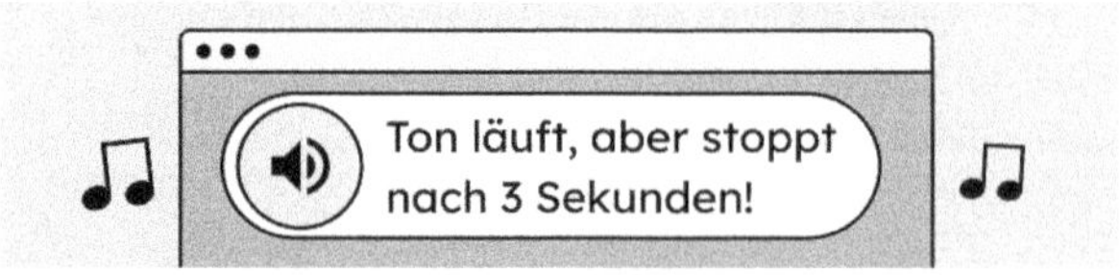

Abbildung 13.34: Ton, der automatisch abspielt, aber nach drei Sekunden stoppt

Ton darf auf einer Website automatisch abgespielt werden, wenn er spätestens nach drei Sekunden stoppt.

WCAG-Technik:

✔ G60: Playing a sound that turns off automatically within three seconds

2. Ein Steuerelement für Ton anbieten

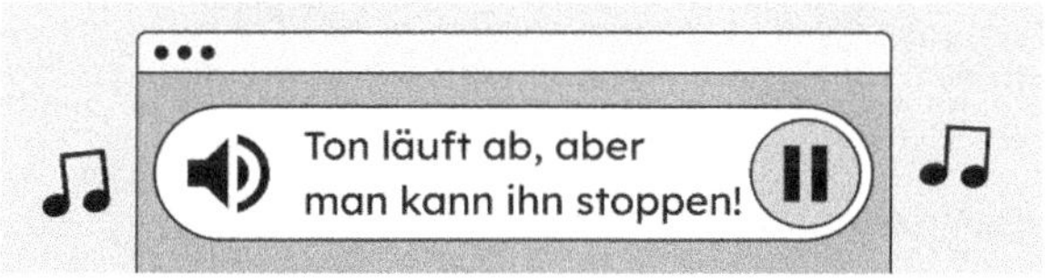

Abbildung 13.35: Ein Button wird bereitgestellt, um den Ton zu stoppen.

Wenn Ton abgespielt wird, braucht es direkt am Anfang ein gut sichtbares, klar beschriftetes Steuerelement – am besten einen Button –, mit dem man den Ton sofort stoppen kann. Dieser Button muss per Tastatur erreichbar sein und gleich zu Beginn der Tab-Reihenfolge stehen, damit auch Screenreader-Nutzende ihn finden. Außerdem sollten sich die Lautstärke oder das Stummschalten unabhängig von den Systemeinstellungen regeln lassen – sonst würden Screenreader-Nutzende beim Leiserstellen auch ihre Sprachausgabe verlieren.

WCAG-Technik:

✔ G170: Providing a control near the beginning of the web page that turns off sounds that play automatically

3. Das Audio nur auf Anfrage abspielen

Lassen Sie die User selbst entscheiden, ob der Ton abgespielt werden soll. Stellen Sie zum An- und Ausschalten zum Beispiel einen Button zur Verfügung.

WCAG-Technik:

✔ G171: Playing sounds only on user request

1.4.3 Contrast (Minimum) (Level AA)

Alle Texte auf Ihrer Website müssen ein ausreichendes Kontrastverhältnis zum Hintergrund haben – egal ob Fließtexte, Button-Beschriftungen oder Platzhalter in Formularen.

So setzen Sie Kriterium 1.4.3 um

Dafür sorgen, dass Ihre Texte die richtigen Kontraste einhalten

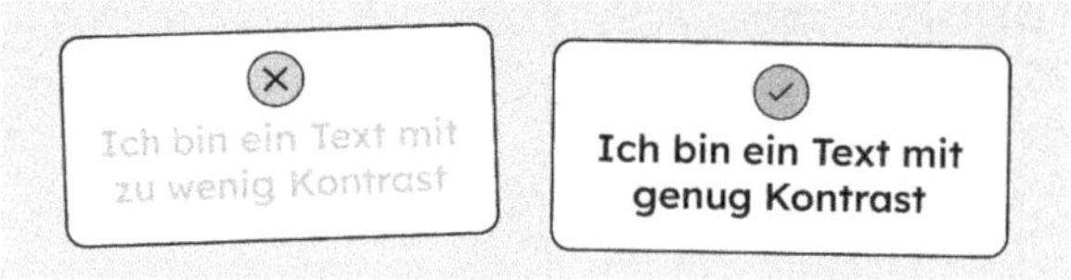

Abbildung 13.36: Alle Texte brauchen den richtigen Kontrast zum Hintergrund.

Für die Kontraste von Texten gilt Folgendes:

Schriftgröße	Schriftschnitt	Kontrastverhältnis zum Hintergrund
Kleiner als 24 Pixel	Normal	4,5:1
Größer als 24 Pixel	Normal	3:1
Größer als 18,5 Pixel	Fett	3:1

Hinter den Angaben 4,5:1 und 3:1 steckt eine mathematische Berechnung, die Sie natürlich nicht immer im Kopf machen müssen. Es gibt unzählige Websites und Browser-Plug-ins, die Ihnen diese Arbeit abnehmen. Auch moderne Design-Tools wie Figma haben Kontrast-Checker integriert.

WCAG-Techniken:

- ✔ G18: Ensuring that a contrast ratio of at least 4.5:1 exists between text (and images of text) and background behind the text
- ✔ G145: Ensuring that a contrast ratio of at least 3:1 exists between text (and images of text) and background behind the text

1.4.4 Resize Text (Level AA)

Eine Website muss auch bei 200 % Vergrößerung noch funktionieren. Dabei dürfen Texte oder andere Inhalte nicht verdeckt werden oder ganz verschwinden. Alle Funktionen der Website müssen nutzbar bleiben.

So setzen Sie Kriterium 1.4.4 um

1. Dafür sorgen, dass beim Zoomen kein Verlust von Inhalten und Funktionalität stattfindet

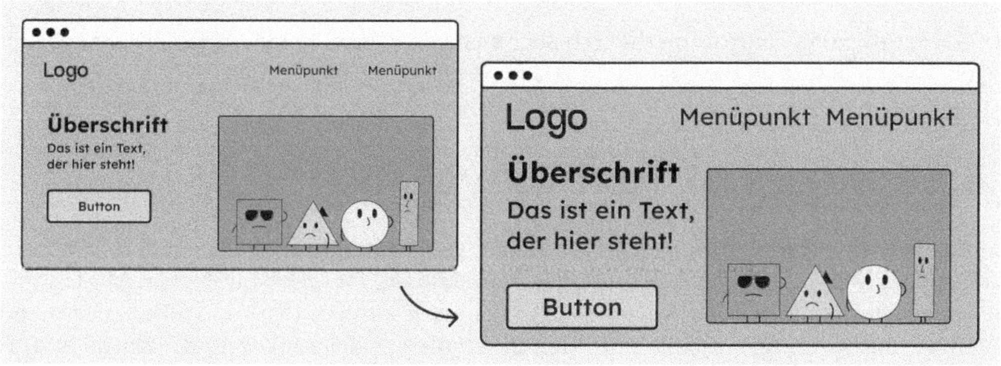

Abbildung 13.37: Texte müssen auch bei Vergrößerung der Website noch lesbar sein.

Beim Heranzoomen dürfen Texte weder abgeschnitten noch so überlagert werden, dass sie nicht mehr lesbar sind. Auch Funktionen dürfen bei Zoom nicht verschwinden.

Sorgen Sie dafür, dass Container mitwachsen, Texte richtig umbrechen (zum Beispiel mit `text-wrap`) und dass in allen Ansichten (Desktop, Tablet, Mobile) dieselben Inhalte verfügbar bleiben.

Durch Zoomen wechselt eine Website normalerweise in die Tablet- oder Mobile-Ansicht. Manchmal fehlen in diesen Ansichten Inhalte oder Funktionen. Das ist ein Problem für Personen mit Sehbehinderung, die nach dem Zoom nicht mehr auf diese Funktionen zugreifen können. Deshalb müssen auch in diesen Ansichten alle Inhalte und Funktionen erhalten bleiben, auch wenn ihre Positionierung verändert ist (zum Beispiel das Hauptmenü hinter einem Hamburger-Icon versteckt wird).

WCAG-Technik:

✔ G179: Ensuring that there is no loss of content or functionality when the text resizes and text containers do not change their width

2. Den Zoom auf der Seite mit Steuerelementen ermöglichen

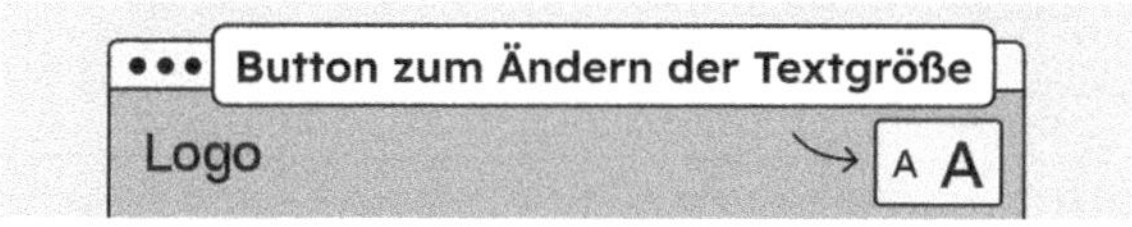

Abbildung 13.38: Es gibt einen Button auf der Website, um die Größe der Schrift anzupassen.

Eine Website kann eigene Bedienelemente anbieten, um Texte oder die gesamte Seite bis 200 Prozent zu vergrößern. Das ist praktisch für weniger technikaffine Nutzende. Auch hier gilt: Inhalte dürfen nicht verloren gehen oder sich überlappen und die Bedienelemente selbst müssen barrierefrei sein.

WCAG-Technik:

- ✔ G178: Providing controls on the web page that allow users to incrementally change the size of all text on the page up to 200 percent

1.4.5 Images of Text (Level AA)

Wichtige Informationen dürfen nicht als Bilder von Texten dargestellt werden, sondern müssen als echter Text im HTML hinterlegt sein. Einige Menschen mit Seheinschränkungen oder Legasthenie müssen Texte visuell verändern können (Farbe, Größe, Laufweite, Schriftart und so weiter), um sie gut lesen zu können. Pixelgrafiken reagieren nicht auf solche Anpassungen und werden auch von Screenreadern nicht erkannt.

So setzen Sie Kriterium 1.4.5 um

Texte als Pixelgrafik auf Ihrer Website vermeiden

Abbildung 13.39: Wichtiger Text sollte nicht Teil einer Pixelgrafik sein.

Vor allem wichtige Texte gehören nicht in Pixelgrafiken. Überschriften, Werbecodes oder Promotions sollten immer als echter HTML-Text auf der Seite zu finden sein.

WCAG-Technik:

- ✔ C22: Using CSS to control visual presentation of text

Ausnahmen von Kriterium 1.4.5

1. Es gibt eine Textalternative in der Nähe

Ein Bild darf Text enthalten, wenn derselbe Text auch in HTML in der Nähe steht – etwa Blogtitel oder Beschreibungen.

2. Die Texte sind als SVG-Text eingebunden

Texte im `<text>`-Tag eines SVG sind erlaubt. Diese können nämlich individuell skaliert und gestaltet werden.

3. Bild dient zur Dokumentation

Screenshots oder Schritt-für-Schritt-Illustrationen, die als Dokumentation dienen, dürfen Text enthalten.

4. Text ist essenziell für das Bild

Bilder wie Urkunden, Buchcover oder Siegel, bei denen der Text Teil des Wesens ist, dürfen Text enthalten.

1.4.10 Reflow (Level AA)

Inhalte sollten so gestaltet sein, dass User nur in eine Richtung scrollen müssen, um sie zu lesen. Das gilt bei Smartphones für eine Breite von

- ✔ 320 Pixel für Inhalte, die vertikal (auf und ab) gescrollt werden, und
- ✔ 256 Pixel für Inhalte, die horizontal (links und rechts) gescrollt werden.

Die zwei Maße wurden deshalb gewählt, weil es sehr gängige Viewport-Breiten sind.

Bei einem Desktop-Browser auf einem 1280 Pixel breiten Monitor und bei einer Vergrößerung von 400 Prozent entspricht die Breite des Viewports circa 320 Pixel. Darum wird das Kriterium auch oft 400-Prozent-Zoom genannt. Es werden allerdings von Prüfern beide Varianten (Desktop mit 400 Prozent Zoom und Ansicht auf dem Smartphone bei 320 Pixel Breite ohne Zoom) getestet und nur eine davon muss erfüllt werden.

Ausgenommen sind Inhalte, die eine bestimmte Breite benötigen, wie Tabellen, Karten oder einige Diagramme.

So setzen Sie Kriterium 1.4.10 um

1. Ihre Website responsive gestalten

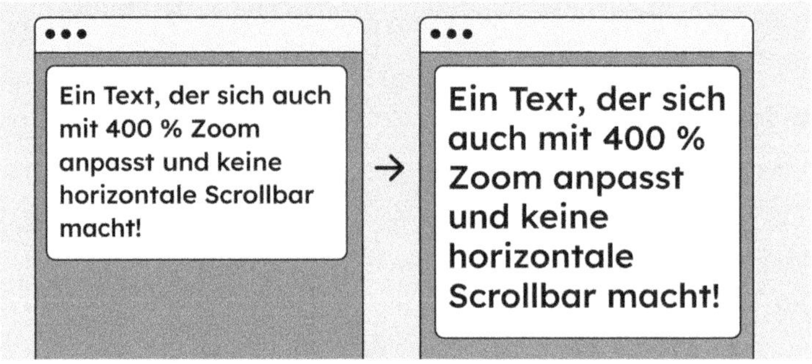

Abbildung 13.40: Texte müssen auch bei 400 Prozent richtig umbrechen.

HTML und CSS bieten alle Mittel, um Inhalte auf allen Bildschirmgrößen korrekt darzustellen. Mit Flexbox, Grid und Media Queries lässt sich festlegen, wie Inhalte bei unterschiedlichen Viewports umbrechen. Eine sauber gestaltete Website hat heute in der Smartphone-Ansicht kaum noch Probleme mit horizontalem Scrollen.

WCAG-Techniken:

- ✔ C31: Using CSS Flexbox to reflow content
- ✔ C32: Using media queries and grid CSS to reflow columns

2. Lange Texte richtig umbrechen lassen

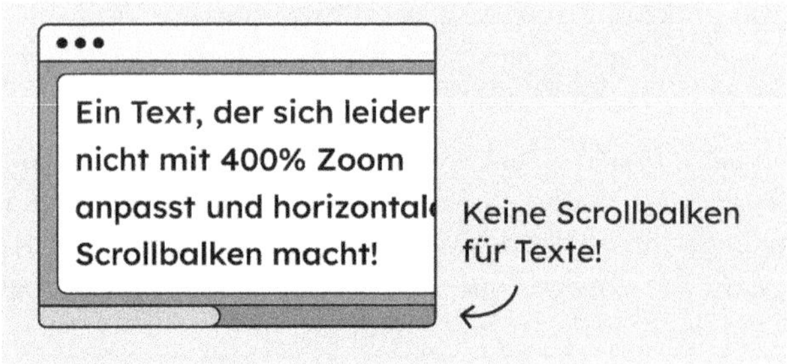

Abbildung 13.41: Auch bei 400 Prozent Zoom darf kein horizontaler Scrollbalken für das Lesen von Texten entstehen.

Ein häufiges Problem sind lange Wörter, die nicht richtig umbrechen, wodurch auf kleineren Ansichten ein horizontaler Scrollbalken entsteht. Mit der CSS-Eigenschaft `word-wrap: break-word;` lässt sich das verhindern: Wörter werden zwar nicht immer perfekt geteilt, dafür bleibt das Layout intakt.

WCAG-Technik:

✔ C33: Allowing for Reflow with Long URLs and Strings of Text

Ausnahmen von Kriterium 1.4.10

1. Tabellen

Horizontaler Scroll ist erlaubt, wenn die Tabelle zu breit für 320 Pixel ist. Wichtig ist aber, dass der Inhalt einzelner Zellen nicht abgeschnitten sein darf.

2. Grafiken und Videos

Fotos, Diagramme oder Videos dürfen horizontal scrollen, wenn sie sonst nicht sinnvoll angezeigt werden könnten. Idealerweise passt die Größe dennoch in den Viewport.

1.4.11 Non-text Contrast (Level AA)

Alle wichtigen grafischen Elemente einer Website müssen einen Kontrast von mindestens 3:1 zum Hintergrund haben. Dazu gehören Icon-Buttons, Formularfelder und Grafiken, die für das Verständnis relevant sind, wie etwa Infografiken, die Studienergebnisse oder Fahrpläne visualisieren.

So setzen Sie Kriterium 1.4.11 um

1. Für ausreichend Kontrast bei Bedienelementen ohne Text sorgen

Abbildung 13.42: Grafische Bedienelemente brauchen einen Mindestkontrast von 3:1 zum Hintergrund.

Grafische Bedienelemente (wie Icon-Buttons) und Grafiken, die wichtig für das Verständnis der Website sind, brauchen einen Mindestkontrast von 3:1 zum Hintergrund.

WCAG-Technik:

✔ G207: Ensuring that a contrast ratio of 3:1 is provided for icons

2. Für ausreichend Kontrast bei Bedienelementen mit Text sorgen

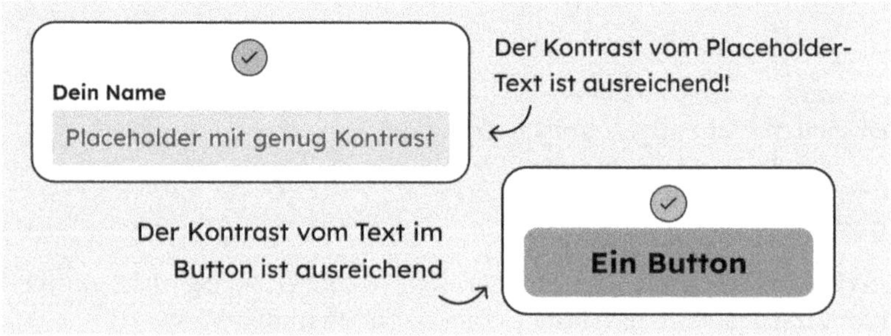

Abbildung 13.43: Bei Bedienelementen, die Text beinhalten, muss nur der Kontrast des Textes zum Hintergrund ausreichend sein.

Hat ein Bedienelement Text, der ausreichend kontrastreich ist (4,5:1), kann auf den visuellen Kontrast des grafischen Elements verzichtet werden.

BEISPIEL

✔ Button mit Text: Der Textkontrast reicht und der Button selbst muss keinen Mindestkontrast von 3:1 zum Hintergrund haben.

✔ Inputfeld mit Placeholder: Wenn der Placeholder-Text ausreichend Kontrast zum Hintergrund hat, muss es das Input selbst nicht.

WCAG-Technik:

✔ G18: Ensuring that a contrast ratio of at least 4.5:1 exists between text (and images of text) and background behind the text

3. Für ausreichend Kontrast bei Fokusindikatoren sorgen

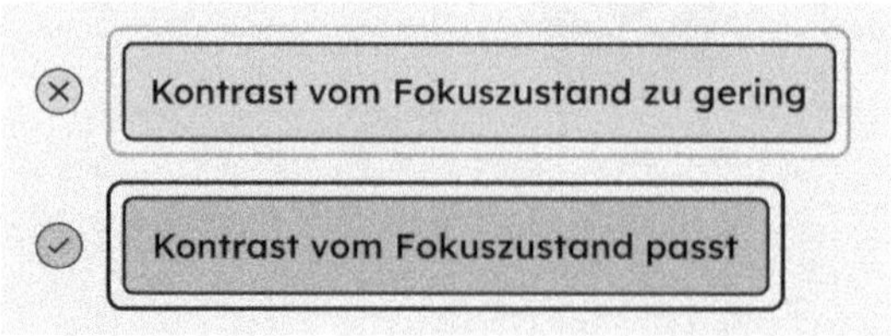

Abbildung 13.44: Auch ein Fokusrahmen muss den Mindestkontrast von 3:1 zum Hintergrund einhalten.

Wenn ein Element per Tastatur angesteuert wird, muss der sichtbare Fokusindikator klar erkennbar sein und einen Kontrast von mindestens 3:1 zum Hintergrund haben. Das bedeutet auch, dass der native Browserfokus eventuell überschrieben werden muss, wenn der Kontrast geringer als 3:1 ist.

WCAG-Technik:

✔ G195: Using an author-supplied, visible focus indicator

4. Für ausreichend Kontrast bei angrenzenden Flächen sorgen

Abbildung 13.45: Der Kontrast der Farbflächen muss mindestens 3:1 zum Hintergrund und 3:1 zu den angrenzenden Farbflächen sein.

Benachbarte Farbflächen, die für das Verständnis wichtig sind – etwa in Diagrammen oder Infografiken – brauchen einen Mindestkontrast von 3:1 zueinander. Ist der Kontrast geringer, kann zum Beispiel ein Rahmen mit einem Mindestkontrast von 3:1 zu jeder angrenzenden Farbe helfen.

WCAG-Technik:

✔ G209: Provide sufficient contrast at the boundaries between adjoining colors

Ausnahmen von Kriterium 1.4.11

1. Grafische Inhalte ohne Bedeutung

Dekorative Grafiken ohne Informationsgehalt müssen keine Kontrastanforderungen erfüllen. Hierzu zählen auch Grafiken, die zusätzlich zum erklärenden Text verwendet werden.

BEISPIEL

Ein Brief-Icon neben dem Text »Mail«, der einfach nur das Wort illustriert, ist semantisch redundant.

2. Bedienelemente sind disabled

Bedienelemente im Zustand *disabled* müssen keine Kontrastanforderungen erfüllen. Beispiel: Ein ausgegrauter Button, der erst aktiv wird, wenn alle Felder ausgefüllt sind. Sobald er aktiv ist, gelten die normalen Kontrastvorgaben.

1.4.12 Text Spacing (Level AA)

Texte müssen auch bei folgenden Anpassungen lesbar sein, ohne dass sie durch andere Inhalte abgeschnitten oder überdeckt werden:

- ✔ Zeilenhöhe: mindestens das 1,5-Fache der Schriftgröße
- ✔ Abstand nach Absätzen: mindestens das Zweifache der Schriftgröße
- ✔ Buchstabenabstand: mindestens das 0,12-Fache der Schriftgröße
- ✔ Wortabstand: mindestens das 0,16-Fache der Schriftgröße

So setzen Sie Kriterium 1.4.12 um

Für Lesbarkeit und Bedienbarkeit auch nach Textanpassungen sorgen

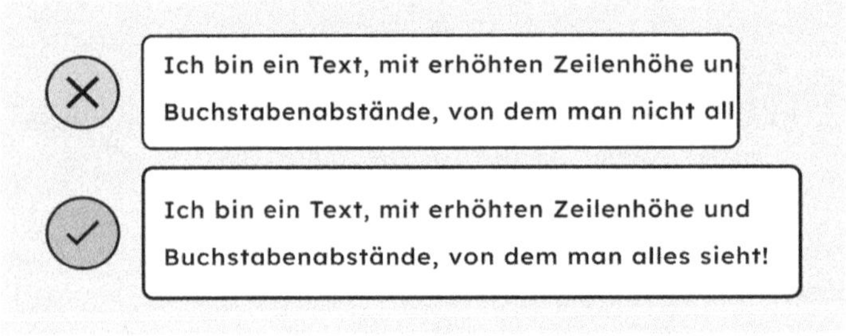

Abbildung 13.46: Text darf beim Anpassen der Textabstände nicht abgeschnitten werden.

Stellen Sie sicher, dass beim Anpassen von Textabständen sich diese einerseits tatsächlich auf alle Texte auswirken (auch in der vorgeschriebenen Weise, also wirklich 1,5 Zeilenabstand und nicht nur 1,3) und außerdem nicht Folgendes passiert:

- ✔ Texte überlagern sich nicht.
- ✔ Texte werden nicht abgeschnitten.

- ✔ Bedienelemente sind nicht mehr im Sichtfeld oder nicht nutzbar.
- ✔ Texte werden nicht durch trunkieren (`text-overflow: ellipsis`) abgekürzt. Es sei denn, es besteht die Möglichkeit, durch Fokus und Hover den Text wieder vollständig zu sehen.

Derartige Probleme treten oft auf, wenn Container (Beispiel: `<div>`) eine feste Höhe oder Breite in Pixel haben. Dann passt sich der Container nicht automatisch an, wenn man den Textabstand ändert.

WCAG-Techniken:

- ✔ C36: Allowing for text spacing override
- ✔ C35: Allowing for text spacing without wrapping

1.4.13 Content on Hover or Focus (Level AA)

Wenn beim Hovern mit der Maus oder beim Erhalten des Tastaturfokus Elemente eingeblendet werden, müssen diese alle drei folgenden Anforderungen erfüllen:

- ✔ **Sie müssen zu schließen sein:** Der Inhalt muss geschlossen werden können, ohne die Maus vom Auslöser wegzubewegen. Das kann auf mehrere Arten und Weisen passieren: entweder durch das Drücken der Esc-Taste oder durch erneutes Betätigen des Auslösers (Beispiel: Button, der das Untermenü geöffnet hat). Eine andere Möglichkeit wäre noch, ein dokumentiertes Tastaturkürzel zu nutzen.
- ✔ **Sie müssen per Hover bedienbar bleiben:** Man kann die Maus über den Inhalt bewegen, ohne dass der Inhalt verschwindet.
- ✔ **Sie dürfen sich nicht von allein schließen:** Der Inhalt muss sichtbar bleiben und darf sich nicht automatisch nach einer gewissen Zeit schließen (wenn ich nicht die Maus oder den Fokus wegbewege).

So setzen Sie Kriterium 1.4.13 um

Eingeblendete Inhalte schließbar und hoverbar und zeitlich unbegrenzt machen

Achten Sie darauf, dass eingeblendete Elemente die drei oben genannten Anforderungen erfüllen. Am Beispiel eines Untermenüs, das bei Hover eingeblendet wird, könnte das so aussehen:

- ✔ Das Untermenü kann geschlossen werden, ohne die Maus wegzubewegen. Das kann über einen Klick auf das Übermenü passieren, über die Esc-Taste oder eine andere erklärte Tastenkombination.

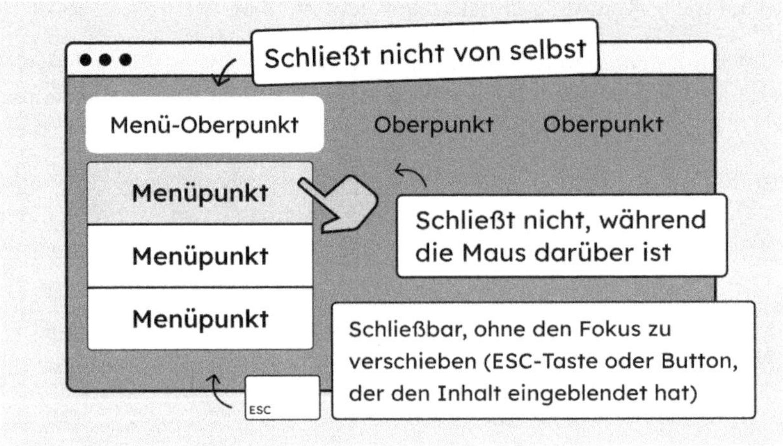

Abbildung 13.47: Diese Anforderungen müssen eingeblendete Bedienelemente erfüllen.

- ✔ Man kann den Mauszeiger über das eingeblendete Untermenü bewegen, ohne dass es sich schließt.
- ✔ Das Untermenü schließt sich nicht von selbst, solange sich die Maus darauf befindet.

Das Gleiche gilt auch, wenn das Untermenü bei Fokus oder Aktivierung durch die Tastatur eingeblendet worden ist.

WCAG-Technik:

- ✔ SCR39: Making content on focus or hover hoverable, dismissible, and persistent

IN DIESEM KAPITEL

Was die WCAG für bessere Bedienbarkeit fordern

Welche Techniken sie dazu empfehlen

Kapitel 14
WCAG-Kriterien für bessere Bedienbarkeit

2.1.1 Keyboard (Level A)

Alle Inhalte und Funktionen einer Website müssen mit der Tastatur erreichbar und bedienbar sein.

So setzen Sie Kriterium 2.1.1 um

Dafür sorgen, dass alle Funktionen per Tastatur zu bedienen sind

Abbildung 14.1: Eine Website muss per Tastatur navigierbar sein.

User müssen mit der ⇥-Taste durch alle interaktiven Elemente navigieren können. Aktionen müssen mit ↵ oder Leertaste ausführbar sein. Für Funktionen, die auf Mausaktionen wie Drag and Drop oder Wischen beruhen, braucht es eine gleichwertige Alternative (zum Beispiel Buttons oder Tastenkombinationen).

Vermeiden Sie Inhalte, die nur per Mouseover sichtbar werden. Wenn wichtige Infos in Tooltips stehen, müssen diese auch beim Tastaturfokus erscheinen.

WCAG-Techniken:

- ✔ G202: Ensuring keyboard control for all functionality
- ✔ H91: Using HTML form controls and links

2.1.2 No Keyboard Trap (Level A)

User müssen sich mit der Tastatur frei bewegen können, ohne in einer Tastaturfalle stecken zu bleiben. Eine Falle entsteht, wenn man per Tastaturfokus zwar auf ein Element springen, es aber nicht mehr verlassen kann. Passieren kann das oft bei eingebetteten iFrames, interaktiven Widgets oder Modal-Dialogen ohne funktionierenden Schließen-Mechanismus.

So setzen Sie Kriterium 2.1.2 um

Sicherstellen, dass User fokussierte Elemente immer wieder verlassen können

Abbildung 14.2: Eine Tastaturfalle sorgt dafür, dass Tastaturnavigation nicht mehr möglich ist. Nutzende kommen nicht weiter und müssen die Seite neu laden.

Wenn der Tastaturfokus auf ein interaktives Element (zum Beispiel ein eingebettetes Video, einen iFrame, eine Karte, ein Formular oder einen Dialog) gesetzt wird, muss man das Element per Tastatur auch wieder verlassen können. Wenn das Verlassen nur durch eine bestimmte Tastenkombination möglich ist, muss diese klar dokumentiert und im umgebenden Kontext zu finden sein.

WCAG-Technik:

- ✔ Technique G21: Ensuring that users are not trapped in content

2.1.4 Character Key Shortcuts (Level A)

Wenn eine Website eigene Tastenkürzel nutzt, müssen sie sich anpassen oder abschalten lassen. Ein-Tasten-Kürzel wie Buchstaben oder Zahlen sind problematisch, weil sie versehentlich Befehle von assistiven Technologien auslösen, etwa bei Sprachsteuerung oder Screenreader-Nutzung.

So setzen Sie Kriterium 2.1.4 um

Deaktivieren oder Umbelegen ermöglichen

Abbildung 14.3: Wenn Tasten mit speziellen Funktionen belegt sind, sollten diese abschaltbar sein.

Ermöglichen Sie dem User, die vorbelegten Tastenkürzel abschalten oder neu belegen zu können. So lassen sich Funktionen auf weniger störende Tasten legen, zum Beispiel von Q auf Alt + Q.

WCAG-Technik:

✔ G217: Providing a mechanism to allow users to remap or turn off character key shortcuts

Weiterer Hinweis zur Umsetzung

Ausnahme für Tastenkürzel bei einzelnen Komponenten

Einzeltasten-Kürzel sind erlaubt, wenn sie nur aktiv sind, sobald das zugehörige Bedienelement den Tastaturfokus hat. Beispiel: In einem <select> springt man mit der Taste R direkt zur nächsten Option mit diesem Buchstaben.

2.2.1 Timing Adjustable (Level A)

Bei zeitabhängigen Aktionen – etwa automatischen Abmeldungen oder Timern – müssen Nutzende die Möglichkeit haben, das Zeitlimit zu verlängern, zu pausieren oder auszuschalten.

So setzen Sie Kriterium 2.2.1 um

1. Das Verlängern, Pausieren oder Deaktivieren des Zeitlimits ermöglichen

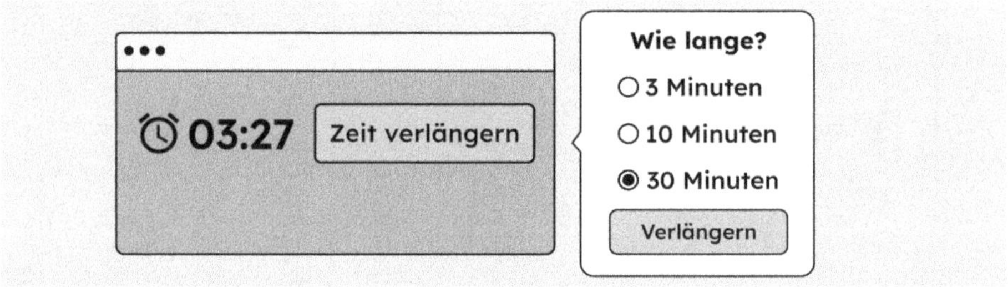

Abbildung 14.4: Zeitbegrenzungen müssen verlängert oder pausiert werden können.

Besteht ein Zeitlimit, etwa eine automatische Abmeldung, sollten User es auf das Zehnfache verlängern können. Das kann über einen Dialog oder Button passieren. Wenn möglich, sollte das Zeitlimit auch pausiert oder komplett deaktiviert werden können.

WCAG-Techniken:

- ✔ G180: Providing the user with a means to set the time limit to 10 times the default time limit
- ✔ G198: Providing a way for the user to turn the time limit off

2. Nutzende rechtzeitig vor Ablauf der Zeit informieren

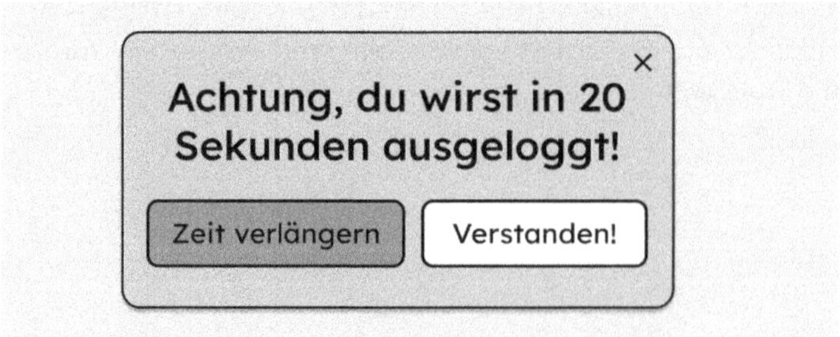

Abbildung 14.5: User sollten 20 Sekunden vor Ablauf der Zeit alarmiert werden.

Vor Ablauf eines Zeitlimits sollte mindestens 20 Sekunden vorher eine deutlich sichtbare Warnung erscheinen. User müssen dann die Möglichkeit haben, das Zeitlimit bis zu zehnmal zu verlängern oder zu pausieren.

WCAG-Techniken:

- ✔ SCR16: Providing a script that warns the user a time limit is about to expire
- ✔ SCR1: Allowing the user to extend the default time limit

Ausnahmen von Kriterium 2.2.1

1. Zeitlimit ist sicherheitsrelevant

Ein Zeitlimit ist okay, wenn es aus Sicherheitsgründen erforderlich ist. Das kann bei Zahlungsvorgängen oder zum Schutz sensibler Daten sein. Bei längeren Prozessen wäre es aber optimal, wenn das Zwischenspeichern der Eingaben möglich wäre.

2. Zeitlimit ist Realtime-Event

Ein Zeitlimit ist bei Echtzeitereignissen erlaubt, die ohne das Zeitlimit nicht funktionieren, wie bei einer Onlineauktion oder einer Onlineprüfung.

3. Zeitlimit ist länger als 20 Stunden

Bei Zeitlimits über 20 Stunden ist keine Verlängerung nötig.

4. Alternative Informationen ohne Zeitbegrenzung sind vorhanden

Statusmeldungen verschwinden oft nach einiger Zeit automatisch. Das ist problematisch, wenn sie wichtige Informationen enthalten, die der User sonst nicht mehr auf der Website findet. Falls so eine wichtige Statusmeldung von selbst verschwindet, muss es möglich sein, die Information an einem anderen Ort auf der Website noch mal zu finden. Beispiel: Eine temporäre Toast-Message zeigt, dass ein Produkt erfolgreich in den Warenkorb gelegt wurde. Alternativ sieht man die Zahl »1« am Warenkorb-Icon.

2.2.2 Pause, Stop, Hide (Level A)

Sich bewegende Inhalte müssen gestoppt oder versteckt werden können.

- ✔ **Für Inhalte, die sich bewegen, blinken oder scrollen (Animationen):** Starten Inhalte automatisch, dauern länger als fünf Sekunden und erscheinen zusammen mit statischem Inhalt, muss es möglich sein, sie anzuhalten oder auszublenden.
  Ein Beispiel dafür ist ein automatisch ablaufender Slider.

- **Für Inhalte, die sich automatisch aktualisieren (updaten):** Auch Inhalte, die sich selbstständig aktualisieren, müssen gestoppt, ausgeblendet oder in ihrer Aktualisierungsfrequenz kontrolliert werden können, wenn sie gleichzeitig mit statischem Inhalt sichtbar sind.

So setzen Sie Kriterium 2.2.2 um

Inhalt kann gestoppt oder ausgeblendet werden

Abbildung 14.6: Ein automatisch ablaufendes Karussell sollte einen Pause-Button haben.

Dauert eine Animation länger als fünf Sekunden, muss sie pausiert oder komplett ausgeblendet werden können – etwa über einen Pause- oder Schließen-Button. Nach dem Stoppen darf die Animation nicht automatisch neu starten.

WCAG-Techniken:

- G4: Allowing the content to be paused and restarted from where it was paused
- G11: Creating content that blinks for less than 5 seconds
- G186: Using a control in the web page that stops moving, blinking, or auto-updating content

Weitere Hinweise zur Umsetzung

1. Ausnahme für Ladeanimationen

Animationen während der Ladephase müssen nicht pausierbar sein, da User in dieser Zeit ohnehin nicht interagieren können (zum Beispiel Ladescreen). Das Anhalten solcher Animationen kann die User eher verwirren oder zu der Annahme führen, dass der Inhalt eingefroren oder die Verbindung abgebrochen ist.

2. Ausnahme für essenzielle Animationen

Kritische Animationen, wie Timer bei Onlinetests oder automatisch wechselnde Preise bei Auktionen, müssen ebenfalls nicht pausierbar sein.

2.3.1 Three Flashes or Below Threshold (Level A)

Inhalte sollten nicht öfter als dreimal pro Sekunde aufblitzen.

So setzen Sie Kriterium 2.3.1 um

1. Blitzende Inhalte vermeiden

Abbildung 14.7: Hektisch blinkende GIFs könnten als blitzende Inhalte zählen.

Vermeiden Sie Inhalte, die mehr als dreimal pro Sekunde blitzen oder flackern. Das gilt für Videos, animierte Bilder, GIFs oder interaktive Effekte wie schnell wechselnde Farben. Jeder Farb- oder Kontrastwechsel, der mehr als dreimal pro Sekunde auftritt, gilt als »Blitz« und muss verlangsamt werden.

BEISPIEL Eine Animation, die eine Explosion illustrieren soll, wechselt zwischen rotem und weißem Bild. Dieser Wechsel darf maximal dreimal pro Sekunde stattfinden.

Da es schwierig ist, dies mit bloßem Auge zu prüfen, empfehlen die WCAG folgendes Tool: `trace.umd.edu/peat/`.

WCAG-Technik:

✔ G19: Ensuring that no component of the content flashes more than three times in any 1-second period

2. Blitzende Inhalte klein genug halten

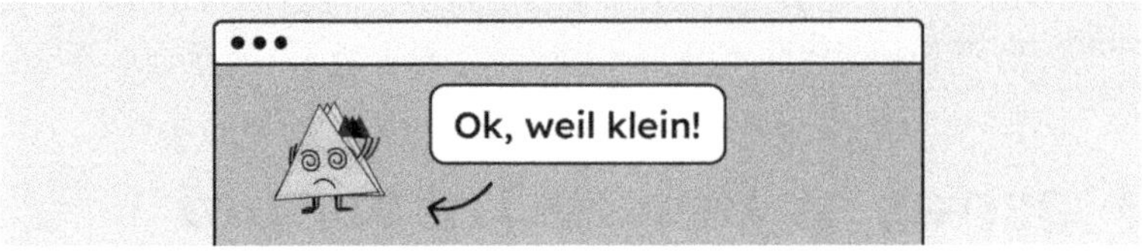

Abbildung 14.8: Kleine blitzende Inhalte sind erlaubt.

Wenn Blinken unvermeidbar ist, sollte die blinkende Fläche zumindest sehr klein sein – maximal 25 Prozent des zentralen Zehn-Grad-Sichtfelds. Bei einer Bildschirmbreite von 1024 Pixeln entspricht das etwa 148 × 148 Pixel. Die genaue Berechnung finden Sie in der WCAG-Technik G176.

WCAG-Technik:

✔ G176: Keeping the flashing area small enough

2.4.1 Bypass Blocks (Level A)

Auf einer Website müssen sich wiederkehrende Bereiche überspringen lassen. Ein typisches Beispiel ist der Header: User, die mit der Tastatur navigieren, sollen nicht auf jeder Unterseite erneut alle Elemente darin durchlaufen müssen.

So setzen Sie Kriterium 2.4.1 um

1. Sprunglinks nutzen

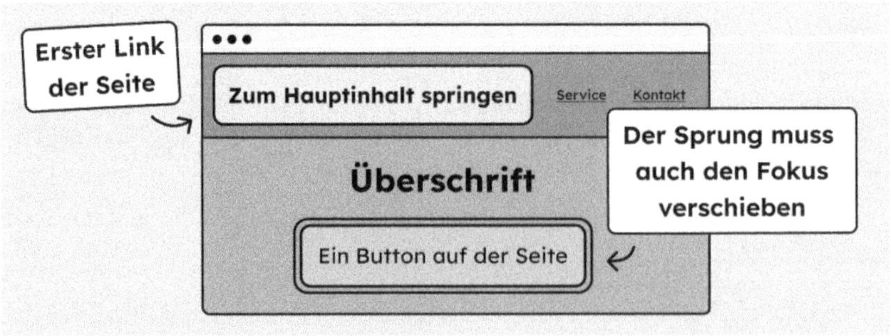

Abbildung 14.9: Wenn es eine Möglichkeit gibt, den Header zu überspringen, muss auch der Fokus der Tastatur mit verschoben werden.

Direkt am Seitenanfang sollten Sprunglinks zu wichtigen Bereichen wie dem Hauptinhalt (`<main>`) vorhanden sein. Der Link zum Hauptinhalt sollte das erste bedienbare Element sein. Er ist normal versteckt und erst beim Tastaturnavigieren sichtbar. Diese Technik wird stark von uns empfohlen. Die zwei weiteren Techniken werden von manchen Prüfern nur als »Accessibility-Supported« eingestuft und abgewertet.

Übertreiben Sie es nicht mit den Sprunglinks! Ein Link zum Hauptinhalt ist super, ein zweiter zum Footer okay. Bei mehr sollte man sich überlegen, ob es wirklich hilfreich und nötig ist.

Wichtig: Beim Betätigen des Sprunglinks muss auch der Tastaturfokus verschoben werden, sonst landet man beim nächsten ⇥ wieder oben auf der Seite. Vor allem bei den Links von unten zurück zum Seitenanfang wird das oft vergessen!

WCAG-Techniken:

- ✔ G1: Adding a link at the top of each page that goes directly to the main content area
- ✔ G123: Adding a link at the beginning of a block of repeated content to go to the end of the block
- ✔ G124: Adding links at the top of the page to each area of the content

2. ARIA-Landmarks richtig einsetzen

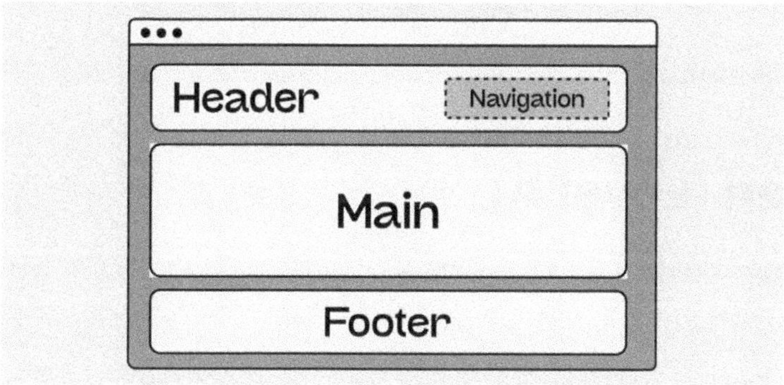

Abbildung 14.10: Eine Website sollte durch Landmarks strukturiert sein.

Verwenden Sie ARIA-Landmarks, um Bereiche der Seite zu kennzeichnen. Typische Landmarks sind `<nav>`, `<main>`, `<search>`, `<headaer>` und `<footer>`.

Werden Landmarks wie `<nav>` mehrfach eingesetzt, sollten die Bereiche zusätzlich per `aria-label` oder `aria-labelledby` benannt werden. So wird auch für Screenreader-User klar, mit welcher Navigation sie gerade interagieren.

WCAG-Technik:

- ✔ ARIA11: Using ARIA landmarks to identify regions of a page

3. Richtig gegliederte Überschriftenstruktur nutzen

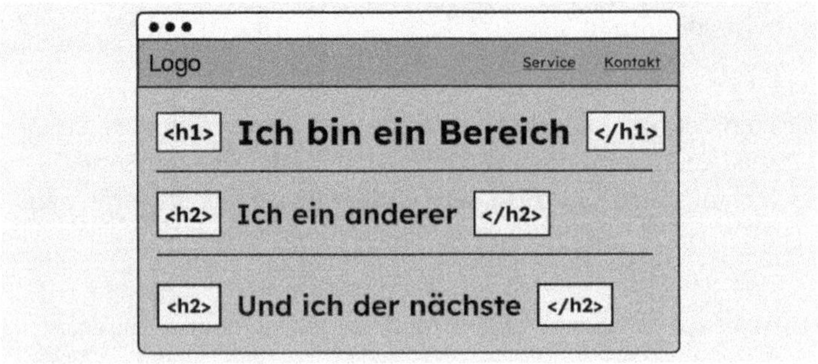

Abbildung 14.11: Eine sinnvolle und hierarchische Überschriftenstruktur ist wichtig für die Navigation.

Strukturieren Sie die Seite mit logisch gegliederten Überschriften: `<h2>` unter `<h1>`, `<h3>` unter `<h2>` und so weiter. Überschriften helfen Screenreader-Usern, per Tastatur schnell durch Bereiche zu navigieren und Inhalte zu überspringen.

WCAG-Technik:

- ✔ H69: Providing heading elements at the beginning of each section of content

2.4.2 Page Titled (Level A)

Jede einzelne Seite eines Webauftritts braucht einen sinnvollen Titel. Ein Titel sollte

- ✔ klar und deutlich sagen, worum es auf der Seite geht,
- ✔ für sich allein genommen Sinn ergeben,
- ✔ kurz sein,
- ✔ den Webauftritt identifizieren, zu dem die Seite gehört (Name des Webauftritts),
- ✔ innerhalb dieses Webauftritts eindeutig sein.

So setzen Sie Kriterium 2.4.2 um

Das title-Element in HTML nutzen

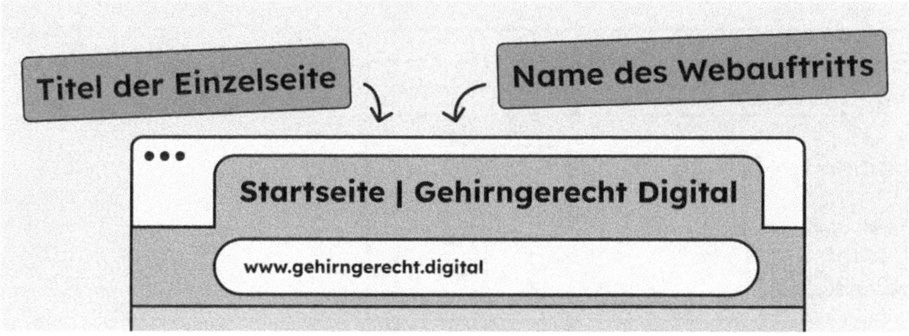

Abbildung 14.12: Der Titel der Webseite sollte aus dem Titel und dem Kontext (Name der ganzen Seite) bestehen.

Nutzen Sie `<title>` im `<header>`-Bereich des HTML, um einen klaren und hilfreichen Titel zu setzen. Der Titel sollte zuerst beschreiben, worum es auf der Seite geht, und danach den Namen der Website nennen (beispielsweise »Startseite | Gehirngerecht Digital«).

WCAG-Techniken:

- ✔ G88: Providing descriptive titles for web pages
- ✔ H25: Providing a title using the title element
- ✔ G127: Identifying a web page's relationship to a larger collection of web pages

Weiterer Hinweis zur Umsetzung

Halten Sie den Titel klar und einfach

Verzichten Sie auf viele Sonderzeichen oder Smileys, da Screenreader diese ebenfalls vorlesen und der Titel damit unverständlich wird.

2.4.3 Focus Order (Level A)

Die Tastaturfokusreihenfolge muss der logischen und visuellen Anordnung der Seite entsprechen. So können User beim Navigieren mit der Tastatur oder Hilfsmitteln den Inhalt und die Bedienelemente in einer verständlichen, sinnvollen Reihenfolge durchlaufen.

So setzen Sie Kriterium 2.4.3 um

1. Für eine nachvollziehbare Fokusreihenfolge sorgen

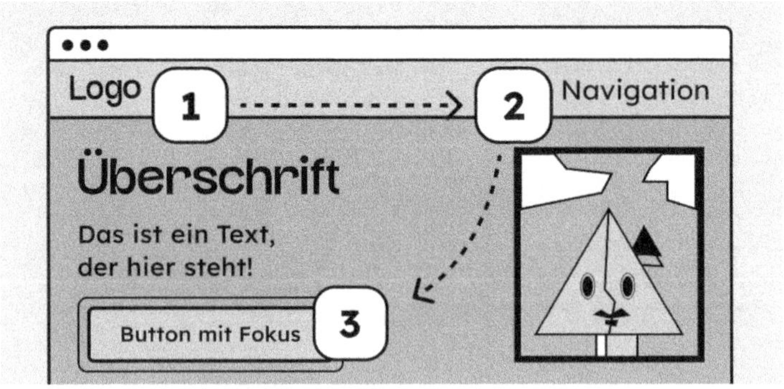

Abbildung 14.13: Die Tab-Reihenfolge sollte der visuellen Reihenfolge folgen.

Beim Durchtabben der Bedienelemente sollte die Reihenfolge im Wesentlichen der visuellen Anordnung folgen. Der Fokus darf nicht willkürlich springen, etwa vom Header zum Footer und zurück. Elemente, die gerade visuell verdeckt sind – wie Links in zugeklappten Navigationsmenüs – dürfen auch per ⇆ nicht erreichbar sein.

WCAG-Technik:

✔ G59: Placing the interactive elements in an order that follows sequences and relationships within the content

2. Eingeblendete Elemente bedienbar

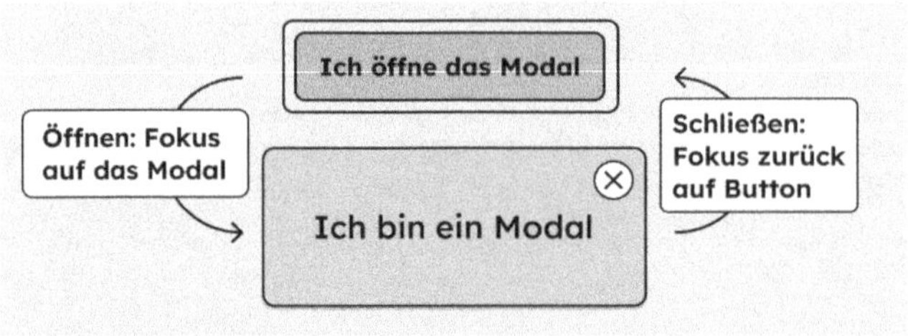

Abbildung 14.14: Beim Schließen eines Modals muss der Tastaturfokus zurück auf das Element gesetzt werden, das das Modal geöffnet hat.

Werden durch Eingaben oder Klicks neue Elemente eingeblendet, sollten diese im Quellcode direkt unter dem auslösenden Element stehen. Das muss deswegen so sein, weil man mit der ⇆-Taste immer linear durch die Webseite navigiert.

Erscheinen nach dem Ausfüllen eines Formularfelds neue Felder, dürfen diese nicht oberhalb des ausgefüllten Felds eingeblendet werden, sonst bemerken Screenreader-Nutzende sie nicht. Er müsste sich dafür »rückwärts« bewegen. Wenn eine Aktion ein Modal einblendet, gilt:

- Beim Öffnen muss der Fokus auf das eingefügte Modal verschoben werden. Best Practice ist es, den Fokus auf den Schließen-Button zu legen.
- Beim Schließen muss der Fokus auf das auslösende Element (Button) zurückverschoben werden.

Endet eine Liste von Suchergebnissen mit einem Button »mehr Laden« soll der Tastaturfokus nach einem Druck auf den Button auf das erste neu geladene Element gesetzt werden.

WCAG-Technik:

- SCR26: Inserting dynamic content into the Document Object Model immediately following its trigger element

2.4.4 Link Purpose (In Context) (Level A)

Der Text eines Links – ebenso der Alt-Text eines verlinkten Bildes – sollte eindeutig beschreiben, wohin der Link führt. Ist das nicht möglich, muss der Linktext zumindest im Kontext verständlich sein.

So setzen Sie Kriterium 2.4.4 um

1. Aussagekräftige Linktexte verwenden

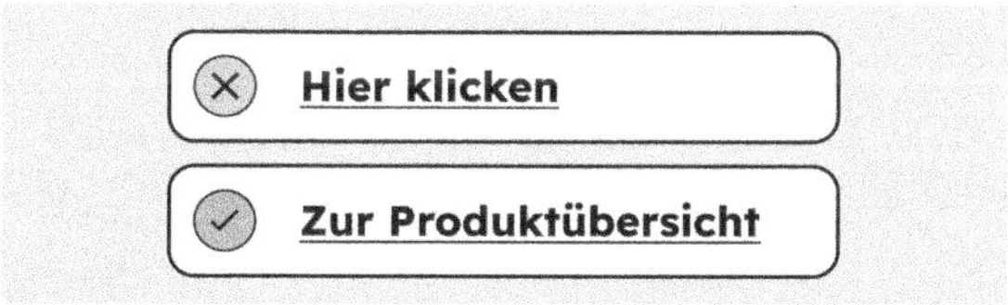

Abbildung 14.15: Der Name eines Links sollte von sich aus aussagekräftig sein.

Links sollten deutlich machen, wohin sie führen. Am besten durch aussagekräftige Linktexte wie »Zur Produktübersicht«. URLs allein (https://...) oder vage Formulierungen wie »Hier klicken« reichen nicht aus, um das Ziel des Links zu verstehen.

WCAG-Technik:

- ✔ G91: Providing link text that describes the purpose of a link

2. Den Linkzweck durch Kontext vermitteln

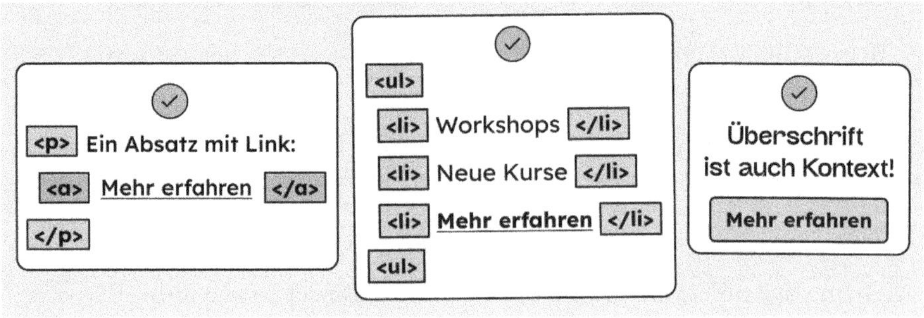

Abbildung 14.16: Verschiedene Wege, um Links in einen verständlichen Kontext zu setzen

Wenn der Linktext selbst nicht aussagekräftig ist, muss das Ziel durch den umgebenden Kontext verständlich sein. Kontext eines Links kann sein:

- ✔ Ein umgebender Absatz (`<p>`)
- ✔ Eine umgebende Liste, wenn der Link dann als `<li>` Teil der Liste ist
- ✔ Eine Tabellenzelle (`<td>`), wobei die Zelle selbst oder die Überschriftenzelle (`<th>`) den Zweck angeben muss
- ✔ Eine vorangehende Überschrift (`<h1>`–`<h6>`). Die Verwendung von Überschriften als Kontext ist in den WCAG nur eine Advisory-Technik, wird in gängigen Prüfkatalogen aber akzeptiert.

WCAG-Techniken:

- ✔ G53: Identifying the purpose of a link using link text combined with the text of the enclosing sentence
- ✔ H77: Identifying the purpose of a link using link text combined with its enclosing list item
- ✔ H79: Identifying the purpose of a link in a data table using the link text combined with its enclosing table cell and associated table header cells
- ✔ H80: Identifying the purpose of a link using link text combined with the preceding heading element

3. Den Linktext durch versteckten Text erweitern

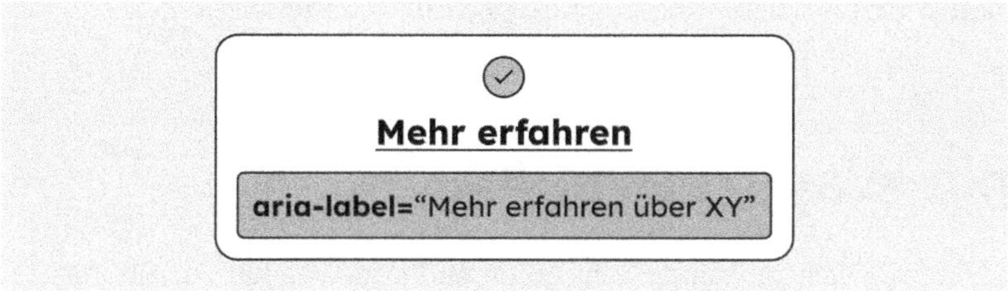

Abbildung 14.17: Linktexte könnten zum Beispiel durch ein aria-label erweitert werden.

Der Link kann auch mit versteckten Texten oder per ARIA ergänzt werden.

BEISPIEL

- ✔ Der Link heißt nur »Mehr erfahren«, im `aria-label` steht »Mehr erfahren über unsere Produkte«.
- ✔ Der Link heißt nur »Mehr erfahren«, es gibt aber einen erweiterten Text, der visuell versteckt ist. Ein Codebeispiel ist:

```
<p>Mehr erfahren<span class="visually-hidden">über unsere
Produkte</span></p>
```

Durch eine solche Erweiterung des Linktextes schafft man weiteren Kontext, ohne das Design zu stören. Aber ergänzen Sie auch nur, was wirklich nötig ist – sonst nervt es mehr als es hilft.

WCAG-Techniken:

- ✔ C7: Using CSS to hide a portion of the link text
- ✔ ARIA8: Using aria-label for link purpose
- ✔ ARIA7: Using aria-labelledby for link purpose

4. Aussagen von Icons in den Linktext mit aufnehmen (Dateiformat, neuer Tab)

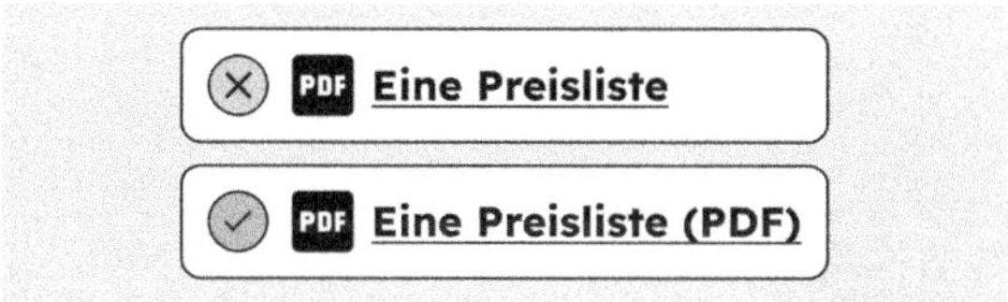

Abbildung 14.18: Die Aussage eines Icons sollte auch im Text vorkommen.

Wenn ein Icon anzeigt, dass ein Link zu einer Datei führt oder sich ein neuer Tab öffnet, sollte dies im Linktext stehen. Beispiel: »Eine Preisliste (PDF)«. Man kann dem Icon natürlich auch einen Alt-Text (»PDF«) geben.

WCAG-Technik:

✔ H30: Providing link text that describes the purpose of a link for anchor elements

2.4.5 Multiple Ways (Level AA)

User sollten neben der Hauptnavigation mindestens einen anderen Weg haben, die Inhalte einer Website zu erreichen. Nur bei sehr kleinen Webauftritten mit nur drei bis vier Unterseiten reicht die Hauptnavigation aus.

So setzen Sie Kriterium 2.4.5 um

1. Zusätzliche Links zur Orientierung anbieten

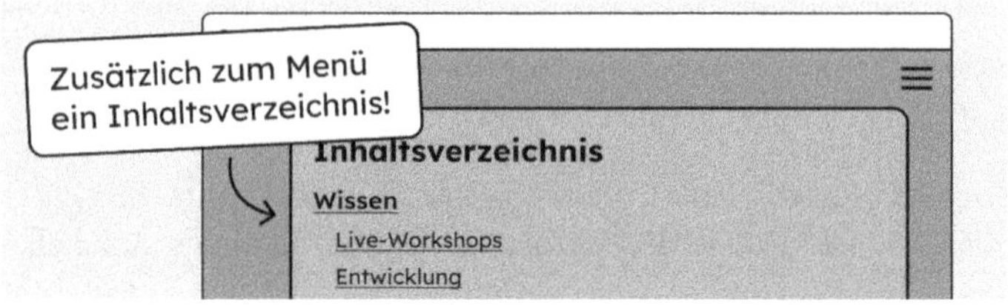

Abbildung 14.19: Eine Sitemap anbieten

Zusätzlich zur Hauptnavigation kann eine Unterseite mit einem Inhaltsverzeichnis (Sitemap) angeboten werden, die alle wichtigen Seiten der Website übersichtlich zeigt und verlinkt.

WCAG-Techniken:

✔ G125: Providing links to navigate to related web pages

✔ G63: Providing a site map

2. Eine Suche anbieten

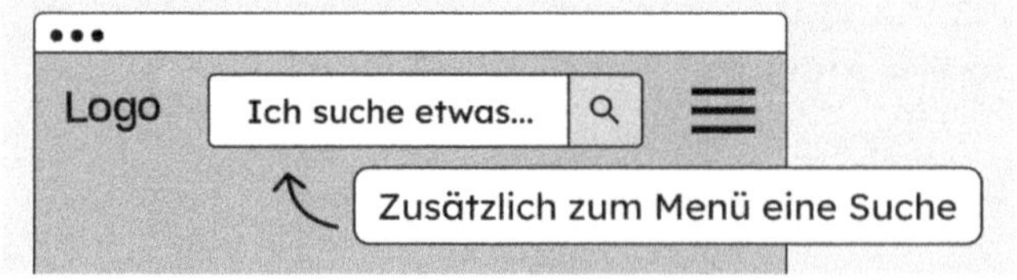

Abbildung 14.20: Bieten Sie eine Suche an.

Zusätzlich zur Hauptnavigation kann auch eine Suchfunktion bereitgestellt werden. Eine Suche ermöglicht es, Inhalte einer Website schneller zu finden als über die Hauptnavigation. Besonders Menschen mit Sehbehinderungen nutzen eine Suche häufig. Damit die Suche effektiv ist, muss sie alle Inhalte der Website durchsuchen und nicht nur einzelne Bereiche wie Blogeinträge.

WCAG-Technik:

✔ G161: Providing a search function to help users find content

2.4.6 Headings and Labels (Level AA)

Überschriften und Beschriftungen von Eingabefeldern (Labels) müssen sinnvoll sein. Überschriften strukturieren die Seite und geben Orientierung, indem sie klar den folgenden Inhalt beschreiben. Labels gehören zu Bedienelementen wie Inputfeldern, Toggles oder Auswahlmenüs und müssen deutlich machen, welche Eingabe erwartet wird.

So setzen Sie Kriterium 2.4.6 um

1. Sinnvolle Überschriften schreiben

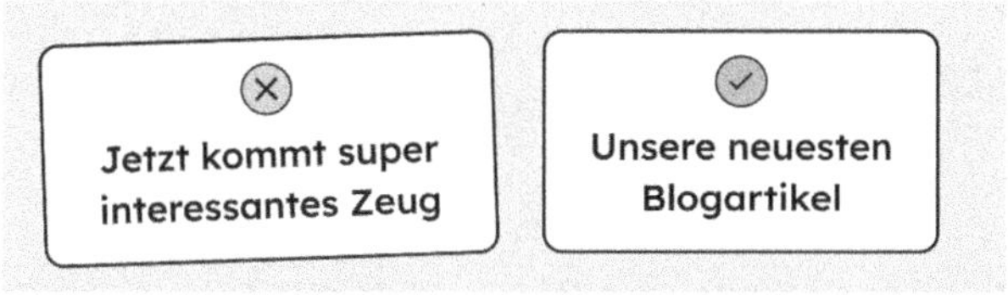

Abbildung 14.21: Überschriften sollten den darauffolgenden Inhalt klar beschreiben.

Jede Überschrift muss den Inhalt des folgenden Abschnitts knapp, aber klar zusammenfassen. Unter der Überschrift »Blogartikel« sollte man also auch Blogartikel finden und nicht Kundenreviews.

Unsere eigene Meinung ist: Kryptische Überschriften wie »Super interessantes Zeug« können verwirrend sein und sollten klarer beschrieben werden. Außer wenn »Super interessantes Zeug« Teil der ganzen Brandsprache ist und im Kontext der Website Sinn ergibt.

WCAG-Technik:

✔ G130: Providing descriptive headings

2. Klare Beschriftungen (Labels) nutzen

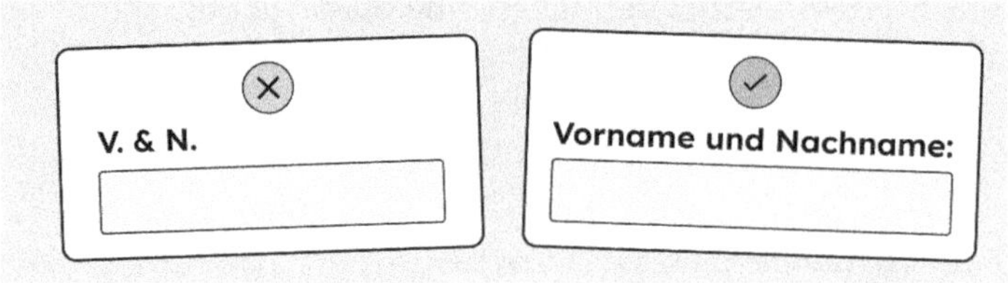

Abbildung 14.22: Beschriftungen für Labels sollten aussagekräftig und nicht abgekürzt sein.

Eingabefelder brauchen aussagekräftige Labels, damit User wissen, was sie eingeben sollen. Beispiel: Ein Feld für den Vornamen sollte das Label »Vorname« tragen.

Bei Gruppen von Eingaben wie Checkboxen oder Radiobuttons reicht das Label der einzelnen Elemente meistens nicht aus. Dann sollte das `<fieldset>` eine `<legend>` enthalten, die den Zweck der Gruppe beschreibt. Beispiel: Zwei Checkboxen »Augsburg« und »Bonn« werden erst durch die übergeordnete Beschriftung »Wo möchtest du uns besuchen?« verständlich.

WCAG-Technik:

✔ G131: Providing descriptive labels

Weiterer Hinweis zur Umsetzung

Die richtige Sprache

Beschriftungen und Überschriften sollten zur Sprache der Website passen. Auf einer deutschen Website sollten sie daher auf Deutsch sein. Fremdsprachige Inhalte können die Verständlichkeit beeinträchtigen.

2.4.7 Focus Visible (Level AA)

Es muss stets sichtbar sein, welches Element den Tastaturfokus hat, damit User jederzeit wissen, wo sie sich auf der Seite befinden.

So setzen Sie Kriterium 2.4.7 um

Stellen Sie sichtbare Fokusindikatoren bereit

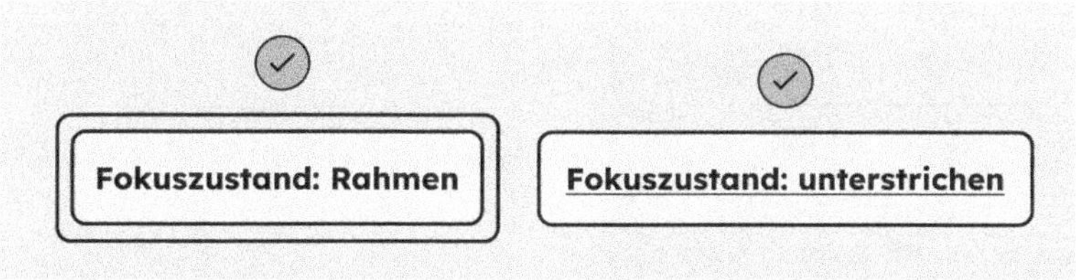

Abbildung 14.23: Bedienelemente brauchen einen sichtbaren Fokusindikator.

Bei allen interaktiven Elementen wie Buttons, Links oder Formularen muss der Tastaturfokus sichtbar sein. Der Fokusindikator oder die Hervorhebung sollte ohne zeitliche Begrenzung so lange sichtbar sein, wie das Element fokussiert ist.

Mögliche Hervorhebungen sind: Unterstreichung, Fettung, Farbwechsel (mit Kontrast ≥ 3:1), blinkende Cursorlinie in Inputfeldern. Wir empfehlen einen einheitlichen Fokusrahmen. Ein Fokusrahmen ist gut erkennbar und sieht bei jedem interaktiven Element gleich aus.

Achten Sie auch auf die Standard-Fokusindikatoren von Browsern oder Betriebssystemen: Sie erfüllen manchmal nicht die Kontrastanforderungen. Auch wenn viele Browser mittlerweile einen doppelten Fokusrahmen nutzen, ist der Kontrast zu manchen farbigen Hintergründen nicht groß genug (3:1). Das liegt daran, dass Browser manchmal Farben wie Blau oder Pink für ihren Fokusrahmen nutzen. Wenn der Kontrast zu gering ist, müssen Sie selbst einen Fokusindikator bereitstellen, der die Kontrastanforderungen erfüllt.

WCAG-Techniken:

- ✔ G149: Using user interface components that are highlighted by the user agent when they receive focus
- ✔ TG195: Using an author-supplied, visible focus indicator

2.4.11 Focus Not Obscured (Minimum) (Level AA)

Erhält ein interaktives Element den Tastaturfokus, darf es nie komplett überdeckt werden. Das Element, das den Fokus hat, darf also nicht vollständig von anderen Inhalten wie fixen Headern, Pop-ups, Cookie-Bannern oder Overlays verdeckt werden.

So setzen Sie Kriterium 2.4.11 um

Dafür sorgen, dass Elemente, die den Fokus haben, nie komplett überdeckt sind

Abbildung 14.24: Sticky Header können Bedienelemente komplett überdecken.

Es gibt einige typische Situationen, in denen Fokusindikatoren verdeckt werden können – diese sollten Sie unbedingt vermeiden:

- ✔ **Sticky Header oder Footer:** Das Element mit Fokus wird von einem Sticky-Element überdeckt. Testen Sie das, indem Sie per Tastatur mit ⇧ + ⇥ rückwärts von unten nach oben durch Ihre Seite navigieren. Der Sticky Header sollte dabei über das fokussierte Element »hüpfen«. CSS-Klassen wie `scroll-margin-top` (header) oder `scroll-margin-bottom` helfen dabei.
- ✔ **Überlagerungen durch Modale:** Ein korrekt implementiertes Modal »fängt« den Fokus ein, bis es geschlossen wird (durch Esc oder Schließen-Button). So wird verhindert, dass man mit der Tastatur Elemente erreicht, die hinter dem Modal verborgen sind.
- ✔ **Überlagerungen durch erhöhte Elemente:** Jedes Element, das auf der Z-Achse andere Elemente überlagert, kann den Fokus komplett verdecken. Achten Sie beim Arbeiten mit `z-index` darauf, dass der Fokus immer sichtbar bleibt – besonders auch dann, wenn der User zoomt.
- ✔ **Elemente sind nicht richtig versteckt:** Oft sind Elemente per CSS nur aus dem sichtbaren Bereich verschoben, bleiben aber per Tastatur erreichbar – zum Beispiel Slide-in-Menüs. So können Elemente fokussiert werden, die visuell gar nicht sichtbar sind. Dadurch wird natürlich auch der Fokuszustand verdeckt. Lösung: Nutzen Sie `display:none` oder eine Methode, um Elemente komplett auszublenden.

WCAG-Technik:

- ✔ C43: Using CSS scroll-padding to un-obscure content

Weiterer Hinweis zur Umsetzung

Überlagerndes Element ist ohne Maus zu schließen

Wenn ein Element komplett von einem Overlay oder Modal überdeckt wird, ist das kein Fehler, solange das Modal per Tastatur geschlossen werden kann. Das kann über die Esc-Taste oder einen gut erreichbaren Schließen-Button erfolgen.

2.5.1 Pointer Gestures (Level A)

Funktionen, die Mehrfingergesten oder komplexe Gesten erfordern – wie Wischen, Ziehen, Rotieren oder Zusammenziehen – müssen auch über einfache Zeigerinteraktionen bedienbar sein, zum Beispiel mit einem einzelnen Klick oder Tipp. So stellen Sie sicher, dass alle User die Funktion nutzen können, auch wenn präzise Gesten oder Gesten mittels mehrerer Finger schwierig sind.

Komplexe Gesten können auf zwei Arten auftreten:

- ✔ **Pfadbasierte Gesten:** Die gesamte Bewegung zählt, nicht nur Anfangs- und Endpunkt. Beispiel: Swipen nach links oder rechts.
- ✔ **Mehrpunktgesten:** Es werden mehrere Berührungspunkte gleichzeitig benötigt, wie beim Pinchen (sozusagen ein Zwicken) auf dem Bildschirm.

So setzen Sie Kriterium 2.5.1 um

Alternativen zu komplexen Gesten bereitstellen

Abbildung 14.25: Komplexe Gesten wie Swipen brauchen eine Alternative

Jede Funktion, die komplexe Zeigerbewegungen erfordert, muss auch über einfache Eingaben bedienbar sein, etwa durch Klicken, Tippen oder die ↵-Taste.

BEISPIEL

Inhalte, die per Wisch nach rechts bestätigt oder per Wisch nach links gelöscht werden, sollten zusätzlich über klare Buttons wie »Bestätigen« und »Löschen« zugänglich sein.

WCAG-Technik:

- ✔ G215: Providing controls to achieve the same result as path based or multipoint gestures

Ausnahme von Kriterium 2.5.1

Komplexe Pfade oder Mehrpunktgesten sind essenziell

Eine Ausnahme von der Regel besteht für Aktionen, bei denen die pfadbasierte Geste essenziell ist. Dazu zählt zum Beispiel das Unterschreiben auf einem Bildschirm oder das Zeichnen eines Bildes mit einem Stift auf einem Tablet. In solchen Fällen ist die exakte Gestenbewegung Teil der Funktion und muss nicht durch eine einfache Eingabe ersetzt werden.

2.5.2 Pointer Cancellation (Level A)

Aktionen, die per Maus, Touch oder anderen Zeigegeräten ausgelöst werden, dürfen nicht sofort beim Drücken (»Down-Event«) erfolgen. Stattdessen müssen Nutzende die Möglichkeit haben, die Aktion vor dem endgültigen Auslösen noch abzubrechen.

So setzen Sie Kriterium 2.5.2 um

1. Aktionen erst beim »Up-Event« auslösen

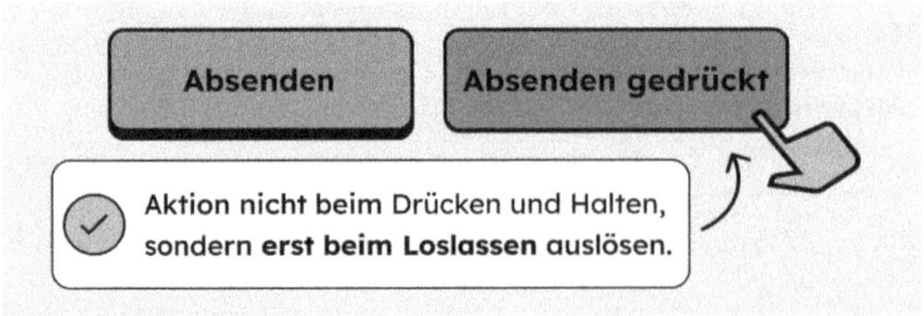

Abbildung 14.26: Eine Aktion darf erst ausgeführt werden, wenn man ein Bedienelement loslässt.

Aktionen sollten erst dann ausgeführt werden, wenn der Zeiger losgelassen wird (zum Beispiel bei `mouseup` oder `touchend`), nicht schon beim Drücken. So können Nutzende den Finger oder Mauszeiger bewegen, bevor sie loslassen, und den Vorgang bei Bedarf abbrechen.

WCAG-Technik:

✔ G212: Using native controls to ensure functionality is triggered on the up-event.

2. Das Revidieren oder Abbrechen ermöglichen

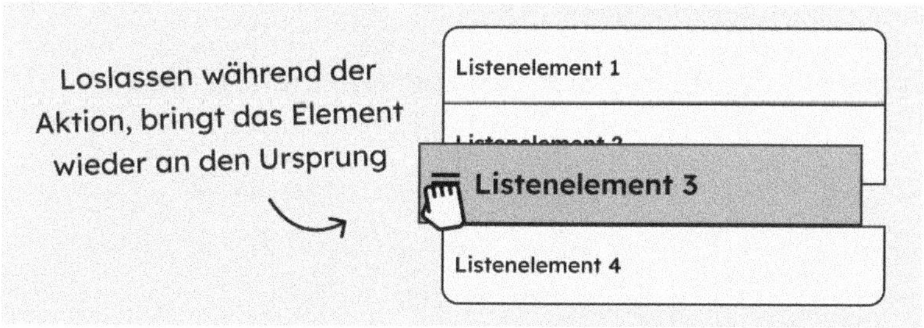

Abbildung 14.27: Das Loslassen außerhalb des Interaktionsbereiches beim Sortieren führt dazu, dass das Element wieder an die Ausgangsposition platziert wird.

Bei komplexeren Interaktionen wie Drag-and-Drop können die »Down«- und »Up«-Ereignisse eine ganze Abfolge von Aktionen einleiten und abschließen, die nötig sind, um den Prozess zu vollenden.

BEISPIEL

Beim Drag and Drop wird ein Element

✔ mit einem Druck (»Down-Event«) ausgewählt,

✔ bei weiterhin gedrückter Taste an eine neue Position bewegt und

✔ durch Loslassen (»Up-Event«) fallen gelassen, um die Aktion abzuschließen.

Wichtig ist, dass Nutzende die Aktion jederzeit abbrechen können. Dazu gehört, dass das Element an seine Ausgangsposition zurückspringt, wenn der User das Element während des Ziehens außerhalb des Zielbereichs ablegt.

Eine andere Möglichkeit ist, die Aktion vor dem Abschluss bestätigen zu lassen, etwa über ein Modal, das fragt: »Möchten Sie diese Aktion wirklich ausführen?«

WCAG-Technik:

✔ G210: Ensuring that drag-and-drop actions can be cancelled

2.5.3 Label in Name (Level A)

Wenn der Text eines Bedienelements – sei es ein Link, Button oder Formularfeld – im zugänglichen Namen erweitert oder genauer beschrieben wird, muss der sichtbare Text vollständig darin enthalten sein.

Das ist besonders wichtig für Menschen, die Sprachsteuerung nutzen. Sie müssen das Element genau so ansprechen können, wie es visuell benannt ist, damit die Interaktion zuverlässig funktioniert.

So setzen Sie Kriterium 2.5.3 um

1. Dafür sorgen, dass der sichtbare Text auch im zugänglichen Namen vorkommt

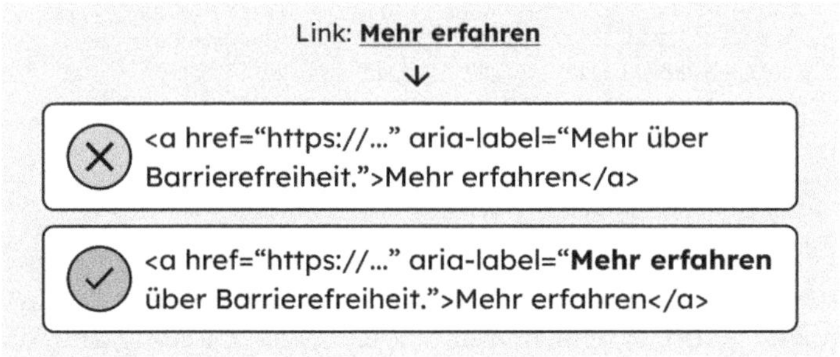

Abbildung 14.28: Der sichtbare Name eines Elementes muss genau so im zugänglichen Namen vorkommen.

Manchmal möchte man Links oder Buttons für Screenreader-User verständlicher machen und den sogenannten zugänglichen Namen erweitern.

BEISPIEL

Sie haben eine Ansicht von Service-Cards. Alle Buttons der Cards heißen »Mehr erfahren«. Ein Screenreader-User kann sich eine Liste von Bedienelementen ausgeben lassen. In dieser Listenansicht wäre dann nicht ersichtlich, zu welchem Produkt genau der Button führt, wenn er nur »Mehr erfahren« heißt.

Eine Lösung für das Problem wäre, den zugänglichen Namen per `aria-label` zu erweitern, ohne den sichtbaren Text zu ändern:

```
<a href="..." aria-label="Mehr erfahren über Barrierefreiheit">Mehr erfahren</a>
```

Der Screenreader liest nun » Mehr erfahren über Barrierefreiheit «, während der sichtbare Text »Mehr erfahren« bleibt.

Wichtig dabei ist: Der sichtbare Text muss vollständig im zugänglichen Namen enthalten sein. Sonst können Personen, die Sprachsteuerung nutzen, den Button nicht über den Namen bedienen. Die Sprachsteuerung reagiert auf den zugänglichen Namen, nicht auf den sichtbaren Text.

Mehr dazu finden Sie auf dem Blog von Sara Soueidan unter dem Titel »Accessible Text Labels For All« (`www.sarasoueidan.com/blog/accessible-text-labels/`).

Anstatt den Text per `aria-label` zu erweitern, kann man auch Teile von Texten per CSS verstecken.

```
<a href="produkt-design.html">
  Mehr erfahren <span class="visually-hidden">über das Produkt E-Learning
  fürs Design</span>
</a>
```

Die Klasse `.visually-hidden` versteckt den Text visuell.

Der Code dafür lautet:

```
.visually-hidden {
  position: absolute !important;
  inline-size: 1px !important;
  block-size: 1px !important;
  padding: 0;
  margin: -1px;
  overflow: hidden;
  clip-path: rect(0, 0, 0, 0);
  white-space: nowrap;
  border: 0;
}
```

Das ist aus folgenden Gründen sogar besser, als ein `aria-label` zu verwenden:

- ✔ Der Text liegt im HTML vor und wird von Übersetzungs-Tools erfasst.
- ✔ Wiederholungen (wie »Mehr erfahren«) am Anfang jedes `aria-label` werden vermieden.
- ✔ Die Pflege ist leichter, weil alle Texte an einer Stelle (im Markup) liegen.

WCAG-Technik:

- ✔ G208: Including the text of the visible label as part of the accessible name

2. Die sichtbare Beschriftung auch als zugänglichen Namen verwenden

Abbildung 14.29: Der Text des Links sollte am besten selbst aussagekräftig sein.

Die einfachste Technik: Sorgen Sie dafür, dass der sichtbare und der nicht sichtbare Text immer identisch sind. In den meisten Fällen (circa 90 Prozent) empfiehlt es sich, den gesamten Text direkt in den Link zu schreiben:

```
<a href="produkt-design.html">Zum E-Learning fürs Design</a>
```

Damit umgehen Sie das Problem komplett und sparen sich zukünftig auch Pflegeaufwand. Zudem reduzieren Sie Fehlerquellen und machen den Link sofort für alle User verständlich.

WCAG-Technik:

✔ TG211: Matching the accessible name to the visible label

2.5.4 Motion actuation (Level A)

Funktionen, die durch die Bewegung des Geräts ausgelöst werden (zum Beispiel Schütteln, Neigen oder Drehen), brauchen eine alternative Eingabemöglichkeit über Bedienelemente. Zusätzlich braucht es eine Möglichkeit, diese Funktionen abzuschalten, damit keine unbeabsichtigten Aktionen ausgelöst werden.

So setzen Sie Kriterium 2.5.4 um

Alternativen anbieten und die Bewegungserkennung deaktivierbar machen

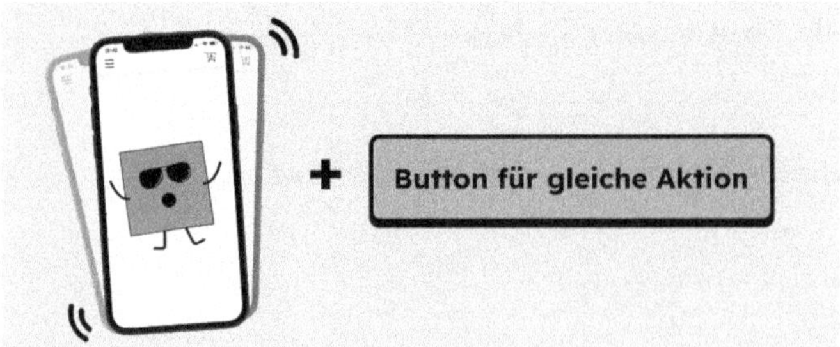

Abbildung 14.30: Wenn das Handy bei Schütteln eine Funktion auslöst, sollte diese auch zum Beispiel über einen Button auszulösen sein.

Funktionen, die durch Bewegung des Geräts ausgelöst werden, müssen auch über ein herkömmliches Steuerelement wie einen Button oder Link bedienbar sein.

BEISPIEL

Statt nur »Schütteln zum Löschen« als Geste möglich zu machen, sollte zusätzlich ein »Löschen«-Button angeboten werden.

Zudem muss es möglich sein, Bewegungsgesten abzuschalten, damit keine unbeabsichtigten Aktionen entstehen. Das kann in den Einstellungen der Anwendung oder über einen leicht zugänglichen Button erfolgen.

WCAG-Technik:

✔ G213: Provide conventional controls and an application setting for motion activated input

Ausnahme von Kriterium 2.5.4

Die Bewegung ist essenziell für die Funktion

Falls die Funktion auf die Bewegung des Geräts angewiesen ist (zum Beispiel eine Wasserwaagen-App oder ein Schrittzähler), kann teilweise gar keine alternative Eingabe bereitgestellt werden. In solchen Fällen sollte der Bewegungsnutzen klar dokumentiert werden.

2.5.7 Dragging Movements (Level AA)

Funktionen, die Drag and Drop erfordern, müssen auch ohne Ziehbewegungen nutzbar sein.

So setzen Sie Kriterium 2.5.7 um

Eine Alternative zu Drag and Drop bereitstellen

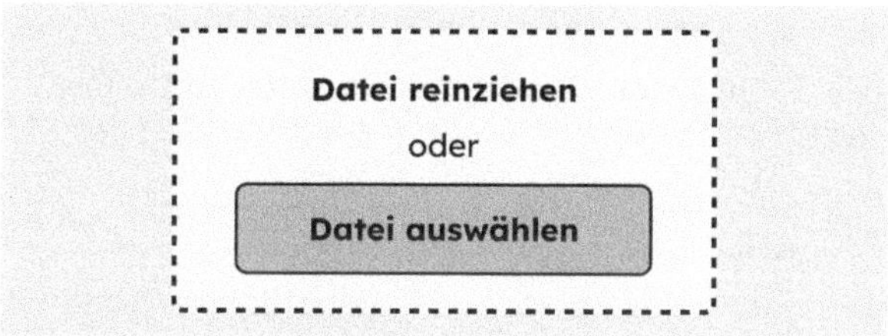

Abbildung 14.31: Datei-Upload per Drag and Drop und alternativ per Button

Funktionen, die Elemente durch Ziehen verschieben oder platzieren, müssen auch über Klicks, Tabs oder Tastatureingaben bedienbar sein. Beispiel: Statt eine Datei nur per Drag and Drop hochzuladen, bieten Sie zusätzlich einen »Datei auswählen«-Button an. (PS: Native HTML-Elemente bringen das natürlich schon alles mit!)

WCAG-Technik:

- ✔ G219: Ensuring that an alternative is available for dragging movements that operate on content

2.5.8 Target Size (Minimum) (Level AA)

Bedienelemente wie Buttons, Links, Icons oder andere interaktive Flächen müssen mindestens 24 × 24 CSS-Pixel groß sein oder sich in dem Bereich nicht mit der Klickfläche anderer Elemente überschneiden.

So setzen Sie Kriterium 2.5.8 um

1. Für eine Mindestgröße von 24 × 24 Pixeln sorgen

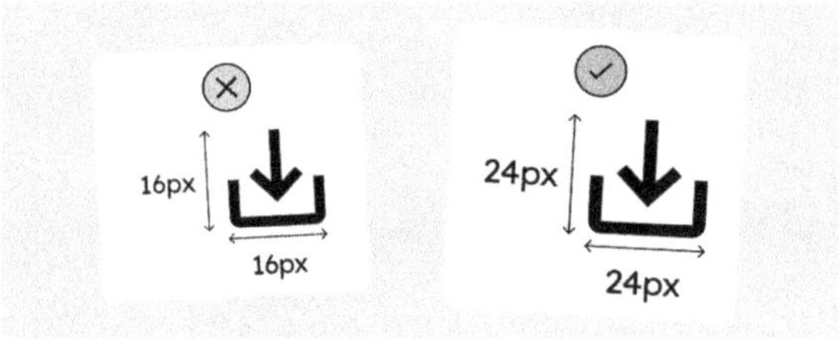

Abbildung 14.32: Icons sollten eine Mindestgröße von 24 × 24 Pixeln haben.

Interaktive Elemente sollten eine klick- oder tippbare Fläche von mindestens 24 × 24 CSS-Pixeln haben. Bei klickbaren Icons kann das Icon selbst kleiner sein (zum Beispiel 18 × 18 Pixel), solange der unsichtbare Klickbereich mindestens 24 × 24 Pixel groß ist.

WCAG-Technik:

- ✔ Keine sinnvolle Technik in den WCAG. Mehr Details finden Sie im Kriterium selbst, *2.5.8: Target Size (Minimum) (Level AA)*.

2. Genug Abstand zu benachbarten Bedienelementen schaffen

Abbildung 14.33: Der Klickbereich sollte mindestens 24 Pixel groß sein und sich nicht mit dem Klickbereich anderer Elemente überlappen.

Das Bedienelement darf an sich kleiner als 24 × 24 Pixel sein, solange es in einem Radius von 24 Pixeln keine Überschneidungen mit anderen interaktiven Klickflächen gibt. Damit soll verhindert werden, dass User versehentlich das falsche Ziel treffen.

Unsere Empfehlung: Wo immer möglich sollten Sie deutlich größere Klickflächen verwenden. Aus Gründen der Benutzerfreundlichkeit geben die Hersteller von mobilen Betriebssystemen 44 Pixel beziehungsweise 48 Pixel als kleinste sinnvolle Größe an.

WCAG-Technik:

✔ Keine sinnvolle Technik in den WCAG. Mehr Details finden Sie im Kriterium selbst: *2.5.8: Target Size (Minimum) (Level AA).*

Ausnahmen für Kriterium 2.5.8

1. Für eine ausreichend große Alternative sorgen

Ein Bedienelement muss die Anforderungen an die Mindestgröße nicht erfüllen, wenn es irgendwo auf der Seite ein zweites Bedienelement gibt, das die gleiche Funktion ausführt und die Mindestanforderungen einhält.

2. Inline-Links im Fließtext

Links in Paragrafen sind von dem Kriterium ausgenommen, da die Höhe der Links oft abhängig von der Höhe des Fließtextes ist.

3. Bedienelemente, die durch den User-Agent (Browser/OS) gerendert werden und nicht geändert werden können

Auch Elemente, die vom Browser selbst gerendert werden, sind hier ausgenommen. Ein gutes Beispiel ist der native HTML-Date-Picker, der oft winzige Buttons hat. (Zugegeben, dieser hat auch durch das Input-Feld eine zugängliche Alternative, die groß genug ist!)

4. Elemente, deren Größe für die Darstellung essenziell sind

Es gibt Bedienelemente, bei denen die Größe aus rechtlichen Gründen vorgegeben oder für die Darstellung essenziell ist (zum Beispiel kleine Icons in einer Landkarte mit präziser Platzierung). Diese sind auch vom Kriterium ausgenommen.

IN DIESEM KAPITEL

Wie Sie Ihre Website verständlich machen

Welche WCAG-Kriterien Sie dafür erfüllen müssen

Kapitel 15
WCAG-Kriterien für bessere Verständlichkeit

3.1.1 Language of Page (Level A)

Die Hauptsprache einer Website muss im HTML-Code korrekt angegeben sein, damit Screenreader den Text richtig aussprechen und Wörter korrekt interpretieren.

So setzen Sie Kriterium 3.1.1 um

Das Lang-Attribut im HTML setzen

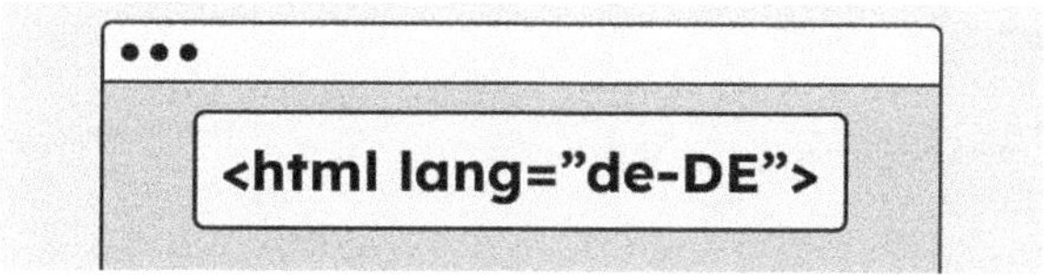

Abbildung 15.1: Die Hauptsprache der Seite muss im <html>-Tag angegeben sein.

Setzen Sie das `lang`-Attribut im HTML-Tag mit der Hauptsprache der Website beispielsweise so: `<html lang="de-DE">`.

WCAG-Technik:

✔ H57: Using the language attribute on the HTML element

3.1.2 Language of Parts (Level AA)

Textabschnitte oder Wörter, die von der Hauptsprache abweichen, müssen im HTML mit der jeweiligen Sprache gekennzeichnet werden.

So setzen Sie Kriterium 3.1.2 um

Einen Sprachwechsel mit dem lang-Attribut kennzeichnen

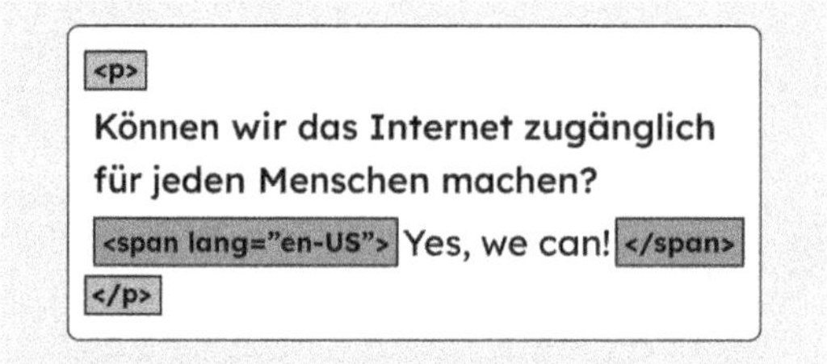

Abbildung 15.2: Fremdsprachige Texte müssen mit dem lang-Attribut ausgezeichnet sein.

Wenn Text in einer anderen Sprache als der Hauptsprache ist, müssen Sie ein `lang`-Attribut direkt am entsprechenden HTML-Element setzen. Einzelne Wörter müssen in der Praxis meist nicht extra ausgezeichnet werden.

Außerdem brauchen Sie keine Auszeichnung für Eigennamen und alle Begriffe, die sich im Universalwörterbuch der deutschen Sprache befinden.

BEISPIEL

```
<p>Können wir das Internet barrierefrei machen?
<span lang="en">Yes, we can!</span>.</p>
```

WCAG-Technik:

✔ H58: Using language attributes to identify changes in the human language

3.2.1 On Focus (Level A)

Wenn der Tastaturfokus auf ein Element gesetzt wird, darf dadurch keine Aktion ausgelöst werden, die den Kontext ändert.

So setzen Sie Kriterium 3.2.1 um

Den Kontext nur bei Eingabe verändern

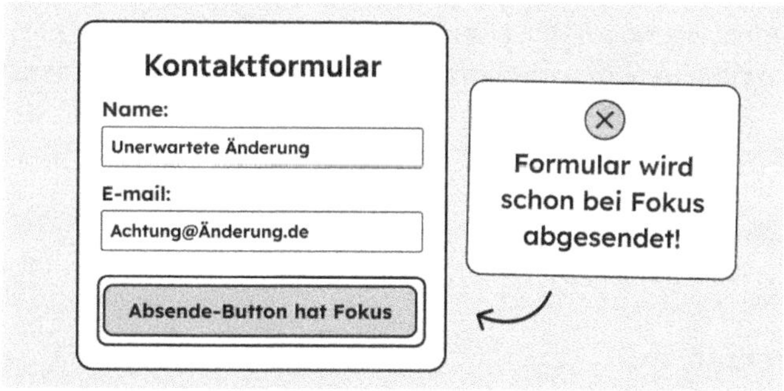

Abbildung 15.3: Ein Formular darf sich nicht schon dann absenden, wenn man den Tastaturfokus auf den Absende-Button bewegt.

Beim Fokussieren eines Elements darf keine unerwartete Kontextänderung passieren.

BEISPIEL

Solche Kontextänderungen können wie folgt aussehen: Ein Dialog öffnet sich, man wird auf eine neue Seite weitergeleitet oder ein Formular wird abgesendet. Diese Funktionen sollten erst ausgelöst werden, wenn der User per ↵ oder Leertaste das Element aktiviert.

WCAG-Technik:

✔ G107: Using »activate« rather than »focus« as a trigger for changes of context

Weiterer Hinweis zur Umsetzung

Was ist eine Kontextänderung?

Die WCAG beschreiben eine Kontextänderung als »größere Änderungen, die, wenn sie ohne das Wissen der Nutzenden erfolgen, Nutzende desorientieren können, die nicht die gesamte Seite gleichzeitig sehen können«. Eine Kontextänderung ist zum Beispiel, wenn man den Tastaturfokus verschiebt oder ein Modal oder eine neue Seite öffnet.

3.2.2 On Input (Level A)

Das Interagieren mit Formularen wie Textfeldern oder Checkboxen darf nicht zu einer Kontextänderung führen. Es sei denn, Nutzende wurden vor der Nutzung des Elements über dieses Verhalten informiert.

So setzen Sie Kriterium 3.2.2 um

1. Einen Submit-Button zur Verfügung stellen

Anstatt ein Formular direkt abzusenden, nachdem der User die letzte Eingabe gemacht hat, sollten Sie einen Absende-Button bereitstellen, der das Formular erst dann absendet, wenn der Button aktiviert wird.

WCAG-Technik:

- ✔ H32: Providing submit buttons

2. Die Kontextänderung beschreiben

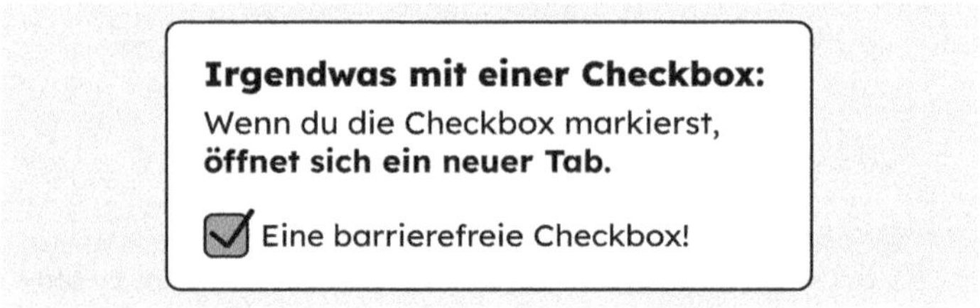

Abbildung 15.4: Wenn eine Kontextänderung bei Eingabe passiert, sollte der User vorgewarnt werden.

Wenn eine Kontextänderung unvermeidbar ist, informieren Sie den User darüber, bevor er mit dem Formularelement interagiert, damit er weiß, was passiert.

BEISPIEL

Wenn beim Anklicken einer Checkbox in einer Onlineumfrage der Tastaturfokus automatisch zur nächsten Frage springt, sollte dies zu Beginn angekündigt werden. Das kann als Text zu Beginn der Umfrage sein.

WCAG-Technik:

- ✔ G13: Describing what will happen before a change to a form control that causes a change of context to occur is made.

Weiterer Hinweis zur Umsetzung

Kontextänderung versus Content-Änderung

Was ist der Unterschied zwischen einer Kontextänderung und einer Content-Änderung (auf Deutsch: Inhaltsänderung)?

Wie im Kriterium *3.2.1 On Focus* gesagt, ist eine Kontextänderung zum Beispiel, wenn sich die Seite neu lädt oder der Fokus springt. Eine reine Content-Änderung beziehungsweise Inhaltsveränderung hingegen ist zum Beispiel:

- ✔ Wenn sich nur der Inhalt verändert (zum Beispiel Filter in einem E-Commerce-Shop)
- ✔ Wenn neue Inhalte laden, aber der Fokus nicht darauf verschoben wird (zum Beispiel neue Formularfelder nach Eingabe)

Die Änderungen sollten angesagt werden oder nach dem auslösenden Element passieren, damit Blinde diese bemerken können – sie werden nämlich vermutlich nicht ohne Anlass rückwärts navigieren.

3.2.3 Consistent Navigation (Level AA)

Navigationsmechanismen sollten auf allen Seiten konsistent bleiben. Hauptmenü, Breadcrumbs oder Footer-Links sollten immer an der gleichen Stelle stehen und gleich funktionieren.

So setzen Sie Kriterium 3.2.3 um

Für eine gleiche Darstellung Ihrer Navigationskomponenten sorgen

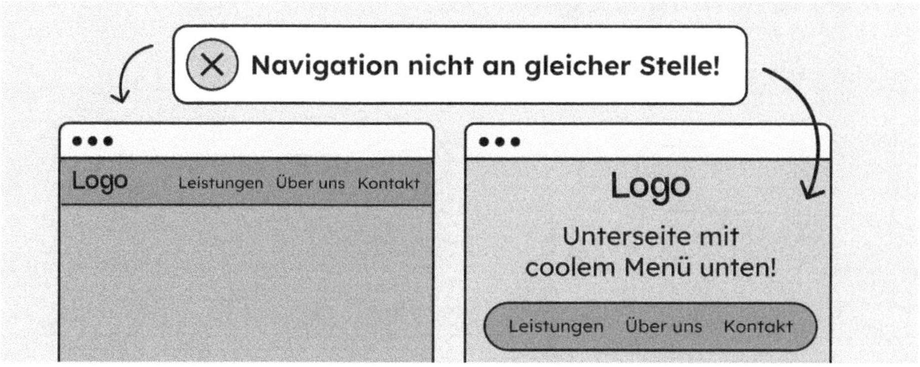

Abbildung 15.5: Die Platzierung der Navigation muss konsistent sein.

Navigationskomponenten sollten auf jeder Seite an derselben Stelle erscheinen und die Reihenfolge der Links innerhalb eines Menüs sollte gleich bleiben. Zusätzliche Unterlinks dürfen ergänzt oder entfernt werden, solange die bestehende Reihenfolge der Hauptlinks unverändert bleibt.

BEISPIEL

Beim Klick auf den Menüpunkt »Angebote« landet man auf einer Unterseite für Angebote, auf der zusätzliche Links zu einzelnen Services erscheinen. Wenn man von der Seite wieder wegnavigiert, verschwinden die Servicelinks auch wieder. Die restlichen Menüpunkte bleiben aber immer in der gleichen Reihenfolge erhalten.

WCAG-Technik:

✔ G61: Presenting repeated components in the same relative order each time they appear

Ausnahme von Kriterium 3.2.3

Eine Gruppe von Seiten kann als eigener Abschnitt gesehen werden

Mehrstufige Abläufe wie Check-out, Registrierung oder Quiz können als eigene Abschnitte betrachtet werden. Dort darf die Navigation von der restlichen Seite abweichen, etwa durch Buttons wie »Zurück« und »Weiter«, um Nutzende Schritt für Schritt durch den Prozess zu führen.

3.2.4 Consistent Identification (Level AA)

Wiederkehrende Komponenten auf verschiedenen Seiten müssen einheitlich benannt sein. So erkennen Nutzende vertraute Funktionen leichter wieder.

Auch vom Aussehen her sollte das Element konstant zu erkennen bleiben. Ein Herz-Icon, das an einer Stelle für »Wunschliste« steht, darf an anderer Stelle nicht plötzlich für die Funktion »Liken« genutzt werden.

So setzen Sie Kriterium 3.2.4 um

Elemente einheitlich benennen

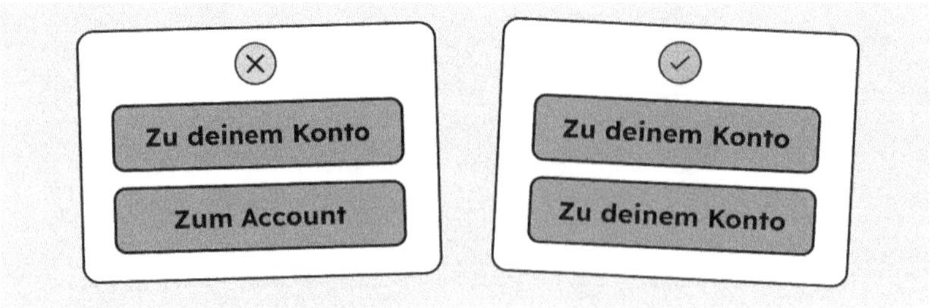

Abbildung 15.6: Bedienelemente sollten über die Seite hinweg immer den gleichen Namen haben.

Wenn ein Button auf mehreren Seiten dieselbe Funktion hat, sollten Sie ihn auch immer gleich benennen. Um zum Account zu gelangen, sollte der Name also nicht einmal »zum Account« und einmal »zum Konto« heißen.

WCAG-Technik:

- ✔ G197: Using labels, names, and text alternatives consistently for content that has the same functionality

3.2.6 Consistent Help (Level A)

Hilfeangebote auf der Seite sollten leicht auffindbar und immer an derselben Stelle platziert sein. Als Hilfeangebote zählen zum Beispiel Kontaktinformationen im Footer, Chatbots, Kontaktformulare oder Buttons zum Anrufen oder Mailen.

So setzen Sie Kriterium 3.2.6 um

Die Hilfe immer an der gleichen Stelle platzieren

Abbildung 15.7: Die Hilfe einer Website sollte über mehrere Unterseiten hinweg immer an der gleichen Stelle platziert sein.

Am leichtesten erfüllen Sie das Kriterium, indem Sie im Header oder Footer einen Link zur Kontaktseite einfügen. Dieser Link sollte auf jeder Unterseite an der gleichen Stelle stehen. Durch Klicken des Links gelangen die User dann zu einer Seite mit Kontaktdaten.

WCAG-Technik:

- ✔ G220: Provide a contact-us link in a consistent location

Weitere Hinweise zur Umsetzung

1. Man muss keine Hilfe anbieten

Das Kriterium sagt nicht, dass es eine Hilfe geben muss, aber wenn es eine gibt, muss sie immer an der gleichen Stelle sein.

2. Es darf mehr als eine Hilfe geben

Wenn die Seite mehrere Hilfen hat, dann muss zumindest eine davon immer an der gleichen Stelle zu finden sein.

3. Hilfe darf in den responsiven Ansichten (Desktop/Mobile) unterschiedlich sein

Die Position der Hilfe muss innerhalb einer Ansicht immer gleich bleiben. Auf unterschiedlichen Ansichten wie Desktop und Mobil kann sie unterschiedlich platziert sein.

3.3.1 Error Identification (Level A)

Wenn ein Eingabefehler in einem Formular auftritt, muss dieser identifiziert und dem User in Textform beschrieben werden.

So setzen Sie Kriterium 3.3.1 um

Den User in Textform über den Fehler informieren

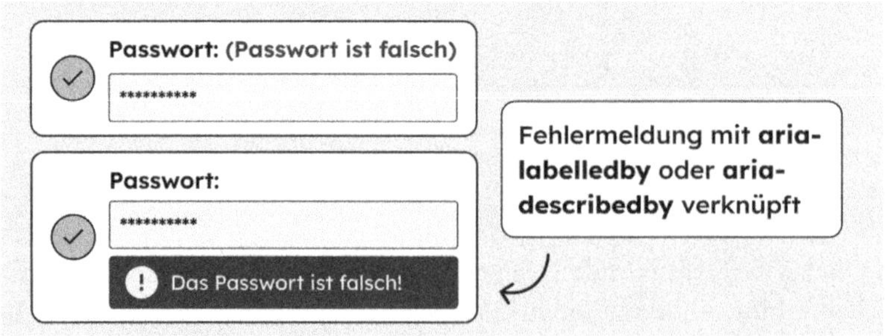

Abbildung 15.8: Ein Eingabefeld braucht eine sichtbare Beschriftung.

Wenn ein User ein Pflichtfeld leer lässt oder eine falsche Eingabe macht, muss eine Fehlermeldung in Textform angezeigt werden.

Die Fehlermeldung sollte nahe an dem fehlerhaften Feld stehen. Sie kann Teil des Labels sein oder unter dem Formularfeld stehen. Wenn sie visuell und im Code unter dem Feld steht, muss sie mit dem Feld programmatisch verknüpft sein. So bekommen Screenreader-User diese Information auch, sobald sie das fehlerhafte Formularfeld ansteuern.

Möglichkeiten zur technischen Verknüpfung sind etwa `aria`-Attribute (in der Regel `aria-describedby`).

WCAG-Techniken:

- ✔ G83: Providing text descriptions to identify required fields that were not completed
- ✔ G84: Providing a text description when the user provides information that is not in the list of allowed values

3.3.2 Labels or Instructions (Level A)

Formulare und Eingabefelder brauchen klar erkennbare, sichtbare Beschriftungen und bei Bedarf zusätzliche erläuternde Hinweise.

So setzen Sie Kriterium 3.3.2 um

Allen Formularelementen eine sichtbare Beschriftung geben

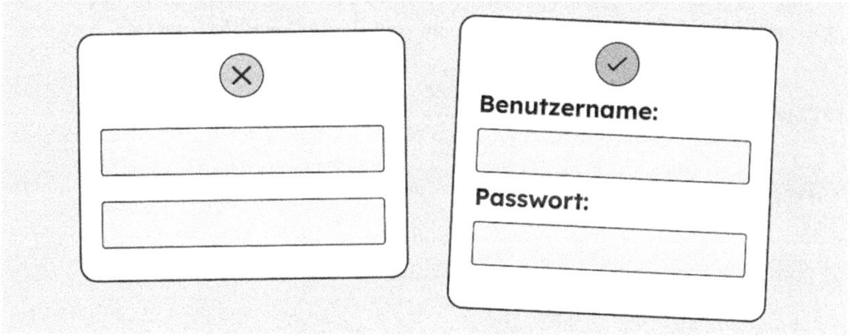

Abbildung 15.9: Ein Eingabefeld braucht eine sichtbare Beschriftung.

Jedes Formularfeld braucht ein sichtbares Label, auch Checkboxen, Radio-Groups oder selbst gebaute Komponenten wie Range-Slider.

Pflichtfelder müssen klar gekennzeichnet sein, zum Beispiel durch den Zusatz »Pflichtfeld«. Wenn Pflichtfelder nur durch Sternchen (*) gekennzeichnet werden, sollte die Bedeutung erklärt sein (am besten am Beginn des Formulars).

Zusätzliche Hinweise, etwa zum erforderlichen Eingabeformat, sollten direkt am und über dem Eingabefeld stehen. Wenn sie visuell und programmatisch unter dem Feld stehen, müssen sie über `aria-describedby` mit dem Feld verknüpft sein.

Ein Text im `placeholder`-Attribut reicht nicht als sichtbare Beschriftung aus!

WCAG-Techniken:

- ✔ G131: Providing descriptive labels
- ✔ ARIA1: Using the aria-describedby property to provide a descriptive label for user interface controls

Weiterer Hinweis zur Umsetzung

Die Suche braucht kein sichtbares Label

Suchfelder sind eine Ausnahme und brauchen kein sichtbares Label. Weil es so ein bekanntes Muster ist, reicht das Icon für sehende Nutzende aus. Aber es muss weiterhin ein programmatisch ermittelbares zugängliches Label für Screenreader geben.

3.3.3 Error Suggestion (Level AA)

Wenn ein Fehler in einem Eingabefeld auftritt, muss die Fehlermeldung klare Hinweise geben, wie der User den Fehler korrigieren kann. Ausgenommen sind Fälle, in denen das Offenlegen von Details ein Sicherheitsrisiko darstellen würde, zum Beispiel bei Passwörtern.

So setzen Sie Kriterium 3.3.3 um

Fehler klar beschreiben

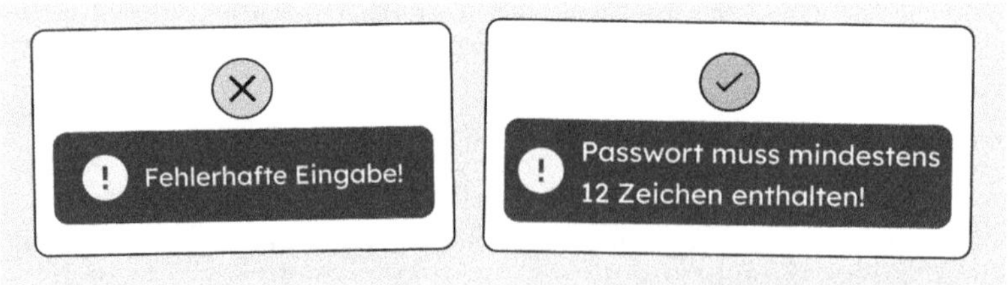

Abbildung 15.10: Fehlermeldungen sollten, wenn möglich, Lösungsvorschläge beinhalten.

Fehlermeldungen sollten genau erklären, welches Feld betroffen ist und warum die Eingabe ungültig ist.

BEISPIEL

»Das Passwort ist zu kurz. Es sollte aus mindestens zehn Zeichen bestehen« oder »Das Passwort muss mindestens acht Zeichen und eine Zahl enthalten«.

Bei sicherheitsrelevanten Fällen wie Log-ins können allgemeine Meldungen genutzt werden, zum Beispiel »Benutzername oder Passwort falsch«, idealerweise mit einem Hinweis oder Link zur Korrektur, zum Beispiel »Passwort-Reset«.

WCAG-Techniken:

- ✔ G85: Providing a text description when user input falls outside the required format or values
- ✔ G177: Providing suggested correction text

3.3.4 Error Prevention (Legal, Financial, Data) (Level AA)

Bei Eingaben, die rechtliche Verpflichtungen, Zahlungen oder dauerhafte Datenänderungen mit sich bringen, muss der User seine Eingaben vor der endgültigen Ausführung überprüfen, bestätigen oder korrigieren können. So wird das Risiko schwerwiegender Fehler oder unbeabsichtigter Aktionen reduziert.

So setzen Sie Kriterium 3.3.4 um

1. Eine Zusammenfassung mit Korrekturmöglichkeit vor dem Absenden anzeigen

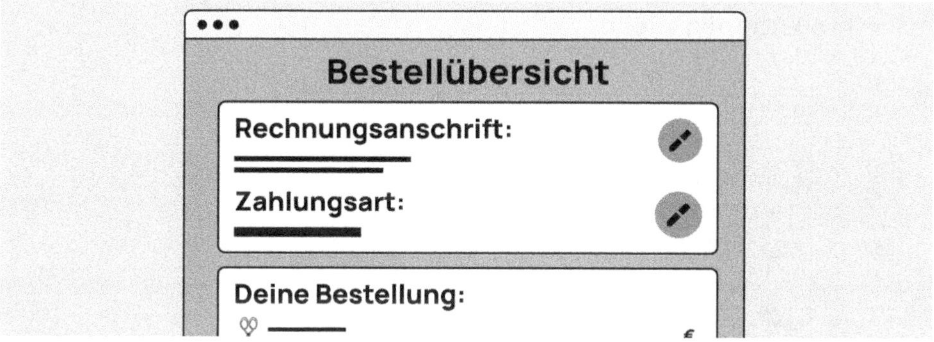

Abbildung 15.11: Eine Übersicht zum Überprüfen und Ändern der Eingaben sollte vor dem Absenden angezeigt werden.

Ermöglichen Sie dem User, seine Daten vor dem Absenden noch einmal zu überprüfen. Häufig wird das in Form einer Übersicht gemacht, auf der man seine Eingaben überprüfen und bearbeiten kann, bevor man das Formular oder die Bestellung absendet.

WCAG-Technik:

✔ G98: Providing the ability for the user to review and correct answers before submitting

2. Eine explizite Bestätigung vor dem Absenden verlangen

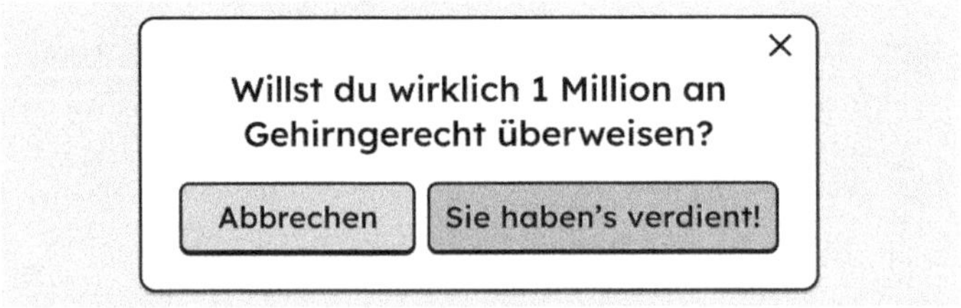

Abbildung 15.12: Vor dem Absenden sollte der User die Aktion noch einmal bestätigen können.

Führen Sie eine Aktion oder Transaktion erst aus, nachdem der User sie erneut bestätigt hat. Das kann zum Beispiel über ein Modal oder einen Dialog oder eine neue Seite geschehen, wo die Folgen der Aktion erklärt werden und der User noch einmal auf »Bestätigen« klickt.

Eine einfache Checkbox zur Bestätigung in der Nähe des Absende-Buttons ist möglich. Davon wird aber stark abgeraten. Eine solche Funktionalität wird oft etwa zum Bestätigen der AGB verwendet und von vielen Nutzdenden nicht richtig wahrgenommen. Sie wird oft angehakt, ohne dass der Inhalt richtig gelesen wurde.

WCAG-Technik:

✔ G168: Requesting confirmation to continue with selected action

3. Die User ihre Aktionen wieder rückgängig machen lassen

Abbildung 15.13: Das Löschen von Daten kann rückgängig gemacht werden.

Die Aktion (das Löschen von Daten oder das Absenden einer Überweisung) kann direkt nach dem Tätigen wieder rückgängig gemacht werden.

WCAG-Technik:

- ✔ G99: Providing the ability to recover deleted information

3.3.7 Redundant Entry (Level A)

User sollten dieselben Informationen in einem Prozess nicht mehrfach eingeben müssen. Ausnahmen sind technisch notwendige oder sicherheitsrelevante Eingaben, zum Beispiel Passwortwiederholungen.

So setzen Sie Kriterium 3.3.7 um

Bereits eingegebene Daten automatisch übernehmen

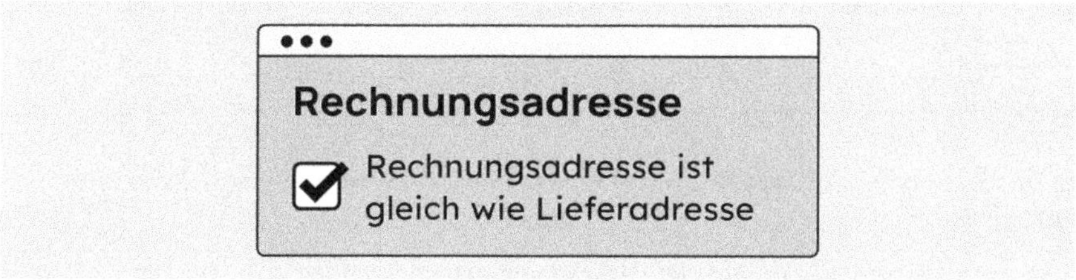

Abbildung 15.14: Das wiederholte Eingeben von Informationen soll vermieden werden, zum Beispiel durch eine Checkbox, die die Rechnungsadresse als Lieferadresse übernimmt.

Wenn eine Information im gleichen Prozess bereits erfasst wurde, sollte sie automatisch übernommen werden, wenn sie erneut abgefragt wird.

Das geht zum Beispiel, indem Sie die Felder automatisch vorausfüllen, eine Checkbox wie »Rechnungsadresse gleich Lieferadresse« anbieten oder einen Button bereitstellen, der die Daten automatisch einträgt.

Außerdem: Wenn nach dem Absenden eines Formulars ein Fehler auftritt, dürften die Inhalte der Felder nicht einfach gelöscht werden, sodass der User sie neu eingeben muss.

WCAG-Technik:

- ✔ G221: Provide data from a previous step in a process

3.3.8 Accessible Authentication (Minimum) (Level AA)

Bei Authentifizierungsprozessen darf nicht verlangt werden, dass User komplexe kognitive Aufgaben lösen, ohne dass eine zugängliche Alternative bereitsteht. Beispiele für solche Aufgaben sind: Passwörter merken ohne Hilfsmittel, Puzzles, Text-CAPTCHAs oder das Erkennen von Mustern in langen Zeichenketten.

So setzen Sie Kriterium 3.3.8 um

Einen Log-in ohne kognitiven Funktionstest ermöglichen

Abbildung 15.15: Das Einfüllen von Daten in ein Log-in-Formular sollte per Copy and Paste oder Passwort-Manager möglich sein.

Sorgen Sie dafür, dass User ihr Passwort nicht auswendig wissen müssen. Sie können das erreichen, indem Log-in-Daten per Copy and Paste oder über Passwort-Manager eingegeben werden können.

Alternativ können folgende Methoden angeboten werden:

- ✔ Log-in über Drittanbieter (OAuth)
- ✔ Biometrische Authentifizierung auf dem eigenen Gerät (Fingerabdruck, Gesichtserkennung (wofür es dann aber wieder eine zugängliche Alternative benötigt)
- ✔ QR-Code-Scan von einem anderen Gerät aus

WCAG-Technik:

- ✔ H100: Providing properly marked up email and password inputs

Weiterer Hinweis zur Umsetzung

Zwei-Faktor-Authentifizierung

Bei einer Zwei-Faktor-Authentifizierung muss sichergestellt sein, dass der zweite Faktor per Copy and Paste oder automatisch eingefügt werden kann.

Beispiel: Wird ein Code per SMS oder E-Mail zugesendet, muss der Code kopierbar und in das Eingabefeld einfügbar sein oder automatisch übernommen werden.

Oft erledigen Betriebssystem das automatisch. Auch Passkeys sind eine sinnvolle Möglichkeit, um sich einfach und besonders sicher zu authentifizieren.

Ausnahme von Kriterium 3.3.8

Bild-CAPCHAs

Bild-CAPTCHAs dürfen weiterhin eingesetzt werden, wenn User etwa ein Tier oder ein bestimmtes Objekt auswählen müssen. Diese gelten nicht als kognitiver Funktionstest. Das Bild-CAPTCHA muss aber barrierefrei sein, zum Beispiel durch eine zugängliche Audioalternative. Andere CAPTCHAs wie Textaufgaben, Rechenaufgaben oder Puzzles sind nicht zulässig. Im Generellen: Alle User hassen CAPTCHAs! Man sollte am besten darauf verzichten.

IN DIESEM KAPITEL

Wie Sie es schaffen, Ihre Seite möglichst robust zu machen

Welche Techniken die WCAG dafür empfiehlt

Kapitel 16

Die WCAG-Kriterien für die Robustheit

4.1.2 Name, Role, Value (Level A)

Interaktive Elemente und Widgets müssen so umgesetzt sein, dass assistive Technologien ihren Namen, ihre Rolle und ihren aktuellen Zustand auslesen können. Ändert sich etwas am Zustand eines Elements (zum Beispiel wird eine Checkbox »angewählt«), muss diese Änderung sofort erkennbar sein.

So setzen Sie Kriterium 4.1.2 um

Dafür sorgen , dass alle Bedienelemente den richtigen Namen, die richtige Rolle und den richtigen Wert haben

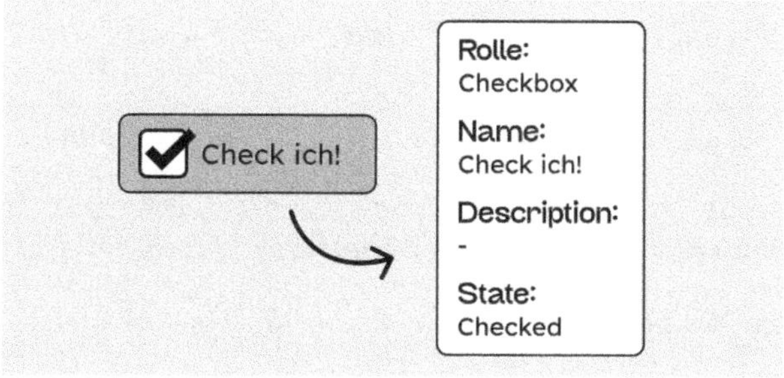

Abbildung 16.1: Eine Checkbox braucht einen Namen, eine Rolle und den richtigen Wert.

Name des Elements

Bedienelemente müssen einen programmatisch ermittelbaren Namen haben (zugänglicher Name). Dieser Name kann aus dem sichtbaren Text stammen (zum Beispiel Button-Beschriftung) oder per ARIA gesetzt werden.

Da es viele Möglichkeiten gibt, einen zugänglichen Namen oder eine Beschreibung zu geben und manche sich davon ergänzen, andere einander überschreiben, hat das W3C eine eigene Spezifikation geschrieben, damit alle Browser und Hilfsmittel dasselbe ausgeben: https://www.w3.org/TR/accname-1.2/.

BEISPIEL

```
<button aria-label="Suche starten">🔍</button>
```

Rolle des Elements

Die Rolle (Role) beschreibt, um welche Art von Element es sich handelt (zum Beispiel Button, Schieberegler, Checkbox, Navigation). Native HTML-Elemente (zum Beispiel <button>, <input type="checkbox">) haben diese Rolle automatisch. Für selbst gebaute Elemente muss die Rolle per role-Attribut gesetzt werden.

Zustand des Elements

Wenn ein Element einen aktuellen Wert oder Zustand hat (beispielsweise kann ein Untermenü offen oder geschlossen sein), muss dieser programmatisch verfügbar sein und sich bei Änderungen aktualisieren.

BEISPIEL

Ein Menü mit Untermenü:

```
<button aria-expanded="false" aria-label="Wissen Untermenü">...
</button>
```

Aria-expanded="false" zeigt hier an, dass mit dem Button etwas geöffnet werden kann und ob der Zustand des Untermenüs offen oder geschlossen ist.

WCAG-Techniken:

- ✔ ARIA14: Using aria-label to provide an invisible label where a visible label cannot be used
- ✔ ARIA16: Using aria-labelledby to provide a name for user interface controls
- ✔ ARIA5: Using WAI-ARIA state and property attributes to expose the state of a user interface component
- ✔ ARIA4: Using a WAI-ARIA role to expose the role of a user interface component

4.1.3 Status Messages (Level AA)

Statusmeldungen müssen so umgesetzt sein, dass Screenreader sie automatisch ankündigen, ohne dass der Fokus verschoben wird. So erfahren Nutzende mit Screenreader direkt von Änderungen oder Ergebnissen einer Aktion, ohne die Meldung aktiv suchen zu müssen.

So setzen Sie Kriterium 4.1.3 um

Statusnachrichten für Screenreader verständlich machen

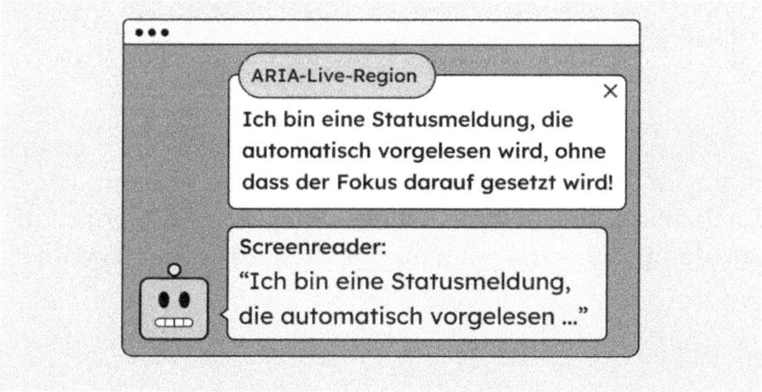

Abbildung 16.2: Statusnachrichten sollten dem Screenreader automatisch vorgelesen werden.

Verwenden Sie ARIA-Live-Regions, um Statusmeldungen automatisch an Screenreader zu übermitteln, ohne den Fokus zu verschieben.

BEISPIEL

```
<div aria-live="polite">Ihre Änderungen wurden gespeichert.</div>
```

Das `aria-live="polite"` ist für nicht zeitkritische Informationen (zum Beispiel »Artikel in den Warenkorb gelegt«) gedacht. Und `aria-live="assertive"` ist für wichtige Meldungen, die Nutzende sofort erreichen müssen (zum Beispiel Fehlermeldung beim Absenden eines Formulars). Der Wert »polite« ist die sicherere Wahl, um unnötige Unterbrechungen zu vermeiden.

Achten Sie darauf, durch Live Regions nur wichtige Texte anzusagen. Vermeiden Sie zu viele Details.

Mehr zu Live Regions erfahren Sie in Kapitel 8, Digitale Barrierefreiheit in der Entwicklung.

WCAG-Techniken:

- ✔ ARIA22: Using role=status to present status messages
- ✔ G199: Providing success feedback when data is submitted successfully
- ✔ ARIA19: Using ARIA role=alert or Live Regions to Identify Errors
- ✔ G84: Providing a text description when the user provides information that is not in the list of allowed values
- ✔ G85: Providing a text description when user input falls outside the required format or values

Ausnahme von Kriterium 4.1.3

Fehlermeldung über Dialog

Normalerweise sollen Statusmeldungen den Fokus nicht verschieben. Eine Ausnahme gilt aber für Fehlermeldungen, die in einem Dialogfenster erscheinen. Hier darf der Fokus direkt in den Dialog gesetzt werden, damit die Nutzenden die Meldung sofort wahrnehmen und reagieren können.

IN DIESEM KAPITEL

Die wichtigsten Kriterien, die Sie zusätzlich zu den WCAG beachten müssen, und wann diese relevant sind

Kapitel 17
Weitere Kriterien der digitalen Barrierefreiheit

Wie Sie vielleicht schon im Laufe des Buches gelernt haben, reichen die WCAG allein nicht aus, um die EU-Vorgaben zu erfüllen (die übrigens auch für Firmen außerhalb der EU gelten, wenn diese an EU-Bürger verkaufen). Sowohl BITV 2.0 als auch das BFSG verweisen auf die europäische Norm für barrierefreie Informations- und Kommunikationstechnologien EN 301 549 – die WCAG sind darin nur ein Kapitel von 13.

Anforderungen an Multimedia, Zwei-Wege-Kommunikation (Chat, Videokonferenzen), barrierefreie Erstellung von Inhalten wie Kommentaren oder zur Dokumentation können auch für Websites relevant sein, wenn eine Website diese Funktionen anbietet.

Kapitel 9, »Web«, der Norm deckt die WCAG-Kriterien ab. Darüber hinaus gibt es noch Anforderungen aus den Kapiteln 5, 6, 7, 11 und 12, die berücksichtigt werden müssen.

Da es bislang kaum dokumentierte Umsetzungsbeispiele für diese zusätzlichen Kriterien gibt, beschränken wir uns hier auf eine kurze Übersicht mit Hinweisen.

Die vollständige EN 301 549 können Sie hier einsehen: `www.etsi.org/deliver/etsi_en/301500_301599/301549/03.02.01_60/en_301549v030201p.pdf`

Kapitel 5 der EN: Allgemeine Anforderungen

5.2 Activation of accessibility features

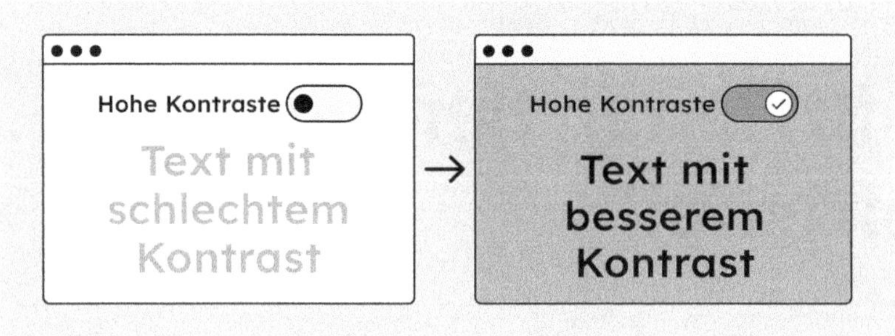

Abbildung 17.1: Ein Kontrastumschalter, um die Kontraste aller Elemente der Seite zu erhöhen

Wenn eine Website eigene dokumentierte Funktionen zur Barrierefreiheit anbietet, müssen diese auch barrierefrei nutzbar sein.

Das heißt: Nutzende müssen die Funktionen barrierefrei aktivieren können – egal ob per Maus, Tastatur oder Screenreader.

Weitere Kriterien von Kapitel 5

Es gibt noch zwei weitere Kriterien in der EN: *5.3 Biometrics* und *5.4 Preservation of accessibility information during conversion.*

Das Kriterium 5.3. wird oft vom System selbst und nicht von der Website bereitgestellt, weswegen es in der Entwicklung von Websites kaum bis selten vorkommt.

Kriterium 5.4. ist dann relevant, wenn die Website selbst gewisse Formate in andere Formate konvertiert (PDF zu HTML). Wenn das der Fall ist, sollten vorhandene Barrierefreiheitsinformationen aus dem ursprünglichen Format in das neue Format übernommen werden.

Kapitel 6 der EN: Zwei-Wege-Sprachkommunikation

Abbildung 17.2: Die Unterhaltung per Audio- und Video fällt unter Zwei-Weg-Sprachkommunikation.

Bei Zwei-Weg-Sprachkommunikation geht es um Software, mit der Gespräche per Audio oder Video geführt werden – etwa Zoom oder Microsoft Teams.

Auf klassischen Websites spielt das kaum eine Rolle, außer man bietet selbst eine komplexe Web-App wie Teams an. In den meisten Fällen nutzt man ohnehin externe Tools. Darum gehen wir auf die Kriterien aus Kapitel 6 hier nicht im Detail ein.

Kapitel 7 der EN: Videofähigkeit

Abbildung 17.3: Ein Videoplayer braucht zum Beispiel Buttons für Audiodeskription und Untertitel.

Diese Kriterien stellen sicher, dass Videoplayer barrierefreie Funktionen anbieten, wie das Zuschalten von Untertiteln oder Audiodeskription. Wie Sie sich denken können, bauen Sie diese Player normal auch nicht selbst und implementieren eher Drittanbieter wie YouTube und Vimeo.

YouTube erfüllt alle Anforderungen mit Ausnahme von *7.3 User controls for captions and audio description*. Dabei geht es darum, dass der Button für An- und Ausschalten von Untertiteln oder Audiodeskription auf der gleichen Bedienebene wie Play- und Pause-Buttons verfügbar sein muss. Stand Oktober 2025 bietet YouTube dafür keinen direkten Button. Das ist dann allerdings auch nur relevant, wenn Videos auf der Seite überhaupt Audiodeskription brauchen und diese über die Methode »zweite Tonspur« bereitstellen. Somit kann man den YouTube-Player in ziemlichen vielen Fällen problemlos einsetzen.

Wer auf Nummer sicher gehen will, kann den Able-Player nutzen – der erfüllt diese Anforderung vollständig: `ableplayer.github.io/ableplayer/`.

Kapitel 11 der EN: Software

11.7 User preferences

Abbildung 17.4: Die Website sollte auf die Anpassungen des Users reagieren.

Die Seite soll benutzerdefinierte Einstellungen der zugrunde liegenden Plattform berücksichtigen – als zugrunde liegende Plattform von Websites nennt die EN explizit die entsprechenden Nutzeragenten. Nutzerpräferenzen sind zum Beispiel die folgenden Punkte:

- ✔ Vorder- und Hintergrundfarben
- ✔ Schriftarten
- ✔ Schriftgrößen
- ✔ Darstellung des Fokuscursors
- ✔ Maßeinheiten

Wenn Sie in den Firefox-Einstellungen unter dem Punkt »Sprache und Erscheinungsbild« die Schriftgröße anpassen (bei Edge und Chrome wählen Sie »Darstellung« in den Einstellungen), muss sich auch die Schriftgröße auf der Website verändern.

Um das Kriterium zu erfüllen, müssen Sie darauf achten, dass Ihre Schriften Dimensionen und Breakpoints in relativen Einheiten wie `em` oder `rem` angeben. Dadurch skalieren Ihre Schriften, wenn man die Schriftgröße im Browser umstellt.

Die anderen Dinge wie die Umstellung von Schriftarten oder Hintergrundfarben dürften automatisch funktionieren, wenn Sie sie nicht aktiv blocken. Wichtig ist, dass die Website dann noch verständlich und bedienbar ist.

Kriterien von Kapitel 11.8

Autorenwerkzeug bedeutet, dass man als User die Möglichkeit hat, selbst Inhalte auf Websites einzustellen. Das kommt auf Websites von Privatunternehmern eher selten vor, aber für Websites von öffentlichen Stellen können diese Kriterien wichtig sein. Darum möchten wir die folgenden drei Kriterien von Kapitel 11.8 hervorheben.

11.8.2 Accessible content creation

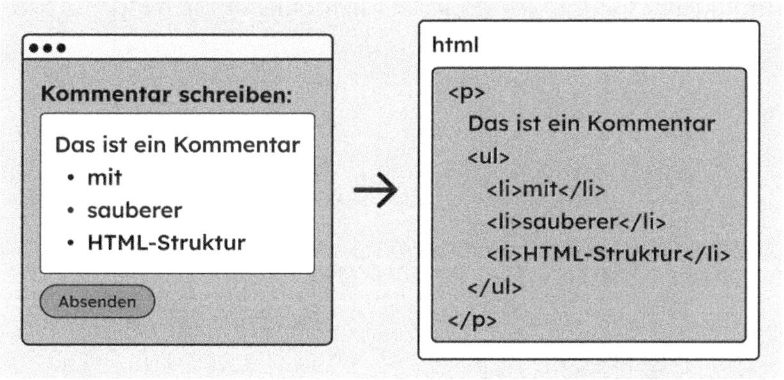

Abbildung 17.5: Ein Kommentar eines Users sollte auch barrierefrei auf der Website erscheinen.

Die Website muss das Erstellen von barrierefreien Inhalten erlauben und Nutzende dabei unterstützen. Das bezieht sich auch auf Kommentarfunktionen auf einer Website.

Das Kriterium ist dann relevant, wenn man den Kommentar aktiv formatieren kann: Überschriften, Listen, Absätze.

Wenn der User den Kommentar formatieren kann, muss das Endergebnis auch barrierefrei sein.

Der Kommentar im HTML muss dann unter anderem

- ✔ die Überschriften auch mit <h1>, <h2> et cetera auszeichnen,
- ✔ Listen mit Listen-Markup auszeichnen (<ul>, <li>),
- ✔ Absätze als <p>-Tags auszeichnen.

Praktisch soll also sichergestellt werden, dass das Ergebnis der User-Eingabe auch am Ende alle Kriterien der WCAG erfüllt.

11.8.4 Repair assistance

Abbildung 17.6: Ein Fehler wird gezeigt, weil ein Alt-Text zum Bild eines Beitrags fehlt.

Das Autorenwerkzeug muss erkennen können, wenn beim Erstellen von Inhalten Fehler mit der digitalen Barrierefreiheit auftauchen.

Wenn das System Fehler erkennt, sollte es Vorschläge zur Behebung dieser Fehler machen. Beispiel: Hinweis, dass ein Alt-Text für ein Bild fehlt.

11.8.5 Templates

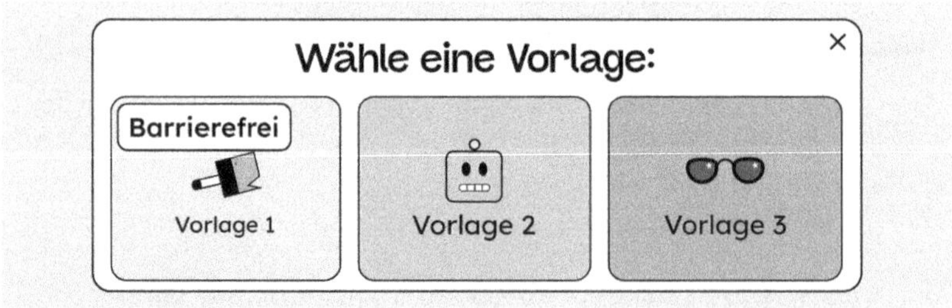

Abbildung 17.7: Vorlagen zum Erstellen von Inhalten, von denen eine barrierefrei Ergebnisse erzeugt

Stellt die Web-App vorgefertigte Vorlagen bereit, die man sich auswählen kann? Wenn ja, muss es auch eine barrierefreie Vorlage geben und diese muss so gekennzeichnet werden.

Eine barrierefreie Vorlage bedeutet, dass die Vorlage so programmiert ist, dass das Endergebnis, das mit der Vorlage erstellt wird, alle Anforderungen der EN 301 549 erfüllt.

Kapitel 12 der EN: Dokumentation und Support

12.1.1 Accessibility and compatibility features

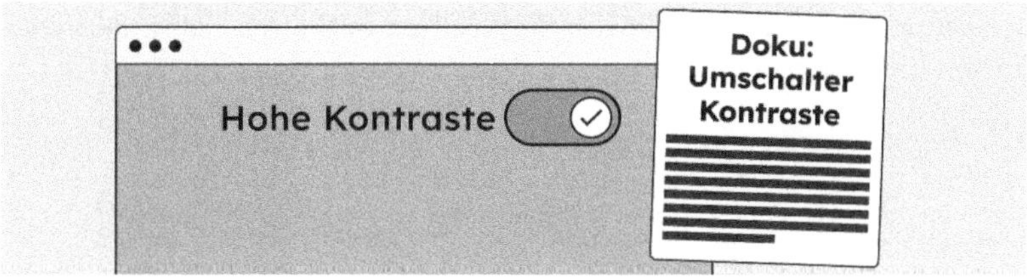

Abbildung 17.8: Funktionen, die speziell für die Barrierefreiheit implementiert worden sind, benötigen eine Dokumentation.

Wenn es spezielle Funktionen für die Barrierefreiheit auf der Website gibt (siehe Abschnitt »Punkt 5.2 Activation of accessibility features«) müssen diese dokumentiert sein.

Dazu zählen unter anderen:

- ✔ Vorlesefunktion
- ✔ Kontrastschalter
- ✔ Schriftvergrößerungen
- ✔ Besondere Bedienungsarten mit Tastatur oder Tastenkombinationen
- ✔ Informationen zu (möglicherweise eingeschränkter) Kompatibilität mit assistiven Technologien

12.1.2 Accessible documentation

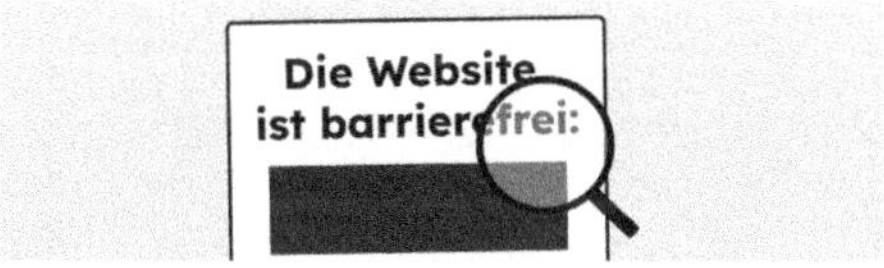

Abbildung 17.9: Die Dokumentation der Website sollte barrierefrei sein.

Die Dokumentation der Website sollte auch barrierefrei sein.

Als Dokumentation gilt die technische Dokumentation von Funktionen der Website (Tastaturkurzbefehle, Hinweise zur Nutzung mit Hilfsmitteln). Dazu gehört auch die Erklärung zur Barrierefreiheit.

Weitere Kriterien von Kapitel 12

Alle weiteren Kriterien werden getestet, indem man den technischen Support anruft oder ihm schreibt, um herauszufinden, wie gut er über Barrierefreiheit aufklären kann. Deshalb gehen wir auf diese Kriterien hier nicht näher ein.

Damit haben Sie es geschafft! Das waren alle Kriterien der digitalen Barrierefreiheit!

Teil V
Top-Ten-Teil

Der **Top-Ten-** Teil

Besuchen Sie uns auf `www.facebook.com/fuer-dummies`!

Facebook
`www.facebook.com/fuerdummies`

Instagram
`www.instagram.com/furdummies`

YouTube
`www.youtube.com/@dummies-mann`

IN DIESEM TEIL ...

- Lernen Sie zehn Barrierefreiheitsexpert*innen kennen

IN DIESEM KAPITEL

Zehn Menschen, die Sie kennen sollten, wenn Sie sich mit dem Thema Barrierefreiheit beschäftigen

Kapitel 18
Zehn Menschen, die Sie auf Ihrem Weg zur digitalen Barrierefreiheit weiterbringen

Wenn Sie bis hierher gekommen sind, haben Sie bereits einen großen Schritt in Richtung Barrierefreiheit gemacht und wahrscheinlich auch gemerkt: Es gibt noch viel mehr zu entdecken. In diesem Kapitel stellen wir Ihnen Menschen vor, von denen wir selbst unglaublich viel gelernt haben und bis heute lernen.

Sara Soueidan

Von Sara haben wir enorm viel gelernt. Sie ist Webentwicklerin, Trainerin und eine sehr bekannte Stimme, wenn es um digitale Barrierefreiheit geht. Auf ihrer Website (`www.sarasoueidan.com`) veröffentlicht sie regelmäßig Artikel über spannende Accessibility-Themen, etwa über barrierefreie Fokuszustände, die sie im Beitrag *Focus Indicators* eindrucksvoll erklärt.

Entwickler*innen aufgepasst: Auf `practical-accessibility.today/` bietet sie ein hervorragendes E-Learning für barrierefreie Webentwicklung an.

Heydon Pickering

Heydon Pickering ist Autor von *Inclusive Components* (`inclusive-components.design/`). In dieser Onlinelektüre finden Sie sehr praktisches Wissen darüber, wie Sie UI-Komponenten barrierefrei umsetzen. Außerdem vermittelt er ein tiefes Verständnis dafür, worauf es in der barrierefreien Frontend-Entwicklung wirklich ankommt. Mehr über Heydon und seine Arbeit können Sie auf seinem Blog entdecken: `heydonworks.com`.

Casey Kreer

Casey Kreer legt als Expertin für digitale Barrierefreiheit und engagierte Aktivistin den Finger dorthin, wo es wehtut. Mit der Plattform barrieren-gutachten.de hat sie eine Übersicht vieler Prüfberichte der BFIT-Bund geschaffen – mit einem ernüchternden Ergebnis: Von 188 geprüften Stellen sind 187 durchgefallen. Mit ihrer angeborenen Sehbehinderung bringt Casey Kreer umfangreiche und langjährige praktische Erfahrung mit Screenreadern und anderen assistiven Technologien mit. Außerdem gibt sie aufschlussreiche Einblicke darin, welche Vorteile und Grenzen KI für digitale Barrierefreiheit hat. Aktuelle Einblicke teilt sie auf Mastodon (chaos.social/@kc).

Adrian Roselli

Wenn Sie eine konkrete Frage zur Umsetzung haben, finden Sie bei Adrian Roselli fast immer eine Antwort. Er gehört zu den Pionieren der digitalen Barrierefreiheit. Seit 1993 entwickelt er barrierefreie Websites und teilt seine Erkenntnisse auf seinem lesenswerten Blog unter adrianroselli.com.

Steve Faulkner

Steve Faulkner haben Sie wahrscheinlich schon gelesen, ohne es zu wissen. Er steckt hinter zahlreichen Dokumentationen und Projekten, etwa hinter der hilfreichen Anleitung *Using ARIA* (w3c.github.io/using-aria) oder der Website *HTML5 Accessibility* (stevefaulkner.github.io/HTML5accessibility/). Auf seinem Blog html5accessibility.com/ veröffentlicht er regelmäßig Tools und Beiträge. Unser aktuelles Lieblings-Tool dort: eine Tabelle, in der man nachschlagen kann, wie Screenreader verschiedene HTML-Elemente ausgeben.

Maria Korneeva

Kennen Sie das Gefühl, ein Buch aufzuschlagen und sofort zu wissen: Das ist für mich geschrieben? Wenn Sie Websites entwickeln, sollten Sie sich *Barrierefreie Webentwicklung* von Maria Korneeva (dpunkt.de/produkt/barrierefreie-webentwicklung/) gönnen. Sie ist Entwicklerin mit Fokus auf Angular und Barrierefreiheit – und das spürt man auf jeder Seite. Eine hervorragende Lektüre, wenn Sie tiefer in die technische Umsetzung eintauchen wollen.

Sheri Byrne-Harber

Damit Barrierefreiheit unternehmensweit funktioniert, müssen Prozesse angepasst werden. Sheri Byrne-Haber setzt sich seit vielen Jahren genau dafür ein. Sie hat das *Digital Accessibility Maturity Model* (DAMM) mitentwickelt und unterstützt Unternehmen dabei, Barrierefreiheit systematisch in ihre Abläufe zu integrieren. Mehr dazu finden Sie auf `www.accessibility.uxdesign.cc` und auf ihrem Blog `www.sheribyrnehaber.com`.

Karl Groves

Wie lässt sich Barrierefreiheit in Prozesse integrieren? Wie kann man sie messen – und was kostet es, sie zu ignorieren? Diese Fragen stellt Karl Groves auf seinem Blog `karlgroves.com`. Er war für uns von Beginn an eine zentrale Inspirationsquelle und ist zudem Mitbegründer der ersten barrierefreien Event-Plattform `eventably.com`.

Stéphanie Walter

Von Stéphanie können Sie viel über nutzerzentriertes und barrierefreies Design lernen. Sie ist UX-Researcherin, Accessible-Product-Designerin und Expertin für Enterprise UX. Auf ihrer Seite `stephaniewalter.design` teilt sie regelmäßig praxisnahe Einblicke und schreibt darüber, wie sich Nutzerbedürfnisse und Unternehmensziele vereinen lassen, um wirklich inklusive Produkte zu gestalten. Außerdem hält sie weltweit Vorträge und hat ein Buch über User Journey Maps geschrieben.

David A. Kennedy

Noch ein Tipp für wöchentliche Insights: *Accessibility Weekly*, der Newsletter von David A. Kennedy (`a11yweekly.com`). Er fasst regelmäßig Neuigkeiten, Diskussionen und Ressourcen rund um Barrierefreiheit zusammen und landet zuverlässig mit hilfreichen Impulsen in unserem Postfach.

Marc Haunschild

Und schließlich wollen wir eine für uns ganze besondere Person erwähnen. Marc Haunschild arbeitet seit über 20 Jahren in der digitalen Barrierefreiheit und war die erste Person, die uns sehr liebevoll in die Community aufgenommen hat. Er hat sehr geduldig alle unsere Fragen zu digitaler Barrierefreiheit beantwortet und uns immer auf unserem Weg unterstützt. Wir sind sehr happy, Marc durch die Barrierefreiheit kennengelernt zu haben, und sind ihm besonders dankbar für die Fachkorrektur dieses Buches! Am einfachsten kommt man mit Marc über LinkedIn in Kontakt (`linkedin.com/in/marchaunschild`). Dort hinterlässt er auch immer schlaue Kommentare unter unseren Posts!

Bleiben Sie neugierig!

Sie haben mitgezählt? Zugegeben, es sind elf! Leider können wir Ihnen an dieser Stelle nicht **alle** inspirierenden Menschen empfehlen, die uns auf unserem Weg begleiten und uns schlauer machen. Ein Grundstein sollte dennoch gelegt sein und vielleicht haben Sie nun ja eine neue Lieblingsquelle. Wenn Sie jetzt neugierig sind, sind Sie genau da, wo Sie sein sollten. Also: weiterklicken, weiterlesen, weiterfragen. Barrierefreiheit ist kein Ziel, sondern ein Weg und Sie sind nun mittendrin!

Abbildungsverzeichnis

Dummies Junior – die frechen »... für Dummies« für interessierte Kids und Jugendliche

» Projekte zum Ausprobieren, Programmieren und Experimentieren
» Mit pädagogischem Konzept
» Viele Abbildungen in Farbe
» Verständliche Texte mit einfachen Erklärungen – auch bei schwierigen Themen
» Inhalte in Workshops erprobt

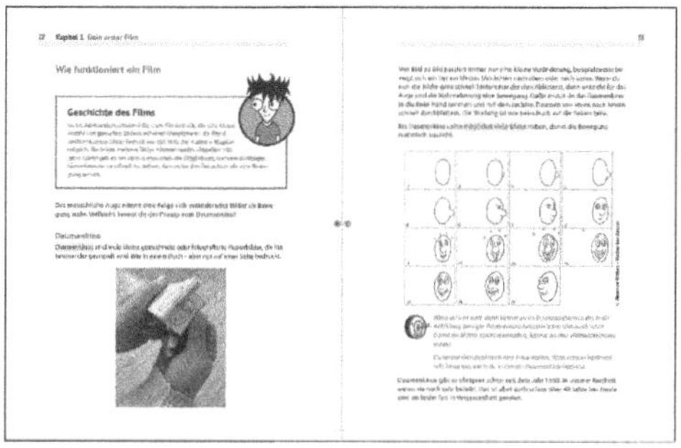

M. Schenk

Mein Weg zu den Sternen für Dummies Junior

1. Auflage 2022 **ISBN:** 978-3-527-71908-2

224 Seiten

Format: 176 mm x 240 mm

Ladenpreis: 18,– €*

Schau in den Himmel und lerne die Planeten, Sterne und Sternbilder kennen. Ob mit bloßem Auge, Fernglas oder Teleskop

M. Weiß und V. Borngässer

Stop-Motion-Trickfilme selber machen für Dummies Junior

2. Auflage 2023 **ISBN:** 978-3-527-72043-9

176 Seiten

Format: 176 mm x 240 mm

Ladenpreis: 16,– €*

Schritt für Schritt zum eigenen Stop-Motion-Video mit der richtigen Beleuchtung, passenden Geräuschen und Spezialeffekten. Hier erfährst du, wie es geht.

* Der €-Preis gilt nur für Deutschland. Preisänderungen und Irrtümer vorbehalten.

C. Ermel und O. Runge

Programmieren und zeichnen mit Python für Dummies Junior

2. Auflage 2022 **ISBN:** 978-3-527-71995-2

224 Seiten

Format: 176 mm x 240 mm

Ladenpreis: 18,- €*

Zaubere tolle Bilder mit dem Computer! Du brauchst dafür nur ein paar einfache Befehle aus der Programmiersprache Python.

W. Eagle et al.

TikTok-Videos selber machen für Dummies Junior

1. Auflage 2023 **ISBN:** 978-3-527-72133-7

160 Seiten

Format: 176 mm x 240 mm

Ladenpreis: 17,-€*

Werde Teil der TikTok Community und begeistere andere mit deinen Ideen. In diesem Buch erfährst du, wie du Videos mit dem Smartphone erstellst, bearbeitest und mit deinen Freunden teilst.

C. Ermel und N. Rosenfeld

Spaß mit Elektronik für Dummies Junior

1. Auflage 2020 **ISBN:** 978-3-527-71705-7

198 Seiten

Format: 176 mm x 240 mm

Ladenpreis: 15,- €*

In diesem Buch lernst du, Schaltungen für coole Gadgets aufzubauen: eine Glückwunschkarte, die leuchtet, eine blinkende Weihnachtsbaumkugel, einen klingenden Draht und anderes mehr.

* Der €-Preis gilt nur für Deutschland. Preisänderungen und Irrtümer vorbehalten.

Stichwortverzeichnis

T

U

V

W

Z